학생 상담과 사회정서교육의 실제

학교현장 맞춤형 지침서

류진아 · 유화영 · 임현수
김진섭 · 진명숙 · 원종숙 공저

교사를 위한 학생 상담 및 생활지도 지침
사회정서수업에 활용할 수 있는 프로그램

Student Counseling and
Social Emotional Education

학지사

머리말

우리의 학교교육이 전인적으로 이루어지고 있는가에 대한 질문은 항상 필요하다. 요즘의 학교현장은 전인교육을 목표로 하지만 학생들의 지적능력 계발에 치우친 면이 있어 사회정서역량 계발을 통해 전인적 균형을 이루어야 할 필요가 대두되고 있다. 학생의 마음 건강을 돌보며 학생이 자기 삶의 주인이 되어 잠재력을 최대한 발휘하고, 사회 구성원으로서 조화롭게 살아가도록 돕는 사회정서교육이 필요한 시점이다.

사회정서학습은 삶의 지혜와 기술(skills)을 배우는 것이다. 우리의 정서 지능에 포함된 대부분의 기술은 적절한 학습을 통하여 일깨워지고 향상될 수 있다. 사회정서학습은 사회적 맥락 속에서 자신과 타인의 정서를 바르게 인식하고, 스스로의 감정을 관리하며, 적절하게 표현하도록 이끈다. 또한 타인을 배려하면서 사회와 공동체를 인식하고, 통합적인 시각으로 책임감 있게 의사결정을 하는 능력이 함양되는 것을 추구한다. 심각한 사회정서적 어려움을 겪는 특정한 학생들을 사후에 개선시키는 것이 아니라, 일반적인 학생이 겪을 만한 사회정서적 어려움에 대하여 보편적이고 예방적인 차원에서 교육한다.

사회정서학습은 자신을 이해하고 자아를 강화하는 것에서 시작된다. 우리는 자신을 얼마나 알고 있을까? '나'를 잘 알고 있다고 생각할 수 있지만 우리 대부분은 자신을 잘 모르고 살아가고 있다. 자신에 대해 알아야 한다고 생각하지 않거나 자신에 대해 관심을 가질 여유 없이 생활하는 가운데, 우리가 배우는 지식이나 관심의 대상이 대부분 내가 아닌 타인이나 사물에 관한 것이다. 따라서 우리는 다른 사람이나 사물에 대해서는 잘 알아도 자신에 대해서 알지 못하는 경우가 많다. 하지만 삶은 내가 살아 내는 것이기 때문에 자신을 먼저 알아야 삶의 지혜와 기술도 나를 통하여 발휘될 수 있다. '나'에 대해 배우는 것은 고고학적 탐사나 과학적 발견과 비슷하다. 고고학자는 지표면 저 밑에 가치 있고 흥미로운 것이 있을 것이라는 실마리를 가지고 발굴을 시작하고 보물을 손상시키지 않으려 노력한다. 사회정서교육에서 학생들이 자신을 이해하고 잠재력을 개발하는 것은 안전한 환경 속에서 '나'라는 독특하고 가치 있는 보물을 찾는 과정이라고 할 수 있다.

학생이 공동체 역량을 계발하는 것은 자신이 속한 집단 속에서 서로 협력하고 더불어 살아가는 힘을 기르는 과정이다. 인공지능 시대에도 사람의 마음을 잇는 힘은 오직 공동체 역량이며, 어깨를 맞댄 나무들이 바람에도 꺾이지 않듯 기술이 발전할수록 인간에게는 서로 기대어 살아가는 힘이 더욱 중요하다. AI, IoT, 메타버스 등과 같은 기술은 사람을 연결하지만 우리의 깊은 관계 형성은 교육을 통해 길러져야 한다.

'체험 중심의 사회정서교육'

사회정서학습은 인성교육 측면에서도 매우 중요하다. 많은 학생이 도덕적인 행동을 머리로 아는 만큼 실천하지는 못한다. 물론 자신이 아는 지식을 일상 속에서 모두 실천할 수는 없다. 그러나 이러한 문제는 학생들의 이성은 계발되었지만 자신과 타인에 대한 이해와 공동체 역량에 대한 감수성과 상상력, 실행력이 부족하고 습관화가 되지 않았다는 반성으로 이어질 필요가 있다.

지식 중심으로 전달하는 교육이 아니라 학생들이 가슴으로 느껴서 일상에서 행동하도록 이끄는 교육과 훈련이어야 한다. 이러한 측면에서 체험 중심의 사회정서교육이 중요하다. 인성은 개인이 지닌 성격적 · 도덕적 특성과 태도, 가치관이 통합된 성품을 뜻한다. 옳고 그름을 판단하고 실천하려는 성향인 도덕성, 타인과 협력하고 관계를 맺는 태도인 사회성, 감정을 조절하고 긍정적으로 표현하는 능력인 정서적 성숙, 자신의 행동과 생각을 돌아보고 개선하는 태도인 자기성찰이 함께 이루어져야 통합된 성품으로 나아갈 수 있다. 하지만 지식적 도덕성이 강조된 반면, 다른 덕목의 향상이 상대적으로 부족하다. 체험 중심의 사회정서교육을 통해 학생들이 자신과 타인을 이해하는 방법과 공동체에서 건강하게 어우러져 살아가는 것을 가슴으로 이해하고 몸으로 익힐 필요가 있다. 그래야만 머리로만 아는 것이 아니라 일상생활에서 자연스럽고 편안하게 행동으로 실천할 수 있게 된다.

이 책은 교사와 학생의 학교에서의 일상을 따라가면서 구상되었다. 교사와 학생은 조례를 시작하면서 만나고, 수업시간에 함께 공부하며, 쉬는 시간과 점심시간에 개인적 또는 소그룹 상호 작용을 한다. 종례로 하루를 마감하며, 필요한 경우 교사는 방과 후에 학생을 만나 개별적 상담과 지도를 한다. 저자들은 이러한 하루 일과 속에 교사의 학생 상담과 사회정서교육이 자연스럽게 스며들어 있기를 소망하며 이 책을 기획하고 집필하였다. 또한 사회정서교육이 보다 심리학적 이해를 바탕으로 이루어지기를 바라는 마음으로 알기 쉬운 심리학적 이론과 지식을 책 속에 녹여서 집필하기 위해 노력하였다. 따라서 이 책은 제1부 심리학으로 이해하는 학생의 마음, 제2부 현장 중심 학생 상담 및 생활지도, 제3부 학사일정을 고려한 사회정서교육 프로그램으로 구성되었다.

이 책의 기획과 모든 장의 집필은 대표 저자(류진아 교수)가 주도하여 공저자들과 함께 작업하였다. 학교현장에 대하여 고민하면서 책의 방향에 대한 논의를 함께하였고, 자료와 의견을 수시로 나누면서 실제적으로 도움이 되는 책을 만들기 위해 애를 썼다. 제1부 심리학으로 이해하는 학생의 마음은 류진아 교수가 전담하였다. 제4장 학생 상담 및 생활지도를 위한 준비와 기초 및 제5장 학교 환경과 학사일정을 고려한 상담 및 지도는 원종숙 선생님, 제6장과 제7장 호소문제 영역별 상담 방법 및 전략은 임현수 박사님과 진명숙 선생님이 참여하였다. 제8장과 제9장 조례와 종례 시간의 지도와 교육은 김진섭 교수님, 제10장과 제11장 자아강화 사회정서교육 프로그램은 유화영 교수님, 제12장과 제13장 공동체 사회정서교육 프로그램은 임현수 박사님이 참여하였다.

최근 교육부는 학생의 정신 건강을 지원하기 위해 한국형 사회정서교육 프로그램을 개발하였고, 초 · 중 · 고등학교에서 프로그램이 이루어지고 있다. 한국형 사회정서교육은 학생들의 긍정적인 성장과 정신 건강 증진을 위해 사회정서역량을 강화하는 체계적인 학교기반 교육 방식을 의미한다. 학교현장 사회정서교육의 전문성과 현장성에 대한 다각적인 관심과 노력이 필요한 시점이다. 이 책은 학생 상담과 사회정서교육이 학생의 성장을 지원하고 치유적으로 작용하기 위해서 심리학적 이론과 개념을 근거로 한 활동과 프로그램을 제안하였고, 실천적인 전략과 접근, 기법을 구체적으로 담았다. 또한 체험적 접근을 중심으로 구성되어 있으므로 학교뿐만 아니라 다양한 교육과 상담 현장의 교수자와 상담자가 융통성 있게 창의적으로 활용 가능할 것으로 생각된다.

이 책이 나오기까지 도움을 주고 수고해 주신 학지사의 김진환 사장님과 편집부 김범규 선생님께 감사드린다. 부디 이 책이 학교현장과 교육자, 상담자에게 도움이 되고 많은 쓰임이 있기를 간절히 바란다.

집필 과정에 쉼과 창조적 힘을 준 친구 같은 나무들 앞에서

저자 대표 류진아

차례

제1부 심리학으로 이해하는 학생의 마음

제2부

현장 중심 학생 상담 및 생활지도

제3부 학사일정을 고려한 사회정서교육 프로그램

제 1 부

심리학으로 이해하는 학생의 마음

학생 상담과 사회정서교육의 실제

제1장

알기 쉬운 정서중심의 심리학

1. Freud의 정신분석: 무의식과 리비도

1) 마음의 지하공장: 무의식의 세계

정신분석학의 창시자인 Freud는 우리의 마음을 의식, 전의식, 무의식으로 구분하였다. 의식은 우리가 자각하고 있는 지각, 사고, 정서 경험으로 인간의 정신세계에서 극히 일부분이다. 전의식은 평소에는 의식하지 못하지만 약간의 노력을 기울이면 쉽게 떠올릴 수 있는 기억과 경험이다. 무의식은 내가 모르는 나의 마음이다. 자각하려고 노력하여도 쉽게 의식되지 않는 다양한 심리적 경험들로 이루어져 있다. 수용하기 어려운 욕구, 폭력적 동기, 부도덕한 충동, 비합리적 소망, 수치스러운 경험과 같이 의식에 떠오르면 불쾌하거나 고통스럽고 위협적으로 느껴지는 욕구와 감정, 기억들이 보관되어 있다. 무의식 세계는 과거의 수많은 기억과 억압된 경험들이 축적된 심리적 지하실이며, 다양한 마음들이 은밀하게 경쟁하고 타협하는 심리적 지하공장이다. 우리의 행동은 의식보다 무의식에 영향을 더 많이 받는다.

어린 시절의 경험, 특히 부모와의 상호 작용 경험이 성격형성의 기초가 된다. 과거의 경험은 의식되지 않는다고 해서 영원히 사라지는 것이 아니라 무의식 속에 남아 지속적으로 영향을 미친다. 부모와의 갈등 경험은 무의식 속에 축적되어 성장한 후에 발생하는 심리적 문제의 근원이 된다.

Freud는 꿈이 무의식에 이르는 왕도라고 하였다. 잠을 잘 때는 의식적 억제가 약해지기 때문에 무의식에 억압된 내용들이 떠오르게 된다. 꿈을 해석하는 것이 무의식을 이해하는 데 유용한 방법이라고 하였다.

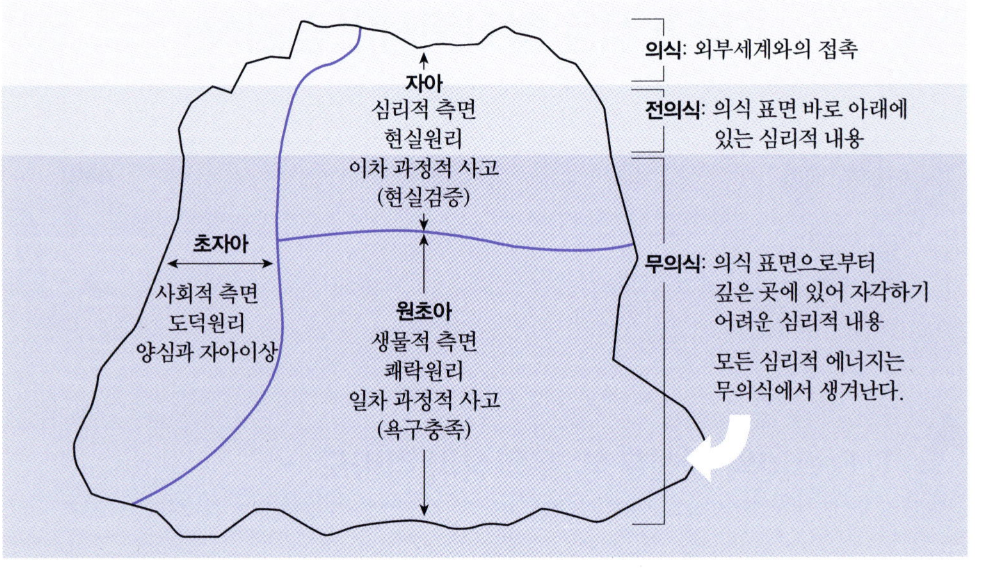

[그림 1-1] 세 가지 마음과 심리적 구조

원초아는 무의식 속에 있고, 초자아는 세 가지 마음에 걸쳐 있지만 대부분이 무의식 속에 있다. 자아는 세 가지 마음에 걸쳐 있지만 의식과 전의식에 포함된 내용이 상대적으로 많다.

2) 심리적 세력(원초아, 자아, 초자아) 간의 힘겨루기

우리의 마음속에서 원초아(id), 자아(ego), 초자아(super ego)는 서로 경합하고 타협한다. 우리의 내면에서는 충동적이고 비합리적인 마음, 현실을 고려하는 합리적인 마음, 도덕과 양심을 중시하는 마음이 서로 다투고 타협하면서 외부세계와 상호 작용한다. **원초아**는 항상 즉각적인 본능적 욕구충족을 추구하며 쾌락원리를 따른다. 욕구충족이 막히면 충족 대상과 가장 유사한 다른 대상에게로 본능적 에너지인 리비도가 이동한다. **자아**는 환경에 현실적으로 적응하는 것을 담당한다. 현실의 여건을 고려하여 판단하고 욕구충족을 지연하며 행동을 통제한다. 현실원리를 따르며 합리적이고 이성적인 사고 과정을 보인다. **초자아**는 마음속에 내면화된 사회적·도덕적 규범과 부모의 가치관으로 행동의 선악을 판단하며 도덕원리를 따른다.

자아는 외부현실을 고려하고 원초아와 초자아의 요구를 절충하여 행동하려고 노력한다. 건강한 삶을 위해서 자아의 기능이 중요하며 자아는 성격의 중심이 된다. 건강한 사람은 욕망과 도덕 그리고 현실적 요구를 균형적으로 잘 조화시킨다.

[그림 1-2] 정신역동(psychodynamics)

힘센 말이 끄는 마차를 타고 가는 마부를 상상해 보자. 원초아가 본능적 욕구가 강한 말이라면, 초자아는 고삐이며 자아는 말과 고삐를 조절하는 마부에 비유할 수 있다. 마부가 말과 고삐를 조화롭게 잘 다루지 못하면 말은 길을 벗어나 아무 곳으로 내달릴 것이다. 마부가 고삐를 너무 세게 당기면 말과 마차는 나아가지 못한다. 우리의 성격과 인생도 이와 같다. 힘이 센 심리적 세력이 우리의 행동을 결정한다. 원초아가 힘이 세면 충동적이며 제멋대로여서 부적응적인 행동을 하기 쉽고, 초자아가 힘이 세면 지나치게 도덕적이고 완벽주의적이어서 완고하며 정서를 억압하고 메마르기 쉽다. 자아가 잘 기능해야 원초아의 욕구와 초자아의 도덕관념을 조화롭게 중재할 수 있고 성격적으로 건강하고 성숙하다.

3) 성 에너지(리비도) 충족과 성격

Freud는 성적 추동(drive)이 무의식의 주된 동력이라고 보았으며, 이러한 성 에너지를 **리비도**라고 하였다. Freud가 말하는 성욕은 타인과의 접촉을 통해 쾌락과 애정을 얻고자 하는 욕구로, 넓은 의미를 지닌다. 신체적 쾌락과 만족을 추구하려는 충동들을 성욕이라고 넓게 정의하였다. 리비도가 집중되고 쾌락을 추구하는 신체 부위는 나이에 따라 다르며, 욕구충족 경험이 성격형성에 큰 영향을 미친다. 우리는 본능적 충동과 자아의 흔적을 가지고 태어나서 부모와 상호 작용하며 성장한다. 유아는 어머니를 비롯한 양육자와의 상호 작용에서 입, 항문, 성기를 통해 쾌락을 추구한다. Freud는 **심리성적 발달단계**에서 과도한 만족이나 좌절을 겪으면 이후의 적응과 심리적 문제, 부정적 성격의 원인이 된다고 하였다. 초기 단계에 과도하게 만족하거나 좌절하면, 이후 단계로 건강하게 성장하기 힘들고 심리적 문제가 발생할 수 있다.

- **구강기**: 입을 통해 만족감과 좌절감을 경험하는 구강기(출생 직후~1년 반까지)에 욕구가 과도하게 충족되면, 의존적이고 자기중심적이며 요구적인 성격이 된다. 욕구가 과도하게 좌절되면, 입으로 씹고 깨물고 내뱉는 행동인 빈정거림, 냉소, 논쟁을 하는 공격적 성격이 된다.
- **항문기**: 항문을 통해 신체적 쾌락을 추구하는 항문기(생후 1년 반~3년)에는 배변을 참거나 배설하면서 긴장감과 쾌감을 경험한다. 부모의 배변훈련이 아동의 불안과 수치심, 자율성과 자기통제력 발달에 영향을 미친다. 항문기에 욕구가 지나치게 만족되거나 좌절되면, 완벽주의적이고 청결과 질서에 집착하며 인색한 성격이 되거나 불결하고 분노를 잘 느끼며 양가감정적인 성격이 된다. 적절한 욕구만족을 경험하면 독립적이고 자기주장적이며 협동적인 성격이 된다.
- **남근기**: 성기를 통해 쾌락을 추구하는 남근기(3세~6세)에는 성기에 대한 호기심을 보이고 이성부모의 사랑을 얻기 위해 동성부모와 경쟁하는 복잡한 심리적인 갈등을 경험한다. 이 시기에 부모가 유연하게 대응하면 동성의 부모를 동일시하여 건강한 성정체감을 형성하고 초자아와 자아가 발달한다. 이후에 삼각관계를 수용할 수 있고 건강한 이성관계를 맺을 수 있는 능력이 발달한다. 그렇지 못하면 권위적 인물에 대한 과도한 두려움과 복종적 태도를 나타내거나 지나치게 경쟁적인 성격이 된다.
- **잠복기**: 학업과 친구에 관심이 많아지고 성적 욕망의 표출이 뚜렷하지 않은 잠복기(6세~사춘기)에는 학교생활, 친구, 운동, 취미에 관심을 쏟게 된다. 자아가 성숙하고 초자아가 확립되는 시기로 현실적인 성취와 대인관계를 위한 적응 능력이 발달한다. 이 시기에 좌절을 경험하면 열등감이 형성되고 소극적이고 회피적인 성격이 된다.
- **성기기**: 육체적 성숙과 성적 측면에서 성인으로 발전하는 성기기(사춘기 또는 청소년기 이후)에는 성 에너지가 이성에게 집중된다. 성 욕구가 현저하게 증가하며 이성관계에 관심을 가진다. 부모로부터의 심리적 독립과 자기정체성의 확립이라는 발달과업이 중요하다.

2. Jung의 분석심리: 내면의 소리에 귀를 기울이자

1) 잠재력과 지혜의 보고인 무의식의 메시지

분석심리학의 창시자인 Jung은 자기(Self)와 자아(ego)를 구분하여 우리의 마음을 설명하였다. Jung은 우리의 내면에 위대한 존재인 자기가 있다고 하였다. 자기는 전체 정신의 중심이며 자아는 의식의 중심이다. 건강한 삶이란 위대한 존재의 은밀한 목소리에 귀를 기울여서 진정한 자기를 실현해 나가는 삶이다. 자아는 의식의 중심으로 무의식을 '의식화함으로써' 생겨나고 끊임없이 변한다. 자아는 개인마다 다르고, 시대의식과 문화권에 따라 그 특성과 방향이 다르다. 자기실현은 무의식을 의식화하여 의식의 중심인 자아가 전체 정신의 중심인 자기에 가까이 가는 과정이다. 아무도 우리가 무엇을 가지고 태어났는지 모르며, 우리의 무한한 가능성은 아직 무의식 속에 있다. 정신은 무의식을 의식화함으로써 전체가 되며 아직 모르는 크기의 전체 인격을 실현한다. Jung은 가족력이나 생활사만으로 개인의 전체를 판단하지 않는다. 문화적 · 환경적 제약을 넘어서는 개인의 창조성과 발전 가능성을 무의식에서 찾는다.

[그림 1-3] 의식과 무의식, 자아

의식은 무의식의 바다에 둘러싸인 작은 섬과 같고, 자아는 그 섬을 다스리는 촌장이다. 섬의 촌장이 무궁무진한 바다에서 물고기를 잡아서 섬을 다스리고 살찌우듯이 자아는 무의식의 지혜와 잠재력을 의식화함으로써 강화되고 확장된다.

Freud가 무의식을 발견하였다면 Jung은 무의식을 개인무의식과 집단무의식으로 나누었다. 집단이라는 것은 모든 인간에게 공통된 것을 의미한다. **집단무의식**은 인류에게 전해져 내려온 정신문화로 **우리의 마음속에 있는 보편적인 심리적 성향과 구조**이다. 집단무의식은 본능과 원형(archtypes)으로 구성되어 있다. **본능**은 행동을 일으키는 충동이고, **원형**은 태초부터 인류가 되풀이하여 경험해 온 모든 경험의 침전이다. 인종과 문화, 지리, 시대적 차이 등을 넘어서서 인간이면 누구에게나 있는 가장 보편적인 행동과 태도를 일으키는 선험적인 틀이다. 태어날 때부터 가지고 나오는 인간의 가장 보편적이며 원초적인 행동 유형의 여러 조건이다. 원형은 신화, 동화, 민담, 관습, 종교, 꿈이나 예술 속에도 담겨 있다. 심리적 문제와 그에 따른 체험에도 나타난다. 이러한 것들을 접하고 이해하는 것은 전체 정신을 확장시킨다.

무의식은 일찍부터 우리의 전체성을 일깨우고 상징적 메시지를 내보낸다. 꿈은 무의식을 보여 준다. 무의식의 메시지를 통해 심리적 고통의 근본 원인을 보여 주고 개인이 지닌 잠재력도 가르쳐 준다. 자기는 꿈속의 다양한 상징적 표현을 통해 자아에게 메시지를 보낸다. 개인이 지닌 미래의 전체 인격이자 잠재력을 상징하는 자기원형상(像)은 이미 아동의 꿈에 활발하게 나타난다. 아동의 의식에 밀려들어 잊을 수 없는 인상을 남기며, 사춘기에도 강력한 원형적인 꿈들이 의식의 문을 두드린다. Jung은 '이 꿈은 나를 어디로(where to) 인도하려는 것일까?'라는 목적론적 관점으로 꿈에 접근하였다. 꿈은 우리의 신체적 · 정신적 에너지를 조절하고 균형을 잡으려고 시도한다.

2) 삶 속으로 나아갈 때 vs 삶을 두려워하고 물러설 때

청소년인 학생은 삶 속으로 나아가야 한다. 학생은 사회적 책임과 행동규범을 확실하게 배우면서 자아가 취해야 할 결단과 의지를 모색해야 한다. 청소년기에 우울, 불안과 같은 신경증은 삶을 두려워하거나 삶에서 물러서려 할 때 생긴다. **자기실현을 위해서는 자아의 수준과 기능이 중요하다.** 자기실현이 본격적으로 시작되는 시기는 중년기 이후부터지만, 자기실현의 전제 조건인 자아의 강화와 발전을 위해서 인생의 전반부를 사는 학생들은 외부세계로 나아가 외적 인격인 **페르소나**를 발달시키고 적극적으로 삶에 임해야 한다. 사회집단의 규칙과 예절, 공중도덕, 규범을 배워서 공동체에 협동할 수 있어야 한다.

Jung은 **무의식의 의식화**를 강조하면서도 태어난 환경, 부모-자녀 관계, 부모의 양육태도와 심리상태는 성격형성에 영향을 미친다고 하였다. 전통문화와 단절되어 성장하면 심각한 심리적 문제를 일으킬 수 있다. **전체 정신**은 무의식뿐만 아니라 자아의식, 페르소나를 모두 포괄한다. 페르소나는 사회적 가면으로 우리가 사회에 적응하기 위해 터득하는 역할이며 사회의 행동규범, 가치판단, 교양 등에 나타난다. 예를 들면, 교사와 학생에 적합한 사회적 역할을 하는 것이다. 자아의식과 페르소나도 본래는 무의식에 뿌리박고 자란 것이기 때문에 그것들과 무의식의 통합은 자기실현의 과제이다.

3) 콤플렉스와 그림자의 의식화

우리의 감정을 자극하는 마음속의 응어리를 Jung은 **콤플렉스**라고 하였다. 정신적인 여러 내용이 감정으로 뭉친 것으로 에너지, 즉 감정적인 강도를 지닌 심리적 복합체이다. 사람들은 콤플렉스를 외모, 학벌, 돈, 권력, 애정 콤플렉스 등과 같은 열등의식으로 생각하는데 콤플렉스는 열등감뿐 아니라 모든 감정을 일으킬 수 있다. 우월감, 기쁨, 즐거움, 행복감, 분노, 공포 등 모든 강렬한 감정이 콤플렉스를 만들 수 있고, 콤플렉스에 의해서 일어날 수 있다. 예를 들면, 초등학교에서 또래에게 따돌림을 당하였던 학생이 중학교에 진학하여 비슷한 상황이 되었을 때 공연히 가슴이 답답하고 긴장되며 불안해지는 경우가 있다. 잊고 있었던 대인관계 콤플렉스가 의식을 자극하기 때문이다. 또래 관계에 얽힌 감정적 응어리가 따돌림을 연상시키는 자극에 의해 발동하여 의식을 흔들어 놓을 때, 평소보다 불안정한 마음이 된다. 해외에 나갔을 때 'Korea'라는 단어에 뭉클한 감동이나 안쓰러운 느낌이 드는 것은 조국 콤플렉스가 의식의 문을 두드리기 때문이다.

콤플렉스는 의식에서도 일어나지만 무의식에서도 일어난다. 콤플렉스는 우리 정신의 정상적인 구성 요소로 해롭거나 병적인 것이 아니라 우리가 그것을 모르거나 무시할 때 문제가 된다. 콤플렉스는 될 수 있는 대로 소화시켜서 의식화하여 동화하는 것이 좋다. 콤플렉스를 오랫동안 방치하면 어느 날 갑자기 의식을 흔든다. 횡설수설하거나, 사소한 비판에도 화를 심하게 내거나, 만성적인 멍한 상태에 사로잡히도록 하는 경우가 있다.

그림자는 내가 의식하지 못하는 무의식의 열등한 인격(기능)이다. 보통 자신의 성격이라고 생각하는 것과 반대되는 특성이다. 밝음이 있으면 어두움이 있고, '등잔 밑이 어둡다.'라는 말이 있듯이 그림자는 자아의 어두운 부분, 즉 의식되지 않은 자아의 분신이다. 그림자는 우리가 받아들이기 힘든 성적이고 동물적이며 공격적인 충동을 포함하고 있다. 청소년기는 자아의식이 발달하고 이상적인

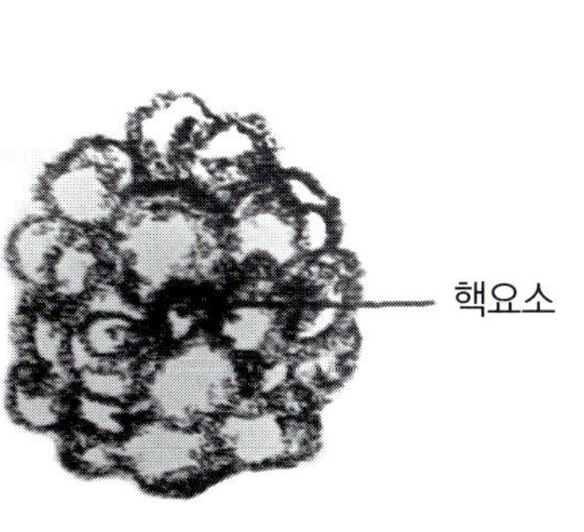

[그림 1-4] 콤플렉스

[그림 1-5] 콤플렉스와 그림자의 투사

투사를 이해하는 것은 무의식의 콤플렉스와 그림자를 이해하는 데 도움이 된다. 예를 들면, 자기에게 여우 같은 그림자가 있다는 사실을 모르는 학생은 친구나 이성과의 관계에서 여우처럼 행동하는 또래 학생을 유난히 싫어하며 흉을 볼 수 있다. 자신에게 여우 같은 그림자 인격이 있다는 것을 인정하기 어려울 뿐만 아니라 사실을 발견하였을 때 크게 놀랄 수 있다.

자신의 모습을 구현하는 과정에서 그림자가 짙어지고 외부로 투사되는 경향이 있다. 친구 사이에도 싫고 좋음이 뚜렷하며 모든 것을 선과 악으로 구분하는 경향이 있다.

억압된 콤플렉스와 그림자는 외부의 대상에게 투사하는 것으로 나타날 수 있고 우리는 그것을 의식화하여 동화하는 것이 필요하다. 투사는 보편적인 심리현상으로, 투사되는 것은 우리 마음속의 미숙한 그림자뿐만 아니라 자기가 인정하지 않고 있는 좋은 성격의 부분까지 포함하는 다양한 내용들이다. 예를 들면, 잘난 사람을 부러워하는 것은 자기도 '잘난 면'을 가지고 있다는 것을 모르고 다른 사람에게 투사하는 것이다.

3. 인간중심: 자기실현의 씨앗

1) 단 하나의 기본적 동기: 자기실현 경향성

Rogers는 인간을 기본적으로 유능하고 강인한 존재로 보았다. 우리는 각자 잠재 가능성을 가지고 태어났고 실현할 수 있다. 누구나 자신의 어려움을 극복하고 성장할 수 있는 역량을 지니고 있고, 자신의 가능성을 펼쳐 나가는 긍정적이고 선한 존재이다. 교사는 이런 믿음을 바탕으로 학생을 신뢰하고 존중하면서 학생이 자신의 내적 자원을 발휘하여 잠재력을 실현하고 스스로 어려움을 극복하도록 돕는다.

인간은 유기체이다. 모든 유기체는 고유한 가능성을 건설적으로 실현하려는 끊임없는 움직임을 속에 지니고 있다. 인간을 포함한 모든 유기체는 보다 완전해지고자 하는 자연적인 경향성, 즉 실현 경향성을 지니고 있다. 예를 들면, 장미는 더 장미다운 아름다움을 꽃피우고자 노력하고, 호박은 더 호박다운 열매를 맺고자 애쓰며, 인간도 인간으로서의 잠재력을 발현하고자 끊임없이 움직인다. 자기실현이란 최종의 완전한 상태가 아니라 보다 유능한 인간으로 성장해 가는 끊임없는 과정이다. 장미와 호박의 씨앗과 같이 인간의 수정란 속에는 자신만의 고유한 가능성을 가지고 있었고, 그것을 자기답게 싹틔우는 것이 단 하나의 기본적 동기이다. Rogers는 자기실현 경향성이 환경에 의해 차단되거나 억압되면 좌절감을 느끼고 부적응 문제가 생긴다고 하였다.

우리는 누구나 자신의 내면세계를 이해하여 성장하며 삶을 긍정적으로 변화시키고 치유하는 내면적 자원을 충분히 가지고 있다. 개개인에게 적절한 심리적 환경만 제공되면 이런 자원들은 언제든지 발현될 수 있다는 것이 중요하다. 학생의 부적절한 충동, 반사회적 행동과 같은 부정적인 감정과 행동은 인간의 본성이 아니다. 학생이 성장할 수 있는 심리적 조건들을 제공하면 타고난 잠재 능력을 스스로 건설적으로 발휘한다. 자신의 잠재력을 개발하고 삶에 도전하며 의미 있고 풍요롭게 살아가는 사람이 온전히 기능하는 사람(fully functioning person)이다. 교사가 권위적으로 학생을 대하기보다 학생이 스스로 잠재력을 발휘할 수 있도록 학생의 언어적 · 비언어적 내면의 메시지를 경청하고 공감하여야 한다. 공감과 경청의 구체적인 기술은 제2부에서 소개하였다.

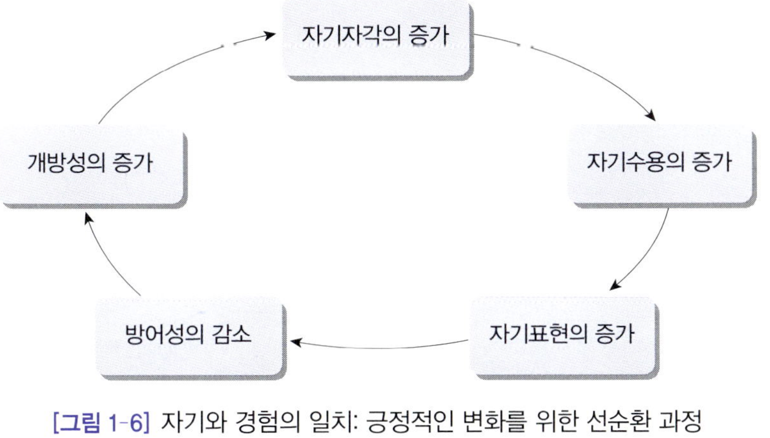

[그림 1-6] 자기와 경험의 일치: 긍정적인 변화를 위한 선순환 과정

2) 가치화 과정과 자기경험의 (불)일치

학생은 성장하면서 자신이 특정한 행동을 할 때 부모를 비롯한 중요한 타인에게 소중하게 인정받는다는 것을 배운다. 이것이 **가치화 과정**이다. 타인의 긍정적 존중은 자기존중감과 자기가치감의 밑거름이다. 학생은 자신에 대한 인식이 발달하면서 부모, 교사와 같은 중요한 타인에게 긍정적인 존중을 받고 싶다. 타인으로부터 신체적 · 정신적 보살핌을 받음으로써 자신이 소중하게 여겨지고 있다는 것을 확인하고 싶다. 가치화 과정에서 유기체로서 자기 경험의 일치와 불일치를 경험한다. 타고난 욕구, 재능, 행동 양식이 조건 없이 수용되는지가 중요하다. 예를 들면, 부모가 자신의 가치와 기대에 맞추어 아이를 조건적으로 사랑하면, 아이는 자신의 타고난 욕구와 부모의 애정을 얻으려는 욕구 사이에서 갈등한다. 아이는 부모의 긍정적인 존중과 애정을 얻기 위하여 부모가 원하는 가치와 기준을 받아들이게 된다. 아이는 진정한 자기를 버리고 부모의 기대에만 맞추어야 하고, 맞추려고 한다. 이런 과정에서 자신이 소망하는 것과 자기존중감을 느끼기 위해 추구하는 것 간의 불일치와 괴리가 생긴다. **가치의 조건**(condition of worth)을 탐색하기 위해서 우리는 이런 물음을 해 볼 수 있다.

활용 TIP

✔ 가치의 조건을 탐색하기 위한 질문

- 어린 시절 부모는 나에게 무엇이 소중하고 가치 있는 것이라고 가르쳤는가?
- 현재 내가 소중하게 여기는 가치는 나의 것인가 아니면 부모의 것인가?
- 어떤 사람이 나의 가치관 형성에 영향을 미쳤는가?
- 내가 진정으로 좋아하고 끌리는 가치는 무엇인가?

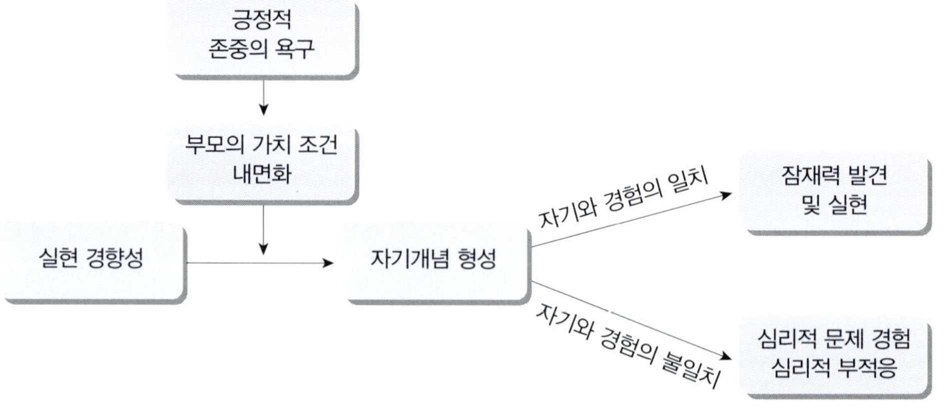

[그림 1-7] 가치화 과정, 자기경험의 불일치와 심리적 부적응에 대한 Rogers의 설명 모델

조건적 사랑을 받으며 자란 학생은 자신의 특성과 경험을 있는 그대로 받아들이지 못하고 선택적으로 수용한다. 부모와 교사의 기대에 맞추고 이상적인 자기가 되기 위해 노력하면서 자신의 타고난 욕구와 괴리됨을 경험한다. 자녀의 욕구를 수용하지 않고 조건적 사랑으로 양육하는 부모는 학생의 자기불일치를 심화시킨다. **자기경험**이 불일치하면 마음에 위협과 불안이 생기고 불안을 방어하기 위해 자신의 유기체적 경험을 왜곡하거나 부인하게 된다. 예를 들면, 자녀가 항상 유쾌하고 선한 사람이 되리라 기대하는 부모가 있다. 자녀는 부모가 원하는 이상적 자기가 되기 위해 분노, 질투를 느낄 때도 그러한 정서는 자신의 것이 아니라고 합리화, 투사, 부정한다. 항상 부모가 원하는 사람이 되고자 함으로써 자기불일치와 불안한 심리적 상황에서 잠재력 발견과 자기실현은 어려워진다. 자기개념과 유기체적 경험이 괴리되면 불안해지고 혼란스러운 행동과 심리적 부적응이 생겨난다. 학생의 심리적 문제는 충분한 수용과 존중을 받지 못하였기 때문이다. 학생이 자신의 내적 자원을 발휘하여 성장하기 위해서는 타인으로부터 무조건적인 긍정적인 존중이 필요하다. 자유로움 속에서 자신의 삶을 생산적이고 보람 있는 방향으로 이끌며 자신의 행동과 결과에 책임을 질 수 있다.

활용 TIP

✓ 나의 자기개념에 대하여 생각해 보자.

- 나는 나 자신에 대해서 어떻게 생각하고 있는가?
- 나는 현재 있는 그대로의 나를 어떻게 평가하고 있는가?
- 내가 원하는 나의 이상적인 모습은 무엇인가?
- 나는 어떤 특성과 능력을 지닌 사람이 되기를 원하고 있는가?
- 나의 현실적 자기와 이상적 자기는 얼마나 불일치하는가?
- 가장 불만스러워하는 나의 측면은 무엇인가?

4. 대상관계: 충분히 좋은 엄마

1) 인간의 본질적 욕구: 사랑

타인과 관계를 맺고 지속하려는 것은 인간의 본능이다. 현재의 인간관계는 과거의 인간관계로부터 영향을 받았고, 타인과의 관계를 통해서 성격도 형성된다. 생애 초기에는 생각하는 능력도 없고 본능적 욕구와 환상이 무의식적으로 떠오르지만 무엇인지도 잘 모른다. 아이가 몸으로 표현하는 욕구와 충동을 주 양육자(어머니)가 아이의 입장에서 이해하여 잘 반응하고 적응해 주면 아이는 자신의 환상과 실제 경험이 만나면서 전능환상 경험을 한다. 내가 무엇인가를 창조한다는 전능환상 경험을 반복함으로써 자신만의 주관적 세계를 만들고 상상력과 창조성을 발달시킨다. 하지만 어머니가 아기의 욕구와 충동에 잘 반응하고 적응해 주지 못하면 아이가 만들어 낸 환상이 깨지면서 현실세계가 너무 빨리 자리 잡아 동심의 세계를 잃어버리고 생명력 있는 관계를 맺지 못하게 된다.

성격 발달의 기초는 만족스러운 **대상관계**(object relation)라고 할 수 있다. 생애초기의 대상관계는 성격과 이후 대인관계뿐 아니라 잠재력 개발과 자아실현에 많은 영향을 미친다. 태어나면서부터 처음으로 맺는 대상과의 관계가 우리의 자아형성과 발달에 큰 영향을 준다. 모성적 대상(어머니 또는 양육자)은 아동의 자아발달에 중심적인 역할을 한다. 대상관계란 유아기에 자신을 돌보아 주는 양육자에 대한 이미지에서 비롯되며, 이 이미지는 성장하면서 경험이 쌓이면서 변하게 된다. 대상을 사랑하고 그 대상에게 사랑받고자 하는 인간의 근본적인 욕구가 좌절될 때 어린 자아는 손상을 입게 된다. 손상을 입은 자아는 현실의 대상을 두려워하고, 대상을 사랑하지 못하는 병을 앓는 동시에, 자신을 흥분시키거나 거절하는 나쁜 대상들로 가득한 내면세계를 형성하게 되는데, 이 내면세계는 현실세계와 동떨어진 세계이다.

아이가 엄마에게 사랑받지 못한다고 느낄 때 자신이 사랑받을 만하지 못한 수치스런 존재라고 느낀다. 자신의 사랑이 엄마에게 받아들여지지 않는다고 느낄 때 자신의 사랑이 나쁜 것이고 위험한 것이라고 느낀다. 상처 입은 아이의 자아는 분열되고 억압되는데 그 과정에서 자신에게 좌절을 주는 나쁜 대상의 이미지와 내면세계가 결합된다. 그 결과, 대상을 두려워하고, 사랑을 두려워하고, 삶을 두려워하는 병이 생긴다. 하지만 나쁜 대상도 대상이며 그런 대상이 없는 것보다 낫다고 느끼기 때문에 나쁜 대상에게 애착을 느끼며 떠나보내려 하지 않는다. 성인이 되어서도 타인에게 관심을 갖고 사랑을 주고받기보다 자기 자신에게 사랑이 집중되는 것을 병적인 자기애라고 한다.

반면, 부모의 수용적이고 일관된 태도는 아동에게 **충분히 좋은 대상**(a good enough object)으로 내면화되어 인간에 대한 근본적인 신뢰를 형성한다. 유아를 실제 신체적으로 안아 주는 것뿐만 아니라 신체적이고 심리적인 성장과 발달에 속하는 매일의 작은 변화들을 촉진하는 충분히 좋은 모성적 돌봄(good enough mothering)을 제공하는 전체 환경이 중요하다. **충분히 좋은 엄마**(good enough mother)**는 아이의 모든 욕구를 충족시켜 주는 완벽한 엄마가 아니라, 성장하면서 필요한 적절한 좌절도 제공하는 엄마이다.** 지속적인 보살핌과 섬세한 기술을 통해 돌보며 충분히 좋은 엄마로서의 인식과 공감에 기초해서 돌보는 것이다. 부모를 사랑하고 애정을 교환하는 경험을 통해서 자신의 존재가치와 소중함을 느끼게 된다. 대상관계는 좋은 경험을 통하여 변화 가능하므로 학생이 보다 좋은 대상을 경험할 수 있는 돌봄의 환경을 제공해야 한다.

2) 진정한 자기 vs 거짓 자기

우리는 성장하면서 부모나 타인과의 관계에서 진정한 자기(true self)를 숨기고 꾸미는 거짓 자기(false self)의 모습을 보인다. 부모나 타인으로부터 인정받기 위해서 그들의 기대나 요구에도 맞추어야 한다는 것을 배우게 된다. 나이가 들면서 점차 진정한 자신의 욕구를 숨기거나 억압하고 거부하면서 부모와 타인의 욕구를 자신의 것으로 받아들이는 모순을 경험한다. 이러한

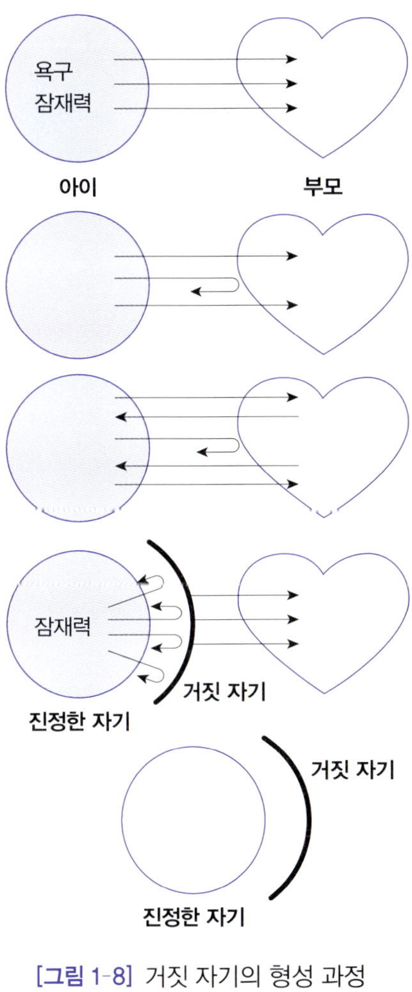

1. 아이의 욕구와 잠재력이 부모의 무조건적인 사랑에 의해 수용된다. 이 과정에서 아이는 상상력, 창조성과 잠재력을 개발할 수 있는 힘을 서서히 얻게 된다.
2. 아이의 욕구 중 일부가 부모에 의해 거부된다. 이 과정에서 아이의 환상이 깨지고 주관적 세계 형성을 방해받게 된다. 아이가 갖고 있는 잠재력의 일부는 방해를 받고 개발이 저지된다.
3. 아이의 많은 욕구들이 부모에 의해 거부되며 동시에 부모의 욕구를 받아들이도록 교육된다. 아이의 환상이 깨지고 전능환상 경험을 할 수 없으며 현실세계가 너무 빨리 자리 잡게 된다. 이 과정에서 아이의 잠재력은 더욱 억제된다.
4. 앞의 과정을 거치는 동안에 아이는 원래의 진정한 자기를 숨긴 채 남에게 보이고 인정받기 쉬운 거짓 자기를 발달시키게 된다. 아울러 그 거짓 자기의 벽 때문에 상상력, 창조성과 잠재력이 개발될 기회는 차단되고 점차로 힘을 잃게 된다.
5. 성장 과정에서 거짓 자기의 벽은 점점 두꺼워지고 상상력, 창조성과 잠재력은 죽어 가게 된다.

[그림 1-8] 거짓 자기의 형성 과정

모순의 경험은 초기에는 의식적 차원에서 이루어지지만 반복될수록 습관화되고 무의식화되어 성격으로 굳어져 간다.

변화하는 현대 사회 속에서 개인의 역할과 과제, 의무가 많아지고 성취 기대와 욕구 수준도 높아진다. 사회에서 낙오되지 않기 위해서 스트레스, 좌절, 불안을 경험하면서 진정한 자기 욕구는 억압하고 잠재력은 퇴화되는 반면, 거짓 자기는 강화되어 진정한 자기와 거짓 자기의 괴리는 깊어진다. 이러한 과정에서 차츰 진짜 자기를 잃어버리고 자기와의 진정한 만남, 즉 참만남(encounter)을 못 하게 된다. 특히 초기 부모와의 관계에서 사랑의 문제가 있는 학생은 더욱 문제가 된다.

진정한 자기를 이해하지 못하면 단단한 거짓 자기의 벽에 갇혀서 스스로를 소외시키고 고독하게 된다. 타인과의 만남도 자기와 타인의 거짓 자기가 만나는 스침의 관계를 지속하기 때문에 표피적이고 가식적인 만남으로 끝난다. 이러한 학생들은 또래 관계에서 가식적이라는 피드백을 받기 쉽고 스스로도 공허하고 외로움을 느낀다. 사람들 속에서 살아가지만 진정한 참만남의 기회를 갖지 못하기 때문에 군중 속의 고독을 경험하고 소외되어 간다.

제2장

알기 쉬운 뇌과학과 행동 · 인지 중심의 심리학

1. 행동주의: 마음도 학습된다

1) 적응과 부적응 행동의 학습

행동주의에서는 마음의 문제를 내면적 현상보다 객관적인 관찰과 측정이 가능한, 겉으로 드러나는 행동으로 설명한다. 우리의 모든 행동은 후천적으로 학습되었으며 환경 속에서 배운 것이다. 부적응 행동은 학습이 잘못된 것이다. 정신병이나 질환이 아니라 일종의 학습 착오다. 더구나 부적응 행동은 문화적으로 상대적이어서 어떤 문화에서 부적응이어도 다른 문화에서는 정상인 경우도 얼마든지 있다. 그러나 신체적 결함(뇌 손상 등)에 의한 비정상적인 행동은 병리로 보아야 한다는 것이 행동주의의 입장이다.

우리의 행동은 학습심리학 등에서 발견된 학습 원리의 지배를 받는다. 부적응 행동과 마음의 문제가 학습되는 것도 고전적 조건화, 조작적 조건화, 사회적 학습(모델링, 관찰학습, 모방학습 등) 원리로 설명된다. 예를 들면, 공포반응은 고전적 조건형성에 의해 습득될 수 있다. 다양한 중성적 조건자극이 공포를 유발하는 무조건 자극과 반복적으로 짝지어지면 공포반응이 생긴다. 특정 공포증은 대리학습, 정보전이, 관찰학습으로 습득될 수 있다. 예를 들면, 어머니가 개를 무서워하면 자녀가 어머니의 공포반응을 관찰하면서 개에 대한 두려움을 학습하게 된다. 어머니는 자녀에게 "개는 위험해. 물 수도 있어. 피해야 해."라는 정보를 언어적 · 비언어적으로 전달하고 자녀는 개에 대해 공포를 느끼게 된다.

우울은 환경으로부터 긍정적 강화가 약하기 때문에 일어난다. 우리가 우울하지 않고 즐겁게 살기 위해서 일상생활 속에서 칭찬, 보상, 도움, 지지, 유쾌함 등의 다양한 긍정적 강화가 필요하다. 이런 긍정적 강화가 상실되었거나 강화를 유발하는 행동이 줄어들었거나 우울 행동이 강화되었을 때 우울증이 나타난다. 예를 들면, 시험 성적이 안 좋거나 친한 친구와 결별하는 등 긍정적인 강화의 원천이 없어져서 일상생활 속에서 즐거움 경험이 감소하고 불쾌한 경험이 많아졌기 때문이다. 사회적 기술이나 불쾌한 상황에서 대처하는 기술이 부족하면 긍정적인 강화가 결핍된 상태가 지속되어 우울감에 빠질 수 있다.

적응 행동은 부적응 행동을 학습할 때와 동일한 원리로 학습시킬 수 있다. 행동조성, 역조건형성, 체계적 둔감법, 노출 및 홍수법, 사회적 기술훈련과 같은 방법으로 적응적인 행동을 배울 수 있다. 다음과 같은 상황을 행동주의에서는 개입과 지도가 필요하다고 인식한다.

보충 TIP

행동주의 관점에서 개입과 지도가 필요한 상황

- 전혀 적응적인 행동을 하지 못할 때, 그 행동을 습득시켜 주는 것
- 적응적인 행동을 하지만 잘못하거나 빈약할 때, 이를 강화시켜 주는 것
- 부적응적인 행동을 과도하게 할 때, 그 행동을 제거시켜 주는 것
- 적응적인 행동인데도 이를 과도하게 할 때, 그 행동을 적절한 수준으로 약화시켜 주는 것

예를 들면, 불을 적당히 두려워하는 것은 적응적인 행동인데 지나치게 두려워하는 경우, 손을 깨끗이 씻는 것은 적응적인 행동인데 지나치게 자주 심하게 손을 씻는 경우 등

Bandura는 타인의 행동을 관찰하고 모방함으로써 우리는 새로운 행동을 배운다고 하였다. 우리는 다른 사람의 이타적 행동, 공격적 행동, 공포반응을 관찰함으로써 배우게 된다. 교실과 같은 사회적 상황에서 다른 사람의 행동을 관찰, 모방하여 학습하는 것이 **사회적 학습**(social learning)이다. 학생은 부모, 교사, 선배, 또래의 행동을 흉내 내어 따라 함으로써 행동을 배운다. **모방학습**(modeling learning)은 가장 단순한 사회적 학습으로, 생각하지 않고 자신도 모르게 배운다. 예를 들면, 부모, 교사, 또래의 난폭한 말과 폭력적 행동을 자동적으로 모방하게 된다. **대리학습**(vicarious learning)은 다른 사람이 하는 행동의 결과를 관찰하여 배우는 것이다. 예를 들면, 친구의 행동을 교사가 처벌하는 것을 보고 그 행동을 덜 하게 되고, 이타적 행동을 칭찬하는 것을 보고 그 행동을 배우게 된다. **관찰학습**(observational learning)은 다른 사람의 행동을

관찰해 두었다가 비슷한 행동을 하는 것이다. 예를 들면, 범죄 영화에서 주인공의 행동을 유심히 관찰해 두었다가 자기가 증오하는 사람에게 비슷하게 행동한다거나 자신이 관찰한 내용을 기억해 두었다가 행동을 하는 것이다. 공격적 행동, 불안과 같은 부적응 행동은 전염되듯이 배울 수 있다. 학생들이 모델링하도록 교사가 긍정적이고 친사회적인 행동을 하고 학급 분위기를 조성하는 것이 중요하다. 좋은 환경에서 긍정적인 행동도 자연스럽게 학습된다.

적응 행동을 어떻게 해야 하는지 잘 모르는 학생에게 적응 행동을 학습시키는 데 효과적인 것은 사회적 학습이다. 예를 들면, 대인관계 기술이 미숙한 학생에게 학급에서 인기 있고 호감이 가는 또래의 행동을 모방하도록 한다. 인사를 잘하고 웃으면서 말을 건네는 모습을 관찰하게 하여 비슷하게 행동하도록 유도하는 것이다. 학생의 노력에 대해 교사가 적절하게 강화를 하면 더욱 효과적이다.

2) 자기효능감: 나는 할 수 있다

(1) 노력과 자신감의 원천 자기효능감

'나는 무엇인가를 할 수 있다.'라는 자기효능감은 삶의 목표와 학업 성취에 있어서 매우 중요하다. 높은 성적과 수행 결과만 중요한 것이 아니라 그것을 수행하는 시간도 인생의 과정이다. 학생이 자신에 대한 믿음을 가지고 능력을 펼치고 극복해 가며 자신감을 향상시키는 과정에서 단단한 자아정체감이 형성된다. Bandura가 제시한 **자기효능감**은 어떤 결과를 이루기 위해 필요한 행동을 조직하고 수행하는 데 스스로 판단하는 자신의 능력이다. '내가 성공적으로 무언가(과업)를 수행할 수 있다.'라는 자신의 능력에 대한 확신과 기대이다. 자기효능감은 기술이 아니라 기술을 어느 정도 수행할 수 있는지에 대한 판단이다. 내가 하는 활동의 난이도를 선택하고, 얼마만큼의 인내와 끈기를 가지고 노력을 쏟으며 그 일을 지속적으로 잘 수행하는가에 대한 것이다.

학생의 자기효능감이 어떠한가에 따라 어떤 일을 선택하거나 결정하고 행동으로 옮기는 과정은 달라진다. 예를 들면, 얼마나 큰 노력을 기울일 것인지, 위기상황이나 어려움에 직면하였을 때 얼마나 오래 참고 견디어 낼 것인지, 위기상황을 어떻게 극복해 나갈 것인지, 어떠한 상황에 대하여 얼마나 긍정적인 사고를 갖는지, 매우 부담되는 환경에서 얼마나 많은 스트레스를 받을 것인지, 어떠한 수준의 성취를 실현할 것인지 등이다. 자기효능감이 높은 학생은 긍정적으로 생각하고 행동에 자신감과 일관성이 있어서 더 나은 성과를 얻는다. 힘든 상황에서 대처 능력이 없다고 여기는 학생은 회피하지만, 대처 능력이 있다고 여기는 학생은 자신감을 가지고 대처 행동을 한다. 자기효능감은 현재뿐 아니라 미래의 행동에도 영향을 주며, 학업과 자기관리에 있어서 무엇보다 중요하다.

(2) 자기효능감이 시작되는 근원

① 성취 경험

학생이 목표와 과업을 완수해 본 경험이 가장 중요하다. 어떤 일에 성공적인 성취 경험을 하면 자기효능감은 높아지고 실패하면 감소한다. 실패의 영향은 일정하지 않고 시기와 전체적인 상태에 따라 결정된다. 반복된 성공으로 자기효능감이 형성되면 일시적인 실패에도 부정적인 영향을 덜 받는다. 학교의 교육과정과 진도, 요구되는 성취수준은 모든 학생의 자기효능감을 증진시키기 어렵다. 학생 개개인의 수준과 가능성을 적절하게 설정하여 작은 성취라도 경험한다면 '나는 할 수 있다.'라는 마음의 밑거름이 된다.

② 대리적 경험

학생이 타인의 성공적인 성취를 보면 자신도 그러한 일을 할 수 있다는 자신감을 갖게 된다. 반대로 타인이 큰 노력에도 불구하고 실패하는 것을 보면 자신의 능력을 낮게 평가하고 노력도 적게 할 뿐만 아니라 자신감을 미리 상실하게 된다. 학생에게 좋은 모델이 되는 사람이나 책, 동영상 등에 나타난 성공 경험을 통해 배울 수 있다. 사회적 비교를 통한 대리적 경험은 자신이 직접 성취한 경험보다 자신의 능력과 관련이 적어서 효과가 쉽게 변화한다.

③ 언어적 설득

학생에게 '너는 어떤 일을 효과적으로 수행할 수 있는 능력을 지녔다.'라고 말해 주는 것이다. 쉽게 사용할 수 있기 때문에 가장 보편적으로 사용된다. 대리적 경험과 마찬가지로 언어적 설득도 학생의 실제 경험에 기초한 것이 아니기 때문에 언어적 설득으로 생긴 자기효능감은 약하고 무너지기 쉽다. 학생이 뛰어난 언어적 설득으로 수행 능력에 대한 효능감을 가져도 단 한 번의 실패에 쉽게 무너질 수 있다. 이런 경우에는 설득을 한 사람뿐만 아니라 자신에 대해서도 불신감을 가질 수 있다.

설득자의 권위, 신뢰성, 확실성 및 노력 정도에 따라 언어적 설득이 미치는 영향은 다르다. 언어적 설득은 그 자체로도 자기효능감에 영향을 미치지만 다른 요인들과 상호 작용을 하여 영향을 준다. 언어적 설득을 통해 학생은 더 큰 노력을 하면서 어려움을 극복하도록 고무되고, 효율적인 행동 방식에 대한 잠정적인 도움을 얻을 수 있다. 그 결과로 수행이 향상되고 성공적인 성취 경험을 한다면 더욱 좋은 영향을 준다.

④ 생리적 · 정서적 상태

불안이나 공포 상황은 생리적 · 정서적으로 흥분하게 하여 자기효능감에 영향을 준다. 예를 들면, 시험 전에 긴장하거나 속이 아프면 '나는 잘 못할 것 같다.'라는 생각이 든다. 무엇 때문에 흥분하였다고 지각하는가에 따라 자기효능감에 대한 영향은 달라진다. 생리적 · 정서적 흥분이 무엇 때문이라고 판단하는 과정에 포함되는 요소들은 다음과 같다.

보충 TIP

생리적 · 정서적 흥분의 원인을 판단하는 요소

- 흥분의 원인에 대한 귀인이다. 예를 들면, 흥분의 원인을 자신의 무력함 때문이라고 생각하는 학생은 외부환경 때문이라고 생각하는 학생보다 자기효능감이 낮다.
- 과거의 정서적 각성과 수행 경험이다. 생리적 · 정서적 각성으로 과제 수행의 촉진을 경험한 학생과 저해를 경험한 학생은 생리적 · 정서적 각성에서 느끼는 자기효능감이 다르다.
- 복합적인 환경적 요인들 가운데 무엇을 생리적 · 정서적 각성의 원인으로 생각하고 의미를 부여하느냐이다. 환경적 요인을 무엇으로 생각하느냐에 따라 판단 과정을 통해 자기효능감은 달라진다.

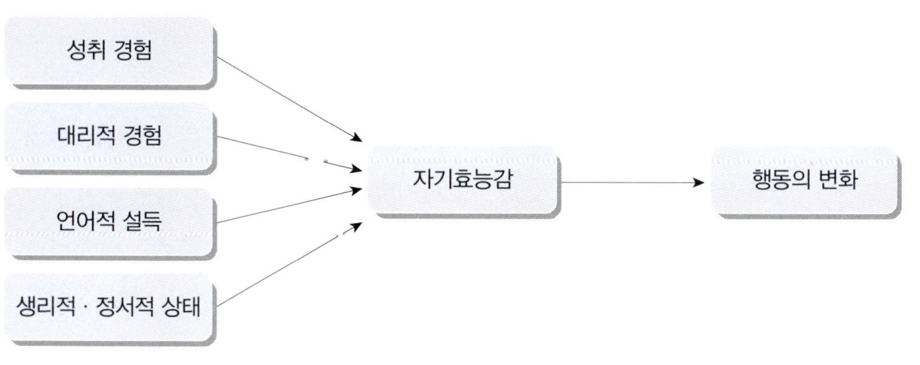

[그림 2-1] 자기효능감이 시작되는 근원

2. 인지 행동: 생각하는 대로 느끼고 행동한다

1) 비합리적 신념과 자동적 사고

Beck과 Ellis와 같은 심리학자들은 우리의 심리적 혼란은 대부분 인지 과정의 혼란으로 인해 생겨나고, 인지를 바람직하게 변화시키면 정서와 행동도 긍정적으로 변화한다고 하였다. 우리는 모두 성장 과정에서 생겨난 고정된 인지도식을 가지고 있다. 행동 이상과 병리적 문제는 성장 과정에서 만들어진 고정된 도식으로 인해 왜곡된 생각 때문에 일어난다. 학생의 부정적 감정을 일으키는 사건에 대한 해석과 기대, 가정을 이해하는 것이 핵심이다. 학생의 부정적 행동과 감정의 원인이 되는 부정적 가정과 규칙을 확인하고, 보다 현실적이고 긍정적인 규칙과 기대를 갖도록 인지적 재구성과 대안적 방법을 발견해야 한다.

인지를 중요하게 생각하는 심리학은 그리스의 스토아 철학에 뿌리를 두고 있다. Epictetus는 "사람은 사건 자체가 아니라 사건에 대한 생각에 의해 고통받는다."라고 하며 우리의 삶에 있어서 주관적 인식의 중요성을 강조하였다.

(1) 비합리적 신념과 바람(wants)

적응적인 삶을 살기 위해서는 합리적으로 생각하는 것이 중요하다. 여기서 합리적이라는 말은 감정을 배제하거나 무시한다는 뜻이 아니다. 합리적인 사람은 오히려 감정이 풍부하며 힘들 때 실망하고 괴로워하기도 한다. 합리적인 것은 자신의 목표와 의도를 달성하고 삶을 이롭게 하는 것이고, 비합리적인 것은 목표와 의도를 방해하고 삶을 해롭게 하는 것이다. 우리는 누구나 어느 정도 비합리적 신념을 가지고 있다. Ellis는 비합리성에 근거한 당위적 요구(demands, musts, shoulds)가 불행과 부적응의 주된 원인이라고 하였다. 당위적 요구는 자신이나 타인이 반드시 따라야 한다는 생각이며, 그에 부응하지 못하면 강렬한 부정적 감정이 생기고 자기파괴적인 결과를 초래한다. 우리는 당위적 요구를 바람으로 바꾸어야 한다. 바람은 중요한 일이나 대인관계에서 이루어지기를 원하는 소망으로서 열의를 지니고 노력하게 만드는 삶의 건강한 원동력이다.

활용 TIP

✓ 비합리적 신념 탐색과 바람으로 바꾸어 보기

비합리적 신념 (demands, musts, shoulds)		바람 (wants)
(자신) 나는 친구보다 반드시 똑똑해야 해.	➡	(자신) 나는 친구보다 똑똑하면 좋겠어.
(타인) 친구는 꼭 내 편을 들어 줘야 해.		(타인) 친구가 내 편을 들어 주면 좋겠어.
(세상) 세상은 항상 공정해야 해.		(세상) 세상이 공정했으면 좋겠어.

- 자신, 타인, 세상에 대한 비합리적 신념을 '나는 반드시 ~해야 한다.' '타인은 반드시 ~해야 한다.' '세상은 반드시 ~해야 한다.'라고 먼저 적어 본다. 어떤 마음과 기분이 드는지 느껴 본다.
- 비합리적 신념을 '나는 ~하면 좋겠다.' '타인은 ~하면 좋겠다.' '세상은 ~하면 좋겠다.'의 바람으로 바꾸어 적어 본다. 어떤 마음과 기분이 드는지 느껴 본다.

활용 TIP

✓ 생각을 바꾸면 세상이 달라진다

인생은 마음먹기에 달려 있다. 똑같은 상황에서도 어떻게 생각하느냐에 따라 기분이 달라지며 세상도 다르게 보인다. 이러한 것을 절실히 느꼈던 경험을 떠올려 보자. 주변 사람들과 이야기를 나누거나 적어 보아도 좋다.

(2) 자동적 사고와 부정적 감정, 행동

Beck의 **자동적 사고**는 심사숙고하거나 합리적으로 판단한 결과가 아니라 아주 빠르게 떠오르기 때문에 자동적인 것처럼 느껴지는 생각이다. 생활사건을 접하면 자동적으로 생겨나고 매우 빠르게 의식 속을 지나가기 때문에 우리는 명료하게 인식하지 못하고 우울감 같은 부정적 감정만이 인식된다. 우리는 내 마음속에 자동적 사고가 있다는 것을 인식하기 힘들 뿐만 아니라 그 생각이 타당한지를 검토하지 못하고 무비판적으로 받아들인다. 예를 들면, 우울한 학생은 자기, 타인, 세상에 대해 부정적인 생각을 가지고 있다. 이러한 생각은 잘 인지되지 않다가 생활 속에서 어떤 사건이 발생하면 마음속에 자동적으로 생겨난다. 예를 들면, 학생이 공부를 할 때 '이것은 너무 어렵다. 나는 결코 이것을 이해할 수 없을 것이다.'라는 생각이 스쳐 지나가고 배가 아파 책을 덮으며 슬픔을 느낀다. 이러한 자동적 사고의 깊은 곳에는 '나는 무능력하다.'와 같은 핵심신념이 자리 잡고 있으며, 우리를 괴롭히는 부정적인 핵심신념은 인식하기가 매우 어렵다.

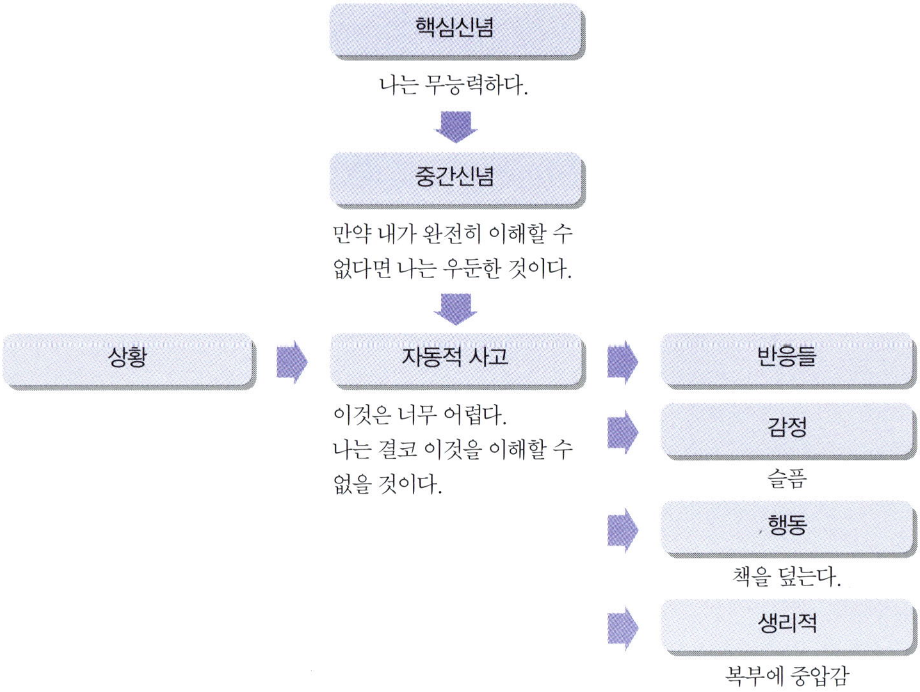

[그림 2-2] Beck이 설명하는 심리적 문제와 관련된 인지 모델

활용 TIP

✓ 자동적 사고 탐색하기

일상적 경험 속에서 자동적 사고를 찾아볼 수 있다. 최근에 가장 불안하였던 경험, 우울하였던 경험, 화가 났던 경험을 하나씩 선택한다. 그 감정을 유발한 자동적 사고를 찾아본다. 일주일 동안 매일 자신의 경험을 적어 보고 분석하여 자동적 사고를 찾아본다.

(3) 생활사건의 잘못된 해석: 인지적 오류

자동적 사고의 내용은 현실을 과장하거나 왜곡되어 있다. 인지적 오류는 현실을 실제보다 부정적으로 왜곡하거나 과장함으로써 부정적 감정과 행동을 발생시킨다.

- 흑백논리: 이분법적 사고라고도 하는데 생활사건을 이분법적으로 해석하는 것이다. 예를 들면, 학생이 자신의 성취를 성공 아니면 실패로 평가하거나 타인의 반응을 칭찬 아니면 비난으로 해석하는 것이다. 중간의 회색지대를 생각하지 못한다.
- 과잉일반화: 특수한 상황에서의 경험을 일반적이고 무관한 상황에도 적용하는 것이다. 예를 들면, 학생이 시험에서 몇 번 원하는 결과를 얻지 못하였을 때, 나는 어떤 일에서든 노

력에 상관없이 항상 실패할 거라고 믿는 것이다.

- **정신적 여과**: 특정한 사건과 관련된 일부의 정보만 선택적으로 받아들여 그것이 마치 전체인 듯 의미를 부여하는 것이다. 예를 들면, 학생이 발표를 하였을 때 대부분의 또래가 긍정적으로 반응하였는데 소수의 부정적인 또래들에게만 주의를 기울여 자신의 발표를 실패한 것으로 평가하고 낙담하는 것이다.
- **의미확대와 의미축소**: 어떤 사건의 의미나 중요성을 실제보다 지나치게 확대하거나 축소하는 것이다. 예를 들면, 우울한 학생은 부정적인 일의 의미는 크게 확대하고 긍정적인 일의 의미는 축소한다. 친구의 칭찬은 듣기 좋으라고 별 뜻 없이 한 말이라고 축소하는 반면, 친구의 비판은 평소의 속마음을 드러낸 중요한 일이라고 의미를 확대하여 받아들이는 것이다.
- **개인화**: 자신과 관련 없는 사건을 관련된 것으로 해석하는 것이다. 예를 들면, 학교 교정의 벤치에 앉아 있는 또래들이 웃는 소리를 듣고 자신의 외모나 행동을 비웃는 것이라고 받아들이는 것이다.
- **잘못된 명명**: 타인의 특성이나 행위를 과장되거나 부적절한 명칭을 사용하여 이야기하는 것이다. 예를 들면, 자신의 잘못을 과장하여 '나는 실패자다.' '나는 인간쓰레기다.'라고 부정적인 명칭을 사용하는 것이다.
- **독심술**: 충분한 근거 없이 타인의 마음을 제멋대로 추측하고 단정하는 것이다.
- **예언자**: 마치 미래에 일어날 일을 예언하듯이 단정하고 확신하는 것이다.
- **감정적 추리**: 현실적인 근거 없이 막연히 느껴지는 감정에 근거하여 결론을 내리는 것이다.

보충 TIP

우리는 겁쟁이 유전자를 이어받았다

Beck은 우리의 성격 문제를 진화론과 정보 처리 모델을 적용하여 설명하였다. 진화심리학에서는 인간의 성격 패턴을 생존과 번식을 위한 적응방략이라고 설명한다. 진화론에 의하면 우리는 용감하기보다 겁쟁이이다. 원시 시대에 다른 부족이나 맹수가 침입하였을 때 용감한 원시인이 앞장서서 싸웠을 것이다. 용감한 원시인은 멋있기는 하지만 싸우다가 위험에 처할 가능성이 높아서 자신의 DNA를 남기기 어려웠다. 겁쟁이 원시인은 용감한 원시인보다 멋있지는 않지만 상대적으로 많은 DNA를 남겼을 가능성이 있다. 현대인은 겁쟁이 원시인의 유전자를 많이 이어받았다. 겁쟁이 유전자는 현대인이 외부환경에 적응하는 데 필요한 민감성을 제공하지만, 너무 과도하고 민감하면 우울, 불안, 성격 문제 등의 원인이 될 수 있다. 현대인의 성격장애는 원시

시대의 적응방략이 과장되게 표현된 것이며 정상적인 성격과는 정도의 차이가 있을 뿐이다. 우리는 누구나 우울, 불안, 성격 문제 등을 경험할 가능성이 있다.

2) 소크라테스식 대화

학생의 비합리적이고 자동적인 사고를 변화시키는 방법은 다양하지만 소크라테스식 대화가 도움이 된다. 학생이 스스로 자기 신념의 비합리성을 깨닫고 해결책을 찾도록 돕게 된다. 학생이 자신의 생각을 자각하고 평가할 뿐만 아니라 스스로 대안적 생각을 발견하게 된다. 소크라테스식 질문은 ① 학생이 자신의 문제를 구체적이고 명확하게 이해하고, ② 학생의 생각, 심상, 신념을 포착하도록 도우며, ③ 학생으로 하여금 어떤 사건에 부여한 의미를 재검토하게 하고, ④ 부정적 생각과 행동의 결과를 평가하도록 한다.

주의할 점은 교사가 학생과 서로 신뢰와 믿음이 있는 관계를 형성하는 것이 우선되어야 한다는 점이다. 소크라테스식 대화는 학생의 생각이 잘못되었다는 것을 직설적으로 보여 주거나 학생이 자기모순에 빠지도록 하는 것이 아니다. 교사가 일방적으로 자신의 의견을 제시하기보다 질문을 사용하면 학생이 덜 위협적으로 느껴서 자신의 경험과 생각을 돌아보게 하는 것이다. 충고나 지시보다 적절한 질문을 통하여 스스로 유익한 결론에 도달하도록 하는 상호 작용 방식이다.

- 논리적 논박: 그 생각이 타당한가? 논리적 근거는 무엇인가? 그렇게 생각하는 것은 논리적 비약이 아닌가?
- 경험적 논박: 그 생각이 타당하다는 사실적 또는 경험적 근거는 무엇인가? 그렇게 생각하는 현실적 근거가 있는가?
- 실용적 · 기능적 논박: 그 생각은 학생이 추구하는 목적을 달성하는 데 도움이 되는가? 학생의 기분을 좋게 만드는 데 도움이 되는가? 학생의 인간관계를 좋게 만드는 데 어떤 도움이 되는가?
- 철학적 논박: 그 생각이 과연 학생을 행복하게 하는가? 학생의 인생에 있어서 어떤 의미를 지니고 있는가?
- 대안적 논박: 이 상황에서 좀 더 타당한 대안적 생각은 없는가? 학생의 삶을 효과적으로 만드는 생각은 무엇인가?

3. 뇌과학으로 이해하는 마음

인간의 뇌는 3층으로 나누어지고, 파충류의 뇌(뇌간과 소뇌), 포유류의 뇌(변연계), 영장류의 뇌(대뇌피질)이다. 대뇌피질은 의식 수준에서 기능하고, 뇌의 나머지 영역은 정보를 처리하고 기억하는 데 결정적인 역할을 하지만 무의식 수준에서 기능한다. 인간의 뜨거운 감정은 변연계의 편도체와 관련이 있고, 냉철한 이성을 발휘하는 것은 대뇌피질의 전전두엽과 관련이 있다. 청소년은 변연계 편도체의 활성화로 이성적인 판단보다 감정이 먼저 반응하는 특징이 있다.

1) 뜨거운 감정과 냉철한 이성

뜨거운 감정은 포유류의 뇌 영역인 변연계 **편도체**와 관련이 있다. 편도체는 아몬드 모양의 뇌 부위로 기억에 정서라는 색깔을 입히고 감정을 조절한다. 특히 마음의 안정에 중요한 역할을 하는 감정인 공포는 편도체를 통해 학습하고 기억한다. 공포는 편도체를 통해 뇌의 다른 부분에 정보를 전달하여 공포를 일으키는 상황이나 대상에 대해 도전하거나 회피하도록 한다. 위험이나 공포 상황에서 신속히 반응하여 피해야 할지 부딪쳐 보아야 할지를 판단한다. 냉철한 이성과 관련 있는 **전전두엽**은 전두엽의 앞부분에 해당하는 대뇌피질이다. 주로 추론하고 계획하며 감정을 억제하는 기능을 한다. 성격 표현, 계획하기, 의사결정, 사회적 행동 조율, 발화와 언어 조율 등과 관련이 있다. 즉, 생각과 행동을 조절하는 것을 담당한다.

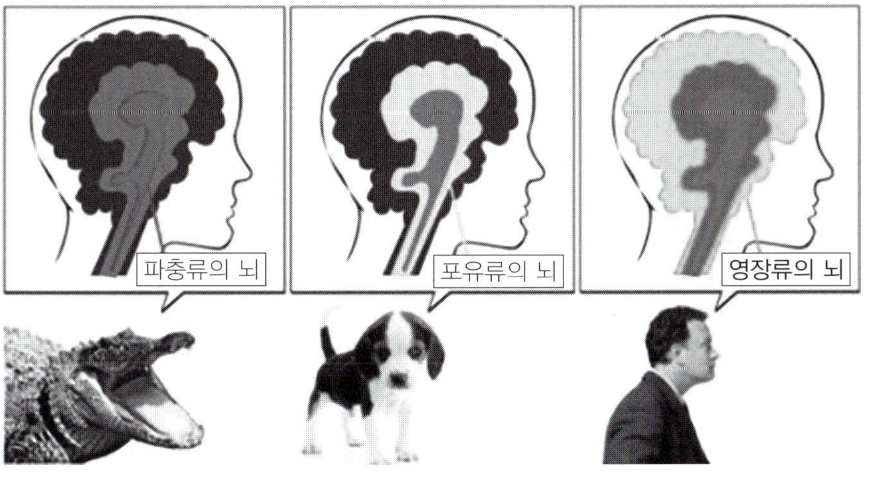

[그림 2-3] 뇌의 3층 구조

여기서 주목할 것은 우리가 목표를 달성하도록 심리적 에너지를 제공하는 것은 목표를 둘러싸고 있는 감정이라는 것이다. 계획을 세우는 일은 전두피질이 담당하지만 목표의 집행을 추동하는 것은 감정과 정서를 담당하는 편도체라는 것이다. 우리에게 정서적 반응이 매우 강한 사건은 잊히지 않고 기억된다. 두려움, 분노, 사랑, 기쁨, 슬픔 등 정서를 경험하면 편도체는 이를 깊이 기억한다. 뇌는 생존을 위해 감정가가 높은 정보에 가장 먼저 주의를 기울인다(Bryan Goodwin et al., 2020). 학생지도에서 이성적이고 논리적인 것만으로는 부족하다. 학생의 감정을 촉진하는 의사소통, 유머, 스토리텔링, 활동, 게임 등이 필요하다.

편도체가 손상되면 시각적 · 청각적 자극에 포함된 정서적 단서를 탐지하는 능력을 잃기 때문에 정서적인 정보 처리에 문제가 생긴다. 위협적인 얼굴 표정이나 소리를 알아채지 못하고 학습 능력이 저하된다. 공포 반응이 일어나지 않아 어떤 것도 두려워하지 않게 된다. Schlüter와 동료들(2018)은 미루는 습관이 있는 사람은 편도체가 크다고 하였다. 행동 결과에 대해 불안감을 더 느끼기 때문에 일을 시작하기 전에 망설이거나 미루는 경향이 있다. 일을 미루는 사람들은 사회적 관계를 담당하고 고통이나 불안, 질투 등을 느낄 때도 활성화되는 영역인 dACC와 편도체의 연결 능력이 부족하여 외부의 방해가 있거나 불안해지면 이를 조절하는 힘이 부족하다.

불안 등의 부정적 감정이 뇌를 지배하면 학습을 담당하는 전전두피질로 학습에 관한 정보를 올려 보낼 수 없다. **교사는 스스로 긍정적인 마음 상태를 유지하고 학생에게 긍정적 감정을 불어넣어야 한다.** 먼저 두려움, 불안 등이 없는 편안하고 주의 깊은 교사의 마음과 분위기가 중요하다. 긍정적 감정은 상위 뇌로 가는 정보의 통로를 활짝 열어 줌으로써 집중력을 높이고 학습을 강화한다(Tyng et al., 2017).

이와 함께 학생이 부정적 감정(예: 불안, 슬픔, 우울)으로 빠져들지 않도록 해야 한다. 상위 뇌로 향하는 정보의 통로가 막히기 때문이다. 학생이 부정적 감정을 느끼면 교사는 학생의 마음 상태를 긍정적으로 변화시키기 위해 적절한 활동을 하여야 한다. 학습자의 수준에 적절한 수업 진도와 편안한 수업 분위기, 창피를 당하지 않게 하고 실패를 너그럽게 용인하며 계속 도전하게 하는 학급 문화와 학습 분위기가 상위 뇌로 올라가는 통로를 막지 않는다.

편도체가 만들어 내는 감정은 우리의 생각과 의사결정을 뒤흔들지만 이 감정을 차분히 가라앉히는 것은 생각과 의사결정을 담당하는 전전두피질이다. 이는 학생의 전전두피질을 활성화시키는 교육이 중요하다는 것을 시사한다. 예를 들면, 학생이 문제를 호소할 때 "화가 나는 이유를 세 가지를 적어 보렴."과 같은 과제를 주는 것이 효과적일 수 있다.

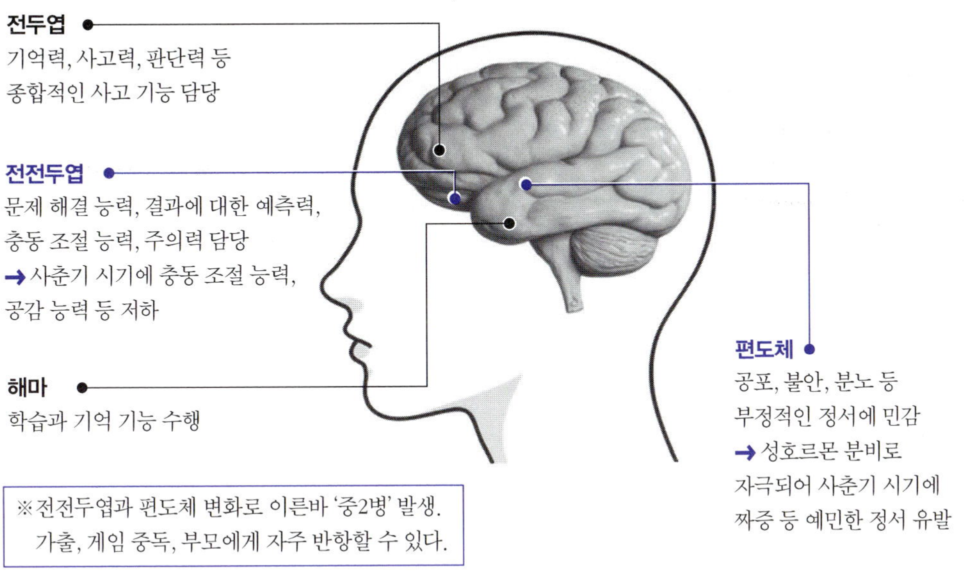

[그림 2-4] 전전두엽과 편도체의 기능

출처: 어린이 조선일보(2024. 3. 10.).

보충 TIP

편도체 하이재킹

편도체 하이재킹은 『정서 지능(Emotional Intelligence: EQ): 왜 IQ보다 더 중요한가』의 저자 Goleman이 최초로 사용한 용어이다. 분노, 공포 등으로 인해 심한 스트레스를 받을 때 강렬한 정서적 반응을 보이며, 이성의 뇌(생각하는 뇌)인 전전두피질의 기능이 일시적으로 마비되는 현상이다. 이성의 뇌로 향하는 혈류를 하이재킹해서 일시적으로 중단시키고 이를 공포와 같은 강렬한 감정 정보의 처리에 우선적으로 끌어다 사용한다고 붙여진 이름이다. 편도체 하이재킹은 편도체 부위의 과대한 대사작용 때문에 이성의 뇌로 정보를 보내는 통로가 순간적으로 좁아지거나 차단되는 현상이다. 이는 위협에 신속히 대처함으로써 위험으로부터 생명을 보호하기 위한 장치이다. 순간적으로 특정 영역으로 과전류가 흘렀을 때 두꺼비집 스위치가 내려가 다른 곳으로 향하던 정상적인 전류의 흐름이 중단되는 것과 같다. 편도체 하이재킹은 학교생활에서 일상적으로 빈번히 일어난다. 시험지를 받아 풀려는 순간 모르는 문제가 여러 개 있어 머리가 하얘지는 것도 편도체 하이재킹의 대표적인 예이다.

학생이 격한 감정이 치밀어 통제가 안 되는 상황을 생각해 보자. 이때 "선생님한테 어디 그런 불손한 태도야?"라는 반사적 반응을 보이면 안 된다. 이는 학생의 편도체 하이재킹에 선생님 역시 편도체 하이재킹으로 맞대응하는 것이다. 편도체 하이재킹을 예방하고 비이성적으로 대응하지 않기 위해 전문가들은 다음을 추천한다.

✦ 감정이 폭발하고 있다는 것을 깨닫는다.

감정이 폭발하고 있다는 것을 자각하는 것은 메타인지를 발휘하는 것이다. "나 지금 성질이 나고 있어. 목소리 톤이 올라가고 말이 빨라지며 스트레스 호르몬이 펑펑 분비되고 있고 맥박수가 올라가고 있으니 이 감정을 가라앉혀야겠어."라고 자신에게 말한다. 폭발 직전의 감정을 조금은 안정시킬 수 있다.

✦ 생각을 내려놓는다.

위협이나 스트레스를 받을 때 두려운 생각, 비판으로 꽉 찰 수 있다. 이런 생각들을 잠시 내려놓는 것이다. 과활성화된 편도체가 안정을 찾으면(편도체 하이재킹이 끝나면) 옳고 그른 것이 명확해진다.

✦ 심호흡 등으로 긴장을 푼다.

순간적으로 이성이 마비되어 후회할 일을 하지 않기 위해서는 긴장의 완화가 필수적이다. 불안과의 싸움을 넘어 긴장의 이완과 감정으로부터의 해방(release)이 필요하다. 편도체 하이재킹의 고비를 잘 넘기기 위해서는 심호흡 등으로 마음을 가라앉힌다. 격한 감정을 벗어나 이완의 단계로 접어들면 뇌는 안정을 찾고 이성의 뇌기능이 회복된다.

✦ 내가 어떤 사람인지를 떠올린다.

"네가 어떤 사람인지 또 어떤 사람이 되기 위해 태어났는지 기억하라, 특히 암울한 시기일수록."(영화 〈라이온 킹〉 대사 중)

출처: 이찬승(2023).

2) 반복적인 좋은 경험과 뇌 리모델링

환경적 자극이 풍부하면 뇌는 잠재 능력을 최대한으로 발휘한다. 다른 뉴런과 연결된 수상돌기가 많을수록 복잡한 정보를 더욱 많이 받아들일 수 있다. 환경적 자극이 많을수록 수상돌기는 다른 뉴런으로 정보를 받기 위해 가지를 뻗치고 수집한 정보를 더욱 쉽게 창의적으로 활용할 수 있다. 긍정적이고 적응적인 건강한 마음으로 변화하고 잠재력을 개발하기 위해서는 뇌가 재배선되도록 적절하고 풍요로운 환경이 필요하다. 좋은 교육과 학생지도는 학생의 뇌가 스스로 변할 수 있는 능력을 활용하는 데 풍요로운 환경으로 작용한다. 뇌 안에서 유용한 뉴런 간의 새로운 연결을 개발시켜서 새로운 신경망을 만들고 뇌를 변화시킨다.

뇌는 전 생애에 걸쳐서 구조적 · 기능적으로 변화한다. 뇌는 신경망을 스스로 다시 연결할 수 있고, 환경 변화에 민감하며, 다가오는 도전에 부응하기 위해 끊임없이 스스로를 재조직한다. **뇌 가소성**(brain plasticity)은 후천적 경험이나 환경에 따라 뇌가 구조적 · 기능적으로 변화하는 능력으로, 뇌는 신경망을 전체적으로 리모델링한다. **반복되는 경험**은 특정 시냅스의 사용 빈도를 변화시킨다. 시냅스는 구조와 기능을 변화시키고 조절함으로써 달라진 환경에 적응한다. 학습은 이러한 반복된 시냅스 가소성을 통해 이루어진다. 인간의 마음은 유전적으로 프로그래밍된 신경시스템이 성숙하면서 발달하고 개인이 지속적인 경험을 함으로써 형성된다. 뇌의 결과물인 마음이 다시 뇌를 조정하는 것 또한 시냅스 가소성 때문이다.

교사와 학생 간의 상호 작용으로 서로의 유사한 뇌 영역이 반응하여 발화되고 서로 간의 공감적 공명이 일어난다. 정서가 안정되고 편안할 때 학생의 뇌는 정보를 대뇌피질로 보낼 수 있고, 교사와 학생의 정서적 공명은 무의식적 변연계 작용과 전두엽에서 주의력을 높이는 동기를 제공한다. 외부의 환경자극은 긍정적 감성과 결합하여 뇌가 긍정적 마음을 일으키게 하고 마음이 변화하면 뇌 역시 변화한다. 좌뇌가 발달하기 위해서는 언어 자극이 필요하고 우뇌가 발달하기 위해서는 정서적 자극에 노출되어야 한다. 학생지도에서 언어적 자극뿐 아니라 정서적 다가감이 중요하다.

보충 TIP

청소년기의 뇌는 리모델링 중

청소년은 몇 가지 급진적인 변화를 겪는다. 사춘기에는 전두엽이 대대적인 리모델링을 한다. 감정을 담당하는 변연계는 사춘기에 거의 완성되지만 이성의 뇌인 전두엽은 사춘기에 한창 공사 중이다. 성숙한 어른이 되기 위해 건물을 짓고 도로를 만드는 것과 같은 큰 공사가 매일 진행된다. 그래서 말도 안 되는 엉뚱한 행동을 하고 고집을 부리는 등 속을 썩인다.

청소년기 뇌는 감정에 관여하는 편도체의 반응이 전두엽보다 빠르다. 그래서 이성적으로 판단을 내리기 전에 감정이 먼저 반응한다. 청소년의 사고와 행동은 변덕스럽고 감정적이며 자유분방하다. 사소한 일에도 쉽게 흥분하고 반항하며 이유 없는 불안이나 공포, 두려움에 시달리기도 한다. 청소년기에는 시각 기능을 담당하는 후두엽이 발달한다. 이 시기에는 보는 기능이 발달해서 자신의 주위를 훑어보고 자신과 타인의 차이를 선명하게 알게 된다. 그래서 외모를 꾸미려 하고, 화려하고 멋진 연예계 스타에 열광한다.

이 시기에 나타나는 특징들을 자연스럽게 느끼고 행동하도록 허용해 주며 자기 발전을 위한 성찰의 계기로 받아들이도록 해야 한다. 청소년기는 아동기와 마찬가지로 무수한 뉴런이 생성되고, 뉴런이 서로 연결망을 형성하는 시기이다. 이 연결망은 더 튼튼하게 발달할 수도 있고 쓸모가 없어져 제거될 수도 있다. 청소년기에는 다양한 경험을 통해 많은 것을 느끼면서 뇌를 발달시켜야 한다. 특히 이성적인 접근보다는 몸으로 직접 부딪치면서 깨닫게 해 주는 것이 좋다.

이 시기에 뇌를 발달시키지 못하면 많은 잠재력을 가진 뉴런들이 사라지게 된다.

✦ '나는 누구인가'라는 질문이 뇌를 발달시킨다

청소년기는 자신의 정체성을 확립해 가는 시기로, '나는 누구인가?' '왜 공부해야 하나?' 등의 질문을 자기 자신에게 끊임없이 던진다. 이는 삶의 방향을 정하고 학습에 대한 동기를 부여하는 중요한 과정이다. 이때 성인은 '무엇이 좋다.'라는 식으로 자신의 생각을 주입하지 말고 조언자로서 다가가야 한다. 청소년을 존중하고 힘들어하는 것을 충분히 들어 주며, '네 꿈이 무엇이냐?'라고 물어보면서 스스로 그 해답을 찾도록 하는 것이 좋다. 이런 질문을 되뇌는 동안 전두엽을 비롯해 학생의 뇌가 중요한 체계를 잡아 나간다.

학생은 성년이 된 자신의 모습을 그려 봄으로써 자발적인 학습 동기를 갖게 된다. 학습에 대한 동기를 명확하게 새기는 것은 인생의 나침반을 손에 쥐는 것과 같다. 단지 미래의 직업으로서 의사, 과학자, 판사가 중요한 것이 아니라 어떤 가치관을 가지고 어떤 직업을 선택할 것인가가 더 중요하다. 그래서 청소년에게 올바른 가치관을 형성할 수 있도록 안내해 주어야 한다. 1등이 되라는 교육이 아니라 예의를 갖추고 남을 배려하고 존중할 줄 아는 인격체로 성장하는 교육이 필요하다.

사춘기를 겪는 10대들과의 대화법도 달라야 한다. 거친 태도를 보이는 학생에게 즉각 화를 내고 야단치기보다는 왜 그러는지 관심을 기울이고 대화하려고 노력해야 한다. 부모나 교사가 자신을 이해해 준다고 느끼는 학생은 사춘기라 하더라도 크게 반항하지 않는다. 반항적인 태도를 보였다가도 이후에 자신이 잘못하였다는 것을 알고 행동을 고치려고 노력한다. 밝고 건강하고 행복하게 청소년이 자라날 수 있도록 어른들이 먼저 관심과 사랑으로 다가갈 때, 청소년은 자신의 뇌 속에 있는 무한한 잠재력과 가능성을 찾아갈 것이다.

출처: 브레인미디어(2014. 4. 8.).

제3장

기질과 성격으로 이해하는 학생의 마음

1. 학생의 기질에 대한 이해

1) 기질: 선천적 성향

기질(temperament)은 선천적으로 타고난 개인의 행동적 · 정서적 반응 경향성이다. 외부 자극에 어떻게 반응하고, 감정을 어떻게 표현하고 조절하는지에 대한 선천적인 성향이다. 기질은 개인차를 언급할 때 많이 사용되며, 기질에 따라 학생을 대하는 방식을 달리할 필요가 있다. Allport는 한 개인이 갖는 정서의 본질로서 유전적 특성에 바탕을 둔다고 하였고, Cloninger는 다양한 환경 자극에 자동적으로 일어나는 정서적 반응성향으로서 유전적 개인차를 의미하며 문화나 사회적 학습과는 무관하게 전 생애에 걸쳐 안정적으로 나타난다고 하였다.

- 선천적: 기질은 유전적인 요소가 강하며, 출생 직후부터 나타날 수 있다.
- 비교적 안정적: 시간이 지나면서 환경과 경험에 의해 조금씩 변할 수 있지만, 기본적인 경향은 비교적 안정적으로 유지된다.
- 행동 양식에 영향: 기질은 개인의 사회성, 정서 조절, 대인관계, 학습 등 다양한 심리적 발달에 영향을 준다.

2) 기질의 유형

Thomas와 Chess(1970)는 기질을 순한, 까다로운, 느린 유형으로 구분하였다. 이 유형들에 명확히 속하지 않는 아동은 혼합형(mixed pattern)으로 약 35%에 해당한다.

〈표 3-1〉 Thomas와 Chess의 기질 유형

기질	순한 기질 (easy type)	까다로운 기질 (difficult type)	느린 기질 (slow-to-warm-up type)
특성	• 규칙적인 생리적 리듬(수면, 식사 등) • 낯선 상황에서도 비교적 순응적이고 온화함 • 새로운 자극에 잘 적응함 • 긍정적인 기분을 자주 보임 • 적응이 빠르고, 기분이 안정적 • 약 40%의 아동이 해당	• 생리적 리듬이 불규칙 • 변화나 낯선 자극에 대한 적응이 느리고 저항이 많음 • 부정적인 감정을 자주 표현(울기, 짜증, 분노 등) • 기분 변화가 급격하고 강함 • 적응이 느리고 쉽게 짜증 냄 • 약 10%의 아동이 해당	• 활동 수준이 낮고, 새로운 자극에 대해 소극적 • 낯선 환경에 소극적 • 적응은 느리지만 시간이 지나면 점차 익숙해짐 • 감정 표현이 적고, 반응이 느림 • 정서 반응이 약하고 부정적이긴 하나 심하지 않음 • 약 15%의 아동이 해당

3) 기질의 차원

(1) Buss와 Plomin의 네 가지 기질 차원

Buss와 Plomin(1984)은 유전적 관점에서 기질을 이해하는 행동유전학적 이론을 제안하고, 기질을 유전에 기반한 비교적 안정적이고 지속적인 성격 특성이라고 하였다.

① 정서성(emotionality)

- 자극에 대해 얼마나 쉽게 정서적으로 반응하는가.
- 특히 부정적인 감정(불안, 두려움, 분노)을 얼마나 자주, 강하게 경험하는지를 나타낸다.
- 정서성이 높은 사람은 스트레스에 민감하고 쉽게 긴장하거나 우울해질 수 있다.

② 활동성(activity)

- 신체적 에너지 수준과 활동량의 일반적인 정도이다.
- 활동성이 높은 사람은 항상 움직이거나 활동적인 경향이 있다.

- 활동성이 낮은 사람은 조용하고 느긋하며, 에너지 소비가 적다.

③ 사회성(sociability)

- 타인과 함께 있는 것을 얼마나 선호하는가.
- 사회성이 높은 사람은 사람들과 어울리기를 좋아하고 외향적이다.
- 사회성이 낮은 사람은 혼자 있는 것을 선호하고 내향적일 수 있다.

④ 충동성(impulsivity)

- 행동을 즉흥적으로 하는 경향과 행동 조절 능력과 관련이 있다.
- 충동성이 높은 사람은 생각 없이 행동하거나 참을성이 부족할 수 있다.
- 충동성이 낮은 사람은 신중하고 자기통제력이 강한 편이다.

(2) Cloninger의 네 가지 기질 차원

Cloninger(1987)는 성격과 기질을 생물학적 기반에서 이해하고자 하는 심리생물학적 성격이론(psychobiological model of personality)을 제안하였다. 기질의 네 가지 차원은 유전적으로 서로 관련이 없지만 신경생물학적 체계와 관련이 있다. Cloninger의 네 가지 기질 차원은 성격기질검사(Temperament and Character Inventory: TCI)의 배경이 되었다.

〈표 3-2〉 Cloninger의 기질 차원

기질 차원	높은 사람	낮은 사람
자극(새로움) 추구(NS) • 새로운 자극에 대한 민감성과 탐색 행동 경향 • 충동적이고 모험심 강하며 지루함에 민감 • 관련된 신경전달물질: 도파민	충동적인, 주변을 활발히 탐색하는, 마음이 쉽게 변하는, 쉽게 흥분하는, 성질이 급한, 씀씀이가 헤픈, 화를 잘 내는	심사숙고하는, 경직되고 융통성 없는, 우직스러운, 태연자약하고 금욕적인, 성미가 느린, 검소하고 절약하는, 절제하는
위험회피(HA) • 위험, 벌, 실패 가능성에 대한 민감도 • 걱정 많고 소극적이며 회피 경향이 있음 • 관련된 신경전달물질: 세로토닌	조심성 많은, 미리 염려하고 걱정하는, 쉽게 지치는, 억제된, 비관적인, 두려움이 많은, 수줍어하는	자신감 있는, 걱정 근심이 없는, 정력적이고 활력이 넘치는, 거리낌이 없는, 낙관적인, 위험을 무릅쓰는, 사교적인

사회적 민감성(RD) • 사회적 보상(칭찬, 인정 등)에 대한 반응성과 의존성 • 따뜻하고 민감하며 타인과의 유대 중요 • 관련된 신경전달물질: 노르에피네프린	동정심 많은, 따뜻한, 감수성이 예민한, 감정이 쉽게 변하는, 마음을 여는, 의존적인	감정에 쉽게 영향을 안 받는, 정서적으로 차가운, 둔감하고 실용적인, 혼자 지내는, 거리를 두고 떨어져 지내는, 독립적인
인내력(P) • 실패에도 불구하고 목표를 향해 계속 노력하는 성향 • 인내심이 강하고 끈질기며 성취 지향적	부지런한, 끈기 있는, 성취에 대한 야망이 있는, 성공을 위해 많은 희생을 하는, 완벽주의적인	게으른, 의지가 약한, 야망이 없는, 능력보다 더 적게 성취하는, 실용주의적인

2. 학생의 성격에 대한 이해

1) 성격: 고유한 개성과 독특성

(1) 성격의 개념

성격은 개인의 특징적인 사고, 행동, 감정 양식으로 다른 학생과 구별되는 그 학생의 개성과 독특성이다. 어떤 사건이나 상황에서 독특하게 생각하고 느끼고 행동하는 **고유한 패턴**이며 시간이 흐르고 상황이 변해도 크게 변하지 않고 지속적으로 유지되는 스타일이다. 기질은 타고난 특성인 반면, 성격은 기질에 환경적 요소가 더해져 형성된 것이다. 기질은 성격의 기반이 되며, 성격은 경험과 학습을 통해 이루어진 더 복합적이고 변화 가능성이 큰 특성을 포함한다.

학생의 성격을 이해하면 그 학생이 앞으로 특정한 상황에서 어떻게 생각하고 정서적으로 반응하며 행동할 것인지 예측할 수 있다. 성격은 신체적·정신적 건강, 행복, 학업과 진로 등 삶의 모든 측면에 영향을 미친다. 교사가 학생의 고유한 성격을 잘 이해하여 좋은 관계를 맺고 적절히 지도하는 것은 참으로 중요하다.

(2) 성격을 구성하는 세 가지 영역

학생의 성격을 이해하기 위해서는 다음의 세 가지 측면을 통합적으로 이해하여야 한다.

① 개인적 특성(개인차)

학생은 저마다 독특한 개성을 지니고 있다. 각자의 삶에서 충족시키려는 욕망과 추구하는 가치가 다르다. 생활사건들을 해석하고 판단하는 방식도 다르다. 다양한 사건을 접하면서 체험하는 감정이 다르고 자신의 감정을 표현하고 대응하는 행동방식이 다르다. 학생의 성격적 개인차는 유전적 요인과 환경적 요인의 상호 작용에 의해서 결정된다.

② 집단공유적 특성

성격의 어떤 면은 성장하면서 접한 가정과 사회의 문화적 특성을 내면화하면서 형성된다. 성격을 이해하기 위해서 학생이 속한 집단 구성원들이 공유하는 심리적 특성을 이해하는 것이 중요하다. 또래집단이 공유하는 문화, 종족이나 민족, 생활문화권, 사회경제적 계층, 교육수준, 성별 등이 이에 해당된다. 예를 들면, 다문화 학생의 경우 부모의 종족과 민족 문화가 학생에게 미치는 영향을 파악할 필요가 있다.

③ 인간보편적 특성(인간 본성)

우리는 모두 개성적 존재이지만 모든 인간이 공유하는 보편적인 심리적 속성도 지니고 있다. '인간은 어떤 존재인가?' '인간은 선한 존재인가 악한 존재인가' '인간이 생존과 번식을 위해 발달시킨 심리적 기제와 전략' 등 인간의 본성에 대한 보편적 속성을 이해하는 것이 필요하다. 우리는 끊임없이 인간 존재에 대한 배움과 성찰을 해야 한다.

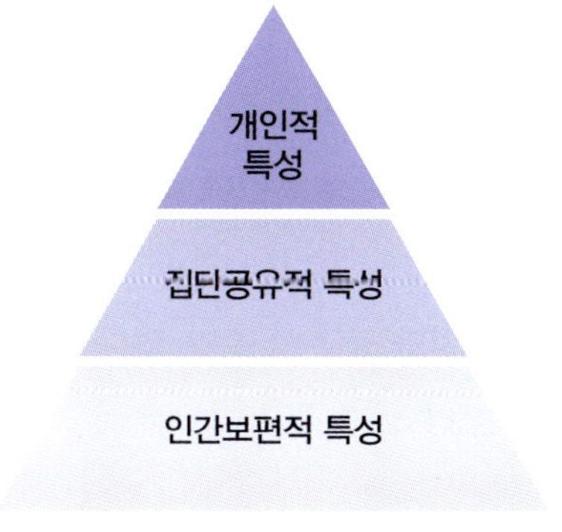

[그림 3-1] 성격의 3층 구조와 통합적 이해

2) 성격의 유형과 특질

우리는 모두 개성이 다르다. 대인관계에서 서로 오해하고 실망하며 갈등하는 이유는 타인이 나와 다른 마음일 수 있다는 것을 고려하고 인정하지 않기 때문이다. 다른 사람이 나와 같은 마음이고 그래야 한다는 잘못된 기대를 하기도 한다. 개성이 다른 우리들이 똑같은 마음일 수 없는 것은 당연하지만 우리가 협동과 조화를 미덕으로 삼는 것은 모든 사람이 하나의 마음이고자 하는 욕구 또한 인간 본연의 본능적 욕구이기 때문이다. 마음의 세계는 이렇게 복잡하다. 개인의 개성을 존중하는 것은 참으로 중요하다. 성격유형을 제시하는 여러 이론들이 있지만 여기서는 MBTI(Myers-Briggs Type Indicator) 성격유형검사의 배경이 되는 Jung의 이론을 소개한다.

Jung은 성격적 특성을 **태도**와 **기능**의 차이로 설명하였다. 우리는 태어날 때부터 심리학적 성격의 두 가지 유형 중 하나로 발전될 소질을 가지고 태어난다. 두 가지 유형은 어느 쪽이 더 잘나고 못나고가 없다. 하지만 **우등기능**이 있으면 반대 유형은 상대적으로 열등하여 무의식적이고 미성숙하게 사용할 수 있다. 우월한 면이 분명히 드러날수록 열등한 면이 분명해진다. **열등기능**은 표현을 통해 발달될 수 있다. 교사는 자신과 다른 유형의 학생을 이해하고 수용하기 힘들 수 있다는 것을 고려하여 자신을 성찰하며 학생을 지도할 필요가 있다. 학생이 성격의 우등기능을 사용하여 학업과 진로를 개척하고 열등기능은 보완하도록 지도하는 것이 좋다. 또한 학생이 자신과 다른 유형의 타인을 이해하도록 지도하는 것이 갈등을 방지하고 완화하는 데 도움이 된다. MBTI 성격유형검사를 통한 이해는 이 장에 보다 구체적으로 제시하였다.

(1) Jung의 심리학적 유형

① 외향형(extraversion)과 내향형(introversion)

Jung은 개인이 자신의 관심과 에너지를 내면적 세계와 외부적 세계 중 어느 방향으로 더 많이 사용하느냐에 따라 내향과 외향으로 구분하였다. **내향성**은 내면세계에 관심을 지니는 주관적 태도이고 **외향성**은 외부세계에 관심을 지니는 객관적 태도이다. 두 가지 태도는 의식에 서로 배타적으로 번갈아 나타날 수 있지만 공존할 수는 없다. 대부분 어느 한쪽의 태도가 우세하며, 우세의 정도는 개인에 따라 다르다.

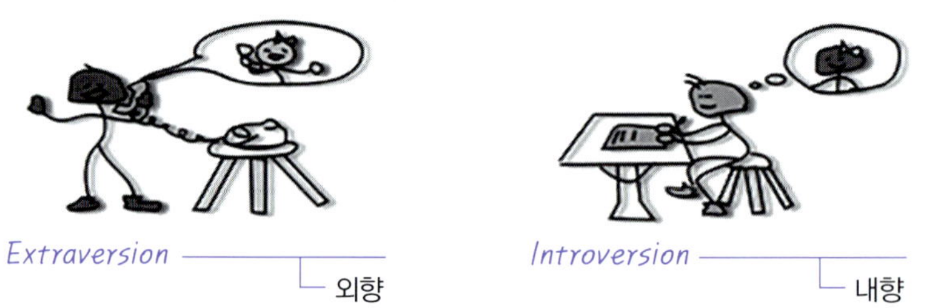

[그림 3-2] 외향형 vs 내향형

내향형은 객관세계의 가치보다 내면적 가치를 더 중요시하는 대신 객관세계를 소홀히 하는 경향이 있고, 외향형은 외부적인 객관세계의 가치를 알고 잘 다루는 대신 내면세계의 중요성을 소홀히 한다. 세상 사람들이 모두 좋다고 해도 내 마음에 들지 않으면 따르지 않는 사람과 세상 돌아가는 대로 좇아가서 그때그때의 대세에 거스르는 일이 없는 사람이 있다면 각각 내향형과 외향형일 가능성이 있다. 내향형은 외향형을 지조와 원칙도 없는 피상적인 기회주의자라고 보고 외향형은 내향형을 고집불통의 비현실적인 독선가라며 비난할 수 있다. 이런 차이 때문에 교사와 학생, 학생과 학생 간의 오해와 갈등이 있을 수도 있다. 하지만 우리는 상황에 따라 외향적일 수도 내향적일 수도 있고 전적으로 외향적이고 내향적이지 않으며 두 태도를 모두 가지고 있다. 의식에서는 외향적이지만 무의식에서는 내향적일 수 있어서 외향성과 내향성을 구분하는 것은 간단하지 않다. 무의식의 이야기를 보여 주는 꿈은 보상적 기능을 한다. 외향적인 사람의 꿈에서 내향적인 모습이 나타날 수 있고 내향적인 사람은 반대일 수 있다.

② **사고형**(thinking)과 **감정형**(feeling)

사고는 사물을 이해하는 지적 기능으로 여러 관념을 연결시켜 문제를 해결하는 역할을 한다. 감정은 어떤 관념이 긍정적 감정 또는 부정적 감정을 일으키는지에 따라 그 관념을 받아들일지 결정한다. 사고와 감정은 모두 이성에 의해 판단행위가 개입되므로 합리적 기능이라고 한다. **사고형**은 생각하는 사람으로 이성으로 판단하고 살아가는 사람이고, **감정형**은 느끼는 사람으로 정(情)으로 판단하고 살아가는 사람이다. 사고형은 감정기능이 열등하여 생활 속에서 감정지연 현상이 나타날 수 있다. 아침에 들은 불쾌한 이야기 때문에 저녁에 밤잠을 설치거나 이불을 걷어차며 연연할 수 있다. 냉철하고 공정한 평소의 모습과 달리 자기도 모르게 사적

[그림 3-3] 사고형 vs 감정형

인 감정에 휩쓸려 판단을 그르칠 수도 있다. 사고기능이 열등한 감정형은 따지고 분석하는 것을 싫어하고 정치 · 경제 · 철학적 명제를 토론하거나 따지면 곧 하품을 하고 재미없어하며 화제를 돌리는 반면, 개인의 사생활에 관한 이야기에 관심이 많다. 그러나 사고형은 이러한 주제에 흥미를 느끼지 못한다. 감정형은 개인의 철학적 이론보다 그 학설을 만들어 낸 사람의 개인적 삶에 관심이 있다.

③ 감각형(sensing)과 직관형(intuition)

감각은 감각기관의 자극에 의해 생기는 모든 의식적 경험을 포함한다. **직관**은 직접적으로 주어지는 경험이라는 점에서 감각과 비슷하지만 감각은 자극의 근원이 분명한 데 비해 직관은 갑자기 나타나며 근원과 과정을 설명할 수 없다. 감각은 무엇이 존재하는지를 알려 주고 직관은 그것이 어디에서 와서 어디로 가는지를 알려 준다. 감각과 직관은 이성과 판단을 필요로 하지 않기 때문에 비합리적 기능이라고 한다. 이성에 반한다는 것이 아니라 이성과 관계가 없이 무이성적 · 무비판적이라는 의미이다. 감각과 직관은 방향이나 지향성이 없으며 합리적 기능과 달리 목표가 없다. **감각형**은 감각기관에 들어온 지각에 의존하여 감각으로 사는 사람이고, **직관형**은 지각을 넘어선 내면의 진실을 꿰뚫어 보고 직관으로 사는 사람이다. 자신과 타인을 평가할 때 감각형은 그 사람의 생김새나 좋은 인상에 좌우되기 쉽지만 직관형은 그가 잘생겼는지 못생겼는지 지저분한지 말쑥한지에 관심이 없다. 감각형이 겉은 멀쩡한데 불성실하거나 속이 텅 빈 사람을 고르기 쉬운 데 비해서 직관형은 겉모양이나 태도에 상관없이 진실한 사람을 선택한다. 하지만 반대로 자신의 열등기능을 과잉보상하기 위하여 다른 면을 추구할 수도 있다.

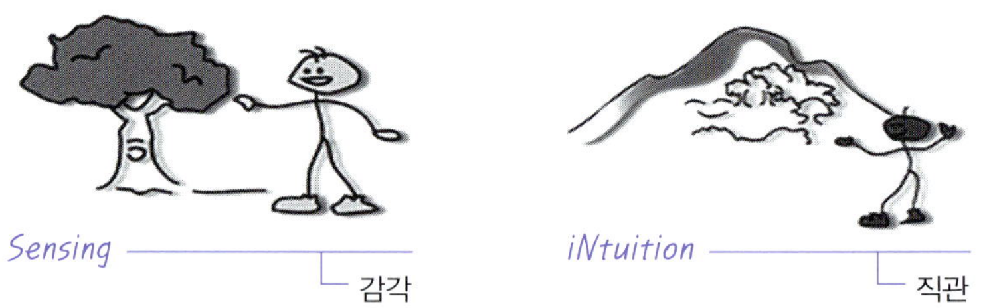

[그림 3-4] 감각형 vs 직관형

(2) 성격의 Big Five

학생의 성격특질을 5요인으로 이해해 보자. 성격 5요인 이론은 많은 연구자에 의해 발전한 집단지성의 결과물이다. 1981년 Goldberg는 기존의 연구들을 종합하여 성격의 5요인을 Big Five라고 지칭하였다. 다섯 개의 성격특질의 조합으로 학생의 성격을 이해할 수 있고, 모든 성격특질은 강점과 약점이 있다. 각각의 성격특질은 양 극점을 연결하는 특정한 지점에 위치하기 때문에 무수하게 다양한 조합으로 나타날 수 있다.

① 신경과민성(Neuroticism: N)

불안, 우울, 분노와 같은 **부정 정서**를 잘 느끼는 성격특질이다. 신경과민성이 높은 학생은 정서적으로 예민하고 불안정하며 사소한 일에도 상처를 잘 받는 반면, 낮은 학생은 침착하고 편안하며 기분의 변화가 적고 스트레스에 반응하는 정서의 강도가 낮다. 신경과민성이 높은 학생은 부정적 정서를 잘 느끼고 이를 조절하기 어렵기 때문에 괴로움과 불행감을 더 많이 느낀다. 이런 학생들은 스트레스받은 사건을 더 많이 이야기하고 스트레스 사건에 부정적 정서를 더 강하게 느낀다. 또한 부정적 사건과 문제를 자초하는 경향이 있으며, 특히 가족관계를 포함한 대인관계에서 갈등과 불화를 더 많이 겪는다. 신경과민성이 높은 학생은 불안이나 우울을 비롯한 신경증 증상을 더 많이 경험할 수 있다. 하지만 학업과 직업적 성공에 조금 긍정적으로 작용할 수 있다. 현실의 부정적인 측면과 실패 가능성을 민감하게 살피고 예방을 철저하게 한다. 위인 중에는 다른 사람들이 보지 못하는 어두운 진실을 예리하게 포착하여 불행과 고통을 겪었지만 심신수양과 창작에 대한 노력으로 인격적 성숙과 위대한 성취를 이룬 이들이 있다.

② 외향성(Extraversion: E)

다른 사람과 함께 교류하는 **인간관계 자극을 추구**하는 성향이다. 외향성이 강한 학생은 심리적 에너지의 방향이 외부로 향하고 활동수준이 높아서 사교적이고 자기주장을 잘하며 긍정적인 정서를 잘 느낀다. 외향성이 높은 학생의 가장 큰 특징은 사회성이다. 사람을 만나면 더 먼저 더 많은 말을 하고 눈을 맞추며 사회적 교류가 많은 곳을 찾아간다. 이런 학생은 진로와 학습환경도 사람을 많이 만나 교류하는 활동에 매력을 느끼고 더 성공하는 경향이 있다. 반면, 내향적인 학생은 연구, 창작, 회계와 같은 혼자서 하는 일을 더 좋아한다.

외향적인 학생이 다양한 사람과 교류하고 쾌락추구 활동에 더 많이 참여하기 때문에 더 큰 흥분과 즐거움을 느끼고 긍정적인 정서를 더 많이 표현한다. 하지만 많은 사람들과 접촉하면서 부정적인 정서를 더 많이 경험할 수도 있다. 지루함을 잘 느끼고 감각추구 성향이 높아서 다양하고 신기한 체험을 찾아 위험을 감수하는 경향이 있다. 새로운 일에 용기 있게 도전하여 성공할 수도 있지만 무모함으로 인해 실패를 더 많이 경험한다.

③ 개방성(Open to experience: O)

호기심이 많고 새로운 체험을 좋아하며 다양한 경험과 가치에 대해서 열린 자세를 지닌 개방적인 성향이다. 개방성이 높은 학생은 모험적이고 미적 감수성이 뛰어나며 상상력이 풍부하고 지적 탐구심이 강하다. 개방성이 높은 학생은 독창적, 독립적, 예술적이며 기존의 사회적·종교적 가치에 도전적이고 진보적이다. 전통적인 권위보다 도전, 변화, 진보, 개혁을 좋아하고 자신과 다른 생각과 견해에 관용적이다. 하지만 불안정하고 주변인들과 갈등을 많이 겪을 수 있으며, 까다롭고 별나다고 여겨질 수 있다. 반면, 개방성이 낮으면 전통, 권위, 안정, 질서를 좋아하고 현실적이며, 전통적 권위에 순응하고 의견통일을 중시하는 경향이 있다. 스트레스를 받았을 때 개방성이 낮으면 종교에 의존하는 경향이 있고 개방성이 높으면 유머를 사용하는 경향이 있다.

④ 우호성(Agreeableness: A)

다른 사람에 대하여 우호적이고 협동적인 성향을 말하며 친화성이라고 하기도 한다. 우호성이 높은 학생은 따듯하고 부드러우며 공감적이고 이타적인 행동을 한다. 친절하고 호의적이어서 원만하고 긍정적인 인간관계를 형성한다. 또래들과 잘 협동하고 어려움에 처한 사람을 잘 돌보지만 창의성과 자율성이 낮은 경향이 있으며, 우호성이 지나치면 의존적 성격장애로 발전할 수 있다. 우호성이 낮은 학생은 적대적이고 호전적이며 타인의 감정을 이해하는 공감 능력이 부족하다. 자신의 욕구충족을 위해서 타인의 감정을 무시하며 타인의 고통에 둔감하다. 우호성이 극단적으로 낮으면 반사회성 성격장애로 발전할 수 있다. 하지만 우호성이 낮은 학생은 자기주장이 강하기 때문에 이해관계 상황에서 자신의 이익을 잘 챙기는 경향이 있다.

⑤ 성실성(Conscientiousness: C)

자기조절을 잘 하고 책임감이 강한 성취지향적 성향을 말한다. 성실성이 높은 학생은 주어진 일을 유능하게 잘 처리하고 계획적이며 신중하고 질서 정연한 것을 좋아한다. 자신의 원칙과 목표에 따라 삶을 계획하고 살아가며 약속시간을 잘 지키며 과제에 체계적으로 접근하고 논리적으로 분석한다. 규칙적으로 생활하고 열심히 효율적으로 과제를 하기 때문에 학업성취가 높을 수 있다. 성실성이 지나치게 높으면 일과 효율성에 집착하여 인간관계에 신경을 쓰지 않고 사소한 규칙을 완고하게 고집하는 강박적인 성격으로 발전할 수 있다. 성실성이 낮으면 산만하고 일관성이 없으며 분명한 목표나 계획 없이 나태하게 생활할 수 있다. 여유롭고 사소한 것에 개의치 않는 점이 매력적일 수도 있지만 책임감이 부족하여 신뢰로운 인간관계를 유지하기 어렵다. 흡연, 음주를 할 가능성도 있다. 하지만 성실성이 낮으면 무질서하고 예측 불가능하며 빠르게 변화하는 상황에 민첩하게 잘 적응하는 경향이 있다. 성실성이 낮으면 예술 분야에는 더 뛰어난 수행을 보이기도 한다.

보충 TIP

성격특질 탐색 척도

다음은 성격특질 5요인을 바탕으로 권석만(2022)이 성격탐색용 검사로 제안한 것이다.

문항	전혀 아니다.	대체로 아니다.	중간 이다.	대체로 그렇다.	매우 그렇다.
1. 나는 쉽게 짜증이 나고 기분이 잘 상한다.	1	2	3	4	5
2. 나는 침착하고 정서적으로 안정되어 있다.	1	2	3	4	5
3. 나는 사소한 일에 잘 긴장하고 불안해한다.	1	2	3	4	5
4. 나는 여유가 있고 스트레스를 잘 견딘다.	1	2	3	4	5
5. 나는 처음 만난 사람과도 쉽게 친해지는 편이다.	1	2	3	4	5
6. 나는 말수가 적고 조심성이 많은 편이다.	1	2	3	4	5
7. 나는 사교적이고 활동적이다.	1	2	3	4	5
8. 나는 떠들썩한 사교적 모임을 좋아하지 않는다.	1	2	3	4	5
9. 나는 새로운 경험을 좋아한다.	1	2	3	4	5
10. 나는 예술에 대한 흥미가 별로 없다.	1	2	3	4	5
11. 나는 상상력이 풍부한 편이다.	1	2	3	4	5
12. 나는 전통과 관습에 따르는 것을 중시한다.	1	2	3	4	5
13. 나는 다른 사람을 잘 믿는 편이다.	1	2	3	4	5
14. 나는 다른 사람의 실수를 잘 발견하는 편이다.	1	2	3	4	5
15. 나는 공감적이고 따뜻한 사람이다.	1	2	3	4	5
16. 나는 비판적이고 따지기를 좋아한다.	1	2	3	4	5
17. 나는 자기조절을 잘 하는 편이다.	1	2	3	4	5
18. 나는 게으른 편이다.	1	2	3	4	5
19. 나는 내가 맡은 일을 철저하게 해낸다.	1	2	3	4	5
20. 나는 일을 체계적으로 하지 못하고 실수를 잘 한다.	1	2	3	4	5

채점은 다음과 같다.

① 짝수 번호의 모든 문항을 역채점(예: 5점 → 1점, 4점 → 2점, 2점 → 4점, 1점 → 5점)한다.

② 각 성격특질을 평가하는 문항의 점수를 합산한다. 신경과민성(1~4번), 외향성(5~8번), 개방성(9~12번), 우호성(13~16번), 성실성(17~20번)이다.

③ 각 성격특질을 평가하는 문항의 점수의 합이 6점 이하이면 매우 낮음, 7~10점이면 낮음, 11~13점은 중간, 4~17점이면 높음, 18점 이상이면 매우 높음이다.

결과를 아래 표에 정리하여 학생의 성격이 어떤 분포를 나타내는지 알아본다. 매우 낮거나 높은 점수를 나타내는 성격특질이 무엇인지 살펴본다. 그러한 성격특질의 특성을 파악하고 특히 강점과 약점에 대하여 학생과 함께 나누고 탐색해 볼 수 있다.

성격 5요인	매우 낮음 (6점 이하)	낮음 (7점~10점)	중간 (11점~13점)	높음 (14점~17점)	매우 높음 (18점 이상)
신경과민성					
외향성					
개방성					
우호성					
성실성					

출처: 권석만(2022).

3) 성격 강점: 긍정적 성품 'High Six'

인간의 성격은 양면성을 지니고 있다. 과거의 심리학이 인간의 어둡고 부정적인 성격적 측면에 관심을 가져왔다는 반성 속에서 Seligman에 의해 **긍정심리학**이 태동하였다. 긍정심리학은 인간의 다양한 긍정적 성품과 강점을 밝히고 육성하고자 한다. 우리 안에 있는 최선의 역량을 이끌어 내는 것이다. 긍정심리학에서는 여섯 개의 핵심 덕목과 24개의 성격 강점을 제시하였다(Peterson & Seligman, 2004). **지혜와 지식, 인간애, 용기, 절제, 정의, 초월**의 여섯 개 덕목은 시대와 문화를 뛰어넘어 보편성을 보이며 'High Six'로 불린다.

성격 강점의 상호관계에 대한 원형 모델(circumplex model)에서는 유사성과 상충성을 고려하여 강점들을 배열하였다(Schwartz & Sharpe, 2006). 가로축은 강점의 초점이 자신인지, 타인

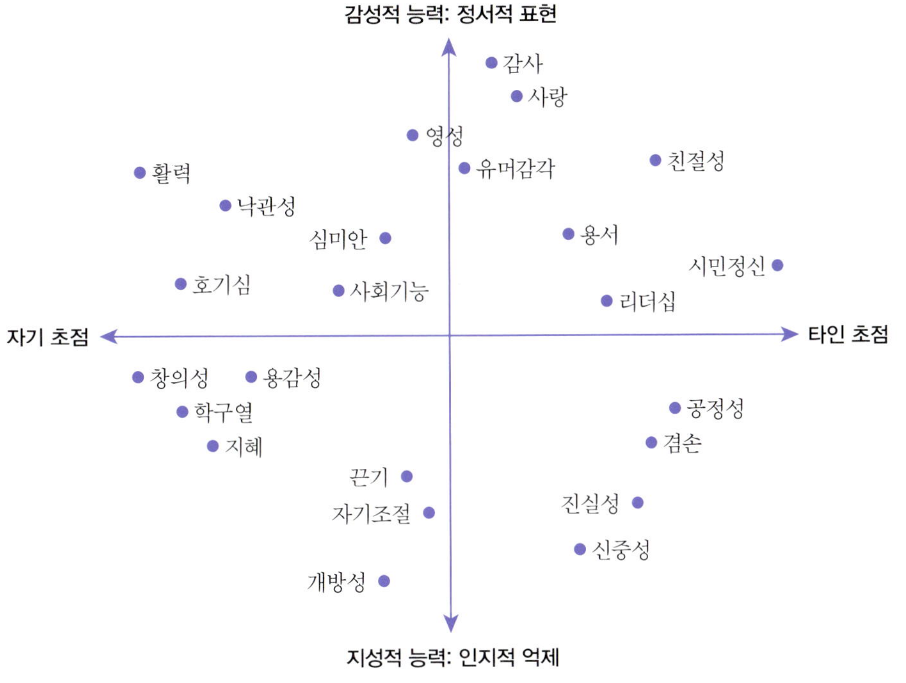

[그림 3-5] 성격 강점의 상호 관계에 대한 원형 모델

인지에 대한 것이며, 세로축은 지성적 강점인지, 감성적 강점인지에 대한 것이다. 서로 가까이 있는 강점들은 개인이 함께 가질 수 있지만, 멀리 있는 강점들은 함께 가질 가능성이 적다.

인간은 여러 가지 강점을 지니고 있다. 그중에서 자신의 특성을 잘 반영하고 흔히 사용하는 **대표 강점**(signature strength)이 있으며, 누구나 2~5가지의 대표 강점을 가지고 있다(Seligman, 2002). 대표 강점은 "이게 바로 나야."라고 자신의 진정한 본연의 모습이라는 느낌을 준다. 그 강점을 발휘할 때 유쾌한 흥분감이 느껴지고, 관련된 일을 배우거나 연습할 때 학습속도가 빠르다. 그 강점을 발휘할 수 있는 새로운 방법을 계속 찾거나 일들을 만들어 낸다. 그 강점을 사용하고자 하는 내재적 동기를 지니고, 일치되는 방향으로 행동하고 싶어진다. 그 강점의 표현을 멈추거나 억제하기 힘들며 의욕과 활기가 넘친다. 대표 강점을 찾아내어 활용하는 것은 자아실현을 위해 매우 중요하다. 강점을 발휘하는 것은 학업과 일에 대한 성취를 돕고 의욕과 활기를 느끼며 동기가 강화된다. 자신의 강점을 파악하여 일상생활 속에서 활용하면 행복해진다.

제2부

현장 중심 학생 상담 및 생활지도

학생 상담과
사회정서교육의 실제

제4장

학생 상담 및 생활지도를 위한 준비와 기초

1. 학생 상담 및 생활지도를 위한 준비

1) 학생 상담과 생활지도는 무엇인가

생활지도는 학생이 학습과 학교생활을 잘할 수 있도록 도움을 주는 활동으로, 학업지도를 포함해 행동습관, 출결, 청결, 예절 등 다양한 영역이 포함된다. 학생 상담이란 학교생활 적응을 위해 학생들이 당면하는 문제를 돕고, 예방하여 건강하게 성장하도록 돕는 활동이다. 학생 상담과 생활지도는 학업, 진로, 경제, 과외활동 등 다양한 영역에 걸쳐 있어 중복되는 부분이 많다.

학생들의 정서적 문제는 전문상담교사와 일반교사가 함께 조력하고 있다. 전문상담교사는 전문성을 바탕으로 상담을 조금 더 깊게 돕는 역할을 하며, 일반교사는 학생들의 생활을 밀접하게 관찰할 수 있어 그들의 어려움을 가장 먼저 알아차리고 빠른 개입과 예방을 할 수 있다는 강점이 있다. 학생들의 심리적 어려움은 대부분 학교생활에서의 부적응으로 나타나므로 교사들의 세심한 관찰이 필요하며, 발견된 학생의 어려움을 이해하고 대처할 수 있어야 한다.

2) 학생 상담을 위한 준비

(1) 마음의 준비

학생 상담을 하기에 앞서 가장 중요한 것은 마음의 준비이다. 교사는 학생이 상담을 하기 위해 찾아오는 것을 귀찮게 여기지 않고 열린 마음과 따뜻한 태도를 지녀야 한다. 평소에 할 수 있는 마음의 준비는 다음과 같다.

- 평소에 학생들에게 신뢰감을 심어 주는 모습으로 보이기
- 평소에 학생들을 주의 깊게 관찰하고 특성을 알아 두기
- 학생 상담이 의미 있는 일이라는 마음 갖기
- 학생의 이야기를 가볍게 여기지 않는 태도 보이기

(2) 환경의 준비

대부분의 학생들은 상담을 하기 위해 교사가 있는 교무실로 찾아온다. 교무실로 들어와 교사의 자리로 찾아갔을 때부터 안정감과 신뢰감을 줄 수 있어야 한다. 교사는 학생들의 민감 정보는 보이지 않게 관리하고 보기 좋을 정도의 정리정돈을 유지하는 것이 좋다. 가장 좋은 것은 사람이 없는 별도의 공간에서 이야기하는 것이지만, 그런 장소가 없다면 교무실에서 학생이 편안함을 느낄 수 있도록 환경을 조성하여야 한다. 교무실 내에서 학생과 이야기를 할 만한 테이블과 의자가 있는 공간을 마련하여 활용하는 것도 좋다.

- 교사의 개인 책상 정리정돈하기
- 학생과 상담할 수 있는 공간을 미리 알아 두기
- 교무실 내에 칸막이 등을 활용하여 별도의 공간 마련하기

(3) 상담의 기록

학생 상담을 진행하였다면 상담 내용을 기록해야 한다. 다수의 학생을 지도하다 보면 상담의 내용이 섞이거나 기억이 잘 나지 않을 수 있다. 상담의 기록은 교사의 기억을 돕고 추후 참고자료로 활용할 수 있다. 전문상담으로 연계할 경우에도 정보를 구체적으로 전달할 수 있다. 상담 기록을 할 때는 학생과 상담에서 나눈 이야기를 그대로 적는 것이 중요하다.

- 상담 시간에 학생이 표현한 언어 그대로 기록하기
- 상담의 내용을 잊지 않도록 가능한 한 빨리 기록하기
- 교사의 개입 혹은 조치 사항 기록하기
- 상담의 기록은 비밀보장이 될 수 있도록 관리하기

대부분의 교사들은 학생 상담 후 업무 포털(나이스, neis)에 기록한다. 상담 내용은 학교의 지침을 따르거나 개인의 방식대로 기록할 수 있다. 학교의 지침 외에도 효율적인 학생지도 및 학생상담을 위해 기록들이 필요한 항목들이 있다. 다음은 상담 내용을 기록할 때 활용할 수 있는 목록이다.

- 상담 일시와 시작 종료 시간
- 상담의 주제(진로, 학업, 가족, 대인관계, 성과 연애, 학교폭력, 정서 등)
- 상담에 오게 된 경위
- 행동 관찰(분위기, 옷차림, 태도 등)
- 학생의 언어로 표현된 주 호소문제
- 상담에서 탐색된 내용(특정 사건이 있었다면 사건에 대해 육하원칙으로 기록)
- 상담 내에서 교사의 개입 및 지도
- 교사의 소견
- 상담 결과(학생의 소감을 포함하는 것이 좋음)
- 약물복용이나 평소 유의미하게 관찰된 부분, 상담 진행 여부 등

업무 포털을 이용해 상담 기록을 하는 방법 외에도 여건이 된다면 교사 개인의 상담 기록지를 사용하는 것도 좋다. 위 목록을 활용하여 자신에게 적절한 상담 기록을 할 수 있다. 다음은 상담 기록의 예시이다.

예시 상담 기록 1

[시간] 2025. 3. 28. 15:30~16:00 (총 30분)

[주제] 대인관계, 성격 / "친구들이 하는 말에 상처를 너무 잘 받아요."

[주요 내용]

- 친구들이 장난을 주고받을 때 나만 친구들이 하는 험한 말들에 상처를 잘 받음. 오늘(28일) 2교시 끝나고 쉬는 시간에 친구들이 내 필통을 구경하다가 한 친구가 비웃으면서 "너는 아직도 이런 샤프 써? 완전 애기네!"라고 함. 당황해서 "버리려고 했어."라고 말하고 버렸음.
- 그 뒤로 얼굴이 화끈거리고 친구들 대화에 잘 끼지 못하였음. 나를 무시하는 건 아닌지, 이러다 나만 끼지 못하는 건 아닌지 걱정됨.

[교사 개입]

- 스스로 상담을 요청한 용기를 격려함.
- 구체적 질문으로 사건과 맥락을 확인함. (비웃었다는 것은 어떻게 알 수 있니?, 친구의 어떤 말이 제일 상처가 되니?, 친구의 말이 험한 정도를 0~10으로 표현하면 몇일까?)
- 무시한다는 생각에 대해 점검하고 시각을 넓히는 질문을 함. (평소 친구들이 날 위해 해 준 따뜻한 말이나 행동이 있니?)
- 대처반응 탐색: 어떤 말을 하였으면 좋았을지 학생 스스로 탐색해 보도록 함.

[상담 후]

- "잘 생각해 보니 친구들이 나를 무시하는 건 아닌 것 같다는 생각이 들었어요." "다음에는 '네가 그렇게 이야기하니 내가 기분이 안 좋아지려고 해.'라고 대답해 보고 싶어요."

예시 **상담 기록 2**

상담 기록지					
이름	김○진	번호	30308	담당 교사	홍길동
상담 일자	2025. 3. 28.	상담 시간	15:30~16:00	상담 주제	대인관계, 성격
주 호소	"친구들이 하는 말에 상처를 너무 잘 받아요."				
상담 경위	또래 관계에서 어려움이 있어 자발적으로 교사에게 상담 신청함				
행동 관찰	단정한 옷차림, 작은 목소리, 시선을 잘 피하고 고개를 숙이거나 말끝을 흐리는 경우가 많음				
상담 내용	• 학기 초부터 함께하던 친구들(총 4명)이 말을 험하게 하는 편임. • 다른 친구들은 서로 장난으로 주고받는데, 나만 그런 말들에 상처를 받는 것 같음. • 오늘(28일) 2교시 끝나고 쉬는 시간에 친구들이 내 필통을 구경하던 중 한 친구가 비웃으면서 "너는 아직도 이런 샤프 써? 완전 애기네!"라고 하였음. • 당황해서 "버리려고 했어."라고 말하고 샤프를 버렸음. 그 뒤로 얼굴이 화끈거려서 친구들 대화에 잘 못 낀 것 같음. 친구들도 자연스럽게 자기들끼리만 웃고 떠들었음. '나를 무시하는 건 아닐까?'라는 생각과 이러다 나만 끼지 못할까 봐 걱정됨. 친구들에게 아무렇지 않게 반응하고 싶음. • 상담 후, "잘 생각해 보니 친구들이 나를 무시하는 건 아닌 것 같다는 생각이 들었어요." "다음에는 '내가 그렇게 얘기하니 내가 기분이 안 좋아지려고 해.'라고 대답해 보고 싶어요."라며 다짐함.				

교사 개입	• 스스로 먼저 상담을 요청한 것에 대한 용기를 격려함. • 구체적으로 물어보고 확인함(비웃은 것은 어떻게 알 수 있니?, 친구의 어떤 말이 제일 상처가 되니?, 친구의 말이 험한 정도를 0~10으로 표현하면 몇일까?). • 나에게 상처 되는 말을 하는 친구들에 대해 어떤 마음이 드는지?: 창피하다, 날 무시한다. • 무시한다는 생각 점검: 평소에 친구들이 날 위해 해 주었던 따뜻한 말이나 행동이 있었나? • 대처반응 탐색: 어떻게 반응하였다면 가장 좋았을지 노트에 적으며 스스로 탐색해 보도록 함.
참고 사항	• 평소 자기주장을 어려워하고 소극적인 태도를 보이는 학생. • 작년 교우관계에서도 1~2명하고만 어울려 좁은 관계를 선호하는 것으로 보임. • 작년에 Wee클래스에서 상담받은 적 있음.

(4) 비밀보장

학교 현장에서 **비밀보장**에 대해 엄격하게 지키기 어려울 수 있으나, 원칙적으로는 학생의 상담 내용에 대해 비밀을 보장해야 한다. 학생들은 자신의 이야기가 친구들에게 알려질까 불안해하기도 하고, 오히려 상황이 안 좋아지는 건 아닐지 걱정하기도 한다. **학생들이 안심하고 보다 잘 이야기할 수 있도록 비밀보장의 안내가 필요할** 때도 있다. 적절한 안내는 안전하고 깊이 있는 학생 상담에 도움이 된다.

예시 비밀보장 안내

○○와 오늘 나누는 이야기에 대해서는 선생님과 ○○ 외에는 알 수 없을 거야. 다만, ○○를 돕기 위해 부모님과 친구들 같은 다른 사람에게 노출을 요청해야 하는 경우가 생긴다면 말하게 될 수도 있는데 그땐 선생님이 ○○와 의논할게.

상담하는 과정에서 **비밀보장이 어려운 경우**, 그에 대한 안내가 필요할 때도 있다. 비밀보장을 할 수 없는 경우는 다양하지만 일반적으로 다음과 같다.

- 학생이 자신의 생명이나 타인 및 사회의 안전을 위협하는 경우
- 학생이 아동학대범죄 및 성범죄의 대상자가 되었을 경우
- 학생이 감염성 있는 치명적인 질병이 있는 경우

먼저, 학생이 자신의 생명이나 타인과 사회의 안전을 위협하는 경우에는 비밀보장이 어렵다. 예를 들면, 학생의 자해를 알게 되었을 때, 자살과 관련한 생각이 있을 때, 혹은 누군가를 해치려고 계획하고 있을 때 등이 있다. 이런 경우에는 학생과 타인의 보호가 우선이므로 보호자에게 알리고 전문가와 지역사회에 협조를 요청할 수 있다.

학생이 아동학대범죄나 성범죄의 대상자가 되었을 경우에 교육자는 신고의 의무가 있기에 비밀보장이 어렵다. 학생이 비밀을 지키길 원한다고 할지라도, 교육자로서 방관할 수 없음과 도움을 줄 수 있다는 것을 학생에게 설명하는 것이 필요하다.

학생이 감염성 있는 치명적인 질병이 있으면 학생과 접촉하는 사람들 혹은 동거하는 사람들이 위험에 노출될 수 있다. 부모님과 동거자가 학생의 감염과 질병을 알고 있는지, 그리고 어떻게 관리하고 있는지 등 현실적인 부분들을 파악하는 것이 중요하다. 만약 주변이 감염병의 사실을 모르고 있다면 학생에게 비밀보장이 어려움을 안내하고 도움을 받을 수 있도록 부모나 지역사회 등에 협조를 구할 수 있다.

예시 비밀보장의 한계 안내

○○가 만약 자신을 해치거나 다른 사람을 해치려고 할 때, 또 ○○가 학대를 당하고 있다는 것을 알게 되었을 때, 범죄의 대상이 되었다는 것을 알게 되었을 때는 ○○를 보호하기 위해 선생님이 그 내용을 부모님 또는 ○○를 도와주실 분에게 알릴 수도 있단다.

2. 학생 상담 및 생활지도를 위한 기초

1) 학생 맞이하기

학생이 상담을 받기 위해 교사를 찾아올 때, 대부분 심리적 · 현실적 어려움과 갈등으로 인해 불안하고 혼란스러운 상태이다. 교사가 따뜻한 태도로 맞이하면 학생은 마음이 안정되고 편안해진다. 학생을 편안하고 반갑게 맞이하는 교사의 태도는 학생과 교사 사이에 신뢰를 형성하는 밑바탕이 되고, 상담을 얼마나 효과적으로 할 수 있는지를 결정한다. "어서 오렴."과 같이 맞이하는 말과 함께 미소를 머금은 부드러운 표정, 눈 맞춤 등으로 학생을 따뜻하게 맞이하여 학생이 상담에 대한 긍정적인 느낌을 갖도록 한다.

예시 **학생 맞이하기**

교사: ○○야, 어서 와. 여기에 앉으렴.

교사: ○○가 선생님에게 하고 싶은 이야기가 있나 보구나.

2) 꼭 알아야 할 상담기법

(1) 경청하기

경청은 학생의 감정과 생각을 이해하기 위해 학생의 말을 주의 깊게 듣는 것이다. 학생이 이야기를 할 때, 교사는 고개를 끄덕이거나 "아하" "음"과 같은 반응을 보임으로써 학생의 이야기를 잘 듣고 있음을 표현한다. 교사의 자연스럽고 이완된 자세와 목소리, 부드러운 표정, 눈 맞춤 등도 경청의 자세이다. 학생은 이러한 교사의 태도를 보고 자신의 이야기가 잘 전달되고 있음을 느끼며 자신의 마음을 솔직하게 이야기하게 된다.

- "음" "아하", 고개 끄덕임 등의 최소반응
- 부드러운 표정과 눈 맞춤
- 바른 자세(팔짱을 끼거나 다리를 꼬지 않는 등) 유지
- 학생 쪽으로 향하는 몸의 방향
- 다른 일에 시선 빼앗기지 않기

〈표 4-1〉 상담자의 신체언어 SOLER

S	학생을 바로(Squarely) 바라보기
O	개방적인(Open) 자세 취하기
L	이따금 학생 쪽으로 몸을 기울이기(Leaning)
E	좋은 시선(Eye Contact)을 접촉하기
R	편안하고(Relaxed) 자연스러운 자세 취하기

(2) 공감하기

공감은 학생의 마음을 교사인 자신이 경험하는 것처럼 느끼고 그것을 전달하는 것이다. 학생의 이야기에 무조건적으로 동의하고 동감하는 것과는 차이가 있다. 학생의 경험과 동일시되어

내 감정을 느끼는 것이 아니라 나와 다른 학생의 입장을 충분히 이해하고, 학생이 겪은 세계를 수용하며, 그 안에서 느껴지는 느낌을 표현하는 것이다. 공감은 "너의 상황과 입장이라면 그러한 감정이 들겠구나."와 같이 전달할 수 있다. 다음은 공감의 효과이다.

- 학생이 이해받고 있다고 느낌
- 학생의 방어적 태도가 감소됨
- 교사를 신뢰하게 되며 더 많은 이야기를 꺼냄
- 학생 스스로 자신의 욕구, 감정, 생각 등을 알아차리도록 촉진함

예시 공감하기 1

학생: 엄마 아빠가 싸울 때면 심장도 쿵쿵대고 아무것도 할 수가 없어요. 정말 어디론가 도망치고 싶어져요. 그만 싸웠으면 좋겠어요.

교사: 부모님이 싸우시는 상황에 어떻게 해야 할지 막막하고 불안한 마음이 들었겠다.

예시 공감하기 2

학생: 친구들과 싸운 지 거의 한 달이 되어 가요. 그동안 계속 괜찮은 척하고 밥도 혼자 먹고 쉬는 시간에도 혼자 지냈는데 사실 신경이 많이 쓰였어요.

교사: 친구들과 싸우고 괜찮지 않았는데 괜찮아 보이고 싶었나 보구나. 괜찮은 척 지낸 시간이 아주 힘들었겠구나.

(3) 질문하기

학생을 더 잘 이해하기 위해 질문을 한다. 그러나 어떤 질문들은 학생에게 압박과 비난으로 느껴지기도 하고 정보 수집에만 목적이 있는 것처럼 느껴지기도 한다. 상담에서 질문은 학생에 대한 정보를 얻기 위한 것만은 아니기 때문에 단순 호기심에 의한 질문이나 추측성 질문, '왜?' 질문과 같은 것은 주의해서 사용하도록 한다. **적절한 질문**은 학생이 본인의 생각, 감정, 행동, 경험을 깨닫게 하며, 더 깊은 상담으로 이끌 수 있다. 다음은 적절한 질문의 예시이다.

- "~라고 이야기했는데, 그건 어떤 뜻이니?"
- "~에 대해서 어떤 느낌이 드니?"
- "구체적인 예시를 들어 줄 수 있니?"

- "어떨 때 그런 생각이 드는 것 같니?"
- "~할 때 무슨 감정이 드니?"

상담에서 사용되는 질문은 학생이 "예" "아니오", 혹은 단답으로 응답할 수 있는 폐쇄형 질문과 다양한 대답을 들을 수 있는 개방형 질문이 있다. **개방형 질문**은 다양한 탐색을 독려하고 폭넓은 정보를 수집할 수 있어 상담에서 주로 사용하게 된다. **폐쇄형 질문**은 학생에 대한 정보 수집이나 사실 여부를 확인해야 할 때 시간을 효율적으로 사용할 수 있다.

> **예시** **폐쇄형 질문**
>
> 교사: 성적이 떨어진다고 생각하면 무섭게 느껴진다는 거니?
>
> 교사: 지금 말하고 있는 건 A니 B니?
>
> 교사: 그 상황에 함께 있던 사람은 누구니?

> **예시** **개방형 질문**
>
> 교사: 성적이 떨어진다고 생각하면 어떤 느낌이 드니?
>
> 교사: 그 상황에서 기분이 어땠니?

(4) 격려하기

격려는 학생에게 용기를 북돋아 주는 것이다. '~을 잘한다.'와 같은 결과나 능력의 칭찬과는 다르게 학생이 자신의 가치를 깨닫도록 돕는 것이다. **결과보다 노력과 잠재력에 초점**을 맞추며 존재 자체만으로 충분한 가치가 있음을 학생에게 전달하는 것이다. 교사의 격려를 통해 학생은 용기를 얻을 수 있고, **용기를 주는 과정**을 통해 학생은 자신의 능력과 장점을 알게 되며 스스로 성장하는 방법을 알게 된다. 다음은 격려의 특징이다.

- 판단적이지 않고 서술적이다.
- 강점과 잠재 능력에 중점을 둔다.
- 결과보다 지속성과 노력을 강조한다.
- 과정과 향상을 강조한다.

예시 **격려하기 1**

학생: 저는 친구가 많이 없어요. 성격도 소심하고……. 겨우 친해진 친구가 한 명 있는데, 그 친구가 곧 전학을 가요. 이미 다른 친구들은 다 친해진 것 같은데……. 어떻게 다시 친해져야 할지 모르겠어요.

교사: 소심하다고 했지만, ○○가 스스로 노력해서 친구를 사귀었던 경험이 있는 거구나. 쉽지 않았을 것 같은데, 마음을 먹고 그렇게 실천했다는 게 멋지네.

예시 **격려하기 2**

학생: 이번에 시험을 잘 보고 싶어서 열심히 했는데 성적이 생각보다 안 올랐어요. 해도 안되는 것 같아요. 이대로면 그냥 안 하는 게 낫지 않을까요?

교사: 쉬는 시간마다 틈틈이 공부했던 것도 그렇고……. ○○가 이번 시험을 잘 보기 위해 얼마나 노력을 했는지 선생님이 잘 알고 있어. 결과가 ○○의 마음에 들지 않을 수도 있지만, 이전보다 나아졌다는 게 중요한 거야. 그리고 ○○가 더 나아지기 위해 노력한 건 정말 중요하고 멋진 일이란다.

제5장

학교 환경과 학사일정을 고려한 상담 및 지도

1. 학사운영과정에 따른 상담 및 지도

1) 학년 초기의 학생 상담과 지도

학년 초기(3~4월)는 설레면서도 긴장감이 도는 시기이다. 학생들은 새로운 관계에 들뜨기도 하면서 또래집단이 형성되고 학생들 간 서열이 정리되기도 한다. 학교폭력도 이 시기의 서열정리의 연장선일 수 있다. 어수선한 분위기에서 교사는 학생들에게 규칙을 명확히 전달하고 익힐 수 있도록 지도해야 한다. 이는 학기를 지내는 동안 일어날 수 있는 학교폭력을 포함한 여러 사건과 갈등을 예방하고, 학생의 학교생활 적응에 도움이 된다. 학년 초기에 진행되는 상담에서는 학생의 특성을 파악하고 또래 관계나 학업 등 학생이 가지고 있는 어려움에 대한 정보를 얻고 1년 동안 학생들을 어떻게 지도하고 상담할지에 대한 밑그림을 그릴 수 있다.

- 학생이 지켜야 할 규칙을 명확히 전달하기
- 학급 내 분위기를 세심하게 관찰하기
- 교사의 도움을 요청하는 학생에게 따뜻하게 개입하기
- 교사를 신뢰할 수 있도록 학생들과 관계 형성하기

2) 학년 중기의 학생 상담과 지도

학년 중기에는 학생들이 서로 가까워지면서 관계 갈등이 일어나거나 학생 개개인의 문제가 심화되기 시작한다. 교사는 학생들을 세심하게 관찰하여 어떤 문제를 겪고 있는지 파악하고 개입할 필요가 있다. 학생들이 겪는 다양한 문제 영역과 대처 방법 등은 이 장에 구체적으로 제시하였다.

3) 학년 말기의 학생 상담과 지도

학년 말기(12월 이후)는 다소 어수선하게 느껴지기도 한다. 방학을 기대하면서 학생들의 긴장감이 풀리기도 하는데, 교사는 학생들과 함께 학년을 잘 마무리하는 것이 중요하다. 교사는 생활기록부나 성적 산출 등 업무 정리도 중요하지만, 학생들의 심리적 성숙을 위한 마무리 작업에 신경을 써야 한다. 일 년을 잘 마무리하고 학생들이 자신의 한 해를 돌아보고 정리하여 다음 학년으로 보다 성숙하게 이행하는 데 도움이 되는 시간이 필요하다. 학생이 일 년간 성장한 부분을 함께 찾아보며 스스로 알아차릴 수 있도록 돕고, 일 년간 아쉬웠던 것, 미래에 대한 계획 등을 이야기하며 방학 동안 좀 더 발전된 자신이 될 수 있도록 도와준다. 지금이 끝이 아니라 새로운 시작임을 알리고, 새로운 시작을 준비할 수 있도록 방학 계획을 함께 논의하며 희망과 동기를 주는 것이 필요하다. 교사는 학생과의 대화에서 학생들의 반응을 긍정적으로 해석하고 명료화해 주며 격려하는 태도로 학생들의 심리적 성숙을 촉진할 수 있다. 다음은 교사의 학년 말 상담에 대한 예시이다.

예시 교사의 학년 말기 상담과 지도

교사: 새 학년이 되었을 때 ○○의 모습이 기억나니? 그때와 비교해 보면 어떤 부분이 달라진 것 같니?

교사: 이제 1년이 끝나고 새로운 학년이 시작될 텐데, 지금 가장 생각나는 것은 어떤 거야? (마음이 어떠니?)

교사: 1년 동안 ○○의 키도 많이 자랐구나. ○○가 생각했을 때는 학교생활과 일상에서 어떤 부분이 가장 성장한 것 같아?

교사: 친구 관계에서 ○○가 속상한 일이 있었지. 아픔도 겪었지만, 그 경험을 통해 ○○가 알게 된 건 어떤 게 있었니?

교사: 학년을 올라오면서 갑자기 어려워진 □□공부가 힘들었구나. 힘들다는 건 또 새로운 것을 배웠다는 신호이기도 해. 누구나 처음 하는 일은 힘들게 느껴지거든. 그런 처음 하는 일을 1년간 노력한 것만으로도 ○○는 많은 것을 한 거지.

교사: 친구들의 눈치를 많이 봤었는데, 생각보다 친구들이 그 부분에 신경을 쓰지 않고 있다는 것을 알게 되었구나. 앞으로 조금 더 편안하고 자유롭게 친구들과 대화할 수 있겠다.

교사: ○○가 알게 된 것들이 많네. 이제 내년에 새 학기가 시작되면 ○○가 어떤 모습이 되었으면 좋겠어?

교사: 새 학기를 준비하기 위해 ○○는 방학 동안에 어떤 걸 해 보면 좋을까?

4) 시험 기간의 학생 상담과 지도

시험 기간에 대부분의 학생은 시험 스트레스를 자연스럽게 받지만, 어떤 학생은 학업에 대한 어려움, 부담감, 불안 등을 더 많이 보인다. 교사는 학생의 심리적 어려움에 공감하고 격려하며 시험 기간을 잘 견딜 수 있도록 지지하는 것이 좋다. 교사의 적절한 지지와 격려, 질문은 학생의 불안을 안정시키며, 학생이 스스로 학업과 자신의 마음을 점검하거나 돌아볼 기회를 제공한다. 다음은 학생의 어려움에 대한 교사의 상담과 지도 예시이다.

예시 교사의 시험 기간 상담과 지도

교사: ○○가 평소와 다르게 긴장한 모습을 보니 이번 시험이 ○○에게 많이 부담이 되는 것 같아 보이는구나.

교사: 시험 기간이 많이 힘들지? 이제 일주일이면 시험이 끝날 텐데, 이 일주일을 어떻게 보내면 좋을까?

교사: 시험을 준비하면서 많이 힘들어 보이는구나. 지금까지 시험을 준비하면서 가장 힘들었던 건 어떤 거니?

교사: 어렵고 잘 안 될 거라는 생각이 많이 드는구나. 그렇다면 지금 ○○가 할 수 있는 건 어떤 것이 있을까?

교사: 그중에 ○○가 잘 풀 수 있는 문제는 어떤 게 있어? (○○가 조금 더 잘 풀 수 있는 과목은 어떤 거야?)

교사: 때론 결과가 내 노력만큼 나오지 않아서 속상할 때도 있지. 그래도 선생님은 ○○가 이번 시험에 많이 노력했다는 걸 알아.

시험 기간이 되면 학생들에 대한 생활지도가 최소화된다. 시험 기간에는 학생이 시험에 집중할 수 있도록 하는 것이 더 중요해진다. 생활지도와 관련된 다른 일은 시급한 것이 아니면 시험 기간 이후에 하는 것이 더 나을 수 있다. 그럼에도 이른 귀가 시간에 따른 학교 밖 문제, 학업에 대한 불안 등 학생들이 겪을 수 있는 어려움이 있으므로 주의를 기울일 필요가 있다. 시험이 끝난 후 지도하기로 하였다면 잊지 않도록 메모해 두거나 면담 일정을 미리 잡아 두는 것도 좋은 방법이다.

2. 일과 시간에 따른 상담 및 지도

1) 쉬는 시간의 상담

쉬는 시간은 주어진 시간이 매우 짧으면서도 많은 학생이 교사를 찾아오는 주요한 시간이다. 시간상의 한계가 있기에, 학생이 말하는 주요한 어려움을 이해하고 짧은 시간 안에 효율적으로 대처하는 것이 중요하다. 조퇴나 일정의 변동, 건강 관련 문제와 같은 것은 교사가 학교 내의 규칙을 따라 대처하지만, 학생이 자신의 기분, 정서와 관련한 심리적 문제를 가져온다면 대처가 어렵게 느껴질 수 있다. 교사는 먼저 학생의 이야기를 **경청**하여 "~ 때문에 ~하다는 거구나."라며 **문제를 명료화**할 필요가 있다. 학생과 보다 깊이 있는 대화가 필요하면 점심시간이나 방과 후 시간을 활용한 상담 약속을 한다. 학생의 **호소 주제에 따라 도움이 되는 대처**를 할 수 있다. 예를 들면, 학생이 불안을 호소한다면 호흡법, 나비 포옹법, 긍정적 자기암시 등으로 짧은 시간 내 정서 안정을 도울 수 있다.

예시 **상담 약속 정하기**

교사: 선생님이 ○○의 이야기를 더 듣고 싶은데 지금은 시간이 많지 않네. 조금 더 조용할 때 이야기 나눴으면 좋겠는데, 점심시간에 더 얘기를 하는 게 어떨까?

교사: ○○가 많이 속상했겠네. 선생님과 이 문제에 대해 조금 더 얘기해 보면 좋겠다. 지금은 수업에 들어가야 하니 종례 후에 선생님과 함께 다시 얘기해 보는 거 어떨까?

2) 점심시간의 상담

점심시간은 학생들이 쉽게 접근할 수 있으면서도 쉬는 시간에 비해 긴 시간을 활용할 수 있기에 비교적 집중적인 상담이 가능하다. 일대일 상담뿐 아니라 그룹 면담하기, 활용 가능한 시간을 나누어 여러 명을 차례로 상담하기 등 교사가 효율적인 방법을 융통성 있게 조정하여 사용할 수 있다. 쉬는 시간보다 활용 가능 시간이 많기는 하지만 점심시간 내에 학생의 어려움을 모두 다루고 해결하는 것은 어려울 수 있다. 다음은 점심시간에 활용할 수 있는 상담 방식의 예이다.

- 같은 고민을 공유하고 있는 친구들을 그룹 상담하기
- 시간을 정해 여러 명 상담하기
- 학생과 일대일로 식사를 하며 이야기 나누기
- 야외 공간을 활용하여 산책하며 이야기 나누기
- 사용 가능한 실내 공간을 활용하여 이야기 나누기

3) 방과 후의 상담

교사는 학생에게 조금 더 깊이 있는 상담이 필요하다면 방과 후 시간을 활용할 수 있다. 학교 일과 중에는 업무와 학습, 다른 학생들도 있으므로 학생과 교사 모두 상담에 집중하기가 어려울 수 있다. 방과 후에는 교사가 다른 학생들에게 주의가 분산될 염려가 적고 시간을 조금 더 유동적으로 사용할 수 있어 일대일 상담에 집중할 수 있다. 다만, 방과 후에 학원 등으로 학생과 시간을 맞추기가 어려울 수 있으므로 확인하여 시간을 확보할 필요가 있다.

방과 후 상담에서는 학생의 어려움을 파악하는 것을 넘어서 학생이 어떻게 어려움을 해결할 수 있을지, 교사가 줄 수 있는 도움이 무엇인지를 함께 모색할 수도 있다. 방과 후 상담에서 학생과 다룰 수 있는 내용은 다양한데, 그 예는 다음과 같다.

- **주 호소 탐색:** 시작 시기, 가장 큰 어려움, 일상에 지장 정도 등
- **자원 탐색:** 가족, 친구, 노력과 능력(재능), 성격 등
- 도움을 줄 수 있는 부분 안내
- 추후 상담 약속 혹은 전문상담 연계 진행

예시 **주 호소 탐색**

교사: 심장이 두근대는 것은 언제 처음 시작되었니?

교사: 친구와 관계가 틀어지는 게 ○○의 일상에 어느 정도로 방해가 되고 있어? (해야할 일이 있는데 이 문제 때문에 하지 못한 적이 있니?)

교사: '나는 쓸모없어.'라는 생각은 보통 언제 드는 것 같아?

예시 **자원 탐색**

교사: ○○와 잘 지낼 수 있는 다른 친구가 또 있을까?

교사: ○○가 자신감이 있다고 느껴질 때는 언제야?

3. 상담 공간의 활용

일반적으로 심리상담은 다른 공간과 분리되어 프라이버시를 지킬 수 있는 장소에서 진행된다. 상담 공간은 방음이 되고 적절하게 따뜻한 분위기를 낼 수 있는 창문, 편안한 소파나 의자, 테이블 등으로 구성된다. 학교에서 교사가 학생을 상담할 때 이러한 조건들을 모두 갖추기가 어려울 수도 있다. 학교에서 학생들을 지도하고 상담할 때는 활용 가능한 것들을 최대한 활용하고 조정하는 것이 필요하다.

1) 교무실

교무실은 학생이 가장 쉽게 접근할 수 있는 공간이며, 교사의 학생 상담이 주로 이루어지는 곳이다. 학생들은 조퇴나 과제 등 학교생활과 관련한 이야기를 주로 하게 되지만, 교사에게 개인적으로 상의할 것이 있거나 자발적으로 자신의 문제에 대해 말하고 싶을 때도 교무실로 찾아온다. 그러나 교무실은 교사들의 공용 공간이며 여러 학생들이 쉽게 드나드는 공간이므로 상담을 할 때 고려할 점이 있다. 학생과 교무실에서 대화 중에 학생의 깊은 심리적 이야기가 나온다면 주변 상황을 고려할 필요가 있다. 필요하다면 비밀보장이 되는 공간으로 이동하는 것이 좋다. 상담 진행이 가능한 다른 공간을 사용하거나, Wee클래스 협조를 얻어 상담 공간을 활용하는 것도 좋다. 다음은 교무실에서 상담을 진행할 때 고려할 수 있는 내용이다.

- 다른 사람들과 조금 떨어질 수 있는 곳에 탁자와 의자가 있는 공간을 마련한다.
- 타인의 시선으로부터 보호될 수 있도록 칸막이 등을 활용한다.
- 학생이 안정감을 느낄 수 있는 말투와 높낮이로 부드럽게 대화한다.
- 공간의 한계로 인해 비밀보장의 한계가 있을 수 있음을 알린다.
- 상담 내용에 따라 공간의 적절성을 고려한다.

예시 교무실 상담에서 안내

교사: 교무실이라 사람들이 있고 시끄러울 수 있지만, 선생님은 ○○의 이야기에 집중할게.

교사: (학생이 민감한 주제를 이야기할 때) 우리가 이야기하는 내용이 밖에 들릴 수도 있을 거야. 조금 들려도 괜찮은 내용만 이 자리에서 이야기해도 괜찮아.

교사: 혹시 ○○에게 다른 사람들이 듣지 않았으면 하는 이야기가 있다면 선생님과 따로 시간을 약속하고 다른 장소에서 만나는 게 어떨까?

2) 교실

상담실이 따로 마련되어 있지 않을 때는 학교 내 다른 공간들을 활용할 수 있다. 그중 대표적인 공간은 교실이다. 교실은 학생과 교사 모두에게 익숙한 공간이므로 상담에 대한 심리적 거리감을 좁힐 수 있다. 하지만 다른 학생의 출입도 자유롭다는 점에서 상담에 방해가 될 수도 있다. 다른 학생이 출입하였을 때 상담을 받는 학생은 자신이 문제아같이 느껴지면서 당혹감을 느낄 수도 있고, 자신의 이야기를 다른 학생이 들을까 싫어서 방어적인 태도를 보일 수도 있다. 상담을 받는 학생뿐 아니라 교실에 출입한 학생도 당황스러우면서 의아함, 궁금함 등 여러 감정이 들 수 있다. 교실에서 상담을 진행할 때는 가능한 한 학급 친구들과 마주치지 않도록 하는 것이 좋다. 다음은 교실에서 상담할 때 고려할 수 있는 내용이다.

- 학생이 없는 방과 후 시간을 주로 활용한다.
- 심리적 거리를 위해 교단보다는 학생 책상을 배치하고 마주 앉아 대화한다.
- 긴장이나 불안을 해소할 수 있는 따뜻한 차나 사탕을 활용한다.
- 교실 문 앞에 상담 중이라는 안내 문구를 부착하고, 불가피한 경우에는 노크하고 들어올 수 있도록 적어 둔다.

3) 상담실

상담실은 학생의 깊은 심리적 문제를 다룰 때 가장 좋은 장소이다. Wee클래스를 포함하여 학교 내 상담이 가능한 공간이 있다면 다음과 같은 요소를 고려할 수 있다.

- 사생활이 보장되며 학생이 안전하다고 느낄 수 있는 공간
- 개방되어 있지 않은 공간
- 소음으로 방해받지 않는 공간
- 따뜻하고 밝은 분위기를 조성하는 창문이나 조명
- 시선을 빼앗지 않는 차분한 벽과 바닥
- 경직되지 않는 편안한 의자와 테이블
- 청결하게 정돈된 내부
- 시간을 알 수 있도록 시계 배치

상담실을 활용할 때의 장점은 외부로부터 보호받는 것이다. 학생이 자신의 이야기를 안전하게 꺼내 놓을 수 있도록 공간을 만드는 것이 중요하다. 복도가 보이는 창이 있다면 커튼을 활용하고, 학생이 앉는 위치에서 바깥이 보이지 않도록 하며 학생의 시선이 편안한 곳을 향할 수 있도록 한다. 상담실은 학생들이 많이 다니지 않는 곳을 선택해 소음에 방해받지 않도록 하는 것이 좋다.

4) 기타 공간(운동장, 특별활동실 등)

그 외에 운동장, 특별활동실 등 학교 내 어떤 공간에서든 상담을 활용할 수 있다. 상담을 진행할 때는 비밀보장이 잘 이루어져야 하는 상담의 특성을 고려하는 것이 중요하다. 개방감이 있는 운동장 같은 공간에서는 벤치에 앉거나 산책을 하며 대화할 수 있으나 날씨가 적절한지, 주변에 학생이 너무 많지는 않은지 등을 고려하는 것이 필요하다.

특별활동실은 관리 담당 교사에게 미리 협조를 구하여 빈 시간에 사용할 수 있다. 빈 교실에서 학생과 단둘이 이야기를 나눌 수 있다는 점에서 상담의 효과를 올릴 수 있다. 교무실이나 교실에서 할 수 없을 때, 상담실이 마땅치 않을 때 대안으로 사용하면 좋다.

4. 학생 상담 활동 기반 기법

학생 상담에서 활동 기반 기법(activity-based techniques)은 학생들이 흥미롭고 능동적으로 참여하도록 돕고, 자기이해, 감정 표현, 대인관계 기술, 자아존중감 향상 등에 효과적이다. 활동을 적절히 활용하면 상담 시간을 절약하고, 학생의 방어와 저항을 줄여 간접적으로 문제를 탐색할 수 있다.

학생의 어려움을 정확하게 이해하는 것이 중요하지만, 학생은 자신의 문제를 정확하게 인식하여 교사에게 이야기하기 어려울 수 있다. 학생은 어려움을 겪고 있어도 교사에게 구체적이고 명료하게 설명하지 못하는 경우가 많다. 이런 경우에는 학생의 현재 어려움의 정도와 내용, 심리정서를 파악하는 활동을 활용하는 것이 도움이 된다. 다음은 특히 짧은 쉬는 시간과 점심시간 상담에 활용할 수 있는 활동의 예시이다. 상황에 따라 융통성 있게 적용하며, 40~50분 정도의 상담이나 방과 후 상담에도 활용할 수 있다. 이 책에 제시된 활동 이외에도 자료들을 탐색하여 학생의 눈높이에 다가가는 다양한 기법들을 유연하고 창의적으로 활용하는 것이 좋다.

1) 호흡법

호흡법은 긴장된 신체를 쉽게 이완시킬 수 있다. 편안한 자세에서 눈을 감고 몸의 긴장을 푼 채 배로 호흡하는 느낌을 느낀다. 호흡을 하는 동안 "괜찮아." "편안하다." "긴장이 풀린다."와 같은 말을 하는 것도 도움이 된다. 긴장을 풀고 몸의 감각에 집중하면서 호흡을 반복한 후 눈을 뜨고 느낌을 말해 보도록 한다.

2) 나비 포옹법

갑자기 가슴이 두근대거나 긴장을 느낄 때 자신을 진정시키는 방법이다. 두 팔을 나비 모양으로 교차한 후, 가슴 위에 살짝 얹고 양손을 번갈아 가며 토닥인다. 눈은 살포시 감거나 살짝 아래를 내려다보는 것이 좋다. "괜찮아." "편안해지고 있어."와 같은 친절한 말을 자신에게 건네며 10~15회 정도 반복한다.

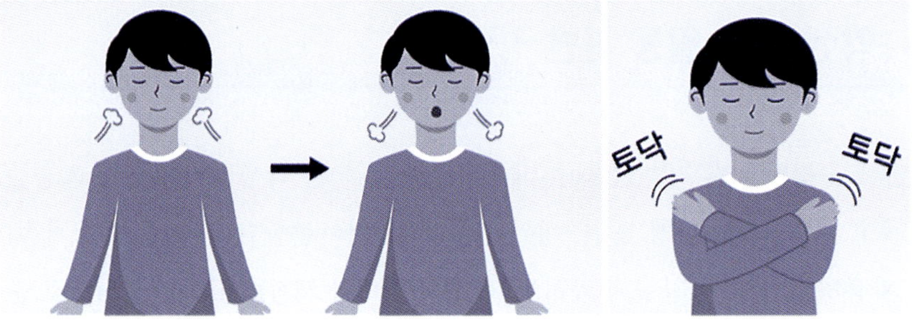

출처: 국립정신건강센터 국가트라우마센터.

3) 긍정적 자기암시

자기암시란 자기 스스로 마음속에 어떤 생각을 주입하는 것이다. 자신에 대한 긍정적인 메시지를 반복해 외우거나 이야기해 보는 활동을 통해 자아존중감 및 자신감의 향상에 도움이 될 수 있다. 학생이 가진 불안을 이겨 낼 만한 문장을 함께 만들고 교사와 번갈아 가며 읽기, 스스로 세 번 외치기, 불안할 때 마음속으로 읽어 보기 등으로 활용할 수 있다.

예시 **긍정적 자기암시 문장**

- 나는 이 불안을 잘 견딜 수 있다.
- 내가 잘하는 것과 상관없이 나는 사랑받는 사람이다.
- 나는 나에게 생긴 문제를 해결할 수 있는 사람이다.

4) 내 경험 알아보기(구조화된 경청)

짧은 시간 내에 학생의 어려움을 빠르고 명확하게 이해할 필요가 있다. '내 경험 알아보기'를 통해 학생은 자신이 경험한 문제 상황과 그에 따른 행동과 감정을 이해한다. 교사는 체계적이고 구조화된 경청을 통해 학생의 상황과 메시지를 입체적으로 이해할 수 있다.

활동자료 내 경험 알아보기

❍ 먼저 '경험' 칸에 지금 나에게 일어난 일, 사건, 문제 상황을 적어 주세요.

예시 친구와 싸웠다. 발표에서 실수를 했다.

❍ 그 경험으로 인해 들었던 생각, 했던 행동, 그리고 느껴졌던 감정(마음)을 적어 주세요.

예시

1. 생각: 친구가 나를 질투하는 거야. 모두가 나를 비웃었을 거야.
2. 행동: 다른 친구랑 보란 듯이 더 잘 놀았다. 수업이 끝나자마자 화장실에 숨었다.
3. 정서(감정): 짜증 나고 속상하고 서운하다. 부끄럽고 창피하다.

경험 어떤 일이 있었나요?	

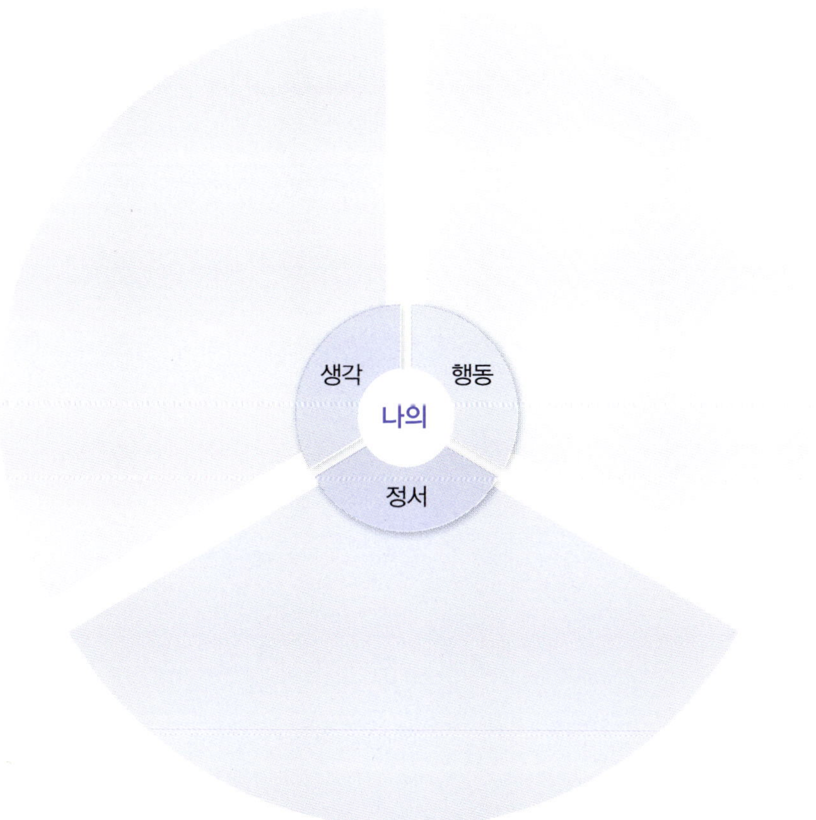

5) 주관적 고통 평정 척도

학생이 겪는 어려움은 주관적이기 때문에 교사에게 잘 와닿지 않을 수 있다. 교사는 학생이 얼마나 힘든지, 자신의 문제를 얼마나 심각하게 느끼는지 파악해야 한다. '주관적 고통 평정 척도'는 학생이 자신의 고통을 스스로 파악하는 것이다.

- 현재 학생이 가장 어렵게 느끼는 것이 무엇인지 파악할 수 있다.
- 학생의 주관적 고통을 객관적이고 현실적으로 이해하는 데 도움이 되는 질문들을 함께 활용하는 것도 좋다.

예시 활동에서 도움이 되는 질문

- 그 어려움이 일상생활(밥 먹기, 잠자기, 일어나기 등)에 영향을 주고 있니?
- 그 어려움 때문에 내가 해야 하는 일을 못 한 적이 있니?
- 그 어려움을 잠깐 잊을 수 있을 때가 있니?
- 그 어려움이 없다면 어떻게 지낼 수 있을 것 같니?
- 그 어려움이 10점 중 몇 점이 되면 ○○가 괜찮아질까?

활동자료 주관적 고통 평정 척도

❍ 내가 현재 어렵다고 느껴지는 일이 무엇인가요?

❍ 그 일은 나를 얼마나 힘들게 하나요? 점수에 ○ 표시해 보세요.

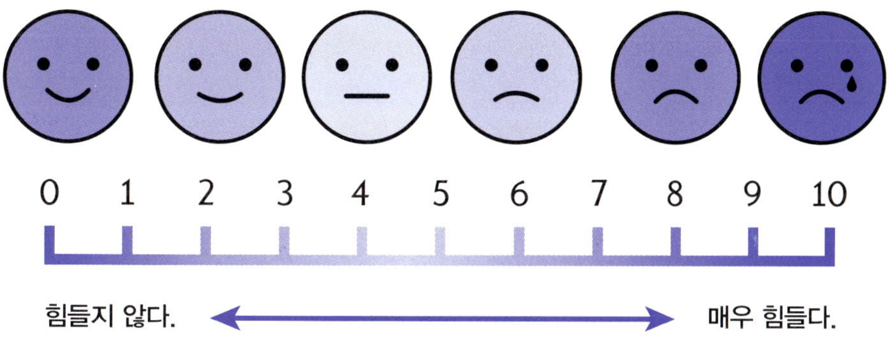

6) 나의 뇌 구조 그려 보기

학생의 최근 관심사가 무엇인지, 어디에 주의를 기울이고 있는지 등을 알아본다. 자신의 관심사를 시각적으로 표현함으로써 객관적으로 자신을 바라볼 수 있다. '나의 뇌 구조 그려 보기' 활동을 통해 교사는 학생의 관심사를 이해하고 정보를 얻을 수 있다.

활용 TIP

✓ '나의 뇌 구조 그려 보기' 활용 방법

학생의 관심사 및 중요도에 따라 칸의 크기를 선정하여 적도록 한다. '반려견' '친구'와 같이 단어로 적어도 되지만 '시험공부 하는 게 너무 힘들다.'와 같이 문장으로 적도록 유도하는 것이 좋다. 학생이 현재 가지고 있는 생각 중에 주의 깊게 지켜보아야 하는 것들이 있는지 함께 살펴본다.

예시 **활동 후 질문**

- 이 중에서 선생님에게 설명해 주고 싶은 게 있니?
- 이건 어떤 의미야?
- ○○는 삶에서 이 부분이 현재 가장 큰 것처럼 보이네. 어떻게 느껴져?

활동자료 나의 뇌 구조 그려 보기

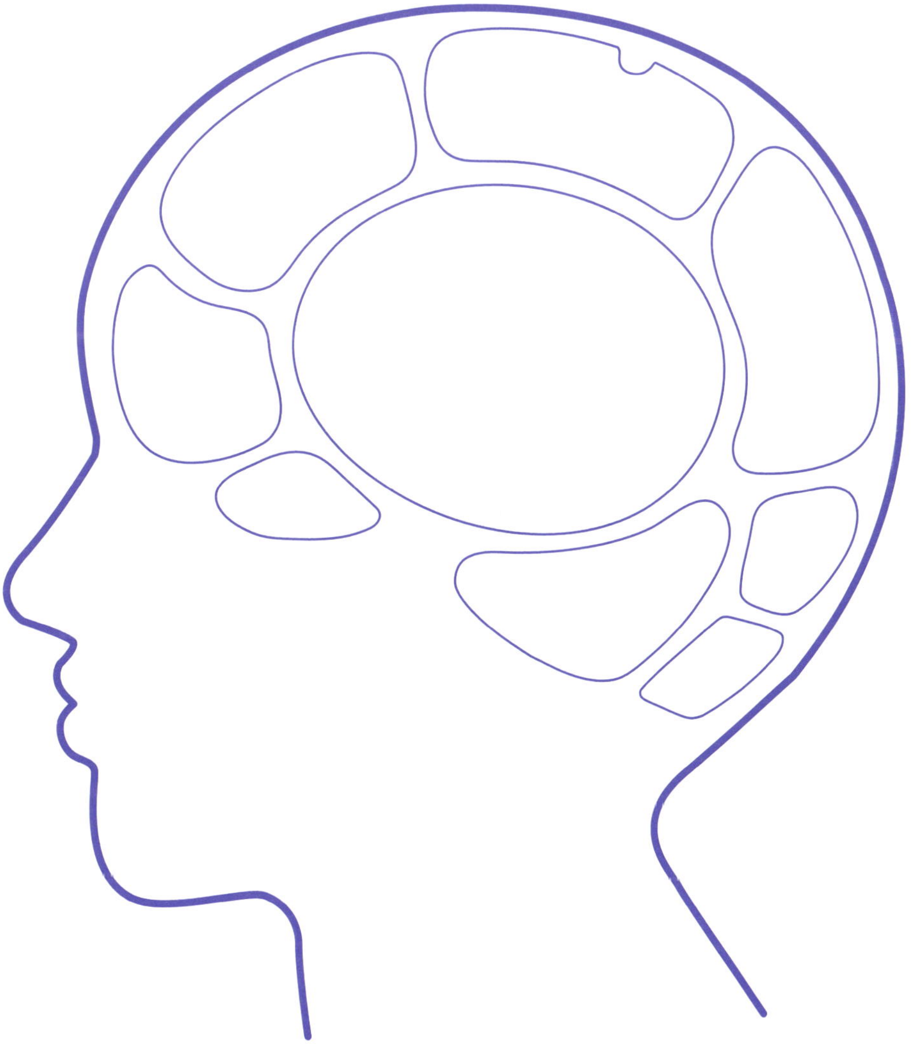

7) 나의 기분 찾기

표현된 감정은 조절하기 쉽다. '나의 기분 찾기' 활동은 현재 학생이 어떤 기분들을 느끼고 있는지 파악할 때 활용하기 좋다. 학생은 기분 목록을 보면서 자신의 기분을 천천히 생각할 수 있고, 그 과정에서 자신의 감정을 알아차릴 수 있다. 자신의 기분을 알아차리면 자신이 어떤 것에 영향을 받았는지, 그리고 어떤 자극에 반응하는지 알 수 있다. 또한, 자신의 현재 기분과 감정을 언어로 표현하면 정서 조절에 용이하다.

'나의 기분 찾기' 활동은 학생이 기분 목록을 보면서 자신의 기분을 고르는 활동이다. 기분 목록에서 학생이 느꼈던 기분 모두를 고르도록 하거나, 교사가 특정 개수를 고르라고 안내할 수 있다. 교사의 안내에 따라 학생이 기분을 고르고 나면 그 기분을 느꼈던 상황을 떠올리며 이야기를 나눈다.

활용 TIP

✔ '나의 기분 찾기' 활용 방법

기분 찾기는 학생의 특성과 상황에 따라 여러 방법으로 활용할 수 있다.

- '현재' '최근 일주일' '최근 한 달'과 같이 특정 기간에서의 기분을 찾아본다. 기분에 영향을 주는 요인들을 함께 찾아본다.
- 어떤 사건으로 인해서 지속적으로 부정적 감정을 느끼고 있는 경우, 사건이 발생하기 전과 발생한 후의 기분 변화를 비교하며 이 사건이 자신에게 어떤 영향을 주고 있는지 알아차릴 수 있다.
- 자신의 기분을 찾고 난 후에는 내 기분을 알게 된 것이 어떤 느낌인지 어떤 생각이 드는지를 물으며 학생의 경험을 확장시킬 수 있다.

예시 활동에서 도움이 되는 질문과 반응

- 오늘의 기분은 어떤지 이 중에서 찾아볼까?
- 지금 ○○의 기분은 어떠니?
- ○○가 최근 일주일 동안 느낀 기분은 어떤 것들이 있는지 모두 체크해 보렴.
- 최근 한 달 동안 느꼈던 ○○의 대표적인 기분을 긍정에서 두 개, 부정에서 두 개 골라 보자.
- 체크한 기분 중 ○○의 기분을 가장 잘 설명한 것은 무엇이니?
- 기분을 체크해 보니 어땠니?
- 왜 이런 기분이 느껴진 것 같니?
- ○○는 ~한 상황에서 ~한 기분이 느껴지는구나.

활동자료 나의 기분 찾기

감격스럽다	뿌듯하다	재미있다	활기차다
감사하다	사랑스럽다	좋다	홀가분하다
기쁘다	상쾌하다	즐겁다	후련하다
든든하다	속이 시원하다	짜릿하다	흐뭇하다
만족하다	시원섭섭하다	통쾌하다	흡족하다
반갑다	신나다	편안하다	흥겹다
벅차다	유쾌하다	편하다	흥분하다
보람이 있다	자랑스럽다	행복하다	희망적이다
갑갑하다	부끄럽다	실망스럽다	죄책감을 느끼다
걱정스럽다	부러움을 느끼다	싫다	지겹다
겁나다	분노를 느끼다	심심하다	지루하다
격분하다	분하다	씁쓸하다	짜증스럽다
공포를 느끼다	불안하다	아쉽다	참담하다
괴롭다	불쾌하다	안절부절못하다	창피하다
귀찮다	비참하다	억울하다	처량하다
기분이 상하다	비통하다	언짢다	초조하다
답답하다	서글프다	역겹다	한 맺히다
당황스럽다	서럽다	외롭다	허전하다
두렵다	서운하다	우울하다	혐오스럽다
무섭다	섭섭하다	원망스럽다	혼란스럽다
미안하다	속상하다	절망하다	화난다
민망하다	수치스럽다	좌절감을 느끼다	황당하다
배신감을 느끼다	슬프다	죄송스럽다	힘들다

8) 감사하기

학생이 우울한 기분이나 부정적인 생각들을 반복해서 보일 때는 '감사하기' 활동을 통해 자신의 자원을 확인하고 긍정적인 정서를 경험하도록 한다. 먼저, 학생의 마음을 공감한 후, '감사하기'를 적어 보도록 한다.

학생이 상황을 긍정적으로 바라보고, 힘든 상황에서 견딜 만한 것은 무엇이었는지, 다행이었던 것은 무엇인지 등을 질문하며 '감사하기'를 도울 수 있다. 감사 목록을 작성해 보며 문제 상황을 '생각보다는 괜찮은' 상황으로 재해석할 수도 있고, 자신의 주변에 많은 자원이 있음을 인식하게 된다. 학생이 감사하기를 습관화하여 생활 속에서 긍정적인 시각을 가지고 자신을 조절할 수 있도록 감사 일기를 적어 보도록 지도할 수 있다.

활용 TIP

✓ '감사하기' 활용 방법

학생이 불편감을 보이는 상황에서 감사를 찾아볼 수 있도록 질문할 수 있으며, 교사와 상담을 하는 동안에 감사 목록을 함께 작성할 수 있다. 감사 목록은 지난 일주일 동안 감사한 것, 오늘 하루 동안 감사한 것, 혹은 불쾌한 상황에서 감사한 것 등 학생에 따라 여러 상황으로 제안할 수 있다. '오늘 하루 동안 감사한 것을 세 가지 찾아 적어 보기'와 같이 과제의 형태로 활용 가능하다.

예시 활동에서 도움이 되는 질문

- 그 상황에서 그래도 조금 다행이라고 생각했던 건 무엇이었니?
- 그 상황에서 조금이라도 버틸 수 있었던 것은 무엇 때문이었니?
- ○○의 어떤 점이 그 상황을 버틸 수 있게 했을까?

활동자료 감사하기

❍ 나의 삶과 일상생활에서 감사한 일을 적어 보세요.

날짜/시간	상황	감사한 내용

9) 학생 마음 체크리스트

학생의 현재 상황과 적응 정도를 전반적으로 점검하고자 할 때는 '학생 마음 체크리스트'를 활용하면 좋다. 학생의 학교생활, 또래 관계, 진로, 가족, 정서의 영역을 간단한 문항으로 구성한 것이다. 교사는 학생이 작성한 결과를 보면서 어떤 영역에서 어려움을 보이는지 빠르게 파악할 수 있으며, 이를 통해 학생과 함께 대화를 나눌 수 있다.

활용 TIP

✓ '학생 마음 체크리스트' 활용 방법

- 학생 마음 체크리스트는 총 15문항이며, 학교생활, 또래 관계, 진로, 가족, 정서 영역으로 나누어진다. 1~12번은 각 문항의 점수가 1~2점일 경우, 그렇게 답한 이유에 대해 직접 물어보며 학생이 겪고 있는 어려움을 이야기해 볼 수 있다. 4~5점일 경우, 해당 영역에서 적절하게 적응하고 있다고 볼 수 있으므로 그에 대한 격려나 강화를 하는 것도 좋다.
- 정서 영역(13~15번)은 우울, 불안, 스마트폰 과의존과 관련된 문항이며, 역채점(1→5, 2→4, 4→2, 5→1)한다. 이 영역에서 부정적으로 답한 경우, 학생을 보다 심도 있게 살펴보고 Wee클래스 연계도 고려할 수 있다.
- 또래 관계 영역의 8번 문항의 경우, 단순히 친구 간 갈등의 상황일 수도 있지만 학교폭력의 가능성도 있으므로 학생의 반응과 표정, 태도, 분위기 등을 세심하게 관찰할 필요가 있다.
- 학생들 간의 전체 점수를 비교하여 학생의 적응 상태를 가늠해 볼 수 있다.
- 영역별 문항 구성

학교생활	1~5번	또래 관계	6~8번	진로	9~10번	가족	11~12번	정서	13~15번

예시 **활동에서 도움이 되는 질문과 격려**

- ○○는 가족이 ○○에게 관심이 없다고 느껴지나 보구나. 어떤 부분이 그렇게 느껴져?
- ○○는 친구와의 관계가 참 좋구나. 그러면 학교생활도 재미있게 느껴지겠다.

활동자료 학생 마음 체크리스트

❍ 이 문항들은 자신의 일상생활에 대한 것입니다. 정답이 없으므로, 편안한 마음으로 솔직하게 해당하는 곳에 ○ 표시해 주세요.

번호	문항	① 전혀 그렇지 않다.	② 그렇지 않다.	③ 보통이다	④ 그렇다.	⑤ 매우 그렇다.
1	나는 학교생활이 재미있다.					
2	나는 선생님들과 잘 지낸다.					
3	나는 수업 시간에 배운 내용을 잘 이해한다.					
4	나는 노력한 만큼 성적이 나온다.					
5	나는 등하교 시간을 잘 지킨다.					
6	나는 반 친구들과 잘 어울린다.					
7	나는 속마음을 얘기할 친한 친구가 있다.					
8	나는 친구와 갈등 없이 잘 지낸다.					
9	나는 나의 흥미와 적성을 알고 있다.					
10	나는 진로를 위해 공부와 과외 활동을 적절하게 하고 있다.					
11	우리 가족은 나에게 관심이 있다.					
12	나는 우리 가족의 격려, 믿음, 관심에 만족한다.					
13	나는 최근 우울한 기분을 많이 느낀다.					
14	나는 종종 불안할 때가 있다.					
15	나는 하루 중 많은 시간 동안 스마트폰을 사용한다.					

제6장

호소문제 영역별 상담 방법 및 전략: 학교와 가정

교사는 학년 초부터 학생의 행동과 정서, 학교생활 적응을 주의 깊게 살피고 어려움을 보이면 가능한 한 빠른 시간에 적절히 상담과 지도를 해야 한다. 학생 상담은 수업과 학교 일정, 학생의 방과 후 활동 등으로 인해 쉬는 시간(10분)과 점심시간(식후 20분)에 대부분 이루어지므로 여기서는 짧은 시간에 학생을 상담하는 과정을 제시하였다.

이 책의 제6장과 제7장의 내용은 학생들이 겪는 어려움을 학교와 가정, 정서 행동과 또래 관계 영역으로 나누고, 사례를 바탕으로 다음의 과정을 통해 상담을 진행하는 예시이다. 여기에 제시된 영역과 사례는 하나의 예시이며, 학생들은 다양한 어려움을 겪으므로 문제와 상황에 따라 다양하게 적용해 볼 수 있다. 학생의 문제에 따라 짧은 시간에 상담하고 지도하는 방법을 중심으로 구성되었으므로, 학생의 문제가 심각하거나 반복적이면 방과 후 시간 등을 활용하여 보다 심도 있는 상담을 진행하거나 전문상담자의 도움이 필요할 수 있다.

여기에 제안된 상담 진행과정은 교사와 학생의 신뢰 관계, 학생의 문제와 상황에 대한 파악 정도에 따라 유연하게 적용할 수 있다. 또한 수업과 학교 일정으로 인해 짧은 상담을 몇 번 실시하여 학생의 문제에 개입할 수도 있으며 '대처와 해결 방법 찾고 제안하기'라는 지속적인 노력과 점검이 필요할 수 있다.

[학생 상담 진행 과정]

1단계: 학생의 입장과 상황 알아차리기
- 반갑게 맞이하기
- 문제 파악(학생의 경험 · 행동 · 정서)과 구조화된 경청

2단계: 질문하기
- 학생의 감정과 상황 이해를 위한 질문

3단계: 공감적 관심과 이해
- 학생을 배려하는 태도와 행동
- 따듯한 관심

4단계: 학생의 감정 읽기
- 표정, 말투, 몸짓과 자세, 상황 맥락을 종합하여 감정 이해하기
- 자신이 '이해받고 있다.'라는 느낌을 주며 공감 표현하기

5단계: 격려하기
- 학생의 노력 인정하기
- 용기와 자신감 북돋아 주기

6단계: 대처와 해결 방법 찾고 제안하기
- 학생과 함께 건강한 대처나 해결 방법 찾기
- 실질적인 도움과 방향 제시

1단계: 학생의 입장과 상황 알아차리기

▸ 반갑게 맞이하기

- 학생이 오면 교사는 밝은 표정과 함께 눈을 편안하게 맞추며, 학생이 편하게 이야기할 수 있도록 긍정적인 분위기를 조성한다. 교사의 말투, 표정, 행동, 분위기를 자연스럽고 긍정적이게 한다.
- 학생이 편안하게 느낄 수 있도록 배려하고, 학생이 희망하는 방향으로 상담을 진행한다.

▸ 문제 파악(학생의 경험 · 행동 · 정서)과 구조화된 경청

- 학생이 호소문제와 관련하여 경험한 것과 학생의 경험, 행동, 정서를 구조적으로 경청하여 민감하게 이해하려는 태도를 가진다.
- 학생의 문제를 겉으로 보이는 말이나 행동만으로 이해하기보다 비언어적 메시지(목소리, 표정, 몸짓 등)를 함께 고려하여 입체적으로 바라보고 전체적으로 파악한다.
- 학생의 감정이나 행동의 표면만 보지 않고, 그 이면의 이유를 파악할 수 있을 때 보다 적절한 지도와 지원을 할 수 있다.

2단계: 질문하기

▸ **학생의 감정과 상황 이해를 위한 질문**

- 폐쇄형보다 개방형 질문을 하며, 학생이 자신의 생각과 감정을 편안하게 표현하도록 공감적인 몸짓과 목소리로 질문한다.
- 단순한 정보 수집이 아니라, 학생이 자신의 감정을 이해하여 정리하고 말할 수 있게 도와주는 과정이기도 하다.
- 적절한 질문은 학생 자신도 모르는 감추어진 동기와 생각, 감정을 스스로 알아차리고 말하게 한다.

3단계: 공감적 관심과 이해

▸ **학생을 배려하는 태도와 행동**

- 학생을 존중하는 마음을 가지고, 비난하기보다 이해하며, 학생이 자기 삶의 주체이므로 평등한 시선으로 바라본다.
- 학생의 말을 중간에 끼어들지 않고 충분히 들어 주며, 눈을 마주치고 고개를 끄덕인다. "그래." "그렇구나." 등의 반응으로 관심을 표현한다.
- 사소한 변화에도 관심을 보이고, 학생들의 개인차를 인정하며 비교하지 않는다.

▸ **따듯한 관심**

- 학생의 감정, 상황, 발달 수준을 존중하고 그에 맞추어 민감하게 반응하며 따뜻하게 대함으로써 서로 신뢰감을 형성하고 학생의 자존감을 높인다.
- 학생이 자신의 말이 수용되고 자신이 소중한 존재임을 느끼도록 따뜻한 눈빛, 부드러운 말투, 가벼운 미소, 고개 끄덕임을 적절하게 한다.

4단계: 학생의 감정 읽기

▸ **학생의 표정, 말투, 몸짓과 자세, 상황 맥락을 종합하여 감정 이해하기**

- 학생의 말과 함께 표정, 행동, 몸짓 등 비언어적 표현을 이해함으로써 말로 표현하지 못하는 학생의 감정까지 알아차린다.

▸ **학생에게 자신이 '이해받고 있다.'라는 느낌을 주며 공감 표현하기**

- 학생의 마음을 섬세하게 이해하여 공감 언어로 반응함으로써 학생은 자신의 감정을 더 잘

인식하고 수용받는 경험을 한다.

- 학생의 마음과 상황을 **종합적으로 이해**한다. 학생의 상태를 추측하여 판단하고 단정하지 않으며, 조심스럽게 학생의 마음을 열고 다가가는 말을 사용한다.

5단계: 격려하기

▸ **학생의 노력을 탐색하고 인정하기**

- 결과와 상관없이 학생이 스스로 문제 상황을 벗어나고 해결하기 위해 기울인 시간, 마음, 태도, 용기 등을 진심으로 알아보고 **긍정적으로 피드백**한다.
- 학생의 노력 중 긍정적인 결과가 있었던 것을 보다 잘 활용할 수 있도록 지도한다.

▸ **용기와 자신감 북돋아 주기**

- 학생이 부정적인 감정을 가지고 동기가 없어도 현실적이고 가능한 작은 시도라도 하고 도전할 수 있도록 **심리적 지지와 응원**을 제공한다.
- 학생의 작은 시도나 변화에 주목하여 지지하고, 실패를 두려워하지 않도록 안심시키며, **강점과 가능성**을 구체적으로 언급함으로써 **긍정적인 자기인식**을 하도록 돕는다.

6단계: 대처와 해결 방법 찾고 제안하기

▸ **학생과 함께 건강한 대처 또는 해결 방법 찾기**

- 학생이 혼자 감정에 휘둘리거나 문제 앞에서 무력감을 느끼지 않도록 어른인 교사가 함께 현실적이고 긍정적인 대처 방법을 모색한다. 문제의 원인을 분석하고 그 원인을 변화시켜 해결하고자 하는 **현실적인 대처와 해결 방법**을 함께 찾는다.
- **인지적 재구성**을 돕는다. 학생이 부정적이거나 비합리적인 생각을 깨닫고 보다 현실적이고 긍정적인 생각을 하도록 한다. 힘든 상황이지만 긍정적인 측면과 자신에게 도움이 되는 것을 중심으로 생각하도록 돕는다.
- 학생에게 단순한 위로를 넘어 학생 스스로 정서 조절력과 문제해결력을 키우는 교육적 동행이 된다.
- 학생에게 도움이 되는 정보, 지식을 스스로 탐색하도록 지도한 후, 추후 그 내용을 바탕으로 상담하고 점검, 조언하여도 좋다.
- 현실적인 대처와 해결 방법이 마땅하지 않을 경우, 학생이 겪는 부정적 감정을 조절하는 방법을 함께 이야기 나눈다. 부정적인 기분이 많이 들면 주의를 환기하는 데 도움이 되는

활동을 하거나 장소, 사람을 찾도록 한다.

▸ **실질적인 도움과 방향 제시**

- 학생에게 단순한 위로나 추상적인 조언이 아니라 **구체적이고 실행 가능한 방법**을 제시하며 실제로 도움이 되도록 돕는다. 교사는 학생들이 겪는 어려움과 문제에 대한 실질적인 도움이 되는 정보와 지식을 평소에 탐색하여 적극적으로 활용한다.
- 현실적인 행동 방안과 다양한 선택지를 제시하지만, **결정은 학생이 주도**하도록 한다. 그래야 학생의 동기와 실천력이 좋아진다.
- 학생은 문제 상황에서 어떻게 행동해야 할지 몰라서 무력감을 느낄 수 있으므로 막연한 조언보다 생활 속의 작은 실천방법이나 구체적인 실행 계획이 자신감을 키운다. 실질적인 도움은 학생에게 '**내 편이 있다.**'라는 안정감을 준다.

1. 학교와 학업

1) 습관적으로 지각하는 학생

사례

민수(중2, 남)는 조회 시간이 끝날 무렵 등교하는 일이 잦았다. 지각 이유를 묻자, 게임을 밤늦게까지 하다 보니 아침에 늦게 일어나게 된다고 하였다. 담임교사는 보호자에게 연락하여 적절한 수면 시간을 지킬 수 있도록 협조를 요청하였고, 민수와 상담을 진행하며 지각 문제에 관해 이야기를 나누었다. 게임과 관련된 질문이 나오면 순간적으로 시선을 피하거나, "이제 줄이려고요."라고 말하면서도 변화하려는 의지는 부족한 모습이 보인다.

(1) 학생의 입장과 상황 알아차리기

▸ 학생이 말하는 내용과 함께 목소리, 몸짓 등 비언어적 표현을 알아차린다.

예시

의자에 느슨하게 앉아서 교사가 말을 건네면 어깨를 으쓱하며 대수롭지 않다는 듯한 태도를 보인다. 지각에 대한 이야기가 나오자 "네, 알아요. 고쳐야 하는데 잘 안돼요……."라며 가볍게 대답하고, 때때로 한숨을 쉬며 귀찮아하는 듯한 표정을 짓기도 한다.

▸ 습관적 지각과 관련된 학생의 경험, 행동, 정서에 대해 구조화된 경청을 한다.

예시

경험: 밤늦게까지 게임을 하며 늦게 잠드는 습관이 있고, 이로 인해 아침에 늦게 일어나 지각하는 일이 반복되고 있다.
행동: 스스로 지각 문제를 인식하고 있지만 게임이 즐거움과 습관이 되어 쉽게 조절하기 어렵다.
정서: 반복적인 지각으로 인한 부모와 교사의 지적과 걱정에 부담감을 느끼고 귀찮다.

(2) 질문하기

▸ 학생의 입장과 상황을 더 잘 이해하기 위하여 질문을 한다.

예시

- 게임을 밤늦게까지 한다고 하였는데, 주로 어떤 게임을 하니?
- 아침에 일찍 일어나려고 스스로 노력한 방법이 있다면 얘기해 주렴.
- 그동안 나름대로 노력하였는데 변화가 어려웠던 이유는 무엇이니?

(3) 공감적 관심과 이해

▸ 학생을 배려하는 태도, 행동과 함께 따듯한 관심을 전달한다.

예시

게임으로 인해 늦게 자고 지각하는 학생의 행동을 비난하기보다 학생과 눈을 마주치며 "그래." "그렇구나." 등의 반응으로 학생의 입장을 수용하고 이해하려는 태도를 보인다.

(4) 학생의 감정 읽기

▸ 학생이 말한 내용을 바탕으로 학생의 감정 수준에 맞게 공감적 표현을 한다.

예시

- 부모님이 야단치실 때마다 신경이 쓰이고 피곤하게 느껴졌겠구나.
- 스스로도 바꿔야 한다는 걸 아는데 잘 안돼서 속상하구나.
- 하고 싶은 건 많은데, 시간은 부족하고 피곤해서 답답하구나.

(5) 격려하기

▸ 문제해결을 위해 학생이 노력한 점을 탐색하여 격려한다.

예시

- 네가 지각하지 말아야겠다고 생각하고, ~한 노력을 해 보았다는 게 대견하구나.
- 네가 스스로 지각을 하고 싶지 않다고 생각하고 있다는 게 중요한 거야.
- 지금 지각과 관련하여 선생님의 의견을 듣는 것과 네 의견을 말하는 것도 노력의 시작이야.
- 게임하는 습관을 한번에 바꾸는 건 어려울 거야. 그래도 네가 지각에 대해 신경 쓰고 있다는 것을 선생님은 알고 있어.

(6) 대처와 해결 방법 찾고 제안하기

▸ 학생이 구체적으로 실천할 수 있는 대처와 해결 방법을 함께 찾고 제안한다.

예시

- 컴퓨터 사용 및 종료 알람을 설정해 놓는 건 어떠니?
- 잠들기 전 게임 대신 다른 활동(책 읽기, 음악 듣기, 간단한 스트레칭)을 하는 자기만의 '잠자기 전 습관'을 만들어 보자.
- 처음부터 완벽하게 바꾸려 하기보다는, 하루 10분이라도 게임 종료 시간을 앞당기는 작은 실천부터 시작해 보자.

보충 TIP

지각하는 학생에 대한 심리학적 이해

- 습관의 문제: 지각하는 습관이 생겼을 가능성과 과거의 경험이 현재의 행동을 강화한 것인지를 파악한다. 새로운 습관을 만드는 긍정적 강화가 필요하다. 지나치게 큰 목표보다 학생이 성취할 수 있는 수준에서 시작한다. 또한 작은 실천에도 나아지고 있다는 것에 대해 자신을 격려한다. 예를 들면, "잘했어."보다 "지난번보다 나아졌어."라고 스스로에게 격려하도록 지도한다.
- 학교에 대한 낮은 동기: 학교에 가고 싶은 동기가 적으면 지각을 더 자주 할 가능성이 있다. 학생의 등교에 대한 동기를 만들어 주는 것이 필요하다. 예를 들면, 또래 친구와 함께 등교하거나 "학교에 오는 게 즐거웠던 적 있어?"에 대해 이야기 나누고 의미를 부여한다.
- 또래 집단과 문화적 영향: 주변 친구들이 지각을 자주 하거나 지각에 대한 학교와 교사의 감독과 지도가 적절하지 않을 수 있다. 교사와 학교의 일관적이고 민감한 감독과 지도가 필요하다.

• 정신 건강 문제(우울, 불안 등): 스트레스에 대한 민감성을 포함한 정신 건강 문제가 있을 수 있다. Wee클래스 등 전문적 도움이 필요하다.

반복적으로 지각하는 학생의 경우, 보통 5~10분 정도 늦는 패턴인 경우가 많다. 먼저 지각의 원인에 대해 스스로 인식하도록 한다. 예를 들면, 자신의 게임 사용 습관과 수면 패턴을 인식하고 충분한 수면 시간을 갖도록 실질적인 방법(예: 취침 시간 설정, 알람 활용 등)을 함께 찾고 제안한다. 또한, 생활 관리를 돕기 위해 학생과 함께 실천 가능한 목표를 정하고, 일정기간 동안 점검하며 개선 여부를 확인한다. 이와 함께 학생의 스트레스 관리와 충족되지 않은 일상적 욕구를 탐색하여 충족할 수 있는 방법과 대안을 지도한다.

보충 TIP

미인정 지각하는 학생에 대한 개입

• 미인정 지각이란, 학부모나 학생이 등교 전에 담임교사에게 연락을 하지 않은 상태에서 학교 수업이 시작된 후 등교하는 경우이다. 교사는 학부모에게 연락하여 미인정 지각 이유를 파악한 후 교육부의 매뉴얼에 따라 출결사항에 기록한다. 이와 함께 교사가 학생을 지도하는 데 있어서 고려할 점은 다음과 같다.
• 출결 점수는 상급학교 진학에 있어서 불이익이 된다는 것을 학부모와 학생이 인지하도록 돕는다.
• 지각의 이유와 대처 방법에 대하여 전문적인 자료를 활용하고, Wee클래스의 전문상담교사에게 자문을 얻어 함께 지도하는 것도 도움이 된다.
• 교사는 무단 지각하는 학생과 신뢰를 기반으로 지속적으로 소통하고, 경청과 공감적 태도로 학생의 상황을 이해하며, 일관된 규칙 적용과 긍정적인 피드백을 통해 학생의 책임감을 키우고 문제해결을 돕는다.

2) 학업 스트레스로 인해 수업회피 행동을 하는 학생

사례

진수(고1, 남)는 시험 기간이 다가오면 배가 아프다며 자주 보건실을 찾아 교과 시간에 자리를 비우는 일이 많았다. 담임교사는 교과 교사로부터 해당 내용을 전달받고, 진수와 면담을 진행한 결과 학생이 학업 스트레스를 심하게 받고 있다는 사실을 알게 되었다.

담임교사는 이 내용을 진수의 어머니에게 전달하였으나, 이후에도 질병 조퇴가 계속 반복되었다. 진수의 어머니는 병원에서도 특별한 이상이 없다는 진단을 받았다며, 진수가 단순히 집에 빨리 오고 싶어 하는 것 같다고 말하였다. 또한, 학교 수업에 지장이 없도록 선생님이 잘 타일러 달라고 부탁하는 데 그쳤다. 이에 담임교사는 진수와 보다 심도 있는 이야기를 나누고 도움을 주기 위해 방과 후에 상담을 진행하였다.

(1) 학생의 입장과 상황 알아차리기

▸ **학생이 말하는 내용과 함께 목소리, 몸짓 등 비언어적 표현을 알아차린다.**

예시

상담실에 들어오면서 표정이 어둡고, 가끔 배를 손으로 문지르는 모습을 보인다. 교사의 질문에 조용한 목소리로 대답하며, 시선을 피하거나 손을 만지작거리며 긴장한 기색을 보인다. 자신의 고민을 이야기할 때, 말끝을 흐리거나 작게 한숨을 쉬며 힘들어한다.

▸ **학업 스트레스와 관련된 학생의 경험, 행동, 정서에 대해 구조화된 경청을 한다.**

예시

경험: 시험이 가까워지면 배가 아프고 어지러운 증상이 반복되어 보건실에 가거나 조퇴를 자주 한다.

행동: 보건실에 가거나 조퇴함으로써 수업과 시험에 대한 부담감을 회피하는 행동을 보인다.

정서: 시험에 대한 압박감이 크고, 성적에 대한 불안과 실패에 대한 두려움으로 인해 위축된 감정 상태이다.

(2) 질문하기

▸ **학생의 입장과 상황을 더 잘 이해하기 위하여 질문을 한다.**

예시

- 시험이 다가오면 몸이 안 좋아지는 게 언제부터였니?
- 시험이 가까워질수록 어떤 생각이 많이 드니?
- 시험에 대해 어떤 점이 가장 걱정되거나 부담스럽게 느껴지니?

(3) 공감적 관심과 이해

▸ 학생을 배려하는 태도, 행동과 함께 따뜻한 관심을 전달한다.

예시

아프다고 느끼는 감정과 몸의 반응을 단순히 꾀병이나 핑계로 여기지 않고, "그래." "그렇구나."라고 반응하며 학생의 입장을 있는 그대로 받아들인다. 말하는 동안 고개를 끄덕이며 부담을 느끼는 상황을 인정하고 기다려 준다.

(4) 학생의 감정 읽기

▸ 학생이 말한 내용을 바탕으로 학생의 감정 수준에 맞게 공감적 표현을 한다.

예시

- 몸이 아플 정도로 마음이 힘들었구나.
- 시험이 다가오면 마음이 불안하고 무거웠구나.
- 성적에 대한 부담이 너를 매우 힘들게 하였구나.
- 시험 압박에서 벗어나고 싶은데 잘 안되어 힘들었겠다.
- 시험에 대한 부담을 선생님에게 말해 줘서 고마워.

(5) 격려하기

▸ 문제해결을 위해 학생이 노력한 점을 탐색하여 격려한다.

예시

- 스트레스를 받는다는 건 시험을 잘 보고 싶고, 더 나은 내가 되고 싶은 마음이 있어서일 거야.
- 네가 나름대로 애쓰고 있는 게 느껴져. 혼자 감당하지 말고, 대처 방법을 함께 생각해 보자.

(6) 대처와 해결 방법 찾고 제안하기

▸ 학생이 구체적으로 실천할 수 있는 대처와 해결 방법을 함께 찾고 제안한다.

예시

- 이번 시험을 대비하여 공부 계획을 미리 세우고, 자신이 쉽고 잘할 수 있는 과목과 중요 과목을 우선으로 준비해 보는 건 어떨까?

- 학교에서 힘들 때는 쉬는 시간에 (학교에서 가장 편안한 곳에서) 호흡법과 나비포옹법을 해 보면 마음이 좀 편안해질 수 있어(제5장 참조).
- 마음이 너무 불안할 땐, 하루에 10분 정도 마음을 가라앉힐 수 있는 호흡법이나 짧은 산책을 하는 것도 도움이 돼.

3) 학습부진을 겪는 학생

사례

서연(중3, 여)은 학기 초에 시행하는 기초학력향상도검사 결과에 따라 수학과 영어과목의 학습지원대상으로 선정되었다. 서연은 학습에 대한 흥미가 낮고 자신감이 부족하며 수업 시간에 산만하여 교과 교사에게 지적을 받거나 과제를 제출하지 않는 일이 많았다. 학습지원대상 진단도구를 활용하여 사회정서역량검사 결과를 종합해 보았을 때 느린 학습자로 학습에 어려움을 겪는 것으로 나타났다.

(1) 학생의 입장과 상황 알아차리기

▸ **학생이 말하는 내용과 함께 목소리, 몸짓 등 비언어적 표현을 알아차린다.**

예시

상담실에 들어올 때 다소 주저하는 듯한 태도를 보이며 의자에 앉는다. 눈을 마주치지 않고 머뭇거리며 손을 만지작거리는 모습을 보인다. 학습에 관한 이야기가 나오자 눈을 잠시 피하며 작은 목소리로 "잘 안되는 건 아는데, 그냥……."이라며 말을 흐린다. 표정은 굳어 있었고, 말을 이어 가는 데 시간이 걸린다.

▸ **학습부진과 관련된 학생의 경험, 행동, 정서에 대해 구조화된 경청을 한다.**

예시

경험: 수학과 영어 과목에서 반복적으로 어려움을 겪으며 집중이 잘 안되고, 과제나 발표에서 부정적인 피드백을 받으며 시간이 오래 걸린다.

행동: 과제 제출을 자주 미루거나 누락하고 수업 시간에 발표나 질문을 회피하는 등 소극적이다. 교사나 또래의 도움 제안에도 선뜻 응하지 못한다.

정서: 친구들과 비교되어 학습에 대한 열등감과 '어차피 해도 안 된다.'라는 무기력감을 자주 느끼고, 실수에 대해 지나치게 민감하다.

(2) 질문하기

▸ 학생의 입장과 상황을 더 잘 이해하기 위하여 질문을 한다.

예시

- 수학이나 영어 공부를 할 때 어떤 부분이 가장 어렵니?
- 수업 시간에 집중이 잘 안될 때, 어떤 생각이 떠오르니?
- 네가 생각하기에 공부할 때 가장 힘든 점은 무엇이니?

(3) 공감적 관심과 이해

▸ 학생을 배려하는 태도, 행동과 함께 따듯한 관심을 전달한다.

예시

학습에 어려움을 겪고 자신감을 잃은 상태를 이해하고, 학생의 눈을 마주치며 "그래." "그렇구나."라고 반응한다. 상담할 때도 자신감이 없고 조심스럽게 반응하는 태도를 이해하고 적극적으로 경청한다.

(4) 학생의 감정 읽기

▸ 학생이 말한 내용을 바탕으로 학생의 감정 수준에 맞게 공감적 표현을 한다.

예시

- 잘 이해되지 않아 수업 시간에 답답하겠구나.
- 수업에 따라가기 어려워서 마음이 무겁고 버거웠구나.
- '해도 잘 안된다.'라고 느껴져서 속상했겠구나.
- 수업 시간에 선생님께 지적을 받을까 봐 걱정됐겠다.

(5) 격려하기

▸ 문제해결을 위해 학생이 노력한 점을 탐색하여 격려한다.

예시

- 내용을 이해하기 어렵고 집중이 안 되는데, 수업에 참여하고 노력하는 게 대견하구나.
- 과제를 다 하지 못했어도 네가 해 보려고 노력한다는 게 중요한 거야.
- 선생님과 상담하며 이야기를 나누는 건 스스로 뭔가 바꿔 보려는 용기 있는 행동이야.

(6) 대처와 해결 방법 찾고 제안하기

▸ 학생이 구체적으로 실천할 수 있는 대처와 해결 방법을 함께 찾고 제안한다.

예시

- 하루에 하나씩이라도 쉬운 문제부터 스스로 차분히 풀어 보는 건 어떨까?
- 과제를 내가 할 수 있는 만큼 열심히 하여 제출해 보는 연습을 해 보자.
- 공부를 시작할 때 항상 오늘은 무엇을 공부할지 목표를 짧게 메모하면 좋을 것 같아.

2. 진로와 미래

학생의 진로 · 직업 고민 유형을 파악하고 변화하는 사회의 진로 · 직업 정보에 대한 지식을 탐구하여 상담과 지도를 준비한다면, 학생이 보다 넓은 세상과 진로에 대한 조망을 가질 수 있다.

보충 TIP

진로 관련 어려움을 겪는 학생 유형

- 선택의 어려움이 있는 학생
- 원하는 것이 무엇인지 모르는 학생
- 중요한 타인(가족, 친척, 교사)의 압력에 부담을 느끼는 학생
- 자기이해(흥미, 강점, 보완할 점, 직업 가치관 등)가 부족한 학생 등

1) 꿈이 없어서 힘들어하는 학생

사례

민호(고2, 남)는 인문계 고등학교를 다니는 학생으로 특별한 꿈이 없다. 고등학교 1학년 때까지는 이와 관련해서 특별한 고민이 없었다. 하지만 2학년이 된 후 자신이 무엇을 좋아하고 무엇을 잘하는지, 진로와 직업을 선택하는 데 있어 무엇이 우선순위인지 혼란스럽다. 주변의 친구들은 다들 진로를 잘 선택하는 것 같고, 목표를 향해 나아가는 것 같은데 나만 그러지 못한 것은 아닌지 걱정된다.

(1) 학생의 입장과 상황 알아차리기

▸ 학생이 말하는 내용과 함께 목소리, 몸짓 등 비언어적 표현을 알아차린다.

예시

표정은 다소 무겁고, 손을 책상 위에 올려놓고 만지작거리며 생각에 잠긴 듯하다. 질문을 받으면 바로 대답하지 않고 고민하는 모습을 보이며, 때때로 한숨을 쉬거나 시선을 바닥으로 내린다.

▸ 진로 고민과 관련된 학생의 경험, 행동, 정서에 대해 구조화된 경청을 한다.

예시

경험: 고등학교 1학년 때까지는 진로에 대해 별다른 고민이 없었지만, 2학년이 되며 주변의 진로 준비 분위기 속에서 자신과 미래에 대한 생각이 많아졌다.

행동: 평소 수업이나 학교생활에는 문제없이 참여하지만, 진로 관련 활동이나 대화에서는 소극적이고 주도적으로 의견을 내지 않는다.

정서: 친구들과 비교하며 자신만 뒤처진 듯한 불안감을 느끼고 있으며, 자신이 뭘 좋아하고 잘하는지도 모르겠다며 혼란스럽다.

(2) 질문하기

▸ 학생의 입장과 상황을 더 잘 이해하기 위하여 질문을 한다.

예시

- 진로를 선택한 친구들 이야기 들을 때, 어떤 생각이 드니?
- 스스로 '이건 좀 재밌다.'라고 느꼈던 활동이나 수업이 있었니?
- 네가 지금 제일 혼란스럽거나 막막하게 느끼는 건 무엇이니?

(3) 공감적 관심과 이해

▸ 학생을 배려하는 태도, 행동과 함께 따뜻한 관심을 전달한다.

예시

자신의 진로에 대해 막막함을 느끼고 친구들과 비교하며 위축된 감정을 표현할 때, "그래." "그렇구나." "그랬겠다."와 같은 반응으로 학생의 마음을 수용하고, 조급해하지 않고 천천히 탐색해도 괜찮다는 교사의 안정된 태도로 학생의 불안을 가라앉혀 준다.

(4) 학생의 감정 읽기

▸ 학생이 말한 내용을 바탕으로 학생의 감정 수준에 맞게 공감적 표현을 한다.

예시

- (친구들이 진로를 정하고 목표를 세워 가는 모습을 보며) 나만 뒤처진 것 같아 힘들었구나.
- 진로에 대해 생각하면, 무엇부터 시작해야 할지 막막하고 답답한 마음이구나.
- 내가 잘하는 게 뭔지 모르겠고, 혼자 생각만 하니깐 불안하고 자신이 없었구나.

(5) 격려하기

▸ 문제해결을 위해 학생이 노력한 점을 탐색하여 격려한다.

예시

- 진로에 관하여 스스로 고민하고 내가 잘하는 것을 생각한다는 게 중요한 거야.
- 모든 친구가 처음부터 뚜렷한 목표가 있는 건 아냐. 지금부터 차근차근 찾아가면 너의 꿈을 찾을 수 있어.
- 자신이 뭘 좋아하는지 고민한다는 건, 이미 진로를 진지하게 생각하고 있다는 거야.
- 너는 꿈이 없는 게 아니라 아직 찾지 못한 거야. 지금부터 찾으면 돼. 네게 맞는 걸 찾는 게 중요하지 않을까?

(6) 대처와 해결 방법 찾고 제안하기

▸ 학생이 구체적으로 실천할 수 있는 대처와 해결 방법을 함께 찾고 제안한다.

예시

- 관심(흥미) 있는 활동이나 과목을 적어 보면서, 어떤 공통점이 있는지 살펴보는 건 어떠니?
- 진로 관련 직업흥미검사나 성격검사를 해 보고, 너의 강점과 흥미를 알아보자(진로상담교사 또는 전문상담교사의 도움이나 고용24 등 사이트 활용).
- 친구들과 비교하기보다, 지난 1년간 스스로 달라진 점이나 해 본 것들을 정리해 보는 것도 나의 맞춤형 진로 탐색을 위한 방법이 될 수 있어.

2) 부모와 진로 문제로 갈등을 겪는 학생

사례

민지(고1, 여)는 어릴 때부터 그림 그리기를 좋아하였고, 최근에는 웹툰이나 그래픽 디자인에 관심이 많아 관련된 진로를 고민하고 있다. 학업 성취도는 중위권이지만, 미술 관련 과목에서는 뛰어난 실력을 보이며, 미술 대회에서도 여러 차례 입상한 경험이 있다.

하지만 부모님은 민지가 예술 분야로 진로를 결정하는 것에 반대하고 있다. 부모님은 안정적인 직업을 가져야 한다며 공무원, 교사, 또는 대기업 취업을 목표로 해야 한다고 생각한다. 그에 반해, 민지는 자유롭게 창작하는 일을 하고 싶고, 전통적인 직업보다는 자신의 개성을 살릴 수 있는 분야에서 일하고 싶어 한다.

(1) 학생의 입장과 상황 알아차리기

▸ 학생이 말하는 내용과 함께 목소리, 몸짓 등 비언어적 표현을 알아차린다.

예시

의자에 편안히 앉았지만, 표정은 다소 굳어 있었고 말을 시작할 때 눈을 자주 깜빡였다. 미술 이야기를 꺼내자 목소리가 조금 밝아졌으나, 부모님 이야기가 나오자 "그냥 안정적인 직업을 하래요……."라며 목소리가 작아졌다.

▸ 진로 문제로 인한 부모님과의 갈등과 관련하여 학생의 경험, 행동, 정서에 대해 구조화된 경청을 한다.

예시

경험: 어릴 때부터 그림 그리기를 즐겼고, 최근에는 웹툰, 그래픽 디자인 등 새로운 형태의 예술 분야에 흥미를 느끼며 관련 진로를 진지하게 생각하지만 안정적인 직업을 바라는 부모님의 반대로 갈등을 겪고 고민이다.

행동: 미술을 전공하고 싶지만, 부모님의 반대 때문에 적극적으로 준비하지 못하고 있다. 부모님과 관련 이야기를 하면 갈등이 생길까 봐 대화를 피한다.

정서: 자신의 꿈을 부정당하거나 인정받지 못한다고 느끼며 서운함과 답답함, 동시에 불안과 내면적 갈등을 경험하고 있다.

(2) 질문하기

▸ 학생의 입장과 상황을 더 잘 이해하기 위하여 질문을 한다.

예시

- 새로운 예술 분야에 대한 흥미는 언제부터 생겼니?
- 웹툰이나 그래픽 디자인에 관심을 가지게 된 계기가 있다면 말해 주렴.
- 부모님과 네가 원하는 미래가 다를 때, 가장 고민되는 점은 무엇이니?

(3) 공감적 관심과 이해

▸ 학생을 배려하는 태도, 행동과 함께 따듯한 관심을 전달한다.

예시

예술 분야에 대한 관심과 부모의 반대로 고민하고 있는 상황을 성급하게 중재하기보다 학생의 말에 "그래." "그렇구나."와 같이 반응하며 감정을 수용한다. 학생이 꿈을 진지하게 고민하고 부모와의 갈등 속에서도 자기주장을 하는 모습을 존중한다.

(4) 학생의 감정 읽기

▸ 학생이 말한 내용을 바탕으로 학생의 감정 수준에 맞게 공감적 표현을 한다.

예시

- 네가 하고 싶은 걸 부모님이 인정하지 않으셔서 속상했구나.
- 네가 가고 싶은 진로를 부모님이 반대하셔서 혼란스러웠겠다.
- 부모님이 날 이해하지 못한다고 느껴져서 답답하였구나.

(5) 격려하기

▸ 문제해결을 위해 학생이 노력한 점을 탐색하여 격려한다.

예시

- 네가 좋아하는 일을 알게 되고, 그걸 진로로 연결하는 시도를 하고 있다는 건 멋진 일이야.
- 미술이라는 분야를 진지하게 고민하면서 부모님의 의견도 존중하려는 모습이 대견하구나.
- 꿈을 선택하는 과정에서 겪는 갈등도 성장의 일부야. 그걸 회피하지 않고 마주하는 모습이 대견해.

(6) 대처와 해결 방법 찾고 제안하기

▸ 학생이 구체적으로 실천할 수 있는 대처와 해결 방법을 함께 찾고 제안한다.

예시

- 너의 관심 분야와 강점을 구체적으로 포트폴리오처럼 만들어서 부모님께 보여 드리는 건 어떠니?
- 예술계 진로도 다양한 진입 경로와 안정적인 직업군이 있는데 정보를 찾아서 부모님과 이야기하는 건 어떠니?
- 부모님과의 대화가 힘들 땐 선생님이나 상담선생님과 연습한 후 너의 진심을 전달해 볼 수도 있어.

3. 학교폭력

1) 사이버 폭력 피해를 겪은 학생

사례

우석(중2, 남)은 같은 반 친구들이 만든 채팅방에서 지속적인 무시와 비난을 받았다. 친구들은 우석이 보낸 메시지에 의도적으로 답하지 않거나, 우석을 흉보는 메시지를 우석이 없는 또 다른 채팅방에서 공유하였다고 한다. 우석은 이로 인해 자신감과 학업 의욕을 잃고, 항상 피곤하며 잠을 자주 깨고 가슴 두근거림, 땀 흘림, 손 떨림 등 신체적으로도 불안 증상을 보이고 있다.

(1) 학생의 입장과 상황 알아차리기

▸ 학생이 말하는 내용과 함께 목소리, 몸짓 등 비언어적 표현을 알아차린다.

예시

고개를 숙이고 앉았으며, 말수가 적고 교사와 눈을 잘 마주치지 않았다. 채팅방 이야기가 나오자 잠시 멈칫하며 "그냥 제가 괜히 말해서 그랬던 것 같아요."라고 말하였지만, 목소리는 작고 표정은 굳어 있었다. 손을 자주 만지작거리며 말을 자주 끊고, 긴장된 듯한 자세를 보였다.

▸ 사이버 폭력 문제와 관련된 학생의 경험, 행동, 정서에 대해 구조화된 경청을 한다.

예시

경험: 채팅방에서 본인의 메시지가 친구들에게 무시당하고, 자신을 비난하거나 험담하는 메시지가 또 다른 채팅방에서 공유되었다는 것을 알게 되었다.

행동: 수업 참여나 과제 제출 등 학업 활동에서도 의욕을 잃은 모습을 보인다. 친구들과 눈을 잘 마주치지 않고 쉬는 시간에는 주로 혼자 있는 편이다.

정서: 깊은 수치심과 소외감을 느끼며, 자존감이 저하되었고, 자신이 뭘 잘못하였는지 돌아보며 자책하고 있다.

(2) 질문하기

▸ 학생의 입장과 상황을 더 잘 이해하기 위하여 질문을 한다.

예시

- 친구들 채팅방에서 그런 일을 겪었을 때, 어떤 감정이 들었니?
- 그 일이 있고 난 후, 어떤 생각이 들었니?
- 지금 네가 가장 힘들게 느끼는 게 무엇인지 말해 주렴.

(3) 공감적 관심과 이해

▸ 학생을 배려하는 태도, 행동과 함께 따듯한 관심을 전달한다.

예시

자신의 잘못으로 생각하고 말끝을 흐리는 상황에서 교사는 판단하거나 충고하지 않고, "그래." "그렇구나."라는 반응으로 학생의 감정을 수용한다. 학생의 불안감 호소와 마음의 상처를 경청하며, "네 잘못으로 벌어진 일이 아니야"라는 언어적 · 비언어적 메시지를 전달한다.

(4) 학생의 감정 읽기

▸ 학생이 말한 내용을 바탕으로 학생의 감정 수준에 맞게 공감적 표현을 한다.

예시

- 혼자 있는 것 같고, 누구도 네 편이 아닌 것처럼 느껴져서 무서웠구나.
- 내가 뭘 그렇게 잘못하였나 싶은 마음에 너무 혼란스러웠겠다.

- 친구들이 날 일부러 무시한다고 느꼈을 때 마음이 아프고 속상했겠다.
- 그 일이 있고 나서 친구들을 대하기가 두렵고 위축되었구나.

(5) 격려하기

▸ **문제해결을 위해 학생이 노력한 점을 탐색하여 격려한다.**

예시

- 그런 상황에서도 네 감정을 표현하고, 도움을 요청하는 건 정말 용기 있는 행동이야.
- 친구들에게 상처받고도 참고 버텨온 이유는 네가 약해서가 아니라, 감정을 잘 다스리려 노력하였기 때문이야.
- 너의 마음을 말한다는 건 대단한 일이고, 선생님은 네가 한 걸음을 나아간 것이라고 믿어.

(6) 대처와 해결 방법 찾고 제안하기

▸ **학생이 구체적으로 실천할 수 있는 대처와 해결 방법을 함께 찾고 제안한다.**

예시

- 너의 상황을 알면 응원하고 함께할 수 있는 친구들도 있을 거야. 그런 친구들을 찾아보자.
- 당장 친구들과 다시 가까워지려 하기보다 지금 느끼는 감정을 정리해 보는 것부터 시작해 보자. 글로 써 보는 것도 도움이 돼.
- 지금 일어난 일을 기록으로 남기고, 상황이 반복되지 않도록 학교에 정식으로 도움을 요청할 수도 있어. 선생님이 그 과정에서 함께할 수 있어.

2) 부정적인 소문으로 힘들어하는 학생

사례

민지(중3, 여)는 새로운 학원에 다니기 시작하였는데, 누군가가 '전에 다니던 학원에서 쫓겨났다.'라는 근거 없는 소문을 퍼뜨렸다. 이 소문으로 인해 민지는 억울함을 느꼈고, 학교에 가기 싫다고 부모님께 속상한 마음을 표현하였다. 부모님이 이 사실을 알고 학교에 알리면서 담임교사는 상황을 알게 되었다.

(1) 학생의 입장과 상황 알아차리기

▸ **학생이 말하는 내용과 함께 목소리, 몸짓 등 비언어적 표현을 알아차린다.**

예시

조용히 자리에 앉고, 교사의 말을 들을 때는 고개를 끄덕이지만 눈을 자주 깜빡이고 손을 만지작거렸다. 소문에 관한 이야기를 꺼내자 "그런 말이 왜 도는지 모르겠어요."라고 말하며 목소리가 작아졌고, 표정은 굳어졌다. 때때로 말끝을 흐리며 시선을 바닥에 두었다.

▸ **부정적인 소문으로 힘들어하는 학생의 경험, 행동, 정서에 대해 구조화된 경청을 한다.**

예시

경험: 자신이 '예전 학원에서 쫓겨났다.'라는 소문이 퍼졌고, 주변 친구들의 시선을 의식하며 불편함을 느꼈다.

행동: 억울한 마음을 부모에게 털어놓았고, 이후 학교에 가기 싫다고 말하면서 등교에 소극적인 모습을 보인다.

정서: 부당한 소문에 대해 억울함과 분노, 당혹감과 함께 자신에 대한 잘못된 인식이 퍼지는 것에 대한 두려움과 수치심을 느낀다.

(2) 질문하기

▸ **학생의 입장과 상황을 더 잘 이해하기 위하여 질문을 한다.**

예시

- 그 이야기를 처음 들었을 때, 어떤 생각이 들었니?
- 누군가가 그런 소문을 낸 이유에 대해 생각해 본 적이 있니?
- 지금 너를 제일 힘들게 하는 게 무엇인지 말해 주렴.

(3) 공감적 관심과 이해

▸ **학생을 배려하는 태도, 행동과 함께 따듯한 관심을 전달한다.**

예시

소문으로 인해 느낀 억울함과 부당함을 있는 그대로 받아들이며, "그래." "그랬구나."라고 반응한다. 감정을 설명하기 어려워하는 모습에도 성급히 추측하지 않고, 학생의 입장에서 이해하려는 교사의 태도로 학생과 신뢰를 형성한다.

(4) 학생의 감정 읽기

▸ 학생이 말한 내용을 바탕으로 학생의 감정 수준에 맞게 공감적 표현을 한다.

예시

- 있지도 않은 일을 친구들이 믿는 것 같아서 억울하였구나.
- 괜히 학교에서 나만 이상한 사람처럼 느껴져 외롭고 속상하겠다.
- 진실을 설명하고 싶었는데, 괜히 더 이상해질까 말하기 혼란스럽겠다.

(5) 격려하기

▸ 문제해결을 위해 학생이 노력한 점을 탐색하여 격려한다.

예시

- 억울하고 힘든 상황에서 혼자 참고만 있지 않고, 부모님께 마음을 표현했다는 것 자체가 용기 있는 행동이야.
- 학교에 오고 싶지 않은 마음을 이기고 선생님과 이렇게 이야기하는 것 자체가 용기 있는 행동이야.
- 혼자 감당하지 않으려고 도움을 구했고, 이것은 현명한 선택이야.

(6) 대처와 해결 방법 찾고 제안하기

▸ 학생이 구체적으로 실천할 수 있는 대처와 해결 방법을 함께 찾고 제안한다.

예시

- 억울한 마음이 들 때, 글이나 메모로 정리해 보자. 말로 하긴 어려워도, 너의 감정을 스스로 확인하는 데 도움이 될 수 있어.
- 친구들에게 네가 억울한 입장이라는 걸 자연스럽게 이야기할 수 있는 방법을 찾아볼까? 너무 감정적으로 반응하기보다는, 차분하게 사실을 설명하는 것도 방법이야.
- 너를 믿어 주는 친구가 있다면, 그 친구와 함께 이야기를 나눠 보는 건 어떨까? 지지해 줄 친구가 있으면 훨씬 편할 것 같아.

3) 신체 폭력 피해를 겪은 학생

사례

민호(중2, 남)는 체육 시간마다 몇몇 친구들로부터 고의적인 신체 접촉과 폭력적인 행동을 당하였다. 축구 경기 중 친구들은 공을 일부러 민호의 머리나 몸에 강하게 던지며 "실수다." 또는 "장난이다."라는 말로 상황을 무마하려 하였다. 또한, 경기 후에는 민호를 밀치며 넘어뜨리는 행동을 반복하였다. 민호가 항의하면 "왜 이렇게 예민하냐."라며 오히려 비웃었고, 주변 학생들은 이를 방관하거나 함께 웃었다. 민호는 이러한 상황이 반복되면서 체육 시간에 대한 두려움과 스트레스를 체육 교사에게 호소하였다.

(1) 학생의 입장과 상황 알아차리기

▸ **학생이 말하는 내용과 함께 목소리, 몸짓 등 비언어적 표현을 알아차린다.**

예시

의자에 앉으며 몸을 약간 웅크렸고, 말은 잘 하지 않았지만 교사의 질문에 조용히 대답을 이어 갔다. 체육 시간 이야기를 꺼냈을 때 잠시 눈을 피하며 "장난이라고 하는데, 저는 장난 같지 않았어요."라고 말하였고, 말끝에는 힘이 없다.

▸ **신체 폭력 문제를 겪은 학생의 경험, 행동, 정서에 대해 구조화된 경청을 한다.**

예시

경험: 체육 시간에 친구들로부터 고의적으로 공을 세게 던지거나 넘어뜨리는 등 반복적인 신체적 접촉을 당하였으며, 항의하면 과민 반응하는 것으로 취급받았다.

행동: 체육 시간에 소극적으로 참여하게 되었고, 같은 조가 되지 않으려 하거나 신체 활동을 피하였다.

정서: 자신이 무시당하고 있다는 분노와 억울함, 상황을 아무도 심각하게 받아들이지 않는 데서 오는 외로움과 불안이 복합적으로 나타나며, 수치심과 무력감을 느낀다.

(2) 질문하기

▸ **학생의 입장과 상황을 더 잘 이해하기 위하여 질문을 한다.**

예시

- 혹시 다른 친구들도 비슷한 경험을 한 적이 있는 것 같니?

- 아니면 너에게만 그런 행동을 하는 것 같니?
- 체육 시간 외 다른 일과 시간에는 어떠니?
- 다른 친구들은 이 상황을 어떻게 보고 있는 것 같니?

(3) 공감적 관심과 이해

▸ **학생을 배려하는 태도, 행동과 함께 따듯한 관심을 전달한다.**

예시

즉각적인 해결이나 판단을 시도하지 않고, “그래.” “그렇구나.”와 같이 반응하며 감정을 있는 그대로 수용한다. 피해 상황이 가벼운 일이 아니라는 것을 표정, 눈빛, 말투 등 비언어적 태도로도 공감한다.

(4) 학생의 감정 읽기

▸ **학생이 말한 내용을 바탕으로 학생의 감정 수준에 맞게 공감적 표현을 한다.**

예시

- 장난이라고 하지만, 너에겐 불편하고 무서운 경험이었겠다.
- 주변 친구들까지 별것 아닌 일로 여겨서 혼자 있는 것 같은 기분이 들었겠다.
- 항의하였는데 오히려 네가 예민한 사람처럼 취급당해서 속상했구나.

(5) 격려하기

▸ **문제해결을 위해 학생이 노력한 점을 탐색하여 격려한다.**

예시

- 힘들지만 문제를 외면하지 않는 것은 용기 있는 행동이야.
- 그런 상황에서도 괴롭히는 학생들에게 하지 말라고 말한 것은 의미 있는 행동이었어.
- 혼자 고민하지 않고 선생님에게 이야기를 꺼낸 것은 잘한 일이야.
- 네가 괴롭다고 느껴진다는 게 중요한 거야. 그런 기분이 들지 않도록 너를 적극적으로 보호할 필요가 있어.

(6) 대처와 해결 방법 찾고 제안하기

▸ 학생이 구체적으로 실천할 수 있는 대처와 해결 방법을 함께 찾고 제안한다.

예시

- 또 그런 일이 있으면 침착하게 최대한 빨리 교과 선생님이나 선생님에게 알려 주렴.
- 평소에 친구들과 더 잘 지내도록 노력해 보자. 하지만 다시 그런 일이 있으면 "싫어." "하지마." 등 감정을 단호하게 표현하는 연습도 필요해.
- 선생님과 함께 학급 내에서 너를 돕고 지지할 만한 친구를 찾아보자.
- 다음 체육 시간 전에 불안함을 줄이기 위해 반장이나 너를 도울 만한 친구에게 선생님이 미리 말하며 도움을 받는 건 어떠니?
- 반복적인 괴롭힘은 혼자 감당할 일이 아니야. (필요하다면) 학교폭력 전담기구나 부모님과 연계해서 조치할 수 있도록 선생님이 도울 수도 있어.

4. 등교거부와 학업중단

1) 친구 관계로 인해 등교를 거부하는 학생

사례

지훈(중1, 남)은 친구들과의 관계에서 겪는 어려움으로 인해 스트레스를 받아 자존감이 낮아지고 있다. 등교를 거부하며 결석 일수가 점점 늘어나서 담임교사는 부모님에게 연락하여 지훈의 상황을 알리고 등교할 수 있도록 협조를 요청하였다. 어머니는 지훈이 "학교에 가면 불편해." "친구들이 나를 싫어하는 것 같아."라는 말을 반복하며 등교를 거부하고 집에서도 방문을 닫고 밖으로 잘 나오지 않는다고 하였다.

(1) 학생의 입장과 상황 알아차리기

▸ 학생이 말하는 내용과 함께 목소리, 몸짓 등 비언어적 표현을 알아차린다.

예시

교사의 눈을 마주치지 않고 조용히 앉았다. 친구 이야기가 나오자 시선을 피하며 작은 목소리로 "그냥 잘 안 맞아요."라고 말하였지만, 이후 말을 잘 잇지 못하고 손으로 옷깃을 만지작거렸다. 표정이 없고 피로한 듯 보였으며 한숨을 내쉬기도 하였다.

▸ 친구 관계로 인해 등교거부 문제를 겪는 학생의 경험, 행동, 정서에 대해 구조화된 경청을 한다.

예시

경험: 친구들과의 관계에서 반복적으로 위축되는 경험을 하며 감정적으로 부담을 느꼈고, 친구들과 어울리는 것이 점점 힘들어졌다.

행동: 교실에서 대인관계를 피하고 조용히 지내는 시간이 늘었으며 최근에는 등교를 거부하고 방 안에 머무르는 시간이 많아졌다.

정서: 반복된 친구 관계 실패 경험으로 인해 자신에 대한 자책감, 무력감, 외로움, 불안함 등 복합적인 부정적 감정을 느끼고 있다.

(2) 질문하기

▸ 학생의 입장과 상황을 더 잘 이해하기 위하여 질문을 한다.

예시

- 친구들과 지내는 게 힘들다고 느낀 건 언제부터였니?
- 요즘 친구들과 지내는 게 매우 힘들었구나. 어떤 일이 가장 마음에 남아 있을까?
- 그동안 혼자 있는 시간이 많았을 텐데, 그 시간엔 어떤 생각이 들었니?

(3) 공감적 관심과 이해

▸ 학생을 배려하는 태도, 행동과 함께 따듯한 관심을 전달한다.

예시

등교거부를 단순히 학생의 문제 행동으로 보지 않고, 학생이 느끼고 있는 감정을 이해하며 학생의 말에 "그랬구나." "그래."와 같이 수용한다. 감정을 말로 잘 표현하지 못하더라도 기다려 주고, 그 자체로도 충분히 노력하고 있다는 메시지를 언어적 · 비언어적으로 전한다.

(4) 학생의 감정 읽기

▸ 학생이 말한 내용을 바탕으로 학생의 감정 수준에 맞게 공감적 표현을 한다.

예시

- 친구들 사이에 있어도 혼자 있는 것 같고, 벽에 갇힌 느낌이 들었구나.

- 계속 친구 관계가 어렵다 보니, 자신에게 문제가 있다는 생각이 들었구나.
- 그냥 내 방 안에 있는 게 더 편하다고 느껴졌구나.

(5) 격려하기

▸ 문제해결을 위해 학생이 노력한 점을 탐색하여 격려한다.

예시

- 등교가 힘들었는데 학교에 나오고 지금 이렇게 상담하러 온 게 대견하구나.
- 네가 겪는 어려움을 선생님에게 말해 줘서 고마워.
- 네가 지금처럼 조금씩 마음을 열어 주는 것 자체가 중요한 시작이야.

(6) 대처와 해결 방법 찾고 제안하기

▸ 학생이 구체적으로 실천할 수 있는 대처와 해결 방법을 함께 찾고 제안한다.

예시

- 학교에 아예 안 나오는 것보다 오전 수업을 참여한다거나 Wee클래스를 이용하는 방법 등을 생각해 보자.
- 선생님과 먼저 만나 간단히 이야기 나누고 교실로 함께 들어가는 방법은 어떨까?
- 이 상황에서 네가 할 수 있는 방법 몇 가지를 함께 생각해 보자.

2) 진로를 목표로 학업중단을 원하는 학생

사례

동현(중3, 남)은 게임에 대한 높은 열정과 프로게이머가 되겠다는 꿈을 가지고 있다. 게임에 몰두하는 시간이 점차 늘어나고 자신은 프로게이머가 될 건데 학교를 왜 가야 하는지 모르겠다며 등교를 하지 않는 일이 반복되고 있다. 어느 날, 고등학교 진학을 하지 않고 프로게이머로 성공하겠다며 학업을 중단하겠다고 부모에게 선언하였으며, 학교에 복귀시키려는 부모와 갈등을 겪고 있다.

(1) 학생의 입장과 상황 알아차리기

▸ **학생이 말하는 내용과 함께 목소리, 몸짓 등 비언어적 표현을 알아차린다.**

예시

의자에 기대앉으며, 무표정한 모습이지만 눈빛에는 확신이 담겨 있다. 교사가 고등학교 진학에 관해 묻자 "전 이미 정하였어요. 학교랑은 안 맞아요."라고 단호하게 말한다. 부모 이야기가 나오자 말끝을 흐리며 손을 주머니에 넣고 시선을 피한다.

▸ **프로게이머가 되기 위해 학업을 중단하려는 학생의 경험, 행동, 정서에 대해 구조화된 경청을 한다.**

예시

경험: 게임에 몰두하며 학교 공부에 흥미를 잃었고, 점차 등교를 거부하고 있다. 고등학교 진학을 포기하고자 하며, 게임과 관련된 진로에 강한 의지를 보인다.

행동: 부모에게 고등학교 진학을 포기하겠다는 의사를 밝혔으며, 가정에서 게임에 몰두하고 등교를 거부하는 날이 많아졌다.

정서: 자신이 진지하게 고민한 길을 인정받지 못한다는 좌절감과 반복되는 갈등에서 오는 피로감을 느끼지만 자신에 대한 확신과 기대감이 있다.

(2) 질문하기

▸ **학생의 입장과 상황을 더 잘 이해하기 위하여 질문을 한다.**

예시

- 게임을 진로로 생각하게 된 계기는 무엇이니?
- 부모님이 네 결정을 반대하실 때 너는 어떤 마음이 들었니?
- 이 길을 계속 가기로 하였을 때 네가 가장 걱정되는 부분은 뭐니?

(3) 공감적 관심과 이해

▸ **학생을 배려하는 태도, 행동과 함께 따듯한 관심을 전달한다.**

예시

진로에 대한 의지를 가볍게 여기지 않고, "그래." "그렇구나."와 같이 답하며 학생의 의지와 감정을 수용하고 진지하게 받아들인다. '공부를 회피하고 있다.'라는 시각보다 '자기 선택을 주장하고 있는 학생'으로 존중하며 편견 없이 들어 주는 태도를 유지한다.

(4) 학생의 감정 읽기

▸ **학생이 말한 내용을 바탕으로 학생의 감정 수준에 맞게 공감적 표현을 한다.**

예시

- 하고 싶은 일이 뚜렷한데 아무도 이해해 주지 않아서 외롭고 답답하구나.
- 진지하게 선택한 건데, 부모님이 무조건 반대하시니까 억울하구나.
- 마음 한편으로는 정말 이게 가능한 길일까 하는 걱정도 있구나.

(5) 격려하기

▸ **문제해결을 위해 학생이 노력한 점을 탐색하여 격려한다.**

예시

- 자신이 좋아하는 것을 진로와 연결하여 계획한다는 것은 의미가 있어.
- 자신의 꿈을 진지하게 고민하고 있다는 것이 중요한 거 같아.
- 선생님에게 고민을 진지하게 이야기하는 것은 꿈에 한발 더 나아가는 너의 노력인 거 같아.

(6) 대처와 해결 방법 찾고 제안하기

▸ **학생이 구체적으로 실천할 수 있는 대처와 해결 방법을 함께 찾고 제안한다.**

예시

- 프로게이머라는 직업의 조건과 환경에 대해 구체적으로 조사해 보렴. 그런 후 네가 준비해야 할 현실적인 요소들을 함께 얘기해 보자.
- 부모님과 갈등을 줄이기 위해, 감정이 아닌 '계획'과 '준비된 모습'으로 다시 대화해 보는 방법을 함께 생각해 보자.
- 너의 꿈을 존중하고 네가 원하는 길을 응원해. 또한 선생님은 네가 자신을 더 이해하고 진로 정보를 탐색하여 합리적인 결정을 내리는 걸 돕고 싶어.

5. 가정과 다문화

1) 가족 내 갈등과 불화로 가출 중인 학생

사례

송이(중3, 여)는 통제적인 아버지와 항상 갈등이 있다. 어느 날 아버지와의 다툼으로 가출하였고 집을 나온 지 3일째이다. 집으로 들어오라는 어머니의 설득에도 며칠 동안 친한 친구인 민희네 집에서 잠을 자고 학교에 등교 중이다. 친구들이 보는 SNS에 "집에 돌아가고 싶지 않다." "사라지고 싶다."라는 표현을 쓰기도 하였다.

(1) 학생의 입장과 상황 알아차리기

▸ 학생이 말하는 내용과 함께 목소리, 몸짓 등 비언어적 표현을 알아차린다.

예시

교실 책상에 걸려 있는 가방은 정리가 제대로 되어 있지 않고, 눈 밑에 피곤한 기색이 있다. 말투는 짧고 건조하며, 시선은 멀리 두고 대화에 집중하지 못한다. 얼굴에는 긴장과 혼란스러운 감정이 섞여 있다.

▸ 부모와의 불화로 가출 중인 학생의 경험, 행동, 정서에 대해 구조화된 경청을 한다.

예시

경험: 집안에서 아버지의 통제적인 태도로 인해 자유롭게 의견을 말하기 어렵고, 다툼이 반복되며 갈등을 겪고 있다.

행동: 아버지와의 다툼 이후 가출하였고, 현재는 친구의 집에서 머무르며 학교는 계속 나오고 있다. 학교에서는 감정을 드러내지 않으며 조용히 생활하고 있다.

정서: 억압적인 가정환경에서 벗어났다는 해방감과 함께 부모와의 갈등으로 인한 혼란, 분노, 두려움, 외로움이 뒤섞여 있다.

(2) 질문하기

▸ 학생의 입장과 상황을 더 잘 이해하기 위하여 질문을 한다.

예시

• 집을 나와 있는데 생활은 어떻게 하고 있니?

- 집을 나와서 생활하는 데 힘든 건 없니?
- 최근에 집안에서 있었던 일 중에 가장 답답하거나 힘들었던 건 뭐니?
- 친구 집에 계속 머물고 있는데, 마음이 어떠니?
- 지금 상황에서 가장 먼저 바뀌었으면 좋겠다고 생각하는 건 무엇이니?

(3) 공감적 관심과 이해

▸ **학생을 배려하는 태도, 행동과 함께 따듯한 관심을 전달한다.**

예시

가출이라는 행동만을 보고 학생을 판단하지 않고, 그 안에 담긴 '자기 감정에 귀 기울여 달라는 요구'와 '자율성에 대한 욕구'를 존중하며 이해하려는 태도를 보인다. 학생의 말과 감정에 반응하며, "그래." "그랬구나." "답답했겠구나." 등의 수용적인 반응을 한다. 학생의 정서적 긴장 상태를 안정시키는 신뢰 중심의 관계 맺기에 초점을 둔다.

(4) 학생의 감정 읽기

▸ **학생이 말한 내용을 바탕으로 학생의 감정 수준에 맞게 공감적 표현을 한다.**

예시

- 오랫동안 쌓여 왔던 힘든 감정이 한계에 다다른 것 같구나.
- 갈등 상황에서 혼자 있고 싶고, 집에서 벗어나고 싶었던 마음이 컸구나.
- 너의 입장을 들어 주려는 사람이 없어서 속상했구나.

(5) 격려하기

▸ **문제해결을 위해 학생이 노력한 점을 탐색하여 격려한다.**

예시

- 친구의 집에 머물면서도 학교에는 계속 나와서 다행이다. 쉽지 않은 상황에서도 책임감을 갖고 있구나.
- 지금처럼 스스로의 감정을 표현하고, 선생님과 이야기하려는 모습은 문제해결을 위해 중요한 시작이야.
- 힘든 상황에서 혼자 감당하려 하기보다, 친구와 선생님에게 도움을 요청한 것은 문제를 피하지 않고 해결하고자 하는 의지로 보이는구나.

(6) 대처와 해결 방법 찾고 제안하기

▸ 학생이 구체적으로 실천할 수 있는 대처와 해결 방법을 함께 찾고 제안한다.

예시

- 네가 안전하게 지내는 게 중요해. 현실적으로 현재와 미래를 위해 너에게 가장 좋은 게 무엇인지 합리적으로 생각해 보자.
- 현재의 감정을 일기나 글로 정리해 보는 건 어떨까? 말보다는 글이 마음을 정리하는 데 도움이 되기도 해. Wee클래스 상담선생님의 도움도 받아 보자.
- 선생님이 어머니와 대화를 할 건데 너의 입장이 잘 전달되도록 돕고 싶어. 선생님이 어머니와 어떤 이야기를 나누는 게 도움이 될까?
- 집으로 돌아가는 게 두렵겠지만, 지금 당장 해결할 수 없는 문제도 있어. 우리가 함께 '지금보다 조금 나아지는 방법'을 찾아보자.

2) 다문화(중도입국) 자녀로 정체성 및 학업 문제를 호소하는 학생

사례

지안(중2,여)은 중국에서 살다가 초등학교 4학년 때 어머니와 함께 한국에 들어온 중도입국 학생이다. 어머니는 중국인으로 한국인 아버지와 재혼하였다. 지안은 빠르게 언어습득을 하며 초등학교를 졸업할 때까지 큰 어려움이 없었다. 하지만 중학교에 진학한 후 정체성에 대한 혼란과 함께 친구들보다 부족한 한국어 능력으로 인해 학업에 대한 부담이 커지고 위축되어 담임선생님께 고민을 이야기하였다.

(1) 학생의 입장과 상황 알아차리기

▸ 학생이 말하는 내용과 함께 목소리, 몸짓 등 비언어적 표현을 알아차린다.

예시

차분한 태도로 자리에 앉지만, 다소 긴장한 듯한 모습이다. 교사가 질문을 하면 조심스럽게 대답하며, 가끔 말을 멈추고 생각하는 시간이 길어지기도 한다. 자신의 한국어 실력이나 친구 관계에 대한 이야기가 나오면 시선을 피하거나 손을 만지작거리는 등 불안한 행동을 보인다.

▸ 다문화가정의 자녀로 정체성과 학업 문제를 호소하는 학생의 경험, 행동, 정서에 대해 구조화된 경청을 한다.

예시

경험: 초등학교 때까지는 언어와 환경에 비교적 잘 적응하였지만, 중학교 진학 후 친구들과의 관계에서 정체성 혼란과 언어적 힘듦이 생기면서 스스로를 '다른 사람'처럼 느끼는 일이 많아졌다.

행동: 학급 활동에 소극적이며, 발표나 토론 수업에서 말을 줄이고, 친구들과 어울리는 시간보다는 혼자 있는 시간이 많다.

정서: 친구들과 비교해 뒤처진다는 불안감, 한국어 표현에 대한 위축감, 내가 '어울리지 못한다.'라는 생각으로 인한 혼란과 외로움을 겪는다.

(2) 질문하기

▸ 학생의 입장과 상황을 더 잘 이해하기 위하여 질문을 한다.

예시

- 초등학교 때는 잘 적응하였는데, 중학교에서 힘들어진 이유는 뭐라고 생각하니?
- 수업 시간에 어떤 과목이 어렵게 느껴지니?
- 요즘 학교에서 가장 어렵다고 느껴지는 것은 뭘까?

(3) 공감적 관심과 이해

▸ 학생을 배려하는 태도, 행동과 함께 따듯한 관심을 전달한다.

예시

다문화 학생을 특별하거나 예외적인 존재로 보지 않고, 있는 그대로 존중하는 태도로 반응한다. 한국어 표현이 조금 어색해도 기다려 주고, "그래." "그랬구나." "그럴 수 있지." 등의 반응을 통해 수용과 신뢰의 메시지를 전달한다.

(4) 학생의 감정 읽기

▸ 학생이 말한 내용을 바탕으로 학생의 감정 수준에 맞게 공감적 표현을 한다.

예시

- 친구들과 다르다는 생각에 혼자 있는 것처럼 느껴졌구나.
- 하고 싶은 말이 있어도 잘못된 표현일까 봐 망설여졌구나.
- 공부를 잘 따라가지 못하는 것 같아 두렵고 걱정되었구나.

(5) 격려하기

▸ 문제해결을 위해 학생이 노력한 점을 탐색하여 격려한다.

예시

- 네가 상담을 통해 진지하게 고민을 나누고 있다는 게 문제해결을 위한 중요한 시작이야.
- 공부에 대한 부담이 있다고 느끼는 건 네가 공부에 관심을 가지고 노력하고 있다는 거야.
- 새로운 나라에서 언어와 문화를 배우는 것 자체가 큰 도전이야. 네가 지금껏 잘 해 왔다는 걸 꼭 기억해 줘.

(6) 대처와 해결 방법 찾고 제안하기

▸ 학생이 구체적으로 실천할 수 있는 대처와 해결 방법을 함께 찾고 제안한다.

예시

- 네가 겪은 경험들, 예를 들어 이중언어를 사용할 수 있다는 점은 큰 장점이라고 생각해. 네게 도움이 되는 장점들을 함께 알아볼까?
- 한국에 와서 지금까지 잘 해 온 건 네 성격적 강점이 있다는 거야. 너의 강점을 적극적으로 활용해 보자.
- 발표나 글쓰기처럼 부담되는 활동이 있을 때, 발표 내용을 미리 적어 보고 연습해 보자.
- 다양한 문화를 경험한 친구들이 모여 상담하는 집단 상담에 참여해 보는 것은 어떨까? 혼자만 그런 게 아니라는 느낌이 네게 위로가 되고 도움을 받을 수 있을 거야.
- 너의 학습 방법과 습관이 적절한지 함께 살펴보자.

제 7 장

호소문제 영역별 상담 방법 및 전략: 정서 행동과 또래 관계

1. 또래 관계

1) 자신의 책임을 친구에게 떠넘기는 학생

사례

은우(중2, 남)는 학업 성적이 낮고 교내 활동에 소극적인 편이며 문제가 발생하면 책임을 회피하는 경향이 있다. 조별 과제에서 자신의 역할을 제대로 수행하지 않고 조장에게 책임을 돌렸다. 친구들이 불만을 표현하자, 은우는 "너희가 나를 이해하지 못해서 그래."라며 친구들 탓을 하였다. 친구들은 점점 은우와 거리를 두기 시작하였고, 은우는 여전히 문제의 원인을 친구들에게 돌리며 관계를 회복하려는 노력을 하지 않았다.

(1) 학생의 입장과 상황 알아차리기

- 학생이 말하는 내용과 함께 목소리, 몸짓 등 비언어적 표현을 알아차린다.

예시

무표정한 얼굴로 자리에 앉아서 팔짱을 낀 채 한쪽으로 기대어 있다. 조별 과제 이야기를 꺼내자 "제가 잘못한 건 없어요. 걔들이 괜히 예민한 거예요."라고 말하며 목소리가 조금 높아졌다. 친구 관계에 대해 말할 때는 시선을 피하거나 짧게 대답하며 말끝을 흐렸다.

▸ 또래 관계에서 친구 탓을 하는 문제와 관련된 학생의 경험, 행동, 정서에 대해 구조화된 경청을 한다.

예시

경험: 조별 과제 중 역할을 제대로 수행하지 않고 자신의 행동에 대한 책임을 조장의 탓으로 돌리며 친구들과 갈등을 겪고 있다.

행동: 갈등 이후 친구들과 대화를 피하고, 상황을 자신이 아닌 친구의 문제라고 비난하며 관계 회복을 위한 노력을 하지 않는다.

정서: 지적당하거나 갈등에 직면하는 것을 부담스러워하고, 자기 실수를 인정하는 것에 대한 두려움이 있다. 친구들과 멀어지는 상황에서 외로움이나 불편함도 느끼고 있다.

(2) 질문하기

▸ 학생의 입장과 상황을 더 잘 이해하기 위하여 질문을 한다.

예시

- 친구들이 너에게 불만을 말할 때, 네 입장에서 억울하거나 속상했던 부분은 뭐였니?
- 조별 과제에서 네가 맡은 역할을 수행하지 못한 이유는 무엇이니?
- 친구들이 너의 어떤 점을 이해하지 못한다고 생각하는지 말해 주렴.

(3) 공감적 관심과 이해

▸ 학생을 배려하는 태도, 행동과 함께 따듯한 관심을 전달한다.

예시

자신의 잘못을 인정하지 않고 친구의 탓만 해도, 즉시 판단하지 않으며, "그래." "그렇구나."라는 반응으로 감정을 수용한다. 문제 상황에 대한 두려움과 방어적 태도의 이면에 있는 감정을 이해하고 학생이 스스로 말할 수 있도록 기다려 준다.

(4) 학생의 감정 읽기

▸ 학생이 말한 내용을 바탕으로 학생의 감정 수준에 맞게 공감적 표현을 한다.

예시

- 친구들 앞에서 지적당하니까 창피하고 당황스러웠구나.

- 억울하다고 느끼면서도 상황을 어떻게 풀어야 할지 몰라 답답했겠다.
- 네가 다 잘못한 건 아닌데, 네 말을 들어 주지 않는 것 같아서 속상했구나.
- 네 입장도 친구들이 좀 더 알아줬으면 하는 마음이 있구나.

(5) 격려하기

▸ 문제해결을 위해 학생이 노력한 점을 탐색하여 격려한다.

예시

- 친구들과 있었던 일을 이렇게 솔직히 이야기하는 것 자체가 용기 있는 행동이야.
- 선생님에게 너의 입장과 억울한 감정을 말해 줘서 네가 조금은 더 이해되는구나.
- 갈등이 있었지만, 네가 관계를 회복해 보려는 마음이 있다는 것이 중요한 거야.

(6) 대처와 해결 방법 찾고 제안하기

▸ 학생이 구체적으로 실천할 수 있는 대처와 해결 방법을 함께 찾고 제안한다.

예시

- 친구들에게 직접 사과하기가 어렵다면, 문자나 쪽지로 너의 입장과 마음을 전달해 보는 건 어떠니?
- 다음 과제나 활동에서 작은 역할이라도 먼저 맡아보는 식으로 책임감을 보여 주는 건 어때?
- 친구들과의 갈등을 혼자 감당하기보다 (상담)선생님과 함께 이야기 나누고 해결하는 노력을 해 보자.
- 억울하고 답답한 마음이 있지만 친구들의 입장도 한번 생각해 보는 노력도 하면 좋겠구나.

2) 친구의 말에 상처를 받지만 표현하지 못하는 학생

사례

수빈(중2, 여)은 친구들과의 대화에서 기분 나쁜 일이 있을 때 자신의 감정을 잘 표현하지 못하고 상처받는 경우가 많다. 체육 시간에 수빈이는 줄넘기를 잘하지 못하였는데, 친한 친구인 민지가 다가와 "넌 참 줄넘기를 못하지? 저번 시간에도 두 개 겨우 했잖아."라고 말하며 웃었다. 수빈이는 그 순간 창피하고 속상하였지만 아무 말도 하지 못하였다.

(1) 학생의 입장과 상황 알아차리기

▸ 학생이 말하는 내용과 함께 목소리, 몸짓 등 비언어적 표현을 알아차린다.

예시

어깨를 살짝 움츠리고 눈을 자주 깜박이며 긴장한 모습을 보인다. 교사가 말을 걸면 작고 조심스러운 목소리로 대답하며, 시선을 잘 맞추지 않는다. 친구의 말에 상처받았던 이야기를 할 때, 입술을 깨물거나 손을 만지작거리는 등 불안한 행동을 하였다.

▸ 친구의 말로 인해 마음의 상처를 받은 학생의 경험, 행동, 정서에 대해 구조화된 경청을 한다.

예시

경험: 줄넘기를 잘하지 못하는 상황에서 친구에게 놀림 섞인 말을 들었고, 그 순간 당황스럽고 속상하였지만 감정을 표현하지 못하고 참고 넘겼다.

행동: 평소에도 친구와의 관계에서 기분이 나빠도 직접 말하지 못하고 속으로 참는 경우가 많다. 감정을 겉으로 드러내기보다 혼자 마음속에 담아 두는 경향이 있다.

정서: 부끄러움과 서운함, 그리고 자신을 지지해 주는 사람이 없다는 외로움을 느낀다. 아무 말도 하지 못한 자신에 대해 자책하고 답답하다.

(2) 질문하기

▸ 학생의 입장과 상황을 더 잘 이해하기 위하여 질문을 한다.

예시

- 친구가 그렇게 말했을 때, 어떤 감정이 들었니?
- 그 순간 아무 말도 하지 못했던 이유는 무엇이니?
- 말은 못 했지만, 그 순간 너의 마음속에 어떤 말이 있었는지 말해 주렴.

(3) 공감적 관심과 이해

▸ 학생을 배려하는 태도, 행동과 함께 따듯한 관심을 전달한다.

예시

자신의 기분을 표현하지 못하고 혼자 감정을 감당해 온 모습에 대해 판단하거나 가르치려 하지 않고, "그래." "그랬구나."라는 반응으로 감정을 있는 그대로 수용한다. 말하지 못한 자신에 대해 속상해하는 마음까지도 존중한다.

(4) 학생의 감정 읽기

▸ 학생이 말한 내용을 바탕으로 학생의 감정 수준에 맞게 공감적 표현을 한다.

예시

- 그 순간 창피하기도 하고, 불편한 마음이 컸구나.
- 결국 말을 하지 못하고 참고 넘겨서 답답했겠다.
- 네 마음을 아무도 몰라준다는 생각에 외로웠구나.

(5) 격려하기

▸ 문제해결을 위해 학생이 노력한 점을 탐색하여 격려한다.

예시

- 지금처럼 속상한 감정을 인정하고, 선생님과 이야기 나누고 있는 건 스스로 감정을 잘 다루기 위해 노력하고 있다는 뜻이야.
- 그때 바로 표현하지 못하였어도, 지금 그 감정을 꺼내고 있다는 건 네 안에 용기와 힘이 있다는 거야.
- 자신의 기분을 말하는 게 익숙하지 않아도, 이렇게 연습해 보는 것만으로도 이미 네가 한 걸음 나아간 거야.

(6) 대처와 해결 방법 찾고 제안하기

▸ 학생이 구체적으로 실천할 수 있는 대처와 해결 방법을 함께 찾고 제안한다.

예시

- 친구가 어떤 말을 해도 너는 너 자체로 가치가 있고 소중한 존재야. 그런 말들에 너의 가치감이 흔들리지 않았으면 좋겠어.
- 다음에 비슷한 상황이 생기면 "그 말은 조금 서운했어."처럼 짧게라도 네 마음을 표현해 보자.
- 감정을 말로 바로 표현하기 어려울 땐, 쪽지나 메시지로 조심스럽게 전해 보는 방법도 있어.
- 마음이 복잡할 땐 일기, 특히 감정을 중심으로 일기를 쓰면서 스스로를 돌아보고 감정을 알아차리면 이후에 표현하는 데 도움이 돼.

3) 또래 관계에서 소외감을 느끼는 학생

> **사례**
> 민수(중1, 남)는 원래 친했던 친구들과 떨어져서 중학교에 진학하였다. 새 학기가 시작되었는데 자신만 다른 초등학교 출신으로 이미 친해져 있는 친구들 사이에서 소외감을 느끼고 있다.

(1) 학생의 입장과 상황 알아차리기

▸ **학생이 말하는 내용과 함께 목소리, 몸짓 등 비언어적 표현을 알아차린다.**

예시

의자에 앉아 두 손을 무릎 위에 얹고, 말수가 적은 편이지만 교사의 말을 조용히 듣는다. 친구 이야기가 나왔을 때 "다들 자기들끼리 친해서요."라고 말하며 시선을 창밖으로 돌린다. 말투는 담담하지만 어깨가 약간 처져 있고, 눈빛에는 힘이 없다.

▸ **새로운 환경에 적응하기 어려워하는 학생의 경험, 행동, 정서에 대해 구조화된 경청을 한다.**

예시

경험: 초등학교 때 친하였던 친구들과 떨어져 중학교에 진학하였고, 이미 서로 친한 친구들 사이에 혼자 끼어 있는 느낌을 자주 받는다.

행동: 수업이나 쉬는 시간에 특별히 어울리는 친구 없이 혼자 있는 시간이 많고, 먼저 다가가기보다는 주변을 관찰하거나 조용히 있는 편이다.

정서: 외로움과 어색함, '나만 소외된 것 같다.'라는 서운함을 느끼며, 자신이 잘못한 건 아닌데도 위축되고 자신감이 없다.

(2) 질문하기

▸ **학생의 입장과 상황을 더 잘 이해하기 위하여 질문을 한다.**

예시

- 예전에 친구들과 있을 때와 지금을 비교하면, 어떤 점이 가장 다르게 느껴지니?
- 친구들과 친해지기 위해 어떤 노력을 해 보았니?
- 지금 반 친구들 중에서, 조금이라도 편하게 느껴지는 친구는 누구니?

(3) 공감적 관심과 이해

▸ 학생을 배려하는 태도, 행동과 함께 따듯한 관심을 전달한다.

예시

새로운 학교 환경에서 혼자라는 느낌을 받는 상황을 가볍게 넘기지 않고, "그래." "그랬구나." 라고 반응하며 소외감과 낯선 느낌을 진심으로 이해하려는 태도를 보인다. 학생이 조심스럽게 꺼내는 감정에 귀 기울이며, 학생의 감정을 있는 그대로 알아준다.

(4) 학생의 감정 읽기

▸ 학생이 말한 내용을 바탕으로 학생의 감정 수준에 맞게 공감적 표현을 한다.

예시

- 나만 혼자라는 생각이 들어서 서운하고 외로웠구나.
- 다들 친해져 있는 것처럼 보여서 어색하고 친구들과 어울리기가 어려웠겠다.
- 새로운 친구를 사귀고 싶지만, 다가가는 게 힘들었구나.

(5) 격려하기

▸ 문제해결을 위해 학생이 노력한 점을 탐색하여 격려한다.

예시

- 외로운 상황에서도 학교생활과 수업을 잘 듣고 있다는 것만으로도 잘하고 있어.
- 걱정과 외로움이 있지만, 학교에 적응하려고 노력하는 모습이 대견하구나.
- 선생님에게 속마음을 털어놓고 도움을 구하는 건, 새로운 시작을 위한 준비가 되어 있다는 뜻이야

(6) 대처와 해결 방법 찾고 제안하기

▸ 학생이 구체적으로 실천할 수 있는 대처와 해결 방법을 함께 찾고 제안한다.

예시

- 친구들이 관심 있어 하는 것들에 대해 평소에 너도 관심을 가져 보는 건 어때? 쉬는 시간이나 활동 시간에 관심 있는 주제(게임, 애니메이션, 취미 등)로 자연스럽게 이야기를 시작해 보는 건 어떠니?

- 친구들이랑 친해지기 위해 네가 할 수 있는 작은 목표를 정해 볼까? 예를 들어, 이번 주에 한 명에게 먼저 말 걸어 보기 같은 것 말이야.
- 급하게 친해지려 하기보다는, 점심시간이나 조별 활동에서 한두 명과 관계를 조금씩 쌓아 가는 방법도 있어.

활용 TIP

✓ 공동체 사회정서교육 프로그램의 활용

학교에서 사회적 고립을 경험하는 학생은 종종 자신의 존재감을 느끼지 못하고, 타인과 관계를 맺는 데 어려움을 겪는다. 특히 전학을 와서 새로운 환경에 적응하는 데 어려움을 겪는 학생은 기존의 친밀한 관계를 형성한 그룹에 끼어들기 어렵고 외톨이가 되는 것에 대한 불안감을 느낄 수 있다. 이런 학생은 자존감이 낮아지고, 학교생활에 부정적인 시각을 가질 수 있다. 이러한 학생들에게 작은 사회적 기회를 제공하고, 자신감을 회복할 수 있도록 돕는 것이 필요하다.

2. 자해 행동 및 자살 생각

1) 감정 조절과 표현에 어려움을 겪고 자해 행동을 하는 학생

사례

지민(중1, 여)은 갑작스러운 부모의 이혼으로 아버지와 살게 되면서 극심한 스트레스를 겪고 있다. 학교와 집에서 감정을 표현하지 않고 혼자서 힘듦을 견디며 친구들과의 관계에서도 점점 더 멀어졌다. 수업 시간에 자해 행동을 하는 것을 교과 교사가 발견하였고, 담임교사에게 관련 사실을 전달하였다.

(1) 학생의 입장과 상황 알아차리기

▸ 학생이 말하는 내용과 함께 목소리, 몸짓 등 비언어적 표현을 알아차린다.

예시

자리에 앉아 손을 만지작거리거나 옷소매를 내리며 자신의 팔을 숨기려 한다. 교사가 조심스럽게 말을 건네자 고개만 끄덕이고, 긴 문장은 피하며 짧게 "잘 지내요." "괜찮아요."라고 말한다. 표정은 무기력해 보이고, 감정을 억누르려는 듯 말끝을 자주 얼버무린다.

▸ 자해 행동을 보이는 학생의 경험, 행동, 정서에 대해 구조화된 경청을 한다.

예시

경험: 부모의 이혼 이후 급격히 변한 환경 속에서 슬픔과 혼란을 겪었고, 감정을 표현할 대상이 없어서인지 스스로를 억누르고 있다.

행동: 학교에서는 말수가 줄고, 친구와의 관계에서도 거리를 두며 점점 고립되고 있다. 최근에는 수업 시간에 자해 행동을 하였다.

정서: 버림받았다는 느낌과 외로움, 복잡한 감정을 말할 수 없어 억눌려 있으며, 이로 인해 절망감과 자책감을 느낀다.

(2) 질문하기

▸ 학생의 입장과 상황을 더 잘 이해하기 위하여 질문을 한다.

예시

- 요즘 어떤 마음으로 하루하루를 보내고 있니?
- 부모님의 이혼 후에 너의 생활에서 가장 달라진 것이 있다면 무엇일까?
- 부모님의 이혼 후 일상생활에서 가장 힘든 게 무엇이니?
- 누군가에게 속마음을 털어놓는다면, 어떤 이야기부터 하고 싶니?

(3) 공감적 관심과 이해

▸ 학생을 배려하는 태도, 행동과 함께 따듯한 관심을 전달한다.

예시

조용하고 말이 없는 태도를 문제로 보지 않고, 그 안의 아픔을 이해하려 한다. 학생이 보이는 태도와 감정을 수용적으로 받아들이며, 침묵조차도 표현하는 방식으로 받아들인다. 판단이나 단정하지 않으며 신뢰감을 준다.

(4) 학생의 감정 읽기

▸ 학생이 말한 내용을 바탕으로 학생의 감정 수준에 맞게 공감적 표현을 한다.

예시

- 말로 다 표현하지 못할 만큼 마음이 복잡하고 아팠겠구나.

- 혼자 감당하기엔 너무 큰 일이어서 마음속에 쌓였구나.
- 누구에게도 기대지 못하고 버티는 게 많이 외롭고 힘들었겠다.

(5) 격려하기

▸ 문제해결을 위해 학생이 노력한 점을 탐색하여 격려한다.

예시

- 네가 힘든 상황을 감당해 보려고 노력해 왔다는 게 느껴지는구나.
- 괜찮다고 말했지만, 이렇게 선생님에게 너의 얘기를 들려줘서 고마워.
- 힘든 상황에서도 등교해 수업에 잘 참여하는 건 네가 자신을 사랑하고 자신을 지키려는 용기가 있다는 거야.

(6) 대처와 해결 방법 찾고 제안하기

▸ 학생이 구체적으로 실천할 수 있는 대처와 해결 방법을 함께 찾고 제안한다.

예시

- 감정을 꼭 말로 하지 않아도 괜찮아. 마음에 와닿는 글을 읽거나 음악을 듣고, 글쓰기나 그림, 음악 같은 방식으로 표현해 보는 것도 좋아.
- 마음이 조금이라도 편안해지는 방법을 함께 찾아보자. 예를 들어, 산책, 일기, 마음 노트 같은 것을 해 보면 어떨까?
- 불편한 감정을 혼자 해결하지 않아도 돼. 선생님과 주기적으로 이야기 나눠 보면서 마음이 조금씩 편해질 수 있도록 해 보자.
- 힘들 때는 호흡법, 나비포옹법을 해 보자(제5장 참조). 상담선생님의 도움을 받는 것도 좋아.

2) 친구들의 무시와 갈등으로 자살 충동을 느끼는 학생

사례

지훈(중2, 남)은 평소 친구들이 자신을 무시하고 존중하지 않는다고 느끼며 불만에 가득 차 있다. 갈등이 있을 때마다 자신이 죽어야 한다며 분노를 표하였다. 최근 체육 시간에 교실에서 자신의 물건이 없어진 것을 알아챈 은별이가 지훈을 의심하며 추궁하자 지훈은 "항상 나한테만 이러지. 이럴 바에 죽는 것이 더 낫다."라고 이야기하며 흥분을 가라앉히지 못하고 소리를 지르는 일이 있었다.

(1) 학생의 입장과 상황 알아차리기

▸ 학생이 말하는 내용과 함께 목소리, 몸짓 등 비언어적 표현을 알아차린다.

예시

의자에 기대고 앉아 팔짱을 낀 채 시선을 피하며 말수가 적다. 입을 굳게 다물고 있다가, 친구들에 관한 이야기에 목소리가 커지고, 손을 움켜쥐며 "다 나만 탓하잖아요."라고 격앙된 목소리로 말한다. 눈동자는 흔들리고, 말투에는 억울함과 분노가 섞여 있다.

▸ 친구들이 무시하고 존중하지 않는다고 인식하는 학생의 경험, 행동, 정서에 대해 구조화된 경청을 한다. 자살 충동은 위기상황이므로 학생의 자살 생각, 계획, 행동을 탐색하여 심각함의 정도를 세밀하게 파악할 필요도 있다.

예시

경험: 평소 친구들에게 존중받지 못하고, 무시당한다는 느낌을 반복적으로 경험해 왔다.

행동: 갈등이 발생하면 스스로 감정을 다스리기 어려워하고, '죽겠다.'라는 극단적인 표현으로 분노를 표출하며 감정 폭발을 보인다.

정서: 억울함, 외로움, 분노, 자신이 오해받고 있다는 서러움과 함께 자신이 가치 없는 존재라고 느낀다.

(2) 질문하기

▸ 학생의 입장과 상황을 더 잘 이해하기 위하여 질문을 한다.

예시

- 지금 네 기분을 이야기해 줄 수 있니?
- 네가 친구들 사이에서 존중받지 못한다고 느꼈을 때, 어떤 생각이 들었니?
- 친구들이 너를 무시한다고 느꼈을 때, 구체적으로 어떤 일이 있었는지 말해 줄 수 있을까?
- 너를 의심했을 때 어떤 기분이 들었어?
- 그런 일이 반복될 때, 너는 보통 어떻게 했니?
- 자살하고 싶은 생각이 드는 때는 언제니(자살 생각 탐색)?
- 혹시 자살을 계획했거나 행동으로 해 본 경험이 있니(자살 계획과 행동 탐색)?

(3) 공감적 관심과 이해

▸ 학생을 배려하는 태도, 행동과 함께 따뜻한 관심을 전달한다.

예시

학생의 감정 표현이 거칠고 충동적이라 해도, 그 안에 있는 '이해받고 싶은 마음'과 '존중받고 싶은 바람'을 알아주고 존중하는 태도를 가진다. 눈을 마주치며 "그래." "그럴 수 있겠구나."라고 수용적으로 반응하고, 말보다는 경청하는 태도로 학생과의 신뢰감을 형성한다.

(4) 학생의 감정 읽기

▸ 학생이 말한 내용을 바탕으로 학생의 감정 수준에 맞게 공감적 표현을 한다.

예시

- 자꾸 오해받고 있다는 느낌이 쌓여서 답답하고 억울했구나.
- 왜 나만 그러냐는 말은, 지훈이가 계속 외롭고 소외감을 느껴 왔다고 들려.
- 죽고 싶다는 말을 할 정도로 마음이 많이 힘들었구나.

(5) 격려하기

▸ 문제해결을 위해 학생이 노력한 점을 탐색하여 격려한다.

예시

- 힘들었을 텐데 학교에 나오고, 선생님과 이야기를 나누는 것 자체가 너의 용기를 보여 주는 거야.
- 많이 외롭고 지쳤을 텐데 힘든 마음을 말해 줘서 고마워.
- 친구들에게 무시당한다고 느낄 때, 너 자신이 작게 느껴졌을 수 있지만 너는 작거나 하찮은 존재가 아냐. 넌 소중한 사람이야.
- 너의 생명은 하나뿐이야. 너는 혼자가 아니야. 함께 도울 수 있는 어른들이 있어.

(6) 대처와 해결 방법 찾고 제안하기

▸ 학생이 구체적으로 실천할 수 있는 대처와 해결 방법을 함께 찾고 제안한다.

예시

- 자신은 소중한 존재라는 것과 생명의 소중함을 강조하며, "나는 계속 너를 도울 준비가 돼 있어."라는 메시지를 보내며, 힘들 때는 호흡법, 나비포옹법을 해 보자(제5장 참조).

- '죽고 싶다.'라는 마음이 들 때, 혼자 있지 말고 믿을 수 있는 어른에게 도움을 요청해 보자. Wee클래스 상담선생님의 도움도 받아 보자.
- 마음이 편안해지는 방법을 함께 찾아보자. 예를 들어, 운동, 산책, 일기, 마음 노트를 적는 것도 좋고, 선생님과 주기적으로 이야기도 해 보자. 상담선생님의 도움을 받을 필요도 있어.
- 억울한 마음이 들 때, 자신의 마음을 글로 써 보거나 선생님에게 메모로 먼저 알려 줘도 괜찮아.
- 친구들과 오해가 생겼을 때, 바로 감정 섞인 말을 하기보다 짧은 문장으로 '내 입장'을 전달하는 연습을 선생님과 함께 해 보자.
- 작은 것부터 해 보자. 네가 오늘 네 마음이 편안해지기 위해 해 볼 수 있는 첫 번째 한 가지는 뭐가 있을까? (현실적이지 않거나 타인에게 방해가 되는 것은 제외하도록 자연스럽게 유도한다.)

3. 우울과 불안

1) SNS에 우울감을 표현하는 학생

사례

수지(중2, 여)는 최근 SNS에 부정적인 글을 자주 올리고 있다. "나는 없어도 될 존재 같아." "지치고 힘들다." "그냥 사라지고 싶다." 등 우울감과 무기력함이 담긴 문장을 반복적으로 올렸다. 학교에서는 평소 말이 적고, 수업 중에는 졸거나 멍한 상태인 경우가 많으며, 친구들과의 상호 작용도 줄어들었다. 학급에서는 책상에 엎드려 있거나, 무기력하고 우울한 모습을 자주 보인다. 학부모 말에 의하면 가정 내에서 말이 점점 줄어들어 가족들과 소통하는 일이 거의 없다고 한다.

(1) 학생의 입장과 상황 알아차리기

▸ 학생이 말하는 내용과 함께 목소리, 몸짓 등 비언어적 표현을 알아차린다.

예시

의자에 천천히 앉으며, 다소 무표정한 얼굴로 시선을 바닥으로 두고 있다. 교사가 말을 걸면 짧게 대답하거나 소극적이다. SNS에 올린 부정적인 글에 관해 얘기하자 잠시 침묵한 후 "그냥 생각나서 쓴 거예요."라며 애써 의미를 축소하려 한다.

▸ SNS에 우울을 표현하는 학생의 경험, 행동, 정서에 대해 구조화된 경청을 한다.

예시

경험: 최근 감정이 복잡하고 무거워지면서 SNS에 감정을 쏟아 내듯 글을 자주 올리고 있다. 가족과의 대화도 줄어들며 혼자 있는 시간이 많아졌다.

행동: 학교에서는 수업 시간 내내 고개를 숙이고 있거나 엎드려 있는 모습이 반복되고, 친구들과도 거의 상호 작용을 하지 않는다.

정서: 반복되는 우울감과 무기력감 속에서, 감정을 숨기고 이해받지 못한다는 외로움을 겪고 있다.

(2) 질문하기

▸ 학생의 입장과 상황을 더 잘 이해하기 위하여 질문을 한다.

예시

- 요즘 SNS에 올리는 글을 쓸 때 어떤 마음이니?
- 학급에서 예전보다 무기력한 모습이 보이는데, 힘든 게 있니?
- 요즘 학교나 가정에서 힘든 게 있다면 무엇이니?

(3) 공감적 관심과 이해

▸ 학생을 배려하는 태도, 행동과 함께 따듯한 관심을 전달한다.

예시

반복적인 무기력과 소극적인 반응을 게으름이나 무관심으로 판단하지 않고, 감정을 표현할 곳이 없어 내면화하는 것으로 이해한다. 학생과 눈을 마주치며 천천히 고개를 끄덕이고, "그래." "그랬구나." "힘든 시간을 보내고 있었구나." 등의 말로 학생이 수용되고 있다는 신호를 보낸다.

(4) 학생의 감정 읽기

▸ 학생이 말한 내용을 바탕으로 학생의 감정 수준에 맞게 공감적 표현을 한다.

예시

- 감정이 복잡한데, 어떻게 표현해야 할지 몰라 혼란스러웠구나.
- 사람들이 네 마음을 잘 모른다고 느껴져서 외롭고 지쳤구나.
- 누군가 내 마음을 알아주길 바라면서도 숨기고 싶기도 하였구나.

(5) 격려하기

▸ 문제해결을 위해 학생이 노력한 점을 탐색하여 격려한다.

예시

- 자신의 마음을 이야기하기 어려웠을 텐데, 마음을 열고 선생님에게 말해 준 것은 큰 용기를 냈다고 생각해.
- SNS 글을 쓴 건 자신의 감정을 표현하고 나름대로 도움을 요청한 행동 같아.
- 가족이나 친구들에게 말하지 못하더라도, 네 방식대로 계속 살아 내고 있었던 거야. 그 점이 대견하구나.

(6) 대처와 해결 방법 찾고 제안하기

▸ 학생이 구체적으로 실천할 수 있는 대처와 해결 방법을 함께 찾고 제안한다.

예시

- 감정이 복잡할 땐 글로 쓰는 것도 좋지만, '감정 스케치 노트' 같은 걸 만들어 볼까? 그림이나 색, 기호로 표현하는 것도 도움이 돼.
- 하루 중 괜찮았던 순간을 사진이나 단어로 기록해 보는 '기분 포착' 연습을 해 보자. 작은 긍정적인 것들이 쌓이면 지금과는 다른 느낌이 생길 수도 있어.
- 혼자 감정을 끌어안고 있을 필요는 없어. 네가 괜찮다면, 학교 안에서 편하게 이야기 나눌 수 있는 상담선생님이나 외부 상담선생님을 연결해 줄 수도 있어.
- (우울한 학생은 자해 · 자살 관련 문제도 함께 고려하여 대처할 필요도 있다.)

2) 시험불안으로 어려움을 겪는 학생

사례

민준(고1, 남)은 평소 성실하게 공부하는 학생이고 성적도 좋다. 하지만 시험이 다가오면 극심한 불안을 느낀다. 중학교 때까지는 큰 부담 없이 공부하였지만, 고등학교에 올라와 경쟁이 심해지면서 시험 기간이 되면 집중력이 저하되고, 불안한 마음에 밤을 새우며 공부하지만 자신이 노력한 만큼 성적이 나오지 않아 더욱 불안하다.

(1) 학생의 입장과 상황 알아차리기

▸ 학생이 말하는 내용과 함께 목소리, 몸짓 등 비언어적 표현을 알아차린다.

예시

정돈된 자세로 앉지만, 손을 만지작거리며 긴장한 기색을 보인다. 교사가 말을 걸면 차분하게 대답하지만, 시험에 대한 이야기가 나오면 한숨을 쉬거나 얼굴이 굳어진다. 자신의 불안에 관해 이야기할 때는 "괜찮긴 한데, 그냥 너무 신경 쓰여서요."라고 한다.

▸ 시험불안으로 어려움을 겪는 학생의 경험, 행동, 정서에 대해 구조화된 경청을 한다.

예시

경험: 시험이 가까워질수록 머릿속이 복잡해지고, 공부에 집중하지 못한 채 불안한 감정만 커진다. 밤늦게까지 책상에 앉아 있지만 효율은 떨어진다.

행동: 집중력 저하와 불안감으로 잠을 줄여 가며 공부하고 있다.

정서: 성적에 대한 압박과 실패에 대한 두려움으로 불안이 지속되고, 자신이 부족하다는 자책감이 든다.

(2) 질문하기

▸ 학생의 입장과 상황을 더 잘 이해하기 위하여 질문을 한다.

예시

- 고등학교에 올라와서 어떤 점이 가장 달라졌니?
- 시험이 다가오면 가장 걱정되는 점이 무엇일까?
- 불안한 마음이 들 때 주로 어떻게 그 감정에 대처하고 있니?

(3) 공감적 관심과 이해

▸ 학생을 배려하는 태도, 행동과 함께 따듯한 관심을 전달한다.

예시

불안한 마음을 결과에 집착하는 성격으로 판단하지 않고, 최선을 다하고 싶은 마음과 스스로 부족하다고 느끼는 마음이 뒤섞인 복합적인 정서로 이해한다. 눈을 맞추며 고개를 끄덕이고, "그래." "그랬구나." "그동안 많이 애썼네." 등 따뜻한 반응으로 감정을 더 표현할 수 있도록 돕는다.

(4) 학생의 감정 읽기

▸ 학생이 말한 내용을 바탕으로 학생의 감정 수준에 맞게 공감적 표현을 한다.

예시

- 잘하고 싶은 마음은 큰데 결과가 안 좋을까 봐 걱정되는구나.
- 자꾸 성적에 관한 생각이 떠올라서 쫓기는 느낌이 드는구나.
- 불안한 감정을 계속 안고 있어서 지치고 힘들었겠다.

(5) 격려하기

▸ 문제해결을 위해 학생이 노력한 점을 탐색하여 격려한다.

예시

- 시험이 다가오는 불안 속에서도 밤새 책상 앞에 앉아 공부하는 건 네가 노력하고 있다는 거야.
- 불안한 마음을 털어놓기가 쉽지 않았을 텐데, 용기를 내어 이야기해 줘서 고마워.
- 불안 속에서도 네가 문제를 인식하고 바꾸고 싶어 한다는 걸 느꼈어. 그 마음을 선생님은 믿고 지지하고 싶어.

(6) 대처와 해결 방법 찾고 제안하기

▸ 학생이 구체적으로 실천할 수 있는 대처와 해결 방법을 함께 찾고 제안한다.

예시

- 시험공부 계획을 세울 때, 매일의 공부량뿐 아니라 '휴식(쉼) 시간'도 함께 계획해 보는 건 어떠니? 공부를 많이 하는 것도 중요하지만 휴식을 적절히 잘해야 효율이 좋아져.

- 자기 전에 불안한 생각이 많아질 땐, '마음 정리 노트'처럼 그날 했던 일과 마음을 짧게 기록하고 열심히 노력한 자신의 모습을 찾아 격려해 주자.
- 시험 기간에도 짧은 산책이나 스트레칭처럼 몸을 움직이는 시간을 꼭 가지렴. 몸을 안정시키면 마음도 함께 진정되는 걸 느낄 수 있을 거야.

4. 음주와 흡연

1) 음주와 흡연 문제가 있는 학생

사례

지우(고1, 남)는 흡연과 음주하는 사실을 숨겨 왔다. 하지만 최근 학교에 담배를 가져와서 들키며 담배를 피우고 있다는 사실을 담임교사가 알게 되었다. 담임교사는 지우의 부모님과 전화상담을 통해 흡연뿐만 아니라 최근 다른 지역 학교 친구들과 만나 음주를 한다는 사실을 알게 되었다.

(1) 학생의 입장과 상황 알아차리기

▸ **학생이 말하는 내용과 함께 목소리, 몸짓 등 비언어적 표현을 알아차린다.**

예시

담담한 표정으로 앉지만, 한숨을 쉬며 대수롭지 않다는 듯한 태도를 보인다. 교사가 말을 건네면 대답을 피하거나 짧게 반응하고, 고개를 돌린 채 창밖을 자주 바라본다. 표정은 무심하고 무표정하다.

▸ **음주 및 흡연 문제를 보이는 학생의 경험, 행동, 정서에 대해 구조화된 경청을 한다.**

예시

경험: 지역 친구들과 어울리며 자연스럽게 담배를 피우고 술자리에 참석하게 되었다. 처음에는 호기심이었지만, 점차 익숙한 일상이 되었다.

행동: 흡연과 음주 사실을 부모나 학교에 숨기며, 교칙 위반이라는 생각보다는 친구들과 어울리기 위한 놀이로 행동하고 있다.

정서: 숨겨 왔던 사실이 드러나 당황스러우면서도 어른들의 지적과 통제에 대해 답답함과 반발심을 느낀다. 자신의 감정을 이해받지 못하는 섭섭함도 느낀다.

(2) 질문하기

▸ **학생의 입장과 상황을 더 잘 이해하기 위하여 질문을 한다.**

예시

- 술과 담배를 하는 걸 부모님과 선생님이 알았는데, 어떤 마음이 드니?
- 담배(술)를 피우기(마시기) 시작한 계기는 무엇이었니?
- 부모님께서 네가 음주를 한다는 것을 많이 걱정하셨는데, 네 생각은 어때?

(3) 공감적 관심과 이해

▸ **학생을 배려하는 태도, 행동과 함께 따듯한 관심을 전달한다.**

예시

학생의 행동을 단순히 문제 행동으로 보기보다, 자신의 방식대로 스트레스를 해소하고 소속감을 느끼려는 시도로 이해한다. 상담 시 학생과 눈을 마주치며, "그래." "그렇구나." "그럴 수도 있겠네."와 같은 표현으로 학생의 마음을 열고 자기표현을 할 수 있도록 돕는다.

(4) 학생의 감정 읽기

▸ **학생이 말한 내용을 바탕으로 학생의 감정 수준에 맞게 공감적 표현을 한다.**

예시

- 숨기고 싶었던 일들이 알려졌을 때 당황스럽고 부담스러웠을 것 같아.
- 친구들과 어울려 놀 때 즐거운 감정이 들고 마음이 편했구나.
- 어른들이 간섭하고 통제하는 것 같아 답답했구나.

(5) 격려하기

▸ 문제해결을 위해 학생이 노력한 점을 탐색하여 격려한다.

예시

- 솔직하게 말하기 어려운데도 선생님과 대화하는 것 자체가 의미 있는 시작이야.
- 친구들과의 시간이 중요한 건 네가 사람들과 어울리고 싶은 욕구가 크다는 걸 거야.
- 지금까지 혼자 감당해 왔던 걸 털어놓고 있다는 것, 그 자체가 변화의 출발점이야.

(6) 대처와 해결 방법 찾고 제안하기

▸ 학생이 구체적으로 실천할 수 있는 대처와 해결 방법을 함께 찾고 제안한다.

예시

- 네가 친구들과 어울리는 게 중요하다는 걸 선생님도 알고 있어. 선생님은 네가 술과 담배를 하지 않고 건강한 방식으로 친구 관계를 유지할 수 있도록 돕고 싶어.
- 친구들과 어울리는 건 좋지만, 너 자신을 지킬 수 있는 기준을 갖는 것도 중요해.
- 친구들과 어울리고 스트레스를 풀기 위한 다른 방법을 함께 찾아보자.

5. 스마트폰 과의존과 사이버 도박

1) 스마트폰에 과의존(SNS, 쇼핑)하는 학생

사례

민재(중3, 남)는 학교에서 실시한 스마트폰 과의존 검사에서 '위험군'에 속하였다. 하루에 많은 시간 동안 스마트폰을 사용하고 SNS의 팔로워 수와 '좋아요' 개수에 민감하다. SNS의 광고를 통해 신발, 의류 정보를 지속적으로 접하면서 친구들 사이의 '패션 경쟁'에서 소외되지 않으려 꾸준히 스마트폰 쇼핑 앱을 탐색한다. 특히 자기 전에 2시간 이상 피드 탐색을 반복하며 수면 시간이 줄었고, 아침에 피곤하여 학교에 지각이 잦아졌다. 수업 시간에 집중력이 저하되어 엎드려 자는 일도 많아졌다. 부모님이 스마트폰 사용을 줄이도록 권유하였지만, 오히려 짜증을 내며 반발하였고 가족과의 대화도 줄어들고 있다.

(1) 학생의 입장과 상황 알아차리기

▸ 학생이 말하는 내용과 함께 목소리, 몸짓 등 비언어적 표현을 알아차린다.

예시

무표정한 얼굴로 앉지만, 스마트폰을 만지작거리거나 상담 중에도 화면을 확인하려는 행동을 보인다. 교사가 질문을 하면 짧게 대답하고, 스마트폰 사용 습관에 관한 이야기가 나오면 한숨을 쉬거나 다소 방어적인 태도를 보인다.

▸ 스마트폰 과의존으로 어려움을 보이는 학생의 경험, 행동, 정서에 대해 구조화된 경청을 한다.

예시

경험: 밤늦게까지 스마트폰으로 게임이나 SNS를 하면서 수면 시간이 줄어들고, 피곤한 상태로 학교에 가는 일이 반복되고 있다.

행동: 수업 시간에 집중하지 못해 엎드려 있거나 졸고 있으며, 부모의 통제에 짜증을 내고 대화를 회피하고 있다.

정서: 반복되는 피곤함과 지적에 대해 짜증과 귀찮음을 느끼며, 자신이 통제받고 있다는 불편함과 무기력함을 느낀다.

(2) 질문하기

▸ 학생의 입장과 상황을 더 잘 이해하기 위하여 질문을 한다.

예시

- 요즘 밤늦게까지 스마트폰을 사용한다고 했는데, 주로 무엇을 하며 시간을 보내니?
- 스스로 스마트폰을 줄이기 위한 노력이 있었다면 어떤 점이었니?
- 스마트폰 사용 시간을 줄여야 한다는 걸 알고는 있지만, 실제로 줄이기 어려운 이유는 뭐라고 생각하니?

(3) 공감적 관심과 이해

▸ 학생을 배려하는 태도, 행동과 함께 따듯한 관심을 전달한다.

예시

스마트폰을 과도하게 사용하는 것에 대해 비난하지 않고, 스스로 통제하기 어렵다는 점을 이해하려고 한다. 학생의 말에 고개를 끄덕이며, "그래." "그럴 수도 있겠다." "그렇구나."와 같은 반응을 통해 학생이 자신의 상태를 부담 없이 이야기할 수 있도록 한다.

(4) 학생의 감정 읽기

▸ **학생이 말한 내용을 바탕으로 학생의 감정 수준에 맞게 공감적 표현을 한다.**

예시

- 네가 좋아하는 걸 하는 시간이 줄어드는 게 싫고 답답하구나.
- 부모님이 자꾸 간섭한다고 느껴져서 짜증이 났구나.
- 너도 줄여 보려고 노력했지만 뜻대로 되지 않아 답답하고 실망스러웠구나.

(5) 격려하기

▸ **문제해결을 위해 학생이 노력한 점을 탐색하여 격려한다.**

예시

- 스마트폰을 줄이는 게 쉽지 않은 일이지만, 네가 문제의식을 가지고 있다는 게 중요해.
- 스마트폰 사용에 대한 상황과 기준을 솔직하게 말해 줘서 고마워.
- 결과와 상관없이 네가 줄여 보려고 생각했고 노력했던 건 좋은 시도였어.

(6) 대처와 해결 방법 찾고 제안하기

▸ **학생이 구체적으로 실천할 수 있는 대처와 해결 방법을 함께 찾고 제안한다.**

예시

- 자기 전에 스마트폰 사용 시간을 제한하는 앱을 설치하거나, 사용 알람을 설정해 보자.
- 스마트폰 사용을 갑자기 제한하는 것은 어려운 일이라고 생각해. 현재 하루 최대 사용 시간(예를 들어, 4시간)과 목표로 하는 시간(예를 들어, 2시간)을 정해 놓고, 최대 사용 시간을 기준으로 5분씩 앞당겨 보는 습관을 들여 보는 것은 어떨까?
- 스마트폰 사용을 줄이는 '오늘 실천한 나의 활동'을 기록해 보자.
- 스마트폰 이외에 너의 발전을 위한 현실적인 목표와 성취 계획을 세우는 게 필요할 거 같아. 예를 들면, 단어 외우기, 진로 관련 책 읽기, 그림 그리기, 글쓰기, 악기 연습, 운동, 중·고등 학생용 컴퓨터 자격증 공부 등 네게 필요한 걸 시작하는 거야.

- 스스로 조절하기가 어렵다면 상담 선생님이나 외부 전문가의 도움을 받는 것도 하나의 방법이 될 수 있어.
- 부모님께 도움을 구해 스마트폰 없는 시간을 정하고 가족과의 대화 등 함께 시간을 보내는 것도 좋아.

2) 사이버 도박을 하는 학생

사례

지훈(고1, 남)은 최근 스마트폰으로 사이버 도박을 시작한 이후 점점 더 많은 시간을 사이버 도박에 사용하고 있다. 도박을 통해 소액의 용돈을 벌었던 경험으로 더 큰 돈을 따고 싶다는 욕심에 빠지게 되었다. 처음에는 재미로 시작하였지만, 잦은 패배로 인해 손해를 만회하려는 마음으로 친구들의 돈을 빌려 빚을 지게 되었다.

(1) 학생의 입장과 상황 알아차리기

▸ **학생이 말하는 내용과 함께 목소리, 몸짓 등 비언어적 표현을 알아차린다.**

예시

다소 초조한 모습을 보이며, 손을 만지작거리거나 교사의 시선을 피하는 행동을 보인다. 도박에 대해 얼버무리거나 "그냥 가볍게 했어요."라며 문제를 축소하려고 한다. 돈을 번 경험과 잃은 경험에 관해 이야기할 때 흥분한 모습을 보이고 빚을 지게 된 부분에 대해서는 말하기를 꺼린다.

▸ **사이버 도박과 관련된 학생의 경험, 행동, 정서에 대해 구조화된 경청을 한다.**

예시

경험: 사이버 도박을 재미 삼아 시작하였고, 초기에는 소액의 돈을 벌어 흥미를 느꼈지만 무리하게 베팅하다가 친구들에게 돈을 빌리게 되었다.

행동: 점점 도박에 몰입하며 스마트폰 사용 시간이 증가하였고, 수업이나 생활에 집중하지 못하는 일이 많아졌다.

정서: 도박에서 오는 순간적인 희열을 경험하지만 반복된 손실로 불안과 초조함, 빚을 진 것에 대한 걱정과 자책감을 느끼고 있다.

(2) 질문하기

▸ 학생의 입장과 상황을 더 잘 이해하기 위하여 질문을 한다.

예시

- 네가 도박을 하는 이유가 무엇이라고 생각하니?
- 도박으로 인해 가장 힘든 건 무엇이니?
- 도박을 그만두고 싶다고 생각해 본 적이 있다면 언제였니?

(3) 공감적 관심과 이해

▸ 학생을 배려하는 태도, 행동과 함께 따듯한 관심을 전달한다.

예시

반복된 사이버 도박 손실로 인해 불안하고 복잡한 감정을 겪고 있다는 것에 책임을 묻기보다 이해하려는 태도로 바라본다. 학생의 말에 고개를 끄덕이며, “그래.” “그렇구나.” “그랬겠다.” 등의 반응을 통해 감정을 수용하고, 정서적으로 안전하다고 느낄 수 있도록 한다.

(4) 학생의 감정 읽기

▸ 학생이 말한 내용을 바탕으로 학생의 감정 수준에 맞게 공감적 표현을 한다.

예시

- 처음에는 재미있었지만, 점점 걷잡을 수 없게 되면서 불안했구나.
- 계속해서 돈을 잃게 되니까, 마음속에 조급함도 컸을 것 같아.
- 들키면 어떻게 될지 걱정되기도 하고, 스스로에게 실망한 마음도 있구나.

(5) 격려하기

▸ 문제해결을 위해 학생이 노력한 점을 탐색하여 격려한다.

예시

- 말하기 쉽지 않은 일이었을 텐데 선생님에게 솔직하게 말해 줘서 고마워.
- 스스로 이 상황을 심각하게 느끼고 문제의식을 느끼고 있는 것은 중요한 거야.
- 친구에게 빌린 돈을 모른 척하지 않고 걱정하는 마음에서 너의 책임감이 느껴져.

(6) 대처와 해결 방법 찾고 제안하기

▸ 학생이 구체적으로 실천할 수 있는 대처와 해결 방법을 함께 찾고 제안한다.

예시

- 도박에 대한 생각이 들 때 산책하기, 음악 듣기, 간단한 운동 같은 자신만의 습관을 만들어 보는 것은 어떠니?
- 친구들에게 빌린 돈을 네 힘으로 갑자기 갚는다는 것은 어려울 수 있어. 부모님에게 솔직하게 말해 보는 것은 어떨까? (선생님이 중재자로 도와줄 수도 있어.) (필요하면 용돈에서 조금씩 차감하여 네가 감당하는 방법도 부모님께 말씀드리는 건 어떠니?)
- 도박을 하고 싶을 때 기록 일지를 써 보는 것은 어떨까? 왜 하고 싶은지, 지금 어떤 감정이 드는지 적어 보면 충동을 조절하는 데 도움이 될 수 있어. 그 욕구를 네게 도움이 되는 보다 건강하고 현실적인 방법으로 바꿔 보자.

보충 TIP

사이버 도박의 징조

- 평소 못 보던 비싼 물건을 갑자기 구매하였을 때(오토바이, 스마트 기기 등)
- 아끼던 물건을 필요가 없다는 이유로 갑자기 팔 때
- 스포츠 경기에 관한 관심이 증가할 때
- 베팅, 승부조작 같은 도박 용어를 자주 사용할 때
- 이전과 달리 수업집중력이 떨어지고 과제 및 시험 준비를 소홀히 할 때
- 불안과 초조함 등 감정 기복이 증가할 때
- 자신의 온라인 활동을 은폐하려고 시도할 때
- 도박에 대한 긍정적인 태도를 보일 때

6. 이성관계 및 사이버 성폭력

1) 이성 친구의 과도한 스킨십 요구가 힘든 학생

사례

혜빈(중3, 여)은 최근에 친구의 소개로 지역사회의 고등학교에 재학 중인 2학년 남학생을 사귀게 되었다. 남자 친구를 처음 사귀게 된 혜빈은 손잡는 것까지는 괜찮은데 남자 친구가 그 이상의 스킨십을 요구하는 것이 부담스럽고, 거절하게 될 때마다 마음이 불편하다. 남자 친구에 대한 고민으로 수업 시간에도 집중하기가 어렵고 혼란스럽다.

(1) 학생의 입장과 상황 알아차리기

▸ 학생이 말하는 내용과 함께 목소리, 몸짓 등 비언어적 표현을 알아차린다.

예시

조심스러운 태도로 앉아 있으며, 남자 친구 이야기가 나오면 얼굴이 붉어지거나 손을 만지작거리는 등 긴장한 모습을 보인다. 남자 친구와의 관계가 부담스럽다는 이야기를 할 때는 한숨을 쉬거나 말을 고르면서 신중하게 표현하려 한다.

▸ 이성 친구의 과도한 스킨십 요구로 어려움을 겪고 있는 학생의 경험, 행동, 정서에 대해 구조화된 경청을 한다.

예시

경험: 처음 사귄 남자 친구와의 관계에서 손잡는 것은 괜찮지만, 그 이상의 신체 접촉을 요구받을 때마다 거절하게 되고, 이후 남자 친구의 반응 때문에 마음이 불편해졌다.

행동: 손을 잡는 것까지만 허용하고 있지만, 남자 친구가 더 많은 스킨십을 요구할 때마다 거절하고 있다.

정서: 상대의 기대에 부응하지 못한 것 같아 미안하고, 자신의 감정을 말하는 것이 어렵고 두렵다. 거절 후 어색해지는 상황에 마음이 무겁고 혼란스럽다.

(2) 질문하기

▸ 학생의 입장과 상황을 더 잘 이해하기 위하여 질문을 한다.

예시

- 네가 생각하는 편안하고 건강한 이성관계는 어떤 모습이니?
- 남자 친구와의 관계에서 걱정되는 점이 있다면 무엇이니?
- 네가 부담스럽다고 느낄 때, 그 마음을 남자 친구에게 어떻게 표현했는지 말해 주렴.

(3) 공감적 관심과 이해

▸ 학생을 배려하는 태도, 행동과 함께 따듯한 관심을 전달한다.

예시

관계에서 느끼는 혼란과 부담에 대해 조심스럽고 민감하게 반응한다. 고개를 끄덕이며 "그래." "그럴 수 있지." "그렇구나." 등 공감적으로 반응하며, 자신의 감정을 지키려는 학생의 태도를 소중히 여긴다. 학생의 말에 끼어들지 않고 경청하며, 스스로 자신의 감정을 정리하고 말할 수 있도록 따뜻한 분위기를 형성한다.

(4) 학생의 감정 읽기

▸ 학생이 말한 내용을 바탕으로 학생의 감정 수준에 맞게 공감적 표현을 한다.

예시

- 처음 사귀기 시작할 때는 즐거웠지만, 점점 부담스러운 감정이 커지고 있구나.
- 거절할 때마다 관계가 어색해지고 헤어지게 될까 봐 불안한 마음이 있구나.
- 남자 친구와 친하게 지내고도 싶고 스스로를 지켜야 한다는 고민이 함께 있어 혼란스럽겠다.

(5) 격려하기

▸ 문제해결을 위해 학생이 노력한 점을 탐색하여 격려한다.

예시

- 자신의 감정을 지키기 위해 거절한 건 스스로를 소중하게 여긴 행동이야.
- 그 상황을 선생님에게 털어놓고 이야기해 준 것 자체가 큰 용기야.
- 관계를 끊거나 피하려 하지 않고 해결하기 위해 고민하고 노력하는 모습이 보여.

(6) 대처와 해결 방법 찾고 제안하기

▸ 학생이 구체적으로 실천할 수 있는 대처와 해결 방법을 함께 찾고 제안한다.

예시

- 네가 불편한 느낌이 들 때, 남자 친구와 잠깐 거리를 두거나 "지금 행동이 불편하다."라고 말하는 것을 선생님과 함께 연습해 보는 것은 어떠니?
- 감정과 생각을 정리하여 너의 기준과 감정을 편지로 전달해 보는 방법도 있어.
- 네가 부담스럽지 않은 선을 정하고 그 기준을 남자 친구에게 솔직하게 말해 보는 건 어떨까?
- 상대방이 내 거절을 무시하거나 기분 나빠한다면, 거리 두기 혹은 이 관계를 계속 이어 가도 되는지 다시 생각할 필요가 있어.

2) 딥페이크 영상 유포 피해를 입은 학생

사례

유진(고1, 여)은 최근 SNS에서 자신의 모습을 합성한 딥페이크 영상이 유포되고 있다는 사실을 알게 되었다. 주변 친구들이 알게 될까 봐 걱정되고 점점 친구들의 시선이 부담스러워 학교 가는 것이 두려워졌다. 얘기할 사람이 없던 유진은 고민 끝에 담임선생님께 어렵게 상담을 요청하였다. 일차적 상담을 진행한 후 알게 된 사실을 학생의 동의를 얻어 즉시 학교와 보호자에게 알리고 지원 방안을 마련하였다.

(1) 학생의 입장과 상황 알아차리기

▸ 학생이 말하는 내용과 함께 목소리, 몸짓 등 비언어적 표현을 알아차린다.

예시

말을 꺼내기 어려운 듯 한동안 침묵하거나, 손을 만지작거리며 불안한 기색을 보인다. 교사가 조심스럽게 질문을 던지자 작은 목소리로 어렵게 이야기를 꺼내지만, 눈물을 참거나 한숨을 쉬며 감정을 억누르려 한다.

▸ 딥페이크 영상 유포 피해를 입은 학생의 경험, 행동, 정서에 대해 구조화된 경청을 한다.

예시

경험: SNS에 자신의 얼굴을 합성한 영상이 떠돌고 있다는 사실을 알게 되었고, 그것을 본 사람

들의 반응이 두려워 학교에 오는 것이 불안해졌다.

행동: 친구들과의 대화가 줄어들고, 시선을 피한다. 학교 오는 것이 부담스럽고 사람들의 반응을 의식하며 조심스럽게 행동하고 있다.

정서: 심한 충격과 불안을 느끼고 있으며, 무력감과 수치심이 뒤섞인 복잡한 감정을 겪고 있다. 누구에게도 쉽게 말하지 못하였던 답답함과 외로움도 크다.

(2) 질문하기

▸ **학생의 입장과 상황을 더 잘 이해하기 위하여 질문을 한다.**

예시

- 이 일을 혼자 감당해 왔는데 그동안 무엇이 가장 힘들었니?
- 이 일을 처음 알게 되었을 때 어떤 생각이 들었니?
- 이 영상을 본 사람이 너에게 직접적으로 반응한 적이 있었니?

(3) 공감적 관심과 이해

▸ **학생을 배려하는 태도, 행동과 함께 따듯한 관심을 전달한다.**

예시

학생이 느끼는 수치심, 억울함, 불안함을 있는 그대로 수용한다. 고개를 끄덕이며 “그래.” “그렇구나.” “무서웠겠구나.” 등으로 반응하고, 학생이 말하는 모든 감정이 정당하다는 것을 전달한다. 조심스러운 학생의 말을 천천히 따라가며 반응하고, 눈을 맞추며 따뜻한 시선으로 경청한다.

(4) 학생의 감정 읽기

▸ **학생이 말한 내용을 바탕으로 학생의 감정 수준에 맞게 공감적 표현을 한다.**

예시

- SNS에 합성된 영상이 유포되었다는 생각에 당황스럽고 두려웠구나.
- 친구들이 알게 될까 봐 불안하고 수치스러운 마음이었구나.
- 아무에게도 말하지 못하고 혼자 감당하면서 힘들었겠다.

(5) 격려하기

▸ **문제해결을 위해 학생이 노력한 점을 탐색하여 격려한다.**

예시

- 누구에게도 말하지 못한 일을 용기 내어 선생님에게 털어놓은 건 정말 큰 용기야.
- 친구들의 시선을 걱정하면서도 도와달라고 말해 준 네가 정말 대견해.
- 선생님에게 말해 준 순간부터 이미 자신을 지키기 위한 너의 행동이 시작된 거야.

(6) 대처와 해결 방법 찾고 제안하기

▸ **학생이 구체적으로 실천할 수 있는 대처와 해결 방법을 함께 찾고 제안한다.**

예시

- 네가 어떤 방식으로 이 문제를 해결하고 싶은지 선생님과 함께 이야기해 보자.
- 이건 너의 잘못이 절대 아니야. 지금 느끼는 공포와 부끄러움은 아주 자연스러운 거야. 우리는 너를 보호하고 함께 해결해 갈 수 있어.
- 친구들의 시선이나 반응이 부담스럽게 느껴질 때, '자기 보호 대화법'이라는 게 있어. 예를 들어, "그 얘기는 좀 불편해." "다른 이야기하자." "그 얘길 들으니까 좀 불편해." "그건 내가 말하고 싶지 않은 부분이야."라고 얘기하는 거야.
- 마음이 불안하고 힘들 때는 호흡법과 나비포옹법을 해 보자(제5장 참조).
- 상담선생님께 보다 전문적인 도움을 얻어 보는 것도 좋을 것 같아.

제8장

조례와 종례 시간의 지도와 교육: 생활예절 가르치기

학교생활에서 조례와 종례는 하루를 열고 마무리하는 짧지만 중요한 시간이다. 일반적으로 출석 확인, 공지 사항 전달, 생활지도(기본 예절), 안전 수칙, 동기 부여 등의 지도와 교육이 이루어진다. 출석 확인과 공지 사항 전달은 학급 운영과 관리의 기본이며 중요한 활동이지만, 하루를 시작하고 마무리하는 시간에 행정적인 관리활동만 이루어진다면 다소 무미건조하다. 학생의 올바른 행동과 가치관 정립을 위한 재미있고 의미 있는 말과 이야기를 더한다면 보다 풍요로운 시간이 될 것이다. 학생 스스로 깨우치도록 유도하는 적극적인 사회정서교육 시간으로 활용할 필요가 있다.

조례는 교사와 학생이 함께 하루를 활기차게 여는 시간인 만큼 보다 의미 있고 효율적으로 활용하는 것이 좋다. 학생이 최선을 다하여 성실하게 보낸 하루하루가 모여서 자연스럽게 성장이 이루어지고 보다 나은 미래가 된다. 학생에게 도움이 되는 격려의 말이나 짧은 이야기로 학생이 하루를 긍정적으로 시작하도록 동기를 높여야 한다. 종례 시간에는 일과를 마무리하고 정리한다. 학생들의 하루 생활을 점검하고 소감을 나누며 주의할 점에 대한 생활지도가 자연스럽게 이루어진다. 학생들에게 격려의 말을 전하고 안전한 하교를 당부하며 마무리 인사를 나눈다. 교사는 학생이 하교 이후에도 자신의 삶을 건강하게 살아가도록 지도해야 한다. 학생이 가정과 학원 등에서 충실한 시간을 보낸다면, 다음 날 교사는 보다 긍정적인 학생이 되어 학교로 돌아온 학생을 만날 것이다.

제8장과 제9장에서는 생활예절과 자기관리를 격려하고 동기화하는 데 도움이 되는 전문지식, 인물, 스토리, 사례, 명언, 영화 등을 소개한다. 여기에 소개된 주제와 자료들은 예시이며,

교사는 생활 속에서 좋은 자료들을 탐색하고 자신의 스타일에 맞게 활용하는 것이 좋다. 주제와 자료를 선택할 때는 학생의 호기심을 자극하고 재미있고 교육적이어야 한다. 학생들에게 전달할 때는 눈높이에 맞게 다가가는 것이 중요하다. 학생의 생활예절과 자기관리 지도에서 다음의 내용을 이해하고 접근할 필요가 있다.

자기관리와 생활예절의 심리적 의미: 자기통제와 조절, 자기효능감 향상

자기관리는 자신의 목표를 달성하기 위해 스스로 행동을 조절하고 꾸준히 발전하는 능력이다. 생활예절은 일상생활에서 지켜야 할 기본적인 예의와 규범이며 사회와 학교의 명시적 또는 암묵적 규칙과 규율이 포함된다. 예의를 지키는 행동은 자기관리에 포함된다. 학생이 학교와 사회에서 잘 기능하기 위해서는 자기관리와 생활예절을 내면화하여 행동해야 한다. 규칙과 규율은 사회질서를 유지하는 사회적 기능이 강조되지만, 개인이 도덕적 인간이 되고 자기조절력, 자기통제력을 발휘하여 자기효능감을 향상시키는 심리적 의미가 크다. 자기를 효율적으로 관리하고 학교의 규칙과 규율을 명확히 이해하여 지킬 수 있다는 것은 자기를 통제하고 조절할 수 있다는 것이다. 자신을 통제하고 조절하는 것은 자신과의 싸움에서 크고 작은 승리를 한 것이므로 '나는 할 수 있다.'라는 자기효능감의 기초가 된다. 외부 환경에 적응하고 성취하려면 나 자신의 부적절한 태도와 행동부터 이겨야 한다.

학생의 내적 동기를 일으키는 것이 중요하다

내적 동기(intrinsic motivation)는 외부의 보상이나 강요 없이 학생 스스로 즐거움이나 만족감을 느껴 어떤 행동을 하게 되는 것이다. 내적 동기가 강하면 더 창의적이고, 스트레스를 덜 받으며, 장기적으로 지속 가능한 성취를 한다. 학생은 동기를 지속적으로 유지하고 주의를 집중하기 어렵다는 것을 항상 염두에 두어야 한다. 외부 환경의 자극에 쉽게 영향을 받아 산만해지고 마음을 빼앗긴다. 조례와 종례 시간에 학생의 동기를 향상시키는 주제를 다양하고 재미있게 반복적으로 전달한다면 학생들의 마음속으로 자연스럽게 스며들며 내적 동기가 강화될 것이다.

학생들은 왜 예의 없는 행동을 할까

학생들의 예의 행동은 습관적으로 하던 행동일 가능성이 있다. 가정이나 이전의 경험에 비추어 무의식적이고 습관적으로 하는 행동이다. 습관은 어떤 행위를 오랫동안 되풀이하면서 저절로 익혀지고 무의식적으로 하게 되는 행동 방식이다.

강압적이거나 처벌 중심의 생활예절 지도는 학생이 반항하거나 위축되는 등 부작용을 초래할 수 있다. 학생 간의 예의 없는 행동은 갈등과 폭력적 문제를 일으킬 수 있으므로 생활 속의 예절 교육을 통하여 예방할 필요가 있다. 예의 없는 학생은 자신이 어떤 행동을 하고 있는지 모르고 습관대로 행동할 수 있으므로 조례와 종례 시간에 예의 행동을 가르치는 것은 문제를 예방하는 효과가 있다. 학생이 스스로 생각하고 능동적으로 지키도록 지도하여 새로운 습관을 만들어 주는 교사의 적극적인 노력이 필요하다.

다음은 교사가 학생들에게 전달할 때 참고할 수 있는 주제와 내용들이다. 각각의 주제에 대한 교사의 언어적 표현을 돕는 말하기 예시와 배경지식을 함께 소개하였다. 교사는 이 주제와 내용을 활용할 때 학생들에게 더 가깝게 다가갈 수 있는 자신의 언어로 전달하고 배경지식을 활용하면 좋다.

1. 생활예절의 의미와 문화 조성

1) 예절은 역지사지의 마음과 존중의 표현이다

예시

여러분, 서로를 존중하고 사랑하는 마음으로 생활하기 위해 지켜야 할 것이 생활예절이에요. 영국의 엘리자베스 여왕이 초대한 식사 자리에서 중국의 고위관리가 실수로 핑거볼(finger bowl)에 나온 물을 마셨다고 해요. 핑거볼은 서양에서 디저트 코스 전에 나오는 물그릇으로, 한쪽 손씩 두세 개의 손가락만 살짝 씻는 것이 예의예요. 그러자 엘리자베스 여왕도 핑거볼에 나온 물을 마셨다고 해요. 배려를 정말 잘 표현한 일화지요. 여러분도 생활예절을 통해 서로 역지사지하며 배려하기를 바라요.

예(禮)는 示(보일 시)와 豊(풍성할 풍)이 합쳐진 글자이다. 옷을 입어서 몸을 풍성하게 보이고 남에게 안정감을 주는 것을 말한다. 다른 사람의 마음에 들도록 처신하는 것이다.

예의는 예의범절과 의식절차를 포괄하는 의미이다. 예절은 예의범절의 약칭으로 일상생활의 모든 예의와 절차를 뜻한다. 예의는 사람과 사람들 사이에서 서로에게 함부로 하지 않음을 말하는 것이고, 범절은 '대체로 그러하다.'라는 뜻을 가진다.

세상을 살아가면서 때와 장소에 맞게 갖추고 행동함을 말하는 것이다. 상대방을 대접하기 위하여 마땅히 지켜야 할 언어, 도리와 의식 절차에 맞게 행동하는 것을 예절이라고 한다.

예절의 근본정신은 상대방의 인격을 존중하는 마음이며, 윗사람을 공경하고 아랫사람을 사랑하는 마음이다. 예절 생활은 존중하고 사랑하는 마음을 바탕으로 상대방의 입장에서 역지사지할 줄 알고, 힘들어도 상부상조하며 아름답게 생활을 하는 것이다. 사람과 사람의 교류에는 반드시 지켜야 할 도리가 있다. 이것을 동양에서는 '예'라고 하며, 서양에서는 '에티켓' '매너'라고 한다. 말은 각각 다르지만, 모든 예의범절의 바탕은 남을 배려하고 존중하는 마음이다.

2) 마음을 표현하는 몸 언어: 인사는 내가 먼저 하자

예시

여러분, 인사는 상대방을 향한 마음을 표현하는 몸 언어라고 해요. 얼마나 상대를 존중하는지, 반갑고 감사한지를 미소와 몸으로 표현하는 거예요. 밝은 표정으로 내가 먼저 인사해 보세요. 바른 자세와 친절한 목소리로 인사하는 습관은 상대방도 기분 좋게 하지만 나의 자존감을 높이는 일이에요.

"몸가짐이 마음가짐이므로 인사(人事)가 곧 만사(萬事)인 것이다."

인사를 사소한 것으로 생각할지 모르지만, 인사라는 작은 행동 하나에는 많은 것이 담겨 있다. 인사는 상대방을 향한 마음을 표현하는 몸 언어이다. 얼마나 상대를 존중하는지, 반갑고 감사한지를 미소와 몸으로 표현하는 것이다.

학교에서 인사를 잘하는 학생은 교사들의 칭찬을 받는다. 자기계발 전문가인 Brian Tracy는 사회생활에서 가장 중요하게 생각하는 것이 무엇이냐는 질문에 '인사'를 첫째로 꼽았다.

인사는 어떻게 해야 할까

첫째, 내가 먼저 인사하자!

둘째, 밝은 표정으로 인사하자.

셋째, 친절한 목소리로 인사하자.

넷째, 바른 자세로 인사하자.

상대방의 눈을 자연스럽게 바라보고, 자세를 바로 세우고, 발을 모은다.

이때 적당한 거리는 1.2m~1.5m 정도이다.

3) 기본적인 예절과 배려는 밝은 표정과 따뜻한 눈빛이다

예시

여러분, 표정과 눈빛은 첫인상을 결정하는 중요한 요소예요. 밝은 표정과 좋은 눈빛으로 상대방을 바라보는 것은 상대에 대한 기본적인 예절과 배려예요. 친구와 선생님에게 밝은 표정과 따뜻한 눈빛으로 응대하며 생활하기를 바라요.

"상대방을 위한 기본적인 배려, 밝은 표정과 따뜻한 눈빛을 지읍시다."

2018년 잡코리아에서 '첫인상에 영향을 미치는 요소'에 관한 설문 조사를 하였다. 조사 결과에 따르면, 표정, 눈빛(57.3%)이 가장 큰 영향을 미치고, 자세와 태도, 말하는 내용과 방식 순으로 나타났다. 상대에게 호감 가는 이미지를 전달하기 위해서는 상대를 향한 밝은 표정 연출이 필요하다는 것이다. 밝은 표정은 상대를 배려하기 위한 가장 중요한 기본 매너이며, 상대는 무엇보다 나의 표정을 보고 친절과 기분 상태를 판단한다. 나의 표정이 상대의 심리 상태에 영향을 미치므로 좋은 대인관계 형성을 위해 밝은 표정을 먼저 지어야 한다. 표정은 자신의 감정이나 기분 등을 표현하는 중요한 의사소통 방법이 된다.

인사담당자가 꼽은 첫인상 결정 요인

※인사담당자 351명 복수응답 결과(응답률: %)

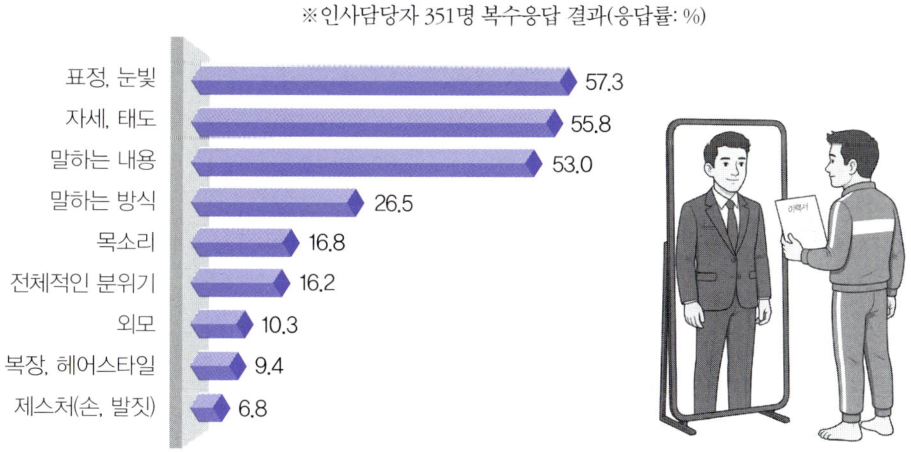

[그림 8-1] 첫인상에 영향을 미치는 요소

출처: 잡코리아(2018).

4) 학급회의를 통해 배워 가는 토의 문화를 만들자

예시

여러분, 학급회의는 우리 학급을 보다 좋은 쪽으로 만들기 위해 의사결정을 하고 문제를 해결하는 소중한 시간이에요. 학급회의는 '누가 맞는가(Who is right)?'가 아니라, '무엇이 맞는가(What is right)?'를 찾아 가는 절차이고 여정이에요. 나와 뜻이 맞지 않아도 우리 학급과 모두를 위해 무엇이 옳은가를 찾아 가는 배려와 존중이 있는 토의 문화를 만들도록 노력해 보세요.

통섭의 과학자인 최재천 교수는 Wilson의 『Consilience: The Unity of Knowledge(통섭: 지식의 대통합)』을 번역하며 깊은 영감을 받아 집필하게 된 숙론에서, 우리가 어떻게 마주 앉아 대화를 해 나가야 하는지를 자세히 말해 주고 있다.

토의(discussion)를 하다 보면 사실을 바탕으로 하기보다 논쟁(debate)이나 언쟁에 가깝게 되는 경우가 있다. 모두에게 필요하고 좋은 결론에 도달하기보다 상대를 압도하고 제압하려고 말싸움을 하게 된다.

토론에서 중요한 것은 '무엇이 맞는가(What is right)?'이다.

토론에서 '누가 맞는가(Who is right)?'로 기싸움을 하는 경우가 종종 있다. 이럴 경우에는 논쟁이나 말싸움으로 이어지기 쉽고 합리적인 의견을 나누지 못하기 때문에 모두에게 도움이 되는 결론에 도달하기 어렵다.

숙론(熟論) 또는 숙의(熟議)는 '여럿이 함께 특정 문제에 대해 깊이 생각하고 충분히 의논하는 과정'이라는 뜻이며, 무엇이 옳은가에 대한 뜻을 모아 가는 과정이다. 숙론 또는 숙의의 과정을 배우지 못하면 성인이 되어서도 토론 문화나 인터뷰 등에서 취약한 모습을 보일 수 있다. 숙론의 과정은 초・중・고등학교에서부터 배우고 익혀야 할 중요한 배려와 존중의 문화 중 하나이다.

"머리는 더 냉철하게 가슴은 더 따뜻하게"

2. 이미지 메이킹

1) 초두 효과: 첫 만남의 3초가 나의 인상을 결정한다

예시

여러분, 좋은 첫인상을 가지고 싶지요? 첫인상은 3초면 결정되지만, 부정적인 첫인상을 바꾸려면 200배의 정보량이 더 필요해요.

좋은 인상을 만들기 위해 외모, 목소리, 좋은 단어 사용이 중요해요. 평소에 외모를 단정히 하고 밝고 긍정적인 목소리와 말을 사용해 보세요.

▌첫인상을 결정짓는 것은 무엇일까

뇌 과학자의 연구에 의하면, 우리는 보통 1~6초 사이에 인식되는 **첫인상**을 통해 상대를 파악한다. 뇌에서 사용하는 에너지의 30%를 시각피질에서 사용하는데, 그만큼 한꺼번에 들어오는 시각적인 정보를 아주 짧은 순간에 처리하고 판단하는 능력을 가졌다는 것이다.

미국의 뇌과학자 Whalen은 우리는 뇌의 편도체를 통해 0.1초도 안 되는 짧은 순간에 타인에 대한 호감도와 신뢰도를 평가한다고 하였다. 첫인상은 3초 만에 결정되지만, 부정적인 첫인상을 바꾸려면 200배의 정보량이 더 필요하다고 한다.

초두 효과는 먼저 제시된 정보가 이후 정보보다 더 강력한 영향을 준다는 것이다. 처음 만난 3초 만에 상대방에 대한 스캔이 완료된다고 하여 '3초 법칙'이라고도 하며, 처음 이미지가 단단히 굳어 버린다는 의미로 '콘크리트 법칙'이라고도 한다.

좋은 첫인상을 만들기 위해 외모, 목소리, 말하기가 중요하다. 외모를 단정히 하고 밝고 긍정적인 목소리와 단어를 사용하는 것이 중요하다.

취업 포털사이트에서 기업의 인사담당자를 상대로 설문조사를 하였다.

기업의 인사담당자 절반이 면접상황에서 지원자의 첫인상을 결정하는 것은 2분 이내라고 하였다. 첫인상을 결정짓는 가장 큰 요인은 태도와 자세이며, 인사담당자 중 63.4%는 첫인상이 스펙보다 중요하다고 하였다. 면접 중에 지원자의 인상이 바뀌는 경우는 14.5%에 그쳤다.

출처: 이동귀(2016).

성공과 실패의 갈림길, '첫인상'이라고도 이야기한다.
내가 바뀌면 다 바뀌듯이 변화의 시작은 바로 나라는 것이다.
지금부터는 내가 먼저 인사하기, 손잡아 주기, 봉사하기 등을 실천에 옮겨 보자.

출처: 송은영(2018).

2) 좋은 인상의 결정 요인: 표정, 외모, 말하기, 듣기

예시

여러분,『인상이 바뀌면 인생이 바뀐다』라는 책에서, 좋은 인상을 주기 위해서는, '첫째, 밝고 편안한 표정으로 대하라. 둘째, 자신 있게 입어라. 셋째, 듣기 좋은 목소리와 말투로 대하라. 넷째, 바른 자세를 가져라. 다섯째, 말하기보다 많이 들어라.'라고 해요.

여러분도 누군가를 만날 때 이렇게 노력해 보세요.
처음 만날 때만이 아니라 평소에도 이런 태도를 갖추려고 노력하세요.

호감 가는 이미지를 상대방에게 주려면 무엇이 중요한지『인상이 바뀌면 인생이 바뀐다』에서 제안한 내용을 바탕으로 살펴보자.

- **밝고 편안한 표정으로 대해라:** 처음 사람을 볼 때 약 80%가 얼굴을 본다. 얼굴 이미지의 약 60%는 표정이고, 그다음으로 눈 인상과 전체적인 조화, 피부 순이다.
- **자신 있게 입으라:** 옷이 날개라는 말이 있듯이 옷을 잘 입으면 신수가 훤하고 자신감이 있어 보인다. 자신의 일과 업무에 맞게, 때와 장소에 맞게, 격식과 신분에 맞게 옷을 입는다면 자신감을 어필할 수 있다.
- **듣기 좋은 목소리와 말투로 대해라:** 호감 가는 목소리와 말투는 꽤 많은 영향을 미친다. 평소에 듣기 좋은 목소리와 말투를 꾸준히 연습하는 것이 중요하다.
- **바른 자세를 가지라:** 몸가짐이 마음가짐이다. 상대방에게 바른 자세로 인사하는 것은 상대방을 존중하고 예의를 갖추었다는 의미이며, 어떠한 상황에서도 자세가 좋지 않으면 첫인상이 흐려질 수 있다. 이처럼 자세는 생활 태도와 능력 및 자신감을 표현하는 요소이므로 무엇보다 우선적으로 갖추어야 할 조건이다.

- 말하기보다 많이 들으라: 처음 그 사람의 말을 통해 생각이나 성격, 인성 등을 파악하게 된다. 말을 많이 하는 사람은 경박하고 무례해 보이기도 한다. 상대방을 배려하는 가장 큰 것은 상대방에게 귀를 기울여 주는 것이다.

3) 메라비언의 법칙: 좋은 목소리와 몸 언어가 말의 내용보다 중요하다

예시

여러분, 다른 사람을 만날 때, 좋은 인상을 주는 데 몸 언어와 목소리가 말하는 내용보다 더 영향을 미친다고 해요. 우리는 내가 상대방에게 어떤 말을 해야 할지를 생각하며 얼굴을 찌푸리는 등 몸 언어는 신경 쓰지 않을 때가 있어요. 여유롭고 웃는 얼굴로 상대방이 무슨 말을 하는지 귀를 먼저 기울여 보세요.

미국 캘리포니아대학교 심리학자 Mehrabian은 상대방에 대한 인상이나 호감을 결정하는 데 있어서 몸 언어 55%, 목소리 38%로 말하는 내용 7%보다 더 영향을 미친다고 하였다. 의사소통에 있어 비언어적 요소인 **시각**과 **청각적 자극**이 중요하다는 것이다. 우리는 다른 사람을 만나서 대화를 할 때, 내가 어떤 말을 해야 할지를 생각하며 얼굴을 찌푸리는 등 몸 언어는 신경 쓰지 않을 때가 있다. 여유롭고 웃는 얼굴로 상대방이 무슨 말을 하는지 귀를 먼저 기울여 보는 것이 효과적인 의사소통을 위해 더 중요할 수 있다.

우리가 외국인과 대화를 하려고 하면 당황하고 두려워서 말을 하기 어려울 수 있다. 메라비언의 법칙을 생각하면 몸 언어를 통해서도 충분히 많은 언어를 전달할 수 있다는 것이므로, 외국인을 만나더라도 용기를 가지고 언제 어디서나 내가 먼저 다가가 대화를 시도하며 의사소통을 시작해 보자. 그런 용기가 외국어 공부의 자원이 될 것이다. 좋은 목소리와 몸 언어는 누구를 만나도 좋은 인상을 주고, 내가 다양한 경험과 정보를 얻을 수 있도록 이끈다.

제9장

조례와 종례 시간의 지도와 교육: 자기관리 가르치기

1. 학습동기와 공부 방법

1) 친구에게 설명하듯 공부하자

예시

> 여러분, 공부할 때 최소의 시간과 노력으로 최대의 효과를 내는 게 중요해요. 이걸 학습효율성이라고 해요. EBS에서 방영된 〈공부의 신〉에서 실험하였는데, 수업만 듣기, 읽기, 시청각 수업 등 여러 가지 공부 방법 중에서 '다른 사람에게 그 내용을 가르쳐 보기'가 가장 효율적이었어요. 다른 사람에게 설명할 수 있다는 것은 내용을 이해하고 완벽하게 소화하였다는 것이죠. 여러분도 실천해 보세요.

EBS에서 방영된 〈공부의 신〉에서는 학습 꼴찌 학생들의 학습방법을 변화시켜 성장과 성취를 끌어낸 실험 과정을 소개하였다. 핵심은 **학습효율성**(learning efficiency)을 극대화시킨다는 것이다. 학습 효율성은 학습자가 주어진 시간과 자원을 얼마나 효과적으로 활용하여 지식이나 기술을 습득하는지를 나타내는 개념이다. 최소한의 시간과 노력으로 최대한의 학습효과를 얻는 것이며, 단순히 오래 공부하는 것이 아니라 어떻게 전략적으로 공부하느냐가 더 중요하다.

교사의 강의만 듣기, 읽기, 시청각 수업 등으로 학습하였을 경우를 비교하였을 때, 그 어느 것보다 '(친구에게 설명하듯) 타인에게 그 내용을 가르쳐 보기'가 가장 학습효율성이 높았다. 다른 사람에게 설명할 수 있다는 것은 내용을 이해하고 완벽하게 소화하였다는 것을 의미한다.

수동적으로 듣거나 무작정 암기하기보다 이해하고 논리적으로 설명해 보는 것이 학습의 효율성을 90% 이상 증가시키고 극대화한다는 것이다. 다른 말로 표현하면, 자신이 내용을 이해하였는지 확인하는 가장 좋은 방법은 타인에게 설명하는 것이다.

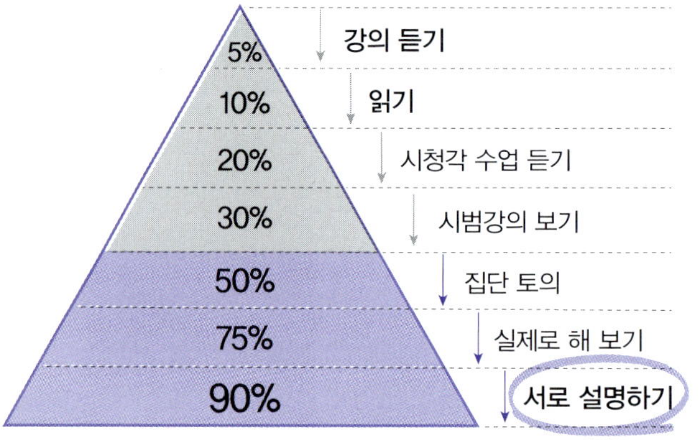

[그림 9-1] 학습효율성 피라미드

출처: EBS(2014).

2) 자신만의 메모 습관을 키워 보자

예시

여러분, 자신만의 메모 습관을 만들어 보세요.

제텔카스텐(zettelkasten)이라는 독일인의 메모법이 있는데, 우리말로 메모 상자예요. 한 개의 메모에 공부하면서 떠오르는 하나의 키워드나 단어를 적어 보세요. 그런 다음 메모들을 분류하고 연결하면 나의 지식 네트워크와 체계가 만들어져요. 중요한 문구와 자신의 생각을 메모하는 것도 좋아요. 공부한 것을 잘 기억할 수 있고 머릿속 뇌 구조에서도 자신만의 체계적인 지식시스템이 생긴다고 해요.

독일 사람들의 메모법을 '메모 상자'라고 한다. 메모하고 분류하여 지식을 관리하는 시스템이다. 영어로는 'Slip box'이고, 우리말로 메모(zettel) 상자(kasten)라고 할 수 있다. 독일의 사회학자 Niklas Luhmann이 사용하였던 방식으로, 그는 이 시스템을 활용하여 90여 권의 책과 400편 이상의 논문을 집필하였다. 단순한 노트 정리가 아니라 나만의 지식 네트워크를 만들어 가는 것이다.

노트에 메모를 잘해 두는 것도 좋지만 노트 메모는 필요할 때 어디에 무엇을 기록해 두었는지 찾지 못하는 경우가 있다. 제텔카스텐은 한 개의 메모에 하나의 개념, 아이디어, 정보만 담지만, 메모들끼리 연결(linking)함으로써 새로운 아이디어와 통찰이 생긴다. 자신만의 메타 언어, 키워드로 중요한 메모를 해 두면, 머릿속 뇌 구조에서도 메모 상자처럼 즉시 관련 키워드, 메타 언어를 찾아 리워드가 가능하다고 한다.

메모와 기록을 동일하게 생각하는 경향이 있는데 메모나 기록은 차원이 다르다. 메모는 떠오르는 키워드나 단어를 질서 없이 적는 것을 말하고, 기록은 일정한 시간 동안에 수집하였던 메모를 분류하여 체계적으로 정리하는 것이다. 제텔카스텐은 독일인의 창의력의 비결 중 하나이며, 책을 읽으면서 주요 내용을 카드에 기록하는 습관이다. 카드에 기록하는 것은 단순한 요약이 아닌, 중요한 아이디어나 문구, 자신의 생각까지 포함해 지식의 체계를 구축하는 작업이다. 이렇게 메타 언어로 정리한 메모들을 제목 위주로 정리해 둠으로써 필요할 때 즉시 활용이 가능하며, 메타 언어들의 연결을 통해 창의력과 기억력, 생산력이 향상되어 효율적으로 공부나 업무가 가능하다는 것이다.

다산 정약용 선생은 "책을 읽을 때는 왜 읽는지 주견(자기의 주장이 있는 의견)을 먼저 세운 뒤 읽고, 눈으로 읽지 말고 손으로 읽어라. 부지런히 초록(메모)하고 기록하여야 생각의 뿌리가 튼실해지고 주견이 성립된다."라고 하였다. 다산은 유배지에서 500권이 넘는 책을 출판하였는데, 책의 출판에 대하여 '자신이 적은 메모를 분류하였다가 이를 적절히 배합해서 작성하는 작업을 반복하였다.'라고 하였다.

3) 코이의 법칙: 자신이 설정한 한계만큼 성장한다

예시

여러분, 코이 물고기는 어떤 환경에서 자라느냐에 따라 크기가 달라져요. 작은 어항에서는 5~8cm 정도 자라지만, 강이나 호수에서는 1m 이상까지 성장한다고 해요. 여러분도 그래요. 스스로를 제한된 사고방식과 부정적 인간관계에 가두지 말고, 배우고 도전하며 긍정적인 네트워크를 형성하려고 노력해 보세요. 자신이 생각하는 것보다 훨씬 더 멋진 사람이 될 수 있어요.

코이의 법칙(Koi's Law)

코이 물고기는 관상어과에 속하는 물고기인데 어떤 환경에서 성장하느냐에 따라 크기가 달라진다. 작은 어항에서는 5~8cm 정도 자라지만, 커다란 수족관이나 연못에 넣어 두면

15~25cm까지 자라고, 강이나 호수에서는 90cm~1.2m까지 성장한다.

사람도 자신을 둘러싼 환경에 따라 성장의 한계가 달라질 수 있다. 작은 환경(제한적인 사고방식, 부정적 인간관계)에 갇혀 있으면 성장이 제한되고, 넓은 환경(도전, 학습, 긍정적 네트워크)을 가지면 더 크게 성장할 수 있다. 학생이 스스로 한계를 설정하지 말고 더 넓은 환경과 도전을 선택하도록 새로운 경험, 배움, 도전을 제공하는 것이 중요하다.

하나의 예로, 학교에 입학할 때는 두드러지지 않던 학생이었는데, 좋은 교사와 친구들을 만나 긍정적인 영향을 받고 졸업할 때는 다이아몬드나 진주처럼 반짝이며 성장한 사례들이 있다. 반면, 잠재력 개발을 하지 못하고 입학할 때의 모습 그대로 원석처럼 졸업하는 학생들도 있다. 학생이 어떤 환경 속에서 생각하고 학습하느냐에 따라 '나는 어떤 사람이 되겠다.'라는 목표의식과 성취에 대한 태도가 달라지며 성장 수준과 속도도 차이가 있다.

드라마 속의 등장인물을 통해 코이의 법칙을 한번 생각해 보자.

〈낭만닥터 김사부〉나 〈중증외상센터〉에서 코이는 후배 자신을 말하고, 환경은 선배 의사일 수 있다. 선배 의사는 어떠한 상황과 환경 속에서도 숙련된 의술을 가지고 오직 환자를 살리는 것에만 집중한다. 모델링이 되는 선배의 역량과 리더십 환경 속에서 성장한 사람과 그렇지 못한 사람의 전문가로서의 역량은 엄청난 차이를 보인다는 내용이다. 여기서 중요한 것은 성장의 길을 보여 주는 선배와 함께 어려운 환경 속에서 도전을 선택한 후배의 용기와 의지이다.

4) 오래 기억하는 방법: 소리 내어 말하고 노래하기를 반복하자

예시

여러분, 우리가 배운 것은 20분이 지나면 기억이 약 42% 이상이 사라지고, 하루가 지나면 약 67% 이상을 기억하지 못한다고 해요. 여러분들은 조금이라도 더 오래 더 많이 기억하고 간직하기 위해서 어떻게 노력하고 있나요? 반복적인 복습과 간격을 둔 학습으로 기억을 더 오래 유지할 수 있어요. 소리 내어 말하기, 가장 좋아하는 노래에 맞춰서 키워드를 반복적으로 노래하기 같은 방법이 도움이 돼요.

소리 내어 말하면서 부호화, 음악으로 정보를 기억

수업 시간에 배운 것을 오래 기억하기 위해 학생들은 어떻게 해야 할까?

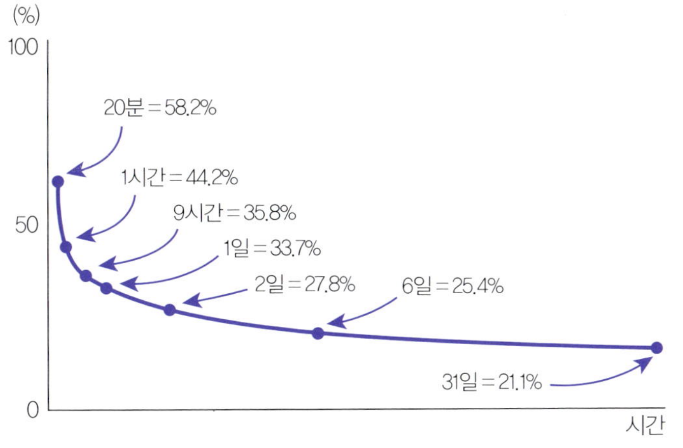

[그림 9-2] Ebbinghaus의 망각곡선

Ebbinghaus는 망각이 시간에 따라 일정한 패턴으로 진행된다는 것을 실험을 통해 밝히고 망각곡선(Ebbinghaus forgetting curve)을 제시하였다. 학습 후 시간이 지날수록 기억이 급격히 감소하지만 반복적인 복습을 통해 망각을 늦추고 장기 기억으로 전환할 수 있다.

출처: Anderson (2012).

'소리 내어 말하기'는 오랫동안 기억하는 데 도움이 된다. 집에서 공부할 때나 공원을 걸을 때 등 주변에 방해가 없는 공간과 시간에 소리 내어 말하면서 부호화해 보는 것이다.

> 오늘 배운 '뉴런은 신경세포이고 뉴런끼리 시냅스를 형성한다.'를 소리를 내어 말하는 것은, 마음속에 고정 장치를 만들고 기억을 강화시켜 준다.

배운 것 중에 가장 기억해야 할 것들을 생각하고 기억을 향상시키기 위해 음악을 사용해 본다. 예를 들면, '가장 좋아하는 노래에 맞추어 반복적으로 말하고 노래하기'를 하면 더 오랫동안 기억할 수 있다. 음악으로 정보를 기억해 본다.

> 사회 시간에 배운 주요 개념과 내용을 떠올려 본다. 그것들을 기억하기 위해 개념과 키워드를 노래에 맞춰 불러 본다. 다시 말해, 부호화하여 노래에 접목시켜 보는 것이 효과적이다.

5) 학습 능력 향상의 기초는 문해력이다

예시

여러분, 문해력은 글을 읽고 이해하며 그 의미를 파악하고 활용하는 능력이에요. 문해력은 여러분들이 배우는 국어, 수학, 과학을 포함한 모든 과목의 학습 능력과 성적 향상을 위해 매우 중요해요. 우리가 사용하는 한글의 문해력 향상을 위해서 한자의 뜻을 이해하는 것이 필요할 때가 있어요. 공부하다가 잘 모르는 낱말이 있으면 어렵다고만 생각하지 말고 그 낱말의 한자 뜻을 찾아서 이해하고 익히는 것이 도움이 돼요.

문해력은 글을 읽고 이해하며 그 의미를 파악하고 활용하는 능력이다. 문해력은 학생이 배우는 모든 과목(국어, 수학, 과학 등)의 학습 능력 향상을 위한 기초가 된다. 한글 문해력 향상을 위해서는 한자의 뜻을 이해하는 것이 필요하다.

최근에는 한자 사용이 줄어들고 순우리말과 외래어 사용이 증가하며 젊은 세대에서는 쉬운 표현으로 대체되는 경향이 있지만, 현대 한국어에서 한자어는 여전히 높은 비율을 차지한다. 일상 대화에서는 순우리말을 많이 쓰지만, 전문 용어나 공식 문서에서는 한자어가 필수적이어서 한자가 계속 사용될 가능성이 높다. 한글의 어휘를 정확히 이해하여 문해력을 높이려면 한자의 뜻을 이해하는 것이 도움이 된다. 학습에서 어려운 한자 어휘가 섞여서 제시되는 초등학교 고학년이나 중학생 때부터 자신이 모르는 한글 어휘를 접한다면 그 낱말의 한자 뜻을 이해하고 익히는 것이 도움이 된다.

한글의 어휘를 살펴보면, 표준국어대사전에 실린 51만여 개의 낱말 중 한자어는 29만여 개로 57%이다. 한글 어휘의 의미를 잘 이해하려면 한자의 뜻을 이해하는 것이 도움이 된다. 국립국어연구원에서 발표한 '현대 국어 사용 빈도 조사'에서 우리말의 낱말 사용 비율은 토박이말이 54%, 한자어 35%, 외래어가 2% 정도였다.

출처: 국립국어연구원(2004).

6) 초심(初心): 처음 시작하였을 때의 목표와 열정을 잊지 말자

예시

여러분, 초심이라는 말이 있어요. 우리가 무언가를 시작할 때 가졌던 순수한 열정과 의지를 말해요. 공부에 집중이 잘 안될 때 공부를 열심히 해 보겠다고 생각한 초심으로 돌아가 보세요. 스스로를 돌아보고 처음의 목표와 열정을 잃지 않도록 다짐하는 것은 다시 힘을 내어 집중할 수 있도록 해요.

초심은 우리가 무언가를 시작할 때 가졌던 순수한 열정과 의지를 의미한다. 처음에는 목표의식이 명확하고 열정이 있지만 시간이 지나면서 익숙해지고 현실적인 어려움 때문에 마음이 흐려질 때가 많다. 초심을 잊지 않고 되새기는 것은 처음의 마음을 잊지 않고 동기를 부여하여 길을 잃지 않게 해 주는 중요한 과정이다. 초심을 잊지 않기 위해서는 스스로를 돌아보고 처음의 목표와 열정을 잃지 않도록 다짐하는 것이다.

초심(初心)은 衣(옷 의)와 刀(칼 도), 心(마음 심)이라는 세 글자가 합쳐진 것이다. 옷을 재단하기 위해 처음으로 마름질을 하는 그 긴장된 순간의 마음이라고 한다. 처음으로 옷을 재단하는 디자이너의 신중한 마음과 생각이라고 할 수 있겠다.

"집중이 잘 안되나요? 그럼 초심으로 돌아가 봅시다."

- **이순신 장군:** 극한 상황에서도 사명감을 잊지 않았다.

이순신 장군은 백의종군이라는 두 번의 형벌과 극한의 어려움 속에서도 처음의 사명감을 잊지 않았다. 임진왜란 당시에 한산대첩, 명량해전 같은 불리한 전투상황에서도 충성심과 강력한 의지로 나라를 지키겠다는 초심을 잃지 않고 끝까지 싸워 나라를 지켰다. 마지막 순간까지 '나의 죽음을 알리지 말라.'며 끝까지 전투를 이끌었다.

- **스티브 잡스:** 실패해도 처음 가졌던 목표와 열정을 잊지 않으면 다시 일어설 수 있다.

스티브 잡스는 애플을 창조하며 '기술로 세상을 바꾸겠다.'라는 의지를 실현한 혁신가이다. 자신이 만든 회사에서 쫓겨나기도 하였었지만 혁신에 대한 의지를 포기하지 않았다. 초심을 지키며 새로운 회사(넥스트, 픽사)를 세웠으며, 애플로 다시 돌아온 후 결국 아이폰을 만들어서 세상을 변화시켰다.

7) 선택과 집중: 핵심 과목과 취약한 부분에 집중하자

예시

여러분, 공부할 때 선택과 집중이 중요해요. 모든 기본적인 공부를 해야 하지만 가장 중요한 것을 선택하고 집중하는 것이 성공의 열쇠가 될 수 있어요. 예를 들면, 핵심 과목과 자신이 잘 못하고 잘 틀리는 부분에 더 집중하여 공부하는 거예요. 이렇게 하면 흐트러지는 마음을 집중하여 공부 시간과 자신의 에너지를 효율적으로 사용할 수 있어요.

마인드 컨트롤(mind control)은 자신의 감정, 생각, 행동을 스스로 조절하는 것이다. 이지훈 교수는 '홀로, 하나'라는 의미를 지닌 『단(單)』이라는 책에서 우리가 주변 환경이 복잡하고 산만하여 혼란스러울 때, 이를 벗어나기 위한 방법으로 **선택과 집중**의 중요성을 강조하고 있다. 마인드 컨트롤을 통하여 '버리고, 세우고, 지키라.'라는 것이다.

첫째, 버리라. 중요한 것을 위해 조금 덜 중요한 것은 버리는 것이다. 더 많이를 버리고 핵심에 집중하는 것이 단순함의 첫 번째 공식이다. 불필요한 것을 버리고 가장 중요한 것만 남기는 것이다. 둘째, 세우라. 왜 공부해야 하는지 사명을 세워야 한다. 목표 없는 학습은 무기력해지는 원인이 된다. 목표를 명확히 하고 정신을 흐트러뜨리는 요소를 없애는 것은 집중력을 향상시킨다. 셋째, 지키라. 단순함을 구축하였으면 주변의 유혹과 어려움에도 굴하지 않고 오래도록 지키라는 것이다. 단순함의 핵심은 지속 가능성에 있다.

학습은 단순히 정보를 받아들이는 것이 아니다. 학생이 지속적으로 자신의 사고방식을 조절하고 집중력을 높이며 동기부여를 하는 과정으로 학습효과를 위해서 마인드 컨트롤은 필수적이다. 공부할 때 마인드 컨트롤을 통해 선택과 집중을 하는 연습이 필요하다. 학생이 시간, 에너지, 노력을 가장 중요한 **학습목표나 우선순위에 맞추어 사용하는 전략을 세워야** 한다. 모든 과목을 골고루 공부하기보다, 가장 중요한 것을 선택하고 집중하는 것이 성공의 열쇠이다. 예를 들면, 핵심 과목과 학습에서 자신이 취약한 부분에 더 집중하는 것이다.

8) 자신만의 공부 방법을 찾자

예시

여러분, 공부를 하는데 성적이 안 오르면 속상하지요. 이럴 때는 자신의 학습방법과 태도를 먼저 점검하고 변화시켜야 해요. 그중에서 가장 기본적인 것은 복습을 잘 하고 오답을 정리하는 거예요. 그렇게 해도 집중력이 떨어지고 공부가 지루하면 공부 환경과 시간 배분을 다시 하거나, 내게 재미있는 방법으로 바꾸는 노력이 필요해요. 자신만의 공부 방법을 찾는 것이 중요해요.

"성적이 오르지 않으면, 자신을 변화시켜 보라."

효과적으로 배우고, 기억력을 높이며, 공부에 대한 흥미를 유지할 수 있는 자신만의 공부 방법을 찾는 것이 중요하다. 현재의 학습방법이 잘 맞지 않거나 효과적이지 않으면 새로운 접근 방법을 시도해 보는 것이 필요하다. 성적이 오르지 않을 때 자신의 **학습방법**과 **태도**를 점검하고 변화를 줄 필요가 있다.

다음은 자신의 학습방법과 태도를 점검할 때 먼저 고려할 점들이다.

첫째, 복습을 하지 않는다. Ebbinghaus는 망각곡선이론에서 수업 시간에 배운 것을 오래 기억하기 위해서는 반복하여 공부하는 것이 매우 중요하다고 하였다. 배운 것을 복습을 하지 않을 경우, 20분 후가 되면 내용의 약 40% 이상을 망각하게 되며, 2시간이 지나면 약 80% 이상 잊어버리게 된다. 복습을 하지 않으면 배운 것을 잊어버리거나 안 배운 것과 같을 수 있다.

둘째, 오답을 정리하지 않는다. 오답을 정리하지 않으면 밑 빠진 독에 물을 붓는 것이나 마찬가지다. 왜 틀렸는지 알 수 없기 때문에 이후에 똑같은 문제가 나와도 똑같은 실수를 반복하여 틀리게 된다.

셋째, 학습방법을 바꾸지 않는다. 공부를 하는데 성적이 오르지 않는 학습방법을 그대로 유지한다는 것이다. 자신에게 효과적이지 않은 방법으로는 도움이 되지 않는다.

보충 TIP

학습방법 점검과 개선이 필요한 부분 찾기

- 공부 시간이 길지만 성적이 안 오른다: 학습습관 문제일 가능성이 있음
- 배운 것을 금방 잊어버린다: 단기 기억이 장기 기억으로 연결되지 않음
- 집중력이 떨어진다: 공부 환경, 학습방법, 시간 배분이 적절하지 않음
- 공부가 지루하고 힘들다: 동기 부여가 부족하거나 학습방법이 재미없음

2. 시간과 공간 관리

학생이 일상생활 속에서 시간과 공간 관리를 습관화하는 것은 학생의 학습과 심리적 안녕을 위해서 중요하다. 특히, 시험 기간 동안의 시간과 공간 관리는 학습효율성과 스트레스 관리를 위해 중요하다. 평소에 시간과 공간 관리 습관을 자연스럽게 들여 놓아야 시험 스트레스를 관리하며 효율적으로 공부하는 데 도움을 받을 수 있다.

1) 시간의 중요성부터 알아야 한다

예시

여러분, '시간은 금과 같다.'라는 말이 있어요. 1년은 365일, 하루는 24시간으로 시간은 누구에게나 공평하게 주어져요. 하지만 시간을 잘 사용하는 사람과 그렇지 않은 사람은 큰 차이가 있어요. '시간이 모자라서…….'라는 것은 변명일 수 있어요. 일주일 동안 그리고 하루 동안 자신이 어떻게 시간을 보내고 있는지 점검하고 시간을 다시 배분해 보세요. 자신이 세운 목표 달성에 유리하게 시간을 사용하고 있는지 적어 보고 점검해 보는 습관이 필요해요.

"시간이 모자라서……."라고 하지 않는 시간 관리 방법

- 먼저 학습계획과 목표를 명확히 세운다.
- 목표를 달성할 수 있도록 자신의 시간을 계획하고 배정한다.
- 우선순위를 정해 중요한 일을 먼저 한다.
- 휴식 시간을 적절히 가져 집중력을 유지해야 한다.
- 자신이 계획하고 배정한 대로 시간을 사용하고 있는지 항상 점검한다.
- 지속적인 시간 관리 습관을 들여 자기통제 능력을 키워야 한다.
- 자투리 시간을 잘 활용해야 한다. 분(分) 단위로 관리하며 사용할 수 있어야 한다.
- 자신만의 최적의 능률을 발휘하는 시간을 찾아서 활용한다.
- 체력 관리는 매우 중요한 시간 관리의 기준이다. 체력이 부족하면 중요한 시험에서 자신의 실력을 발휘하지 못할 수 있다. 중요한 시험이나 일을 앞두고는 일주일 전부터 규칙적으로 체력과 시간을 관리하여 최고의 컨디션이 될 수 있도록 해야 한다.
- 시간 관리를 방해하는 요인을 통제하는 방법을 찾는다. SNS, 컴퓨터 게임 등 계획한 시간

관리를 방해하는 요인들을 알아차리고 조절하여야 한다.

- 일주일이나 오늘 하루를 돌아보며 내일을 더 효율적으로 보낼 계획을 세운다.

2) 눈에 보이는 시간 관리 방법을 사용하자

예시

여러분, 자신이 시간 관리를 잘 하고 있는지 적어 보고 눈으로 확인하는 방법을 사용해 보세요. 머릿속으로만 생각한다든지, 두서없이 적는 것은 효과적이지 않아요. 먼저 일주일의 시간계획이나 하루 동안 하였던 활동을 시간대별로 기록해 보세요. 자신이 어떻게 수행했는지 ○, △, ×로 표시한 후, 시간 배정이 현실적이고 자신에게 적합하였는지, 개선 방법은 무엇인지 생각하고 적어 보세요.

자신이 설정한 목표를 달성하기 위하여 계획하고 배정한 대로 시간을 사용하고 있는지 항상 점검해야 한다. 머릿속으로만 생각한다든지, 두서없이 적는 것보다 시간 관리를 **시각화**하여 점검하는 것이 보다 효과적이다.

- 일주일 동안 계획한 대로 시간을 사용하였는지, 하루 동안 하였던 활동을 시간대별로 기록해 보고, ○, △, ×로 표시한다.
- 계획과 수행에 대하여 ○, △, ×로 표시한 후, 시간 배정이 현실적이고 자신에게 적합하였는지, 개선 방법은 무엇인지 생각하고 학습성찰 일지처럼 적어 본다.

06:30~07:30 기상 & 씻고 아침 먹기(○)
07:30~08:00 학교에 가기(영어 단어 암기하기)(△)
08:00~15:30 수업
15:30~16:00 집에 와서 휴식과 간식 먹기(○)
16:30~18:30 숙제 & 예습(학원 가기)(○)
18:30~20:30 씻기와 저녁 식사, 운동
20:30~21:30 핵심 과목 공부(국어, 영어, 수학)(△)
21:30~22:30 취약한 부분 공부(×)
22:30~23:30 자유 시간 또는 취미(게임, SNS 등) & 성찰과 마무리(○)

예시 오늘 하루 시간 관리에 대한 나의 성찰 일지

학교에 가면서 영어 단어를 암기하는데, 다섯 개 이상을 암기하는 것은 무리인 거 같다. 세 개 정도라도 잘 외울 수 있는 게 중요한 거 같고, 오늘 영어 수업 시간에 배울 단어를 아침에 외워서 알고 있으니깐 수업 시간에 기분이 좋았다. (……) 내가 잘 틀리는 부분을 공부하려니 힘들고 하기 싫어서 혼났다. 책과 참고서를 읽어도 이해하기 어려워서 내일 선생님께 자세히 여쭤보고 싶다.

3) 시험 중에도 시간 관리가 중요하다

예시

여러분, 시험을 보는 중에는 특히 시간 관리를 잘 해야 해요.

첫째, 시험지를 받으면 1~2분 정도 훑어보고 시간을 배분하세요.

둘째, 자신에게 쉬운 문제부터 풀고, 어려운 문제는 표시한 후에 일단 넘어가세요.

셋째, 한 개의 문제에 정해진 시간을 넘기지 않도록 하고, 시간에 여유가 생기면 어려워서 넘어간 문제를 다시 풀어 보세요.

넷째, 시험이 끝나기 5~10분 전에는 꼭 검토 시간을 가져야 해요.

시험 중에도 전략적인 시간 관리를 해야 한다. 시험 시간의 시간 관리는 학생의 성적을 좌우하는 중요한 요소다. 학생이 평소에 최선을 다해 열심히 노력하였지만 시험 시간에 시간 관리를 적절히 하지 못하고 문제풀이 전략이 부족하면 최대의 능력을 발휘하기 어렵다. 시험 중에는 시험문제를 받았을 때, 시험 문제를 본격적으로 풀 때, 시험 시간이 끝나기 전으로 나누어 전략적으로 시간을 관리해야 한다.

▎시험 문제를 받았을 때

시험지를 받으면 바로 문제를 풀기 시작하기보다 문제 유형과 전체 구조를 파악한다. 시간 배분 계획을 세우고 한 문제당 사용하는 시간을 계산한다.

(총 시험시간 - 검토시간 5분) ÷ 총 문제 수 = 1개 문제당 평균 시간

시험시간이 45분이고 문제가 20문제라면, (45분-5분)÷20문항=2분, 즉 1개 문제당 평균 2분간 사용이 가능하다.

▍시험문제를 본격적으로 풀 때

자신 있고 쉬운 문제부터 풀어서 어려운 문제를 시간을 들여서 풀고 마지막에 검토할 시간을 확보해야 한다. 문제를 본격적으로 풀면서 잘 모르거나 어려운 문제에서 막히면 한 문제를 오래 붙잡고 있기보다 그 문제를 체크한 후 다음 문제로 넘어간다. 일단 다음 문제로 넘어가는 전략은 전체의 시험에 지장을 초래하지 않고 평정심을 유지하며 집중력을 발휘하게 한다. 시간에 여유가 생기면 다시 돌아와 풀 수 있다. 시간이 부족하면 배점이 높은 문제부터 푸는 것도 효율적인 전략이다.

▍시험시간이 끝나기 전

시험시간이 끝나기 전에는 5~10분 정도 검토 시간을 가져야 한다. 실수로 빠뜨린 문제가 없는지 확인하고, 계산 실수가 없는지, 마킹을 잘못한 건 없는지 점검하고, 시간이 남으면 어려운 문제에 다시 도전하여 집중하여 풀어 본다.

4) 하루의 시작과 끝에는 내 공간을 정리하자

예시

> 여러분, 하루를 시작하고 끝낼 때 책상과 방을 정리해 보세요. 어수선한 공간은 스트레스를 만들고 정리된 공간은 마음의 여유를 줘요. 공간을 정리하는 습관은 집중력을 향상시키고 시간을 절약하며 마음을 편안하게 해요. 사소한 공간 관리가 곧 자기관리이며 큰 과업도 해낼 수 있다는 용기를 줘요.

"하루의 시작과 끝에 책상, 방, 학습공간을 정리하는 습관을 들여 보자."

우리는 종종 큰 목표와 도전에 집중하느라 작은 공간 정리나 관리의 중요성을 생각하지 않는다. 어수선한 공간은 스트레스를 만들고 정리된 공간은 마음의 여유를 준다. 공간 관리 습관은 **집중력**을 향상시키고 시간을 절약하며 **심리적 안정감**을 준다. 사소한 공간 관리가 곧 자기관리이며 우리의 인생에서 중요한 과업 또한 거뜬히 해낼 수 있다는 용기를 주는 기틀이 된다.

- 아침에 눈을 뜨게 되면 정리정돈의 가장 기본인 자신의 침구와 책상, 방을 우선적으로 정리하는 습관을 들인다.

- 주변을 집중할 수 있는 조용한 환경으로 만들어야 한다.
- 공부 공간을 깨끗하고 정돈된 상태로 유지해야 한다.
- 필수적인 학습도구들을 가까이 두어 접근성을 높인다.
- 물리적인 공간뿐만 아니라, 디지털 공간(컴퓨터 파일 등)도 정리해야 한다.

다음은 William McRaven 제독이 네이비실 팀원들의 수료식에서 한 연설문의 일부분이다.

보충 TIP

세상을 바꾸고 싶다면 침대 정돈부터 하세요.

"매일 아침에 침대 정돈을 한다면, 여러분은 그날의 첫 번째 과업을 완수하게 되는 것이다. 그것은 여러분에게 작은 뿌듯함을 줄 것이다. 그리고 다음 과업을 수행할 용기도 줄 것이다. 하루가 끝나면, 완성된 과업의 수가 하나에서 여럿으로 쌓여 있을 것이다. 침대를 정돈하는 사소한 일이 인생에서 얼마나 중요한 역할을 하는지 보여 주는 단적인 예이다. 이처럼 여러분이 사소한 일을 제대로 해낼 수 없다면 큰일 역시, 절대 해내지 못할 것이다. 그리고 혹시, 비참한 하루를 보냈다면 여러분은 집에 돌아와, 정돈된 침대를 보게 될 것이다. 여러분이 아침에 정돈한 침대이다. 이것은 여러분에게 내일은 할 수 있다는 새로운 용기를 준다."

이 연설문의 교훈은 '작은 습관이 위대한 성과를 만든다, 세상을 바꾸려면 먼저 자신부터 바꿔야 한다, 혼란 속에서도 기본을 지키는 사람이 살아남아 임무를 완수한다, 작은 일을 완벽하게 해내는 사람이 큰일을 해낼 수 있다'라고 할 수 있겠다.

3. 스트레스 관리와 대처

1) 실천하는 습관을 들여 스트레스를 날려 버리자

예시

여러분, 스트레스를 받지 않도록 평소에 운동이나 취미를 가지는 게 좋아요. 하루에 30분 또는 일주일에 2~3번 산책이나 달리기를 하는 것만으로도 도움이 돼요. 규칙적으로 자고 좋은 음식을 먹고, 가족 또는 친구와 대화를 해 보세요. 감사한 일을 적고 일기를 쓰는 것도 좋아요. 자기만의 스트레스 관리 방법을 만들어서 건강하게 생활해 보세요.

다양한 스트레스 관리와 대처 방법이 있고 자신에게 맞는 방법을 찾아 하나라도 꾸준히 실천하는 것이 도움이 된다.

- **규칙적인 운동:** 운동은 스트레스를 줄이는 가장 효과적인 방법의 하나이다. 몸을 움직이면 엔도르핀(행복 호르몬)이 분비되어 기분이 좋아진다. 산책, 달리기, 요가, 스트레칭 등 가벼운 운동도 충분히 도움이 된다. 하루 30분이나 일주일에 2~3회 운동하는 것도 좋다.
- **규칙적이고 질적인 수면:** 충분한 수면은 신체와 정신 건강에 매우 중요하다. 수면 부족은 스트레스를 악화시킬 수 있고, 하루 6~8시간 숙면을 취하면 스트레스 저항력이 강해진다. 잠자리에 들면서 핸드폰을 보지 않고 규칙적인 수면 패턴을 유지하는 것이 중요하다.
- **건강한 식습관:** 균형 잡힌 건강한 식단과 충분한 영양 섭취는 스트레스 관리에 도움이 된다. 과일, 채소, 좋은 단백질 식품 등을 골고루 먹는다.
- **긍정적인 사고와 마인드 컨트롤:** 스트레스를 부정적으로만 받아들이기보다 어려운 상황에서도 긍정적인 면을 찾으려고 노력한다. 스트레스로 화를 많이 내면 감정과 관련된 뇌의 변연계가 활성화되고 이성을 관장하는 전두엽의 기능이 떨어지게 된다. '이 상황에서 내가 배울 점은 무엇일까?'를 생각해 보거나, 감사 일기 또는 하루에 감사한 일 세 가지를 적어 본다.
- **휴식, 취미와 즐거운 활동:** 공부 중간에 쉬는 시간을 가지거나, 자기만의 취미(노래, 악기, 운동, 독서, 그림 그리기, 음악 감상, 요리, 줄넘기 등) 활동을 하면 스트레스 해소에 많은 도움이 된다. 매주 1~2시간 취미 활동 시간을 만들고 친구들과 재미있는 활동을 함께 하는 것도 좋다.
- **대화와 감정 표현:** 가족, 친구들과 대화를 나누는 것은 '나는 혼자가 아니고 나를 사랑하는 사람들로부터 지지를 받는 존재'라는 느낌을 준다. 화를 내기보다는 고민이 있을 때 가족, 친구에게 털어놓거나 기분이 나쁘면 일기 쓰기, 글쓰기 등 적절한 방법으로 감정을 표현하고 카타르시스를 느낀다.
- **전문가의 도움 요청:** 지속적인 스트레스가 있다면 전문가에게 상담을 받는 것도 고려해 볼 필요가 있다.

2) 다름을 이해하고 오해하지 않도록 배려하자

예시

여러분, 칡과 등나무는 둘 다 넝쿨 식물이에요. 칡과 등나무가 한 나무를 휘감고 돌면서 자라면 하나는 말라서 죽을 수 있어요. 우리의 인간관계도 칡과 등나무처럼 얽혀서 스트레스가 될 때가 있어요. 서로 얽혀서 갈등을 풀지 못할 상황이 되어 서로 스트레스가 심각해지지 않도록 처음부터 다름을 이해하고 오해하지 않도록 배려하는 것이 필요해요.

갈등은 개인이나 집단 간의 의견, 감정, 목표 등이 충돌하여 긴장이나 대립이 발생하는 상태이다. 갈등의 한자어는 葛(칡 갈)과 藤(등나무 등)으로 넝쿨 식물이 서로 얽혀 있는 것을 연상할 수 있다. 넝쿨 식물의 특징은 줄기나 가지를 형성할 때 스스로의 힘으로 버티며 자라는 것이 아니라, 다른 물건이나 식물에 의지하여 감싸고 성장한다는 것이다.

[그림 9-3]은 칡과 등나무가 엉켜서 자라는 실제 모습이다. 이들을 자세히 살펴보면, 한 나무를 타고 칡은 오른쪽으로 줄기를 휘감아 돌면서 자라고 등나무는 왼쪽으로 휘감아 돌면서 성장하고 있다. 나무 한 그루에 칡과 등나무 줄기가 함께 휘감고 서로 반대 방향으로 성장한다면, 각각의 성질 때문에 결국 풀기 어려운 상황이 되어 둘 중 하나는 살아남기 어렵다. 둘 중 하나를 사전에 전지하거나 정리하여 다른 뿌리로 옮겨 주지 않으면, 즉 둘의 갈등 관계를 해소해 주지 않으면 한 나무는 말라서 죽을 수밖에 없다. 인간관계도 얽혀서 갈등을 경험하고 풀지 못할 상황으로 치닫기보다 **처음부터 서로의 다름을 이해하고 오해하지 않도록 배려하는 것이** 좋다.

[그림 9-3] 제주 곶자왈 도립공원의 칡과 등나무

3) 힘듦과 고통은 성장을 위한 선물이다

예시

여러분, 범죄자들과 맞서 싸우는 강직한 경찰 탐정에 대한 스토리를 그린 영화 〈Dick Tracy〉가 있어요. 주인공 딕 트레이시의 대사 중에 "신은 인간에게 선물을 줄 때 '시련이라는 포장지에 싸서 선물을 한다.'"가 있어요. 내 삶의 선물이 작은 경우에는 작은 포장지에 담겨 있고, 선물이 크면 큰 포장지에 싸여 있겠지요. 생활하면서 힘들고 고통스러운 때가 있으면, 신이 내게 준 선물을 푸는 과정이라고 생각해 보세요. 보다 담대하게 생활하고 미래를 준비할 수 있을 거예요.

〈Dick Tracy〉는 1931년부터 연재된 미국의 인기 만화 시리즈인데, 이를 기반으로 영화, TV 시리즈, 라디오 드라마 등의 다양한 미디어 작품이 만들어졌다. 1990년에 상영된 영화 〈Dick Tracy〉는 부패한 범죄자들과 맞서 싸우는 강직한 경찰 탐정에 대한 스토리이다. 영화에서 주인공은 "신은 인간에게 선물을 줄 때 '시련이라는 포장지에 싸서 선물을 한다.'"라고 하였다. 신으로부터 큰 선물을 받기 위해서는 내게 닥쳐오는 시련과 고통도 크기 때문에 우리는 인내하고 감내하면서 자신의 삶을 담대히 헤쳐 나가야 한다는 것이다.

삶을 선물이라고 할 때, 어떤 크기의 선물을 받고 싶은가? 선물 포장지를 풀면 그 속에 선물이 들어 있다. 선물이 작은 경우에는 작은 포장지에 담겨 있고 선물이 크면 큰 포장지에 싸여 있다. 딕 트레이시의 말에 의하면, 신의 선물이 크면 클수록 포장지가 크다. 즉, 내게 따르는 고통과 시련도 크다는 것이다. 그래도 우린 큰 선물을 받기를 원하지 않을까?

스트레스를 해소하는 과정을 삶이 내게 준 선물의 포장지를 푸는 과정으로 생각하고, 내 인생을 더 살이 있게 만들어 주는 시련의 포장지라고 생각해 보자. 고통과 시련이 밀려오는 순간에도 조금 더 마음을 담대하게 가지고 미래를 준비하지 않을까 하는 생각이 든다.

4) 자존감을 높이는 긍정의 힘을 가져 보자

예시

여러분, 『빨강머리 앤』이라는 소설은 애니메이션으로 익숙하지요.

앤의 말을 통해 자신이 가진 것만으로 충분히 감사할 줄 아는 감사의 마음과 긍정의 태도에 대해 얘기하려고 해요.

"오늘 아침부터 절망의 구렁텅이에 빠져 있지 않아요. 아침이 있다는 건 참으로 좋은 일이에요."

"행복은 우리가 어디에 있느냐가 아니라, 우리의 태도에 달려 있어요."
"삶은 결국 생각하기 나름이에요. 그 선택이 삶을 바꿀 것이에요."
앤은 자신의 상황을 원망하지 않고, 스스로 넉넉함을 느끼며 충분히 자족하며 살아가는 모습을 보이죠. 여러분도 자신의 자존감을 높이는 긍정의 말을 많이 하고 긍정의 힘을 가져 보세요.

『빨강머리 앤(Ann of Green Gables)』은 1908년 캐나다의 Lucy Maud Montgomery가 출판한 소설이다. 성장 스토리를 통해 희망과 용기, 따뜻한 감동과 긍정적인 에너지를 받을 수 있고, 고전이지만 지금도 공감할 수 있는 이야기라서 많은 사랑을 받고 있다. 주요 스토리는 고아 소녀 앤이 캐나다 프린스에드워드섬의 초록 지붕 집(green gables)에 입양된다. 원래는 남자아이를 원하였던 매튜와 마릴라 남매는 실수로 온 앤을 처음에는 돌려보내려 하지만, 앤의 따뜻한 마음과 밝은 성격, 상상력에 마음을 열고 기르게 된다. 앤은 학교와 마을에서 사람들과 얽히며 성장하는데, 특히 다이애나와 우정을 나누며 길버트와의 라이벌 관계와 우정을 통해 더욱 성숙해진다. 소설 속의 대사들은 자신이 가진 것만으로도 충분히 감사하고 긍정의 마음을 북돋운다.

"오늘 아침부터 절망의 구렁텅이에 빠져 있지 않아요.
아침부터 그런 절망의 구렁텅이에 빠져 있어야 되겠어요.
아침이 있다는 건 참으로 좋은 일이에요."
"삶은 결국 생각하기 나름이에요. 그 선택이 네 삶을 바꿀 거예요."
"내일은 새로운 날이에요. 아무런 실수도 없는 완전히 새로운 날!"
"행복은 우리가 어디에 있느냐가 아니라, 우리의 태도에 달려 있어요."

앤은 자신의 처지를 원망하기보다 충분히 자족하며 살아간다. 자족은 스스로 넉넉함을 느끼다, 원망함이 없다, 남에게 부끄러울 것이 없고 마음에 거리낄 것이 없는 상태인 것이다.

우리가 잘 아는 Hellen Keller는 "장애 때문에 불편한 것에 집중하지 말고, 나에게 있는 것(신이 내게 주신 많은 복)들을 세어 보자. 한 가지 장애보다 아흔아홉 가지 내가 받은 복이 나를 더 새롭게 만든다."라고 하였다.

5) 말 한마디로 천 냥 빚을 갚는다

예시

여러분, 다른 사람에게 공감하는 것은 생각보다 많이 어렵지요. 사람은 누구나 자기 자신에게 관심이 많고 자신의 이야기를 하고 싶은 마음이 있기 때문에 상대방의 말을 경청하려면 상당한 주의력과 에너지를 들여야 해요. '말 한마디로 천 냥 빚을 갚는다.'라는 말이 있어요. 상대방의 말을 잘 듣고 기분을 읽어 주는 것만으로도 좋은 관계를 유지하고, 갈등이 생기지 않게 되어요.

경청이 안되는 이유는 무엇일까? 경청을 잘하는 사람은 상대방에게 도움을 줄 뿐만 아니라, 성격과 인품이 훌륭하다는 이미지를 주어 관계가 좋아지며 편하게 소통이 잘된다. 상대방의 말을 경청하지 않고 처음부터 지레짐작으로 상대방의 감정과 상관없이 옳고 그름을 판단하고 대안까지 내리면, 상대방은 마음의 문을 닫아 버리게 되고 좋은 관계와 깊은 유대를 형성하기 어렵다.

예를 들면, 상대방의 말을 충분히 듣고 상황을 파악하지 않은 채 "너의 행동은 이게 문제였기 때문에 그런 문제가 일어나는 거야. 그러니까 네가 이렇게 하면 될 것 같구나"라고 말하는 방식이다.

"말 한마디로 천 냥 빚을 갚는다."

조선 중기의 천 냥의 가치를 요즈음의 돈으로 환산하면 약 3억 6천만 원이라고 한다. 말 한마디를 잘 건네면 공짜로 비싼 선물을 하는 것과 같다. 우리도 지금부터 상대방의 마음을 잘 알아차리면서 도움이 되는 위로와 격려의 말을 찾아내어 선물을 줘 보자! 대인관계의 갈등을 예방하고 스트레스도 함께 날아가 버릴 것이다. 도움이 되는 몇 가지 방법을 소개하면 다음과 같다.

- 인내심을 가지고 공감하며 들어 주는 것이 우선이다.
- 상대방의 감정을 알아차리고 감정부터 먼저 읽어 준다. 중요한 건 상대방의 기분이다.
- 나의 '감정 알아차리기' 연습을 한다. 자신의 감정부터 탐색하여 감정들을 이해하는 것이 타인의 감정을 이해하는 데 도움이 된다. 자신의 감정을 솔직하게 기록해 본다.
- 상대방의 말을 그대로 따라 해 본다. 그리고 물음표를 붙여 주고 마침표를 붙여 주는 것도 괜찮다. 다만 말꼬리의 높이를 높이기보다 편안하게 마무리하여야 한다.
- 숨어 있는 의도와 욕구를 알아차려 보자. 가만히 듣는 것만이 아니라, 상대방의 마음을 알아차리고 그 마음을 어루만져 주는 것이다.

6) 테레사 효과: 남을 돕는 것이 나를 건강하게 하는 방법이다

예시

> 여러분, 테레사 효과라는 게 있어요. 테레사 수녀처럼 타인을 돕거나 선한 의도를 가지고 주변을 돌보면, 자신의 건강과 행복이 좋아진다는 거예요. 더욱 신기한 것은 선한 행동을 보는 사람들의 면역력도 높아지고 피곤함이 줄어든다는 거예요. 도움이 필요한 친구를 적극적으로 돕고 좋은 사람들을 많이 만나도록 노력하세요. 제일 중요한 것은 나부터 선한 행동을 하는 거예요.

테레사 효과(Teresa effect)는 타인을 돕거나 이타적인 행동을 하면 자신의 건강과 행복에 긍정적인 영향을 미친다는 개념이다. 테레사 효과와 비슷한 용어로 헬퍼스 하이(helper's high), 고양(高揚) 효과가 있다.

Mother Teresa(1910~1997)는 가난하고 병든 이들을 위해 헌신한 가톨릭 수녀이자 인도주의자다. 그녀는 1979년에 노벨 평화상을 받았으며, 2016년에 가톨릭 성인으로 인정되었다.

타인을 위해 헌신적으로 봉사를 하거나 선한 의도를 가지고 주변을 돌보면 자신의 신체 면역기능까지 좋아진다. 자신의 이익을 바라지 않고 타인을 위해 봉사하는 자신뿐만 아니라 선한 행동을 바라보는 사람들의 면역력까지 높아진다. 정신적으로 흐뭇해지는 것은 물론, 스트레스 호르몬인 코르티솔(cortisol) 농도와 피로도가 줄어들게 된다. 행복 호르몬이라고 불리는 엔도르핀 호르몬의 분비가 증가한다.

하버드대학교 의대 McClelland 교수는 연구 대상자들에게 테레사 수녀의 자선 활동을 담은 다큐멘터리를 시청하게 한 후, 면역 반응을 측정하였다. 감동을 느낀 참가자들은 면역 체계가 활성화되었고, 남을 돕거나 이타적인 행동은 직접 행동하지 않더라도 신체적으로 긍정적 변화로 이어진다는 것을 알 수 있었다.

옥시토신은 남을 도와줄 때 생기는데, '모성애 호르몬 또는 사랑 호르몬'이라고도 한다. 타인을 돕는 것은 정신적 · 육체적으로 유익한 점이 많다는 것이다. Tolstoy는 "세상에서 가장 중요한 때는 지금 이 순간이고, 가장 중요한 사람은 나와 함께 있는 사람이며, 가장 중요한 일은 지금 함께 있는 사람에게 선의를 베푸는 일"이라고 하였다.

4. 진로에 대한 용기와 포부

1) 자신만의 진로를 개척하자

예시

여러분이 생각하는 롤 모델이 있나요?

세종대왕, 이순신 장군, 스티브 잡스 등 훌륭한 인물들도 있고, 부모님과 유명인 등 우리 삶에 익숙한 분들도 있어요. 그들을 존경하고 롤 모델로 생각하는 이유가 무엇인가요? 중요한 것은 여러분이 롤 모델로 생각하는 인물도 실패를 겪었고 좌절하기도 하였다는 거예요. 하지만 여러분의 롤 모델이 되었다는 건 그런 어려움을 용기를 가지고 성실하고 긍정적으로 이겨 냈다는 거예요. 적극적으로 자신만의 삶과 진로를 진지하게 개척하기를 응원해요.

임연당 이양연(1771~1853) 선생의 시집에 실린 「야설(野雪)」이라는 시는 우리가 삶의 발걸음을 깊이 있게 생각하고 진지하게 내디뎌야 함을 생각하게 한다.

교사(리더, 지도자)는 학생들이 자신의 삶과 진로를 자신감을 가지고 진지하게 나아갈 수 있도록 용기를 북돋워 주어야 한다. 그 길이 어떠한 길이고 어떠한 방향이든, 실패와 좌절을 경험하더라도 자신만의 길을 적극적으로 개척할 수 있도록 지지하여야 한다.

학생은 자신의 재능과 잠재력을 찾아 아무도 가 보지 않은 자신만의 삶의 길을 개척해 가야 한다. 그 길을 선택하여 걸어가는 것의 결과는 학생이 얼마나 성실히 삶을 살아 내는지에 따라 다를 것이다. 삶을 성실하고 알차게 꾸려 나가면 훗날에 뒤돌아볼 때 의미 있고 보람된 삶이었다고 평가할 것이다.

야설(野雪)

답설야중거(踏雪野中去)	눈을 뚫고 들판 길을 걸어가노니
불수호란행(不須胡亂行)	어지럽게 함부로 걷지를 말자
금일아행적(今日我行跡)	오늘 아침 내 발자국이
수작후인정(遂作後人程)	뒷사람이 밟고 갈 길이 될 테니

2) 정확한 정보를 탐색하여 미리 준비하자

예시

여러분, 유비무환이라는 말이 있어요.

'준비가 있으면 우환이 없다. 또는 미리 준비하면 걱정할 일이 없다.'라는 뜻이에요. 여러분은 자신의 적성과 흥미를 탐색하고 진로를 고민하고 정해야 해요. 미래에 전공과 일을 하는 데 필요한 정보를 정확하게 조사하고 목표를 정하여 공부하고 준비하는 것이 중요해요. 그래야 불필요한 걱정이나 스트레스를 줄이고 진로에 집중할 수 있어요.

진로를 준비하고 개척하는 데 있어서 마음에 새기면 좋을 사자성어를 소개한다. 이순신 장군은 임진왜란 당시 모함과 수모를 겪으면서도 임금이 내린 두 번의 백의종군(白衣從軍) 형벌과 열악한 조건, 환경에도 불구하고 백전불태(百戰不殆)의 위업을 이루었다. 그의 철저한 자기관리와 유비무환의 정신이 어려운 상황을 푸는 열쇠가 되었다.

장군은 마지막 전투였던 명량해전에서 13척의 배로 133척의 왜선을 물리쳐 대승을 거두었다. 소용돌이가 몰아치는 천연의 요새인 울돌목으로 난공불락(難攻不落) 같은 일본군을 유인하여 대승을 거두었다. 불패의 위업 달성의 비결은 철저한 **유비무환**의 정신이었다.

- **지피지기 백전불태(知彼知己 百戰不殆)**: 적을 알고 나를 알면, 백번 싸워도 위태로움이 없다.
- **유비무환(有備無患)**: 미리 준비가 되어 있으면 근심할 것이 없다.

"바뀐 것이라고는 오직 리더(지휘관) 한 사람 뿐."

동일한 군대조직과 지형의 상황이었는데, 이순신 장군은 어떻게 백전불태, 우리가 흔히 말하는 백전백승을 할 수 있었을까?

이순신 장군 부임 이전에는 싸울 때마다 패하였는데, 차이점은 무엇이었을까? 그것은 바로 이순신 장군의 철저한 유비무환 준비 정신이다. 난공불락과도 같은 일본군의 능력, 울돌목이라는 지형과 지물, 고작 13척의 전투함뿐인 아군의 능력(상황)을 고려하여 사전에 판단하고 대비하였기 때문에, 백번 싸워도 위태롭지 않다는 믿음과 용기를 가질 수 있었고 불패의 위업을 달성한 것이다. 바뀐 것은 오직 하나, 지휘관 한 사람 뿐이었다.

진로에 대한 올바른 정보를 미리 탐색하고 꾸준하게 자신의 진로 포부를 가꾸어 간다면, 자신의 생활을 목표 중심으로 간결하고 짜임새 있게 이끌어 갈 수 있다. 진로와 관련된 어려움과 상황에서도 좌절하고 포기하지 않으며, 준비된 자신에 대한 믿음과 용기를 가지고 나아갈 수 있다.

3) 직접 경험해 보는 것이 중요하다

예시

여러분, 백문이 불여일견이라는 고사성어가 있어요. '백 번 듣는 것보다 한 번 보는 것이 좋다.'라는 뜻이에요.

여러분이 관심 있는 진로가 있으면 정보를 찾아서 보거나 듣기만 하지 말고, 적극적으로 경험하고 체험하도록 노력해 보세요. 그 일에 대하여 더 많이 알게 되고 내게 적합한지 깨닫게 될 거예요.

『손자병법(孫子兵法)』은 중국 춘추시대 무경칠서 중 하나의 병법서로 손무(孫武)가 쓴 전략과 전술에 대한 깊은 통찰을 담고 있다. 『손자병법』이 현대인에게도 단순히 전쟁뿐만 아니라 경영, 인간관계, 교육, 진로 계획 등 다양한 분야에서 밀접하게 응용되므로 오늘날까지도 공감을 받는 이유이다.

『손자병법』에 **백문 불여일견**(百聞 不如一見)이라는 말이 있다. '백 번 듣는 것이 한 번 보는 것만 못하다.'라는 의미이다. 많이 듣기만 하는 것보다 실제로 한 번 보는 것이 더 확실하다는 의미로 어떤 사안이나 현상을 직접 경험해 보는 것이 중요하다는 교훈을 준다.

중국 전한의 선제황제 시대에 서북 변방의 티베트계 유목민족인 강족이 쳐들어왔다. 한나라는 필사적으로 싸웠지만 크게 지고 말았다. 선제는 조충국에게 강족 토벌에 대해 누가 적임자인지를 물었다. "강족을 토벌하는 데 계책이 있으면 말해 보시오. 또 병력은 얼마나 필요하오?" 조충국은 "폐하, 百聞 不如一見. 즉, 백 번 듣는 것이 한 번 보는 것만 못하다 하옵나이다. 신을 금성군으로 보내 주시옵소서. 계책은 현지를 살펴본 다음에 아뢰겠나이다."라고 하였다.

선제는 기꺼이 윤허하였으며, 조사를 마치고 돌아온 조충국은 기병(騎兵-기동력을 가진 병력, 기동전을 의미)보다 둔전병(屯田兵-진을 치고 전투하는 병력, 방어전을 의미)을 두는 것이 상책이라고 보고하였고, 이후 강족의 반란도 수그러졌다. 이는 현지를 살펴보고 상소한 계책이 정확한 판단이었다는 것을 의미한다.

4) 진로 선택은 합리적인 의사결정이어야 한다

예시

> 여러분, 진로는 자신이 좋아하는 것, 잘하는 것, 가치관을 살펴보고, 직업의 현재 가능성과 전망을 충분히 알아본 후에 합리적으로 결정해야 해요.
>
> 유행하는 것을 선택하는 것은 나에게 맞지 않을 수 있어요. 진로는 자신이 되고 싶은 사람이 되어 가는 인생의 과정이에요. 나는 어떤 사람이 되고 싶은지 평소에 충분히 생각하고 합리적으로 결정하기를 바라요.

팬덤(fandom)은 특정한 인물이나 분야를 열성적으로 좋아하거나 몰입하고 지지하는 사람들의 집단을 의미하는 용어이다. K-POP, 영화, 드라마, 스포츠, 게임 등 다양한 분야에 형성되어 있다. 팬덤은 긍정적인 측면과 부정적인 측면이 함께 있다. 단순한 팬들의 모임을 넘어, 사회 · 경제 · 문화적으로 영향을 미치는 강력한 힘이 되고 있다.

그 대표적인 예로, 아마존 쇼핑몰을 키워준 1억 천만 명의 프라임 회원들은 아마존의 쇼핑에 긍정적인 여론을 형성하였다. 아마존은 팬덤을 통해 2019년에 세계 최고의 유통기업(세계 1위)이 되었다. 그렇다고 아마존이 아무런 노력 없이 세계 1위가 된 것은 아니다. 현재도 AI 기술을 접목하여 드론 택배를 시작하는 등 고객 중심의 전략을 구축하고 있다. 유통회사로서의 신뢰와 믿음을 충분히 갖춘 상태에서 IT 기술을 접목하였고, 이것을 본 한 명 한 명의 팬덤이 쌓여가면서 오늘날 거대한 구름 덩어리가 된 것이다.

팬덤은 강한 결속력과 열정을 기반으로 긍정적인 영향을 미치지만, 때로는 부정적인 영향도 발생한다. 이성적인 판단과 선택 없이 무의식적으로 열광하고 지지하는 경우(슈도-pseudo, 맹신 또는 광신)이다.

다른 사람들이 좋다고 하고 많이 지지한다고 자신에게 좋은 것은 아니다. 청소년들은 자아정체성이 명확하지 않고 또래에 대한 동조의식이 강하다. 자신의 진로를 팬덤같이 '친구 따라 강남 간다.'처럼 유행하는 것을 선택하는 태도는 옳지 않다. 진로(進路, career)는 자신이 되고 싶은 사람이 되어 가는 인생의 과정이라는 의미를 내포하고 지속적인 의사결정 과정이다. 자신이 좋아하는 것(흥미)과 잘하는 것(강점), 가치관을 탐색하고 현재와 미래의 가능성과 전망을 충분히 점검한 후에 합리적으로 의사결정을 해야 한다.

5) 성공의 비결, 자신만의 가치를 발견하자

예시

여러분, 길을 가다가 바닥에 떨어진 만 원 지폐를 발견하였다고 상상해 보세요. 흙이 묻고 구겨졌다고 만 원의 가치를 상실한 것은 아니죠. 왜일까요? 더럽혀지고 구겨졌다고 해서 만 원 고유의 가치를 잃지 않았기 때문이에요. 여러분도 그래요.

여러분이 살아가면서 누구나 실수를 할 수 있어요. 자존감이 떨어지는 기분이 들 수 있지만, 여러분의 가치는 떨어지지 않았어요. 실패하거나 힘든 일이 닥칠 때에도 나의 가치는 여전히 반짝인다는 것을 꼭 기억하세요.

우리가 길을 걸어가는데 바닥에 떨어져 있는 만 원 지폐를 발견하였다고 상상해 보자. 흙과 오물이 묻고 구겨지거나 더럽혀졌어도 만 원의 가치를 상실한 것은 아니다. 왜일까? 그것은 지폐가 가진 고유의 가치가 더럽혀지지 않고 그대로이기 때문이다. 구겨지고 흙이 묻었어도 만 원의 가치를 잃지 않았기 때문이다.

우리는 살아가면서 누구나 실수를 할 수 있다. 지폐와 같이 구겨지고 버려지거나 더럽혀진 듯한 마음이 드는 순간이 찾아오기도 한다. 그러나 지폐가 그렇듯이 실수하였다고 그 가치가 손상되는 것은 아니다. 학생들에게 다음과 같은 메시지를 전해 주어야 한다.

꼭 기억하세요.
우리는 모두 사랑받기 위해 태어났답니다.
오직 자신에게만 있는 가치를 재발견하고, 그 가치를 높여 가길 바랍니다.
삶의 과정에서 어떤 일이 일어나든지, 앞으로 무슨 일이 닥쳐오든 자신의 가치를 잃어버려서는 안 됩니다.

차분하고 성실하게 자신의 진로를 준비한 사람은 어떤 순간에 처한다고 해도 자신의 가치가 빛을 발하는 시간이 찾아오게 된다. 가난하고 풍요롭지 못하다고 해서 언제나 가치 없는 인생을 살아가라는 것은 아니다. 인생에는 기회라는 것이 찾아오기 때문이다. 그 기회가 찾아올 때 아무런 준비가 되어 있지 않다면 기회는 물거품이 될 수 있다. 지금 내 앞이 캄캄하고 암울하다는 생각이 들 때, 내게 찾아올 그 기회를 생각하며, 자신의 가치를 발견하고 온전히 높여 가는 시간이 되도록 해야 한다.

"자신의 가치를 발견하고 그 가치를 높여 나가자."

6) 세계 최고의 인재는 기본에 충실하다

예시

여러분, 세계적으로 성공한 인재들의 공통점은 '기본을 철저히 지키는 것'이라고 해요. 단순하지만 본질적인 것을 제대로 하는 것이 성공에 이르는 길이라는 거예요. 인재들은 과제로 밤을 새우더라도 인간관계에 시간과 노력을 투자하고, 약속과 매너를 지키고 자기관리에 철저하다고 해요.

여러분도 학생으로서 공부와 좋은 친구 관계를 유지하도록 노력해 보세요.

"기본에 충실하자."

일본의 경영 컨설턴트 도쓰카 다카마사는 하버드 비즈니스 스쿨에서 공부하고 골드만삭스와 맥킨지에서 쌓은 경험을 토대로『세계 최고의 인재들은 왜 기본에 충실할까』라는 책을 발간하였다. 세계 최고의 기업 문화는 무엇이 다르며, 구성원들은 어떤 점이 다른지 분석하여 소개한 책이다. 기본에 충실하자는 것은 스포츠, 경영, 학문 등 다양한 분야에서 통용되며, 기본을 철저히 다지는 것이 결국 최고의 결과로 이어진다.

인재들은 기본에 철저하게 충실하다. 작은 습관과 기본기의 반복이 장기적 성공을 만들고 위기 상황에서도 흔들리지 않는다. 단순하지만 본질적인 것을 제대로 하는 것이 경쟁력이다. 그들은 과제로 밤을 새우더라도 인간관계에 시간과 노력을 아낌없이 투자하였다. 인간관계를 위해 약속을 지키고, 매너를 지키며, 모임 장소에 맞는 옷차림을 갖추는 등 자기관리에 철저하였다. 기본에 충실한 것이 프로의 가장 중요한 자질이다.

학력과 능력을 갖춘 인재가 넘치는 시대를 살아가면서 자신의 능력을 인정받기란 쉽지 않다. 어떻게 하면 프로다운 사람으로 인정받을 수 있을까? 인정받는 프로는 실력과 함께 섬세함이 더해져야 한다. 사람들과 원만한 관계를 유지하면서도 자기다움을 지켜 나간다. 프로다움을 갖춘다는 것은 획일화될 수 없고 직업에 따라 프로다운 모습도 다르다. 다만 대다수가 기대하고 선호하는 이미지는 분명히 있다. 그것이 보편성의 원칙이다. 무엇보다도 '기본을 철저히 지키는 것'이 보편성이다.

7) 상대방이 공감하도록 말하는 연습을 하자

예시

여러분, 발표나 토의할 때 다른 학생들을 설득하고 나의 말을 공감하도록 말해야 해요. 다른 사람들이 관심을 가질 내용을 생각하고, 나를 긍정적으로 평가할 만한 내용을 자신의 경험담을 중심으로 말해 보세요. 자연스러운 자세로 긍정적인 얼굴 표정과 손짓, 몸짓을 사용해도 좋아요.

도키 다이스케는 『Goldman Sachs 왜 나는 영업부터 배웠는가』라는 책에서 소심하였던 그가 골드만삭스의 사장이 될 수 있었던 비결을 소개하였다. 그는 영화 〈월스트리트(Wall Street)〉를 보고 아메리칸 드림을 상징하는 월스트리트에서 일하고 싶다는 꿈을 꾸었고 골드만 삭스에 영업사원으로 입사하였다. 낯가림이 심한 그는 영업과 전혀 맞지 않는다고 생각하였고, 사람들과 잘 어울리지 못하고 혼자 있는 시간이 많았으며, 긴장을 많이 하는 성격이라 친하지 않은 사람을 만난 뒤에는 에너지를 너무 많이 소진하여 며칠 동안 아무도 만나지 못하기까지 하였다. 그러나 그는 주저앉지 않고 필사적인 노력으로 자신만의 '1분 대화법'을 개발하였다. 그는 영업은 물론 상사에게 자신의 생각을 전달할 때, 기획안을 프레젠테이션을 할 때, 학교 면접에서 1분 대화법을 사용함으로써 성공에 이르게 되었다.

상대를 효과적으로 설득하는 전략: 3단계 설득법

1. 상대의 세계를 이해하기: 상대의 가치관, 입장을 이해하고 관심사와 욕구를 파악한다.
2. 상대의 감정을 움직이기: 사례나 경험담, 공감, 비유 등을 활용하여 상대가 공감하고 감정적으로 반응할 수 있도록 한다.
3. 행동하게 만들기: 상대가 실제 행동하도록 지침, 실행 방법을 제공하는 것이 효과적이다.

짧은 시간 안에 자신의 정돈된 생각을 전달하는 대화법이다. 학업으로 시간이 부족하거나 다른 사람과의 상호 작용에 에너지가 많이 소비되는 학생에게 학교생활을 하면서 짧은 시간에 효율적으로 자신의 생각을 전달하는 방법이 선생님이나 친구들과 원만한 관계를 유지하고 합리적인 의사결정을 하는 데 도움이 될 수 있다.

말하고자 하는 내용에 적합한 얼굴 표정이나 손짓, 몸짓 등 긍정적인 신체적 표현을 활용하는 것도 좋다.

8) 작은 디테일이 실력의 차이를 만든다

예시

여러분, 자기가 원하는 분야에서 실력을 높이고 성공하기 위해서는 작은 디테일을 반복적으로 연습해 보세요. 예를 들면, 등하교 시간에 영어단어를 외우는 것과 같은, 자투리 시간을 어떻게 사용하느냐가 디테일이라고 할 수 있어요. 공부, 스포츠, 예술 등 모든 분야에서 작은 습관을 꾸준히 할 때 좋은 실력과 성과를 가질 수 있어요.

작심삼일이라는 말처럼 쉽게 포기하고 싶을 때는 3일이 되기 전에 다시 결심을 시작해 보세요. 3일마다 다시 결심하다 보면 자연스럽게 습관이 되고 실력이 늘어요.

대동소이(大同小異)는 '큰 차이가 없이 거의 같다.'라는 의미이다. 전체적으로는 같으나 사소한 차이가 있는 것을 나타내는 말이다. 일반적으로 누구나 비슷하다는 의미로 대동소이를 사용하지만, 작은 차이를 결코 간과할 수는 없다. 예를 들면, 길을 걷다가 우리는 바위에 걸려 넘어지지 않는다. 아주 작은 돌부리에 걸려 넘어진다. 이처럼 작은 것, 디테일한 것을 간과해서는 안 된다. 학교에서도 어디에서든 작은 차이점이 결정적인 변수로 작용한다는 것이다.

공부, 스포츠, 비즈니스, 예술 등 모든 분야에서 디테일이 실력과 성과를 좌우한다. 디테일이 실력을 결정하며, 작은 차이가 결국 큰 차이를 만든다. 반복된 연습과 습관을 통해 높은 수준을 유지할 수 있다.

작심삼일이라는 말은 3일이 채 되기도 전에 쉽사리 포기해 버린다는 말이다. 작심삼일인 사람은 3일이 되기 전에 다시 결심하고 시작을 이어 가기를 권해 보자. 쉽게 포기하지 않고 끝까지 달려가는 사람이 목표에 도달할 수 있다. 디테일을 반복하여 연습하는 건 쉽지 않다. 3일마다 다시 결심하다 보면 실력이 늘어서 자연스럽게 습관이 되고 실력이 좋아진다.

시작도 하지 않으면서, 목표를 이루기를 희망한다면 절대 이룰 수 없을 것이다.

"안 된다는 생각을 버려라, Never give up!"

"높은 목표를 가져라, Aim high!"

"사소한 작은 차이점을 습성화하는 것이 성공의 발판이다, Making small differences a habit is the foundation of success."

9) 힘듦과 시련을 이겨 나가는 것이 성장이다

예시

여러분, 장석주 시인의 「대추 한 알」이라는 시가 있어요. 온전한 대추 한 알이 붉게 익으려면 수많은 비바람과 태풍, 천둥, 벼락, 번개를 맞아야 해요. 시련과 역경을 이겨 내야만 세상이 원하고 바라는 대추로서 진정한 상품 가치를 발휘하는 것이죠. 여러분도 잘 성장하기 위해서 다양한 어려움을 겪어요. 힘들고 어려움이 있을 때 '나는 잘 성장하고 있어. 나는 나로서 가치 있는 사람이 되는 거야.'라고 생각해 보세요.

장석주 시인의 「대추 한 알」은 삶의 시련과 역경을 인내와 끈기로 이겨 내고 삶의 완성으로 나아가는 과정이 함축적으로 담겨 있다. 온전한 대추 한 알이 익어 붉어지려면 수천 개의 비바람과 수천 개의 태풍, 천둥, 벼락, 번개를 맞아야 한다. 시련과 역경을 이겨 내야만 세상이 원하고 바라는 맛있는 명품 대추로서 진정한 상품 가치를 발휘하는 것이다.

교사가 학생들에게 시를 낭독해 주며 의미를 나누는 것도 좋다.

대추 한 알

장석주

저게 저절로 붉어질 리 없다.

저 안에 태풍 몇 개
저 안에 천둥 몇 개
저 안에 벼락 몇 개
저 안에 번개 몇 개가 들어서서
붉게 익히는 것일 게다.

저게 혼자서 둥글어질 리는 없다
저 안에 무서리 내리는 몇 밤

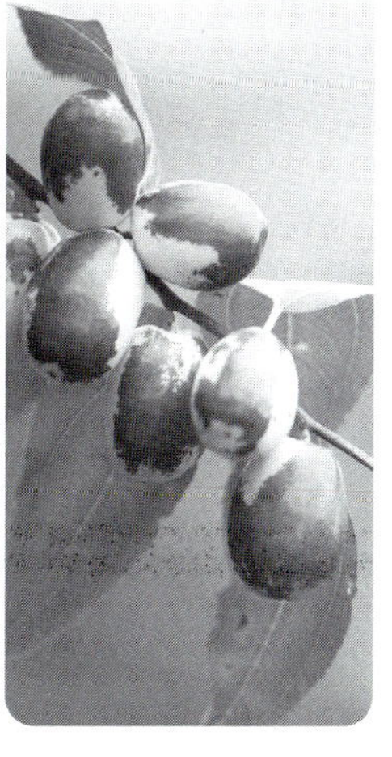

저 안에 땡볕 두어 달
저 안에 초승달 몇 달이 들어서서
둥글게 만드는 것일 게다.

대추야
너는 세상과 통하였구나.

출처: 장석주(2015).

10) 고난과 역경의 철학적 의미: 강하고 성숙하게 만든다

예시

여러분, 때로는 독성물질도 약이 될 때가 있죠.

예방 주사는 병을 예방하기 위해 병균을 몸에 집어넣어요. 과하면 독이 되지만 적당히 조금만 사용한다면 약(도움)이 되는 것들이 있어요. 적당한 삶의 고난과 역경은 우리를 더 강하게 만들고 성숙하게 한다는 철학적 의미가 있어요.

호르메시스(hormesis)는 나쁘다고 알려져 있는 것에 대한 재발견을 의미한다.

독성물질이어도 알맞게 소량으로 사용하면 인체에 좋은 효과(약)를 줄 수 있다. 예를 들면, 우리는 겨울이 되기 전에 독감 예방 주사를 맞고 몸에 독감균을 집어넣는다. 왜 이렇게 위험한 행동을 할까?

코로나19 상황에서는 전염병 예방을 위해 온 국민이 예방 주사를 접종하였다. 독성성분이 들어 있음을 알면서도 위험을 감수하면서까지 예방 주사를 맞은 것은 병을 예방하는 약이 된다는 것을 알기 때문이다.

우리가 살아가면서 과함이 때로는 독이 되지만 적당히 조금만 사용한다면 약(도움)이 되는 것들이 있다. 약이 되는 독은 인생의 다양한 고난과 역경이 우리를 더 강하게 만들고 성숙하게 한다는 철학적 의미로 생각해 볼 수 있다.

사극 드라마를 통해서도 잘 알려진 사약으로 쓰던 '부자(附子)'는 적정량을 끓여서 사용하면 관절염과 혈액 순환에 도움을 주어 좋은 약으로 오늘날까지 사용되고 있다.

병원에서 X-ray(방사선) 촬영할 때, 위험성 때문에 촬영할 위치를 맞춰 두고 촬영기사조차도 촬영장 밖으로 나가서 버튼을 누른다. 반면, 암환자의 치료를 위해서는 인위적으로 무수히 많은 방사선을 노출시켜 암 치료에 사용하고 있다.

제**3**부

학사일정을 고려한 사회정서교육 프로그램

학생 상담과
사회정서교육의 실제

제 10 장

자아강화 사회정서교육 프로그램: 자아개념과 자아존중감

1. 자아란 무엇인가

사회정서교육에서 자아는 매우 중요한 개념이다. 자아는 개인의 정체성과 자신에 대한 인식의 중심이다. 우리가 스스로를 이해하고, 세상과 상호 작용을 하며, 경험과 감정을 조직화하는 데 중요한 역할을 한다. 자아는 다양한 이론적 관점에서 탐구되어 왔고, 학자에 따라 정의가 다양하다. 여기서는 학생들의 자아를 이해하고 강화하는 데 도움이 되는 이론적 개념들을 몇 가지 소개하였다.

나의 욕구를 현실적으로 충족하고, 미래를 예상하여 행동을 조절하도록 돕는다

Freud는 인간의 마음을 원초아, 자아, 초자아로 나누고 자아의 기능을 중요하게 여겼다. 원초아(id)는 현실을 고려하지 않고 자기중심적이며 쾌락에 따라 즉각적으로 욕구를 충족하려는 마음이다. 반면, 자아(ego)는 현실적 상황을 고려하여 판단하고 욕구를 지연하며 자기통제를 하는 마음이다. 학생은 자라면서 외부세계와 상호 작용을 하면서 환경적 현실에 적응하는 방법을 발달시킨다. 예를 들면, 어릴 때는 울거나 보채며 욕구를 충족하지만, 점차 참고 인내하며 현실을 고려하고 미래를 예상하여 자신의 행동을 조절하고 통제할 수 있다. 배가 고플 때 울고 보채기보다는 "배가 고파요. 밥 먹고 싶어요."라고 요구하는 것을 배우게 된다. 이것이 바로 자아다. 자아는 현실적이고 합리적이며 이성적인 사고 과정을 보인다. 초자아(superego)는 도덕적 기능을 하는 마음이다. 부모는 학생을 양육하면서 도덕과 윤리에 따라 칭찬을 하거나 벌을 주기도 한다. 부모의 칭찬과 벌에 일정한 규칙이 있음을 알게 되면 이를 자신의 내면에 지니게 된다. 부모에게 벌을 받을 것 같은 불안을 피하기 위해서 스스로 자신의 행동을 부모의 가치관에 따라 통제하게 된다. 선악을 판단하는 데 있어서 학생의 마음속에 내면화되어 있는 사회적 규범과 가치관이 초자아이다. 학생은 건강한 자아를 발달시켜 가는 시기이며, 자아의 발달수준은 신체적 · 인지적 발달처럼 학생마다 개인차가 있다.

학생의 마음속에서는 원초아, 자아, 초자아가 싸우고 있다. 원초아의 힘이 강하면 충동적이고 비이성적으로 제멋대로인 행동을 한다. 반면, 초자아가 강하면 지나치게 도덕적이고 완벽주의로 융통성이 없는 완고한 행동을 할 수 있다. 학생이 건강한 삶을 살아가기 위해서는 자아의 기능이 중요하다. 자아의 기능이 잘 발달되어야 학생이 처한 환경적 여건을 고려하여 원초아의 욕구와 초자아의 도덕관념을 절충하고 적절하게 충족시키며 살아갈 수 있다. 달리 말하면, 학생이 자신의 욕망과 도덕 그리고 현실적 요구를 균형적으로 잘 조화시키는 사람이 될 수 있다. 삶의 초기에 특히 가정에서 자신의 욕구를 적절하게 충족하는 방법을 배우지 못하였거나 너무 엄격한 도덕적 환경에서 자라면 현실적으로 잘 기능하는 자아를 형성하기 어렵다. 자아는 살아가면서 지속적으로 원초아와 초자아의 도전을 받기 때문에 학교에서 현실적이고 건강하게 강화하는 교육을 통해서 학생의 자아를 강화해야 한다.

내가 사회에 적응적인 페르소나를 형성하여 올바른 역할을 하도록 돕는다

Jung은 자아(나)는 의식의 중심(주인)이라고 하였다. 자아(나)의 태도는 인격의 성장과 성숙에 매우 중요하다. 내가 아는 모든 것, 내가 기억하는 모든 것, 나의 생각, 나의 지각, 나의 느낌으로 알고 있는 모든 것이 의식이다. 자아는 내가 아는 마음인 의식을 통솔하고 내가 모르는 마음인 무의식과도 관계를 맺을 수 있는 의식의 특수한 영역이다. 내가 모르는 내면세계인 무의식에는 무한한 창조성과 잠재력이 숨어 있다. 자아는 학생이 외부세계와 관계를 맺는 중요한 창구인 동시에 자신의 잠재력의 보물창고인 내면세계와도 통할 수 있는 것이다. 의식에 있는 내용은 모두 주인인 자아(나)와 관련이 있다. 자아는 의식의 영역을 넓히기도 하고 좁히기도 하며 내가 모르는 마음인 무의식의 작용을 받아들이거나 거부하기도 한다.

청소년기인 학생은 사회적 책임과 행동규범을 확실하게 배워 나가는 시기이다. Jung은 이 시기를 '정신적 탄생기'라고 하였다. 청소년기는 사회생활에 적응하는 다양한 방법을 배우고 삶 속으로 나아가는 시기이며, 삶을 두려워하거나 삶에서 물러서려 할 때 신경증과 같은 심리적 문제가 생긴다. 학생이 현실을 인식하지 못하고 어른이 되기보다 아이로 머물러 있기를 원하면 심리적 어려움을 겪게 된다. 학생은 자신에게 맞는 사회적 가면인 페르소나(persona)를 형성해야 한다. 페르소나는 학생이 다른 사람들에게 자신을 드러내는 방식이 된다. 다른 사람들에게 어떻게 보이고 싶은지, 다른 사람들이 자신에게 어떻게 행동할 것을 원하는지에 따라서 달라진다. 페르소나는 가정과 학교에서 자신의 감정, 사고, 행동을 조절하는 것을 배우는 데 유용하다. 학생이 적응적인 페르소나를 형성하고 자신의 역할을 하기 위해 자아의식을 강화하고 영역을 넓혀야 한다. Jung은 자아를 강화하고 영역을 넓히는 데 내가 모르는 마음인 무의식을 의식화하여 인식하는 것이 중요하다고 하였다. 또한 태어난 환경, 부모-자녀 관계, 부모의 양육태도와 심리상태가 미치는 영향도 중요하게 생각하였다. 전통문화와의 단절은 심각한 심리적 문제를 일으킬 수 있고 문화적 다양성이 성격에 영향을 미친다. 학교에서 자아강화 사회정서교육을 실시하여 자아의 영역을 넓히고 강화하는 다양한 문화적 · 교육적 기회를 제공해야 하는 이유가 여기에 있다.

▌나에 대한 긍정적인 자아개념은 타고난 잠재력을 실현하도록 한다

현대의 심리학에서 자아와 자기는 구분되는 개념이지만 혼용되는 경향이 있다. Rogers의 자기개념(self-concept)은 개인이 자신을 어떻게 이해하고 평가하는지와 관련된 개념이다. 학생의 자기개념은 현재 자신을 어떤 사람인지 평가하고 인식하는 것으로 자아상을 의미한다. 인간은 누구나 타고난 잠재력을 펼치며 성장과 성숙을 향해 나아가는 자기실현 경향성을 가지고 태어난다. 자기를 실현할 수 있도록 적절한 보살핌이 주어지고, 욕구, 재능, 행동 양식이 수용되며 존중받을 때 잠재력을 발견하고 건강하게 환경에 적응할 수 있다. 반면, 그렇지 못한 환경이라면 불안과 같은 심리적 문제를 경험할 수 있다.

▌주변 사람들이 나를 긍정적으로 바라보아야 건강한 자아를 형성한다

학교는 하나의 사회이다. 자아의 심리학적 측면에 더해서 사회학자 Cooley의 거울 자아(looking-glass self)도 고려해 볼 필요가 있다. 자아는 타인과의 사회적 상호 작용을 통해 형성되며 다른 사람들이 우리를 어떻게 바라보는지가 중요하다. 타인의 반응은 우리가 스스로를 어떻게 평가하는지에 영향을 준다. 학생은 학교에서 교사와 또래의 반응을 거울처럼 활용하여 자신에 대한 이미지를 형성한다. 예를 들면, 교사와 또래가 나를 긍정적으로 평가한다고 생각하면 자부심을 느끼고, 부정적으로 평가한다고 생각하면 수치심이나 불안감을 느끼며 부정적 자아 이미지가 형성될 수 있다.

학교에서 이루어지는 자아강화 사회정서교육은 학생이 자신의 잠재력을 발견하고, 교사와 또래의 긍정적인 거울을 통해 자아정체성과 자아존중감을 형성하며, 자신을 사랑하는 마음을 바탕으로 자기효능감을 지니고 자기를 조절할 수 있는 밑거름이 된다.

보충 TIP

자아와 관련된 주요 개념

- 자아정체성(self-identity): '나는 누구인가?'라는 질문에 대한 답으로 개인이 스스로를 이해하고 정의하는 심리학적 개념. 개인의 가치, 신념, 목표, 역할 그리고 삶의 의미 등을 포함
- 자기효능감(self-efficacy): '나는 ~을 할 수 있다.'라는 자신이 특정 과제를 수행할 수 있다는 믿음
- 자기조절력(self-regulation): 목표를 달성하기 위해 감정과 행동을 조절하는 능력
- 자아존중감(self-esteem): 자기 자신에 대한 평가와 감정. 자신에 대해 느끼는 가치와 존중감
- 자아탄력성(self-resilience): 스트레스, 실패, 역경, 어려움 같은 부정적인 경험을 겪고도 이를 극복하고 회복할 수 있는 심리적 능력

2. 기본개념 중심 자아강화 사회정서교육 프로그램

1) 자아강화 사회정서교육의 필요성과 특성

학생들의 자아강화 사회정서교육의 필요성은 여러 가지가 있다.

- 자아정체성 형성: 학생이 자신이 누구인지 이해하고, 삶에서의 역할과 목표를 정하는 데 도움이 된다.
- 사회적 관계 역량: 학생이 스스로를 긍정적으로 이해하고 있으면 타인과의 관계에서의 행동, 태도, 의사소통 방식도 긍정적이다. 타인과 적절한 경계를 유지하며 긍정적이고 지지적인 관계를 맺는다.
- 스트레스 조절: 건강한 자아는 어려운 상황에서 감정과 행동을 조절하여 적응을 돕는다.

여기에 소개할 프로그램은 학생들이 자신에 대해 이해하기 위해 학교 현장에서 누구나 참여해 보면 좋을 기본적인 내용을 중심으로 구성되었다. 사회정서교육 프로그램을 실시하는 교사나 상담자가 참고할 수 있는 기본개념을 중심으로 활동을 정리하였다. 준비물은 학교 현장에서

쉽게 구하고 사용할 수 있는 재료를 활용하도록 하였지만, 학생의 수준과 상황에 따라 보다 도전적인 재료를 사용해 보는 것도 좋은 접근법이 될 수 있다. 시간 활용은 창의적 재량활동이나 자율활동 등 수업 시간을 활용하여 실시하는 것이 적절하다. 이 프로그램은 기본적으로 중학생의 경우 45분, 고등학생의 경우 50분을 기준으로 설정하였다. 하지만 학교 상황이나 진행자에 따라 융통성과 창의성을 발휘하여 주제에 따른 활동을 선별하거나 통합하여 활용할 수 있다. 이 책에 제시된 활동자료(활동지)도 기본틀을 복사하여 사용하거나 진행자의 재량에 따라 변형하여 사용이 가능하다.

활용 TIP

✓ 프로그램 준비와 진행을 위한 안내 및 사전 점검

- 프로그램은 4~6명 내외의 모둠으로 진행할 것을 권유하고, 모둠에서 발표하고 이야기하는 것을 이 책에서는 '나눈다.'라고 표현하였다.
- 두 명씩 짝을 지어서 활동하는 부분은 별도로 제시하였다.
- 프로그램에는 교육자료, 활동자료, 참고자료가 포함되어 있다. 교육자료와 활동자료(활동지)는 학생들에게 나누어 주어 활용하고, 참고자료는 교사가 참고하며 필요에 따라 활용하도록 제시하였다.
- 활동 내용과 참고사항을 숙지하고, 학교상황과 학생들의 수준을 고려하여 융통성 있게 진행한다.
- 주제, 목표, 활동 내용은 학생의 입장에서 기술되었고, 참고사항은 교수자의 입장에서 기술되었다.

2) 프로그램 구성 요소 및 목표

구성 요소	설명	목표
자아개념	• 자신의 존재에 대한 이해 • 자신에 대한 인식과 평가	- 개방적으로 자신에 내해 탐색한다. - 자신의 감정과 욕구를 탐색한다. - 자신과 타인의 관점에서 자신을 인식한다. - 자신을 수용하고 타인과의 상호 작용에서 자신을 효과적으로 표현한다.
자아 존중감	• 자신의 가치에 대한 판단과 그에 대한 감정 • 성취, 격려와 칭찬, 성공을 통해 발달	- 자신의 강점을 탐색하고, 존재에 대해 스스로 존중감과 가치를 부여한다. - 자신의 (성공)경험을 바탕으로 자존감을 높이기 위해 노력할 부분이 무엇인지 탐색한다. - 타인과의 관계에서 자아존중감을 효과적으로 향상하는 역량을 강화한다.

자아 정체감	• '나는 누구인가'에 대한 전체적인 느낌과 인지 • 개인의 특성, 관계, 역할, 소속집단에 대한 이해로 자신이 누구인지 앎	- 현재의 나의 모습과 되고 싶은 나의 모습을 탐색하여 특성과 정체감을 인식한다. - 가족과 주변 환경을 탐색하여 자신의 역할, 신념, 삶의 의미를 인식한다. - 나의 소망과 가치관에 대해 이해하고 자신의 미래를 계획하고 설계한다.
자아 탄력성	• 도전적이거나 스트레스를 받는 상황에서 정체성을 회복하고 적응하는 능력 • 문제 상황을 긍정적으로 극복할 수 있는 힘	- 되고 싶은 나의 모습을 그려 보고 행복의 감정과 낙관성을 증진해 본다. - 갈등 극복의 밑거름이 되는 관계향상을 위한 격려, 칭찬의 말을 바탕으로 상호 작용을 해 본다. - 실현 가능한 목표를 세우고 성공을 상상하며 성공한 자신을 표현해 본다. - 스트레스와 갈등 상황에서 자기조절하고 극복할 수 있는 역량을 강화한다.

3) 프로그램 구성 내용

모듈	영역	회기	활동명	활동 내용
1	자아개념	1	나의 자아인식	• 자아개념의 뜻과 구성 요소 배우기 • 거울에 비친 자화상 그리기
		2	나의 감정 탐색	• 내가 느끼는 감정과 몸의 반응 • 일상생활 속 나의 감정 알아차리기
		3	나의 욕구 탐색	• 나의 욕구에 대해 이해하기 • 나의 욕구는
		4	효과적인 의사소통	• 나의 의사소통은 • 나-전달법으로 하는 자기주장
		5	마음의 창	• 조하리의 창 테스트와 내 마음의 창 그리기 • 내가 보는 나, 타인이 보는 나
2	자아존중감	1	나의 자아존중감은?	• 나의 자아존중감 점검해 보기 • 자아존중감 향상을 위한 나만의 전략 세우기
		2	나의 장점 찾기	• 내가 생각하는 나의 장점 • 친구가 찾아 주는 나의 장점
		3	나의 '성공 경험' 이야기	• 내 인생의 중요한 기억들 • 인생그래프로 알아보는 나의 성공 이야기

2	자아존중감	4	나의 대표적 '성격 강점'	• 성격 강점이란 • 나의 대표 강점을 찾아보자
		5	나의 사과나무 키우기	• 나의 사과나무 그리기 • 나의 사과나무에 물 주고 돌보기
		6	자성예언	• 자성예언과 피그말리온 효과 • 나는 이런 사람이 되련다
3	자아정체감	1	나다운 나	• 내가 좋아하는 것과 내가 싫어하는 것 • 나의 관심사 지도 그리기
		2	나의 가족 이야기	• 가족관계 맵 그리기 • 가족에게 쓰는 나의 편지
		3	나의 미래 인터뷰	• 나의 미래 인터뷰 • 기사에 보도된 내가 되기 위한 미래 설계
		4	나의 가치관과 버킷리스트	• 가치관이란 무엇인가 • 나의 우선순위 가치관과 버킷리스트
4	자아탄력성	1	나의 낙관성 기르기	• 낙관성이란 무엇인가 • 나를 긍정적으로 소개합니다
		2	노력하는 나를 격려해요	• 힘들었던 나를 격려해요 • 나의 대인관계 스타일 점검하기
		3	화남에 대처하는 합리적인 '나'	• 분노에 대처하는 나의 자세 • 합리적으로 대처하는 내 모습 갖기
		4	문제해결 마인드맵	• 선택의 순간, 나의 선택은 • 문제해결 마인드맵 그리기
		5	나의 미래를 위해 '할 수 있다'	• 자기효능감이란 • 밝은 미래를 위해 배우고 노력하는 '나'

3. 자아강화 사회정서교육 프로그램의 실제: 자아개념

1) 자아개념

모듈	영역	회기	활동명	활동 내용
1	자아개념	1	나의 자아인식	• 자아개념의 뜻과 구성 요소 배우기 • 거울에 비친 자화상 그리기
		2	나의 감정 탐색	• 내가 느끼는 감정과 몸의 반응 • 일상생활 속 나의 감정 알아차리기
		3	나의 욕구 탐색	• 나의 욕구에 대해 이해하기 • 나의 욕구는
		4	효과적인 의사소통	• 나의 의사소통은 • 나-전달법으로 하는 자기주장
		5	마음의 창	• 조하리의 창 테스트와 내 마음의 창 그리기 • 내가 보는 나, 타인이 보는 나

자아개념(self-concept)은 자신의 존재에 대한 **인지적 개념**이며, 자신을 생각할 때 떠오르는 생각이나 이미지 등 자신이 타인과 달리 독립적으로 존재한다는 것에 대한 이해이다. 자기의 신체, 감정, 생각, 신념, 행동 등을 어떻게 인식하고 평가하는지를 의미한다. 자신이 타인과 구별되는 독특한 실체라고 인식하면서 자아개념이 발달하기 시작한다. 자아개념은 후천적 경험을 통하여 발달하고, 유전적 요인(기질, 신체적 특성)과 환경적 요인(가족, 친구, 사회, 문화적 배경)의 영향을 받으며, 타인의 피드백, 사회적 경험, 개인적 성취 등에 의해 변화할 수 있다.

초등학교 3~4학년이면 '나는 똑똑하다.' '나는 성질이 급하다.'와 같이 자아 개념에 성격적 특징을 사용할 수 있다. 중고등학생이 되면 자신의 심리적 기질이 상황에 따라 변할 수 있다는 것을 알게 되어 '나는 제법 똑똑하다, 나는 상당히 성질이 급하다.'와 같이 수식어를 사용할 수 있다. 학생이 성장하는 과정에서 **긍정적인 자아개념**을 갖기 위해서는 **주변과의 상호 작용**이 중요하다. 유아는 외모나 행동과 같은 외적 특징을 통해 자신을 이해하고 개념화하며, 어린 아동일수록 부모와의 상호 작용이 자아개념 형성에 영향을 미친다. 초등학생은 외모나 행동뿐만 아니라 자신의 신념, 성격과 같은 내적 특징을 통해 자신을 이해하고 개념화한다. 학교에 소속되면서 사회적 · 문화적 맥락에서 자신의 역할을 이해하고 자아개념이 뚜렷해지며 타인과의 상호 작용을 통해 자아개념이 정교해진다. 청소년은 추상적 사고가 가능해져 실제 자신의 모습과 자신이 추구하는 이상적인 모습의 차이로 자아개념에 혼란을 겪을 수 있다. 이상적인 자기 모습을 상상하고 그 모습으로 행동하려고 하는 경향이 있다. 청소년은 다른 사람과 자신을 비교하는 것에 민감해지고 타인의 시선을 의식하게 된다. 자아정체성을 탐색하는 과정에서 스스로를 끊임없이 평가하며 타인의 반응을 신경 쓴다. 또래 집단과의 관계가 중요한 시기이므로, 자신이 또래에게 어떻게 보이는지에 대한 관심이 많아진다.

보충 TIP

청소년의 자아중심적 사고(egocentrism): 상상적 청중

상상적 청중(imaginary audience)은 청소년에게 흔히 나타나는 심리적 특징으로 자신이 타인의 주된 관심 대상이라고 믿는 경향이다. 타인이 항상 자신을 지켜보고 있다(모두가 나를 보고 있다)고 느끼고, 행동과 외모에 대한 평가를 받고 있다고 생각한다. 청소년은 자아중심적 사고로 인해 과도한 자의식을 가지고 타인의 평가와 반응에 민감하며 자신의 생각과 감정이 매우 독특하고 특별하다고 생각할 수 있다. 타인이 자신을 지켜보고 있다고 느끼기 때문에 자신의 작은 실수에도 크게 부끄러움을 느끼고 창피한 상황을 쉽게 잊지 못하며 외모와 사회적 이미지에 과도하게 신경을 쓸 수 있다. 일상생활에서 거울을 자주 보고 SNS 활동으로 많은 시간을 보내며 유행을 따라가려 하거나 또래 집단의 반응을 중요하게 여긴다. 외모와 행동을 신경 쓰면서 자기 관리 능력이 향상되고 타인의 감정을 고려하며 공감 능력이 발달할 수 있지만, 자신이 평가받고 있다는 생각이 강해져 불안이나 스트레스를 겪고 또래의 시선을 의식하여 또래 압력을 느끼며 자존감이 낮아지고 심리사회적으로 위축될 수 있다. 모든 사람이 자신의 일거수일투족을 쳐다보고 있다고 믿는 10대들은 부모나 교사의 비판적인 말에 굴욕감을 느낄 수 있다.

반면, 청소년의 상상적 청중은 자아중심성 때문이 아니라 조망수용 능력이 발달하여 다른 사람을 생각하는 것에 더 많은 관심을 갖게 된 것이라는 주장(Vantanian & Powlishta, 1996)도 있다. 또한 뇌의 사회정서 네트워크가 강화되어 사회적 피드백에 민감해졌기 때문이기도 하다.

자아개념은 문제에 직면하였을 때 문제를 대하는 태도와 해결하는 대처 방법에 영향을 미친다. 자아개념이 긍정적인 학생은 도전적이고, 삶의 과제에 적극적이며, 스트레스와 역경을 잘 극복한다. 학교적응과 학업성취에 유리하고 대인관계에서 자기통제력과 유연성을 발휘한다. 반면, 자아개념이 부정적인 학생은 낮은 자아존중감으로 이어져서 우울과 불안을 겪을 가능성이 있고 대인관계에서 소극적 태도를 보인다. 자신에 대한 부정적인 감정과 열등감을 쉽게 느껴 학교적응과 학업성취가 어렵고, 대인관계에서 타인을 이해하는 생각과 감정이 경직되어 자기통제력을 쉽게 잃을 수 있다.

2) 자아개념 강화 프로그램의 실제

(1) 나의 자아인식

주제	나의 자아인식
목표	• 자아개념의 구성 요소를 바탕으로 자신의 자아개념을 이해한다. • 자화상 그리기를 통해 자신의 자아이미지를 형상화하여 인식하고, 타인과 구별되는 자신의 독특성을 인식하고 표현한다.
준비물	필기도구, 교육자료, A4 용지 또는 8절지, 색연필, 크레파스, 사인펜, 손거울(또는 자신의 사진), 굵은 선 드로잉 펜, 원색 계열 마커 등
활동 내용	• 자아개념의 뜻과 구성 요소 배우기 1. 교육자료를 활용하여 자아개념의 정의와 구조를 학습한다. 2. 자신은 어떤 자아개념을 가지고 있는지 적어 보고 두 명씩 짝을 이루거나 모둠원과 나눈다. • 거울에 비친 자화상 그리기 1. 각자 준비해 온 손거울로 거울에 비친 자신의 모습을 관찰한다. 2. 자신의 특징을 어떻게 표현할지 생각해 보고, 종이에 자유롭게 스케치하고 색칠하여 자화상을 그린다. 3. 자화상이 완성되면 자신의 자화상을 소개하고, 모둠원과 나누고 피드백한다.
심화 활동	• 팝아트 자화상 그리기 1. 캔버스나 8절지에 자신의 얼굴 테두리를 먼저 그린 후, 연필이나 볼펜으로 눈, 코, 입, 머리, 어깨 등을 스케치한다. 2. 원색 계열 마커, 색연필, 크레파스, 사인펜 등으로 생동감 있게 채색하고, 다양한 패턴이나 모양으로 배경을 디자인하고 꾸민다. 3. 채색과 꾸미기가 끝나면 검정색으로 윤곽선을 강조한다. 4. 말풍선을 만들고, 자신의 자아이미지를 말풍선 안에 적는다. 5. 모둠원과 자신의 작품을 공유하고 긍정적인 피드백을 나눈다.

참고사항

- '거울에 비친 자화상 그리기'를 먼저 실시한 후 시간이 가능하고 학생들이 희망하면 팝아트 자화상을 그려 보도록 한다. 또는 두 가지 자화상 그리기 방법 중 한 가지를 선택하여 진행한다.
- 팝아트는 밝고 화려하게 채색할 수 있는 도구를 준비하고, 밝은색부터 칠해서 잘못 칠해진 부분을 수정할 수 있도록 한다.
- 팝아트는 둥근 모양, 별, 하트 등 자신만의 독특한 배경을 만들고, 검은 펜으로 윤곽선을 강조하여 눈에 잘 띄게 그리도록 한다.
- 자화상을 모아서 대형 작품을 만들어 보고, 집단 속에 함께하지만 독특성을 지닌 자신에 대해 인식해 본다.
- 색종이나 잡지를 이용해 자화상을 꾸미는 등 다양하게 작업할 수 있다.

교육자료 자아개념의 구조

- 자아개념은 '내가 나를 어떻게 생각하느냐'이다. 자신을 생각할 때 떠오르는 생각이나 이미지 등 자신이 타인과 달리 독립적으로 존재한다는 것을 이해하고 자신을 평가하는 것이다.

- 자아개념의 구조

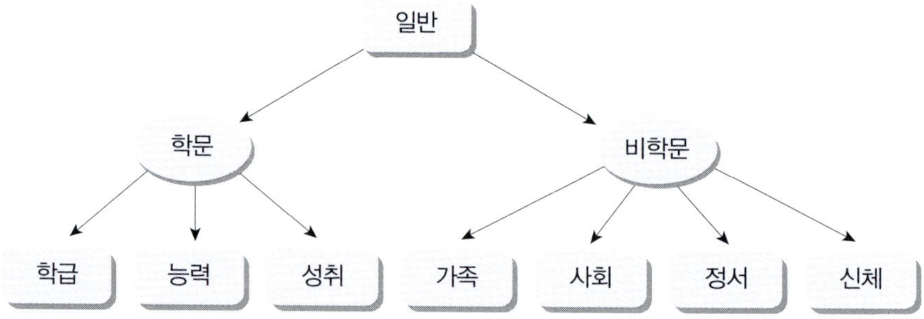

일반 자아개념	총체적인 자신의 모습을 지각하는 특성으로, '나 자신에 대해 자신감이 있다.' '나는 행복한 사람이다.' '나는 모든 일에 서투르다.' 등
학급 자아개념	교실 내 활동에서 학생의 학업에 관련된 것들에 대한 지각으로, '수업 시간에 발표를 잘 한다.' '학급 일에 잘 참여한다.' '학교생활에 적응하기 힘들다.' 등
능력 자아개념	학업과 관련된 능력에 대한 평가로 학업을 성취할 수 있다는 느낌 정도를 나타낸다. '학습과제를 끝마칠 능력이 있다.' '무엇이든 배울 능력은 충분하다.' 등
성취 자아개념	실제 학업성취에 관련된 지각으로 성취 자아개념은 학교의 학업에 관련된 것에 대한 성공 실패를 나타낸다. '대부분의 과목 성적이 우수하다.' '만족스러운 점수를 얻기가 힘들다.' 등
가족 자아개념	가족의 한 구성원으로 가족의 평가를 통해 형성되는 개인의 가정에서의 적응에 대한 자아 지각 정도를 의미하며, '우리 가족은 나를 사랑한다.' '부모님은 나를 이해한다.' 등
사회 자아개념	중요 타인인 부모, 교사, 또래 집단에 의한 평가에서 형성되는 지각으로 한 개인이 사회적 상황에 적응하는 정도에 대한 평가된 지각이다. '사교성이 있다.' '친구들은 나를 좋아한다.' '다른 사람에게 관심이 없다.' 등
정서 자아개념	자신의 존재감이나 가치감, 도덕성, 정서적 반응성 등에 관한 지각과 평가를 다루며, '나는 정직한 사람이다.' '나는 가치 있는 사람이다.' 등
신체 자아개념	신체 및 외모에 관한 자아, 즉 체격, 생김새, 외모 등에 관한 지각과 신체 능력에 대한 지각 내용이 포함된다. '나는 매력적인 사람이다.' '내 외모에 자신이 있다.' '항상 단정한 편이다.' 등

출처: 송인섭(1994).

자화상

자화상은 자신이 스스로 그린 자기의 초상화이다. 자화상 그리기 활동은 자아이미지에 대해 표현하고 통찰할 수 있는 기회가 된다.

자화상은 표현의 대상이 자기 자신이며, 자신의 내면에 대한 탐색이다. 자신의 모습을 형상화함으로써 내면을 표출하는 자기고백의 의미가 내포되어 있다. 타인과 구별되는 자신의 독특성과 성격을 자아와 탐색하여 그림을 통해 표현하는 도구로 활용할 수 있다. 자화상을 그리는 과정은 다양한 자신의 모습을 표현하고 존재감을 확인하는 기회가 된다. 자기를 그려 보는 것은 자신의 신체이미지와 연결된 부분이기도 하다. 청소년 시기에는 연예인을 영웅시하면서 자아이미지를 투사하기도 한다. 연예인의 외모를 닮고자 무리한 다이어트와 거식증 등 정서적 · 행동적 문제를 보이며 왜곡된 자아상을 갖기도 한다.

긍정적인 자아이미지를 가진 사람은 자아존중감과 대인관계가 긍정적이며, 집단에 큰 문제 없이 적응하고 성취를 이루며 만족한다. 현실적 자아이미지는 자신이 실제로 어떤 사람인가이며, 이상적 자아이미지는 자신이 바라고 추구하는 이상적인 모습에 대한 지각이다. 사회적 자아이미지는 주변에서 자신을 어떻게 바라보는지와 관련된다. 자화상을 통해 자신의 자아개념, 정체성과 세상을 바라보는 시각을 표현할 수 있다.

팝아트 자화상을 그리며 자신의 과거, 현재, 미래를 기억하고 상상해 볼 수 있다. 자신의 얼굴 사진을 보고 작품을 그리며 자신의 삶의 한 부분인 순간의 기억과 마음을 떠올려 볼 수 있다. 현재의 나에게 응원 메시지를 적으며 자신의 삶을 표현하고 자신을 위로하고 상처의 치유를 돕는 도구가 될 수 있다. 미래의 멋진 모습을 꿈꾸고, 팝아트를 그리면서 점점 멋있어지는 자신의 작품을 통해 재미있고 신기한 경험과 함께 성취감을 맛볼 수 있다.

거울로 본 자화상

고흐의 자화상

팝아트 자화상

(2) 나의 감정 탐색

주제	나의 감정 탐색
목표	• 자신이 느끼는 다양한 긍정·부정 감정을 탐색하여 자신의 정서 자아개념을 인식한다. • 최근에 긍정적 또는 부정적 감정을 느꼈던 상황을 떠올려 봄으로써 자신의 정서 자아개념을 지각하고 평가한다.
준비물	필기도구, A4 용지, 활동자료, 색연필, 크레파스 등
활동 내용	• 내가 느끼는 감정과 몸의 반응 1. 감정 단어 목록에서 자신이 느끼는 모든 감정에 ○ 표시하고, 목록에 주어진 감정 이외의 감정이 있다면 빈칸에 적는다. 2. '감정에 대한 내 몸의 반응 알아차리기' 활동자료를 작성하고, 내가 느끼는 감정들과 반응들을 모둠원과 나누며 피드백한다. • 일상생활 속 나의 감정 알아차리기 1. 일상생활 상황에서 자신이 느끼는 감정에 대해 생각하면서 '생활 속 나의 감정 알아차리기' 활동자료를 작성한다. 2. 활동자료에 작성한 감정 두 가지를 자신이 느꼈던 감정의 크기만큼 A4 용지에 원을 각각 그린다. 감정의 강도가 크면 면적을 넓게, 작으면 좁게 그린다. 3. 그 감정을 나타내는 색을 선택하여 자유롭게 색칠한다. 4. 자신이 경험한 상황과 느낀 감정, 자신이 표현한 활동에 대해 나눈다. 5. 모둠원의 이야기를 듣고 자신의 감정과 비교해 보고 소감을 나눈다.
참고사항	• 자신의 다양한 감정과 긍정적 또는 부정적 감정에 대해 인식할 수 있도록 한다. • 최근 자신이 느꼈던 긍정·부정 감정을 떠올려 보고 A4 용지에 자유롭게 표현하도록 한다. 학생들이 유연성을 가지고 창의적으로 작업할 수 있도록 분위기를 조성한다. • 학생들이 힘들었던 상황을 적어 보고 나눌 때, 자신이 노출하고 싶은 범위에서 이야기하도록 지도할 필요도 있다. 모둠원은 진지하고 진솔하게 참여하도록 시작할 때 주의점을 안내한다.

활동자료 감정 단어

감정 단어 목록

긍정(쾌) 감정 단어			부정(불쾌) 감정 단어		
감동하다	감탄하다	고맙다	갈등하다	거부감	경멸하다
공감하다	그립다	기쁘다	괘씸하다	괴롭다	귀찮다
보람차다	만족하다	반갑다	근심 걱정	낯 뜨겁다	놀라다
반하다	뿌듯하다	사랑스럽다	답답하다	덤덤하다	망설이다
사무치다	상큼하다	선호하다	무섭다	무안하다	미안하다
설레다	성취감	애틋하다	배신감	부끄럽다	부럽다
열광하다	우습다	유쾌하다	불안하다	불편하다	불행하다
자랑스럽다	재미있다	정겹다	비장하다	비참하다	상실감
좋다	즐겁다	통쾌하다	샘내다	서럽다	속상하다
편안하다	평화롭다	행복하다	실망하다	싫다	싫증 나다
홀가분하다	황홀하다		심란하다	속 타다	슬프다
			아쉽다	안타깝다	약오르다
			억울하다	역겹다	열등감
			외롭다	우울하다	의심
			절망하다	죄책감	주눅 들다
			증오하다	지겹다	참담하다
			창피하다	초조하다	한 맺히다
			화나다	황당하다	후회하다
			허무하다		

출처: 박인조, 민경환(2005).

활동자료 감정에 대한 내 몸의 반응 알아차리기

감정에 대한 내 몸의 반응 알아차리기

❍ 내가 느끼는 긍정과 부정 감정을 감정 단어 목록에서 각각 한 가지씩 선택한 후, 그 감정들을 느낄 때 내 몸의 반응을 글쓰기와 그림 그리기 등으로 표현해 보세요(숨쉬기, 심장, 근육 등).

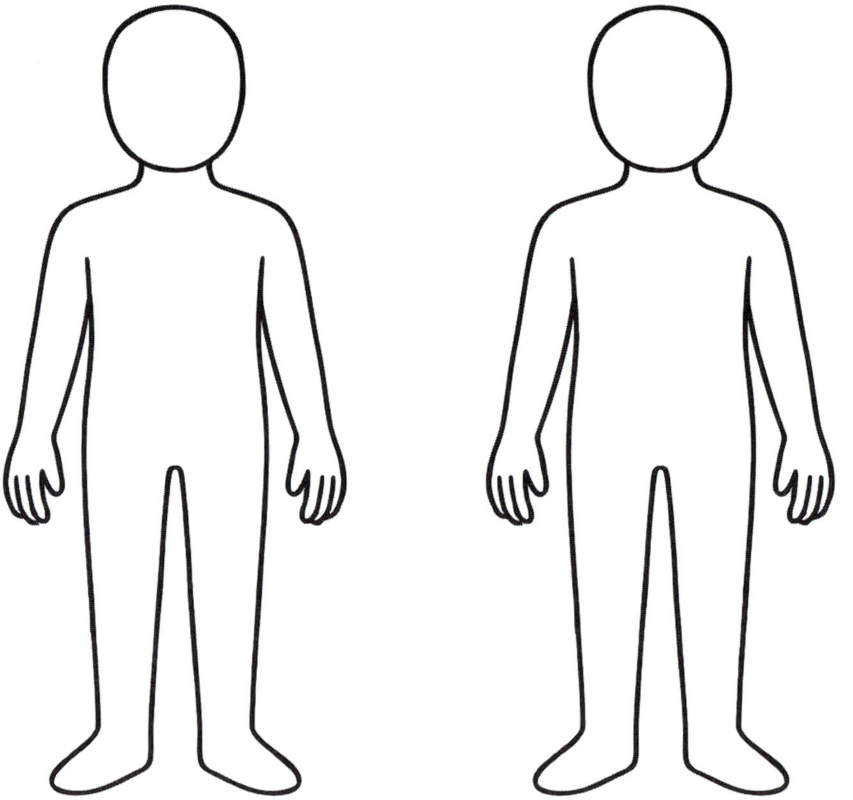

긍정 감정: ______________ 일 때 내 몸은… 부정 감정: ______________ 일 때 내 몸은…

활동자료 생활 속 나의 감정 알아차리기

생활 속 나의 감정 알아차리기

기쁘고, 슬프고, 화나고, 신나고, 짜증 나고……,
우리는 다양한 감정을 느끼며 살아갑니다.
감정을 느낀다는 것은 생동감과 활력을 줍니다.
좋은 감정은 자주 느끼도록 노력해 보세요.

나를 힘들게 하는 감정이 있다면, 그 감정에서 벗어나기 위해 노력해 보세요.

❍ 다음의 상황들과 나의 감정을 각각 적어 보세요.

	상황	나의 대표 감정 (감정 단어 목록에서 찾아서 적어 보세요.)
최근 1주일~1달 사이에 긍정 감정을 느꼈던 일		
최근 1주일~1달 사이에 부정 감정을 느꼈던 일		

(3) 나의 욕구 탐색

주제	나의 욕구 탐색
목표	• Maslow의 욕구위계설을 바탕으로 자신의 욕구(needs)를 이해한다. • 자신이 욕구(needs)를 충족하였거나 충족하지 못하였던 상황들을 바탕으로 자신의 욕구단계와 욕구충족 정도를 이해한다.
준비물	필기도구, 교육자료, 활동자료
활동 내용	• 나의 욕구에 대해 이해하기 1. 교육자료를 활용하여 Maslow의 욕구위계설을 바탕으로 자신의 욕구에 대하여 배운다. 2. 활동자료의 내용을 바탕으로 자신이 어떤 욕구를 느끼는지 생각해 보고, 두 명씩 짝을 이루어 나누며 피드백한다. • 나의 욕구는 1. '나의 욕구는' 활동자료를 활용하여 최근에 '내가 욕구를 충족하였거나 충족하지 못하였던 상황들'을 적는다. 그때 느꼈던 욕구들을 욕구 목록에서 찾고 연결 지어 적는다. 2. 활동자료에 작성한 내용을 바탕으로 자신이 이야기하고 싶은 내용을 서로 나눈다. 3. 모둠에서 다른 사람의 이야기를 들으면서 자신과 비슷한 점, 차이점 등을 생각하면서 서로 생각과 느낌을 나눈다.
참고사항	• 최근 자신이 경험하였던 상황에서 느꼈던 감정과 욕구를 표현하기 어렵다면, 가장 기억에 남는 경험을 적도록 한다. • 욕구를 충족하지 못하였던 상황은 자신이 표현하고 싶은 만큼 표현하도록 한다. • 교육자료 이외에 Maslow의 욕구위계설을 학습하고, 학생들의 이해를 보다 높이는 방법을 구상한다.

교육자료 Maslow의 욕구위계설

Maslow의 욕구위계설(Maslow's hierarchy of needs)

- 욕구란 무엇을 얻고자 하거나 무슨 일을 하고자 하는 마음으로, 무엇이 결핍되어 있는 상태에서 무의식적으로 결핍된 상태를 채워서 해결하려는 심리이다.
- 미국의 심리학자 Maslow는 인간의 욕구는 타고난 것이라고 하였으며, 욕구의 강도와 중요성에 따라 5단계로 분류하였다. 인간의 타고난 욕구는 생리적 욕구, 안전의 욕구, 소속 · 애정의 욕구, 존중의 욕구, 자아실현의 욕구를 말한다.
- 일반적으로 하위 단계의 욕구가 먼저 채워져야 다음 단계의 욕구가 발생한다. 욕구는 우리가 행동하도록 만드는 동기가 되며, 나의 욕구가 얼만큼 충족되었다고 느끼느냐에 따라 낮은 단계에서부터 높은 단계로 성장해 간다. 예를 들면, 배고픔을 채우면 안전, 사랑, 성취 및 자아실현과 같은 고차원적인 욕구를 충족시키기 위해 노력한다.
- Maslow의 관점에서, 1단계부터 4단계의 욕구는 결핍되었을 때 충족하기 위해 행동하고 노력하며, 5단계는 성장과 잠재력을 발휘하려는 동기이다.

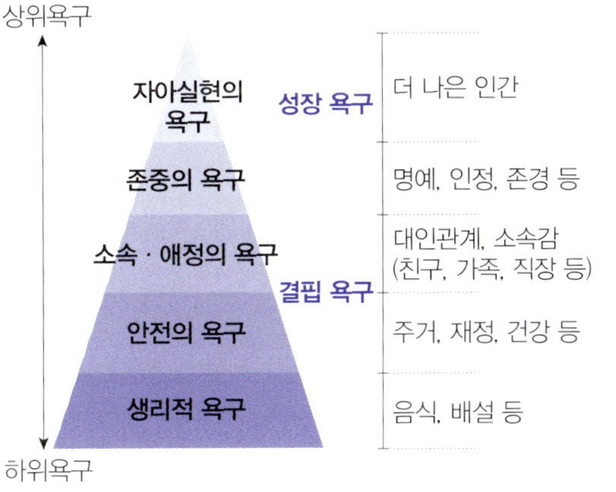

자아실현의 욕구 (self-actualization)	자기를 계속 발전하게 하고자 잠재력을 최대한 발휘하려는 욕구이다. 다른 욕구와 달리 충족될수록 더욱 증대되는 경향을 보여 '성장 욕구'라고 한다. 배우고 이해하려는 인지 욕구나 심미 욕구 등이 포함된다.
존중의 욕구 (esteem)	타인으로부터 인정받고 자신을 가치 있게 여기고 싶은 욕구이다. 자아존중, 자신감, 성취, 존중, 존경 등에 관한 욕구가 포함된다.
소속 · 애정의 욕구 (belonging · love)	가족, 친구, 친척 등과 친교를 맺고 원하는 집단에 속하고 싶어 하는 욕구이다.
안전의 욕구 (safety)	생리적 욕구가 충족되고서 나타나는 욕구로서 위험과 위협으로부터 자신을 보호하고 불안을 회피하려는 욕구이다.
생리적 욕구 (physiological)	배고픔을 면하고 생명을 유지하려는 욕구로서 가장 기본인 수면, 배설, 음식, 성 등을 포함한다.

활동자료 욕구 목록

나의 욕구는

❍ 다음의 상황들과 나의 욕구들을 연결 지어 적어 보세요.

구분	욕구
생리적 욕구	호흡, 음식, 물, 휴식, 수면, 성, 배설 등
안전의 욕구	자기보호, 가족의 안전, 편안함, 안도, 위안, 신체적 안전, 정서적 안전, 건강, 주거안정성, 직업, 돌봄, 보호, 경제적 안전 등
소속 · 애정의 욕구	친밀함, 유대감, 소통, 배려, 공감, 이해, 수용, 지지, 협력, 감사, 승인, 사랑, 애정, 관심, 우정, 나눔, 신뢰, 확신, 공동체, 소속감 등
존중의 욕구	성취감, 존재감, 자기존중, 인정, 자부심, 존경, 칭찬 등
자아실현 욕구	깨달음, 명료함, 발견, 자극, 참여, 효능감, 희망, 성취, 배움, 꿈, 성장, 창조성, 치유, 전문성, 숙달, 자각, 자기표현, 여유, 평화, 조화, 자율성 등

	최근에 내가 욕구를 충족하였거나 충족하지 못하였던 상황은……	나의 욕구
학교에서		
가정에서		
학원에서		
그 외		

(4) 효과적인 의사소통

주제	효과적인 의사소통
목표	• 자신이 부정적인 기분을 느꼈던 경험을 바탕으로 자신의 언어적 · 비언어적 의사소통 방식을 이해한다. • 자신의 부정적인 기분을 상대방에게 나-전달법으로 전달할 수 있다.
준비물	필기도구, 교육자료, A4 용지
활동 내용	• **나의 의사소통은** 1. 의사소통의 정의, 필요성, 기술과 방법, 효과에 대해 교육자료를 참고하여 학습한다. 2. 최근에 기분이 상하였던 일을 떠올려 보고, 그때의 내 모습을 A4 용지에 그려 본다. 그 상황에서 '나의 언어적 · 비언어적 의사소통은 어떠한지' 말풍선을 만들어 적어 본다. 3. 자신이 이야기하고 싶은 내용 중심으로 모둠원과 나누어 본다. • **나-전달법으로 하는 자기주장** 1. 교육자료를 활용하여 너를 주어로 사용하는 너-전달법과 나를 주어로 사용하는 나-전달법의 차이점과 나-전달법의 3요소(행동-감정-바람)에 대하여 학습한다. 2. 기분이 상하였던 상황에서 할 수 있는 나-전달법을 '나의 의사소통은……' 에서 표현한 A4 용지 아랫부분에 적는다. 3. 자신의 경험을 나-전달법으로 표현하고, 평소의 대화와 나-전달법으로 바꾸어 표현하였을 때의 차이에 대해 모둠원과 나누고 피드백한다.
참고사항	• 의사소통의 중요성에 대해서 인식하고, 나-전달법으로 표현할 수 있도록 지도한다. • 표현에 따라 받아들이는 마음이 다르다는 것을 설명하고 나-전달법을 일상생활에서 활용할 수 있도록 지도한다.

의사소통: 잘 듣는 것이 기본이다

❍ 의사소통의 정의

의사소통이란 언어 및 비언어적 수단을 통해 서로의 생각과 느낌을 나누는 과정이다. 언어적 의사소통은 말하는 내용, 음성과 억양 등이 포함된다. 비언어적 의사소통은 얼굴 표정, 몸짓, 손이나 발의 움직임 등과 같이 말로 표현하지 않아도 서로 소통될 수 있는 모든 요소를 말한다. 예를 들면, 한 번도 만나 본 일이 없고, 언어가 전혀 다른 두 외국인이 처음 마주쳤을 때 얼굴 표정, 몸짓, 그리고 손과 발의 움직임만으로도 서로의 생각과 느낌을 주고받을 수 있는 것과 같은 경우를 말한다. 의사소통은 말하는 내용과 말할 때의 음성과 억양, 표정 및 신체 각 부분의 동작까지도 포함된다.

❍ 의사소통의 필요성

의사소통은 인간관계를 맺고 유지, 발전시키는 데 절대적으로 필요한 것이다. 흔히 사람들은 '인간관계가 좋다.' 또는 '인간관계가 나쁘다.'라는 말을 자주 한다. 인간관계는 말을 주고받는 의사소통을 통해 이루어지기 때문에 '인간관계가 좋다.' 또는 '인간관계가 나쁘다.'라는 것을 달리 표현하면 '의사소통이 잘(못) 이루어지고 있다.'라는 말이 된다. 바꾸어 말하면, 부모와 자녀, 선생님과 학생, 친구와 친구 간에 의사소통이 효과적으로 잘 이루어지고 있느냐 또는 그렇지 못하느냐를 의미한다고 볼 수 있다.

❍ 의사소통의 기술과 방법

여러 가지 의사소통 기술이 있는데 그중에서 다른 사람의 말을 주의 깊게 듣는 경청과 부탁(요청)하기를 소개한다.

• 경청하기

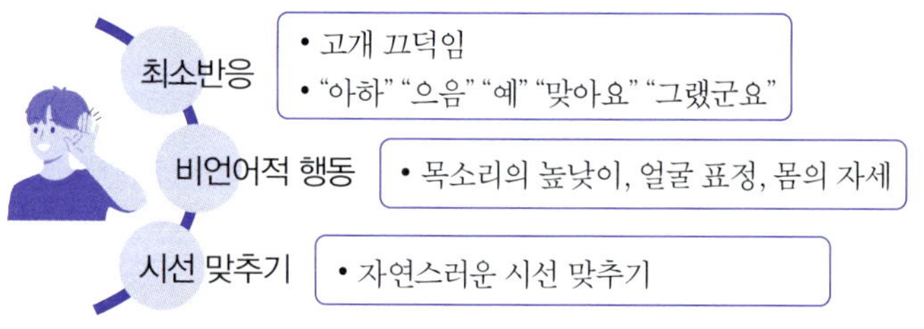

• 부탁(요청)하기

"~하고 싶은데" "우리 함께 ~해 볼까?" "~해 주겠니?" "~해도 좋을까?"

❍ 의사소통의 효과

학교에서 인간관계를 잘 맺지 못하면 학교생활에 흥미를 잃게 되어 학업 성적이 떨어지거나 학교에 나오기 싫어질 수도 있다. 의사소통 기술을 익힘으로써 부모님, 선생님 그리고 친구를 포함하여 우리들이 관계하는 사람들과 좋은 인간관계를 맺고 하루하루를 보다 즐겁고 보람 있게 보낼 수 있기를 기대한다.

Tip 의사소통 기술과 방법은 제4장에 제시된 꼭 알아야 할 상담기법을 참조하여 활용함.

교육자료 나-전달법

나-전달법

"너는 도대체 왜 그러니?" "너는 왜 이렇게 조심성이 없니?" "쿵쿵 뛰지 말라고 했잖아."라는 식으로 자기 생각을 표현하는 것은 '너'가 주어가 되는 너-전달법이다. 부정적인 문장의 주어가 된 사람은 상대방의 말 한마디에 상처받고 자존감을 다친다. 너-전달법은 문제의 주체를 상대방에게 넘기기 때문에 말할 때 상처를 주기 쉽다.

이에 비해, 나-전달법은 내가 주어가 되면서 상대방이 잘못하였거나 서운하였던 것을 짚어 주고, 나의 감정과 바람까지 나타낼 수 있는 의사소통 방법이다. 이때 주의할 점은 상대방의 행동을 사실대로 차분하게 표현하고, 나에게 주는 영향과 그로 인한 나의 감정을 솔직하게 말하며, 상대방에 대한 바람을 함께 표현하는 것이다. 나-전달법을 사용하면 상대방을 비난하지 않고 자신의 마음을 잘 알릴 수 있으며, 상대방의 기분이 상하지 않고 행동의 변화를 가져오도록 할 수 있다.

❍ 나-전달법의 세 가지 요소

1. 행동(사실): 나를 힘들게 하는 상대방의 행동
2. 감정: 행동이 나에게 미치는 영향과 그로 인한 나의 감정
3. 바람: 앞으로 상대방이 해 줬으면 하는 행동

친구가 약속 시간에 늦었을 때 예시

1. 행동(사실): 네가 약속 시간에 늦어서
2. 감정: 내가 계획한 것을 제시간에 못 할까 봐 걱정되어 답답하고 화가 났어.
3. 바람: 앞으로는 약속을 잘 지켜 줬으면 좋겠어.

전화통화를 하고 있는데, 옆에서 큰 소리로 떠들 때 예시

1. 행동(사실): 중요한 통화 중에 네가 큰 소리로 얘기해서
2. 감정: 들어야 할 내용을 잘 못 들었어. 그래서 기분이 좋지 않아.
3. 바람: 전화할 때는 조용히 해 주면 좋겠어.

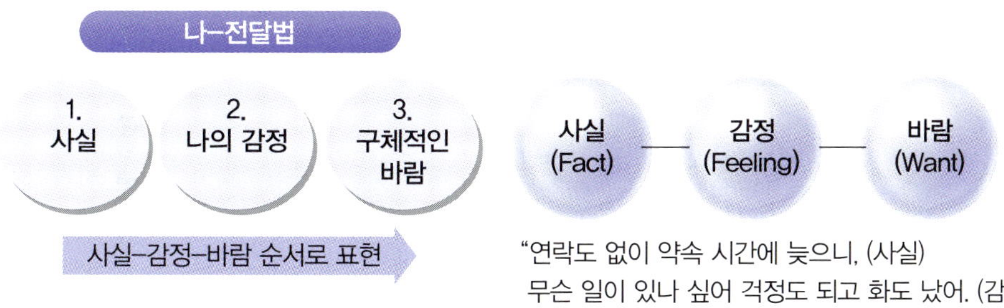

"연락도 없이 약속 시간에 늦으니, (사실)
무슨 일이 있나 싶어 걱정도 되고 화도 났어. (감정)
다음부터 늦을 거 같으면 미리 전화라도 해 주길 바라." (바람)

(5) 마음의 창

주제	마음의 창
목표	• 조하리의 창 테스트와 내 마음의 창 그리기를 통해 관계 속에서 자신의 모습을 이해한다. • 내가 보는 나와 타인이 보는 나를 함께 살펴보고 비교해 봄으로써 자신의 특성을 이해한다.
준비물	필기도구, 활동자료, 교육자료
활동 내용	**• 조하리의 창 테스트와 내 마음의 창 그리기** 1. '조하리의 창' 교육자료를 활용하여 4가지 영역으로 나누어진 마음의 창에 대해 학습한다. 2. 각 영역별로 자신에게 해당되는 사례를 메모하면서 평소 자신의 마음이 어떠한지 생각해 본다. 3. 활동자료 '조하리의 창 테스트'를 작성한 후, 자기노출과 피드백 점수를 계산하고 내 마음의 창(조하리의 창 그래프)을 그린다. 4. 자신은 어떤 영역의 점수가 높은지, 내 마음의 창의 특징, 어떤 문항의 점수가 낮은지에 대해 모둠원과 나누고 피드백한다. **• 내가 보는 나, 타인이 보는 나** 1. 두 사람이 짝을 지어 활동하도록 안내한다. 2. '나를 나타내는 형용사는' 활동자료에 제시된 57개의 형용사 중 '자신을 나타내는 형용사' 6개에 ○ 표시한다. 3. '짝이 생각하는 나'를 나타내는 형용사 6개를 서로 찾아 □ 표시한다. 4. 자신과 짝이 고른 형용사를 조하리 창의 해당되는 영역에 적어 넣는다. 5. 영역별로 적어 넣은 형용사를 왜 선택하였는지 이야기하며 자신의 마음과 모습을 분석해 본다. 6. 자신이 생각하고 있는 자신의 모습과 다른 사람들이 바라보는 자신의 모습을 비교해서 생각해 보고 자신은 어떤 사람인지 적고 모둠원과 나누고 피드백한다.
참고사항	• 친구끼리 서로를 구체적으로 알아 가며 장점을 찾아 주는 유익한 시간이 되도록 유도하고, '개방형'의 영역이 넓어질 수 있도록 격려한다. • '숨겨진 영역'과 '맹목의 영역' '미지의 영역'을 '공개적 영역'으로 전환할 수 있도록 격려한다. • 주어진 형용사 이외에 다른 형용사로 표현해도 된다는 것을 안내한다.

교육자료 조하리의 창

조하리의 창

조하리의 창은 미국의 심리학자 Joseph Luft와 Harry Ingham이 개발하였고, 두 사람의 이름 앞부분을 합쳐서 조하리 또는 조해리(Johari)라고 불린다. 다른 사람들과의 관계 속에서 자신의 모습(자아가 어떤 상태인지)을 이해할 수 있는 도구로 사용된다.

	자신이 아는 부분	자신이 모르는 부분
타인이 아는 부분	나도 알고, 남들도 아는 **공개적 영역**(open area) **개방형**	남들은 알지만, 나는 모르는 **맹목의 영역**(blind area) **자기주장형**
타인이 모르는 부분	나는 알지만, 남들은 모르는 **숨겨진 영역**(hidden area) **신중형**	나도 모르고, 남들도 모르는 **미지의 영역**(unknown area) **고립형**

공개적 영역	나도 알고 다른 사람도 모두 아는 부분이다. 예를 들면, 키, 몸무게, 성별, 직업 등 남도 알 수 있는 것이고 열린 영역이 많을수록 공감대 형성이 잘되고 상호 작용을 활발하게 할 수 있다. 이 영역이 크면 개방형이다.
맹목의 영역	다른 사람들은 잘 알지만 나는 잘 모르는 나의 모습이다. 예를 들면, 자기 자신이 모르는 습관이나 말투 등이다. 이 영역이 크면 자기이해의 부족을 의미할 수도 있고, 자기주장형이다.
숨겨진 영역	나는 알지만 다른 사람들은 모르는 비밀스러운 부분이다. 예를 들어, 어렸을 때 거짓말을 한 경험이라든가 남들이 잘 모르는 사소한 잘못들이 해당된다. 이 영역이 크면 신중형이다.
미지의 영역	자신도 모르고 남도 모르는 부분이다. 자기이해 부족이나 무의식적 부분이다. 예를 들어, 어렸을 때 경험한 심리적인 외상이나 무의식적 욕구나 갈등이 여기에 포함된다. 이 영역이 크면 고립형이다.

출처: 권재은(2021); Ricky Lowes (2020).

활동자료 조하리의 창 테스트

조하리의 창 테스트

❍ 다음 문항을 읽고, 자신에게 해당하는 점수를 적어 보세요.

*전혀 아니다 1점 ~ 매우 그렇다 10점

번호	문항 내용	점수(1~10)
1	나는 내가 잘 몰랐을 경우 바로 인정한다.	
2	잘못을 지적할 필요가 있을 때 내가 직접 말한다.	
3	나의 느낌을 솔직하게 표현하는 편이다.	
4	걱정거리가 생길 경우 터놓고 의논한다.	
5	내 잘못을 숨기거나 남의 탓으로 돌리지 않는다.	
6	좋은 일이 아니라도 남들이 알아야 하는 일은 알린다.	
7	의견이 다르면 나의 생각을 말하고 함께 검토한다.	
8	나는 말하기 거북한 내용도 거리낌 없이 말한다.	
9	나는 있는 그대로를 나타내며 가식이 없는 편이다.	
10	나는 확신하는 것을 굽히지 않고 말한다.	
	자기노출 점수 합계	
11	이해하기 어려운 지시를 받으면 이유를 확인한다.	
12	남들은 내 의견을 어떻게 생각하는지 물어본다.	
13	다른 사람의 감정을 존중한다.	
14	혼잣말을 많이 해서 남을 짜증 나게 하지 않는다.	
15	진심으로 상대방의 이야기를 들어 준다.	
16	아이디어를 권장하고 대화를 독단적으로 끊지 않는다.	
17	나는 다른 사람의 충고를 잘 받아들인다.	
18	나는 변명을 하지 않고 비판에 귀를 기울인다.	
19	타인이 내 의견에 동의하지 않아도 화내지 않는다.	
20	상대방에게 자신의 의견을 말하도록 권장한다.	
	피드백 점수 합계	

❍ 합산한 점수를 왼쪽 그래프에 그려 보세요.

*세로축은 자기노출의 정도, 가로축은 피드백의 정도를 나타냅니다.

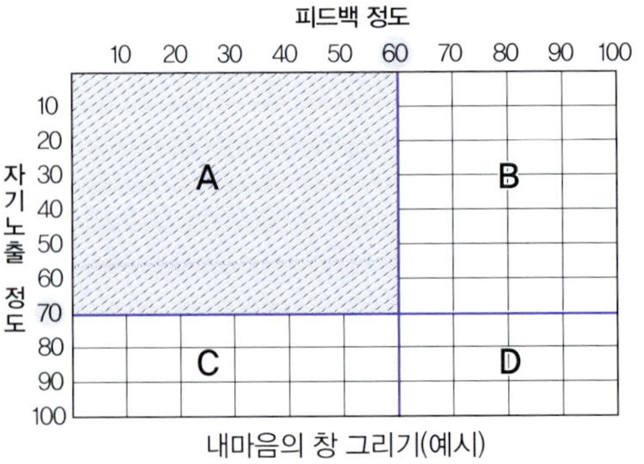

내마음의 창 그리기(예시)

활동자료 나를 나타내는 형용사

나를 나타내는 형용사는

❍ 자신과 짝이 고른 '나를 나타내는 형용사' 각 여섯 개를 조하리의 창에 적어 보세요.

- 서로 겹치는 단어는 '개방형'에 넣기
- 나는 선택하지 않았는데, 짝이 선택한 단어는 '자기주장형'에 넣기
- 나는 선택하였는데, 짝은 선택하지 않은 단어는 '신중형'에 넣기
- 나도 짝도 선택하지 않은 단어를 3~4개 골라 '고립형'에 넣기

조하리의 창에서 활용하는 형용사 57개											
1	able	재능 있는	20	happy	행복한	39	quiet	조용한
2	accepting	솔직한	21	helpful	도움이 되는	40	reflective	생각이 깊은
3	adaptable	융통성 있는	22	idealistic	이상주의	41	relaxed	편안한
4	bold	대담한	23	independent	독자적인	42	religious	종교적인
5	black	사악한	24	ingenious	독창적인	43	responsive	민감한
6	brave	용감한	25	intelligent	총명한	44	searching	철저한
7	calm	침착한	26	introverted	내성적인	45	self-assertive	자기주장이 강한
8	caring	친절한	27	kind	친절한	46	self-conscious	자의식이 강한
9	cheerful	쾌활한	28	knowledgeable	유식한	47	sensible	현명한
10	clever	영리한	29	logical	논리적인	48	sentimental	감상적인
11	complex	까다로운	30	loving	다정한	49	shy	수줍은
12	confident	자신감 있는	31	mature	성숙한	50	silly	어리석은
13	dependable	믿음직한	32	modest	겸손한	51	spontaneous	자발적인
14	dignified	위엄 있는	33	nervous	겁이 많은	52	sympathetic	호감이 가는
15	empathetic	이해심 있는	34	observant	주의 깊은	53	tense	신경이 날카로운
16	energetic	활동적인	35	organized	체계적인	54	trustworthy	신뢰할 수 있는
17	extroverted	외향적인	36	patient	참을성 있는	55	warm	따뜻한
18	friendly	우정 어린	37	powerful	강한	56	wise	슬기로운
19	giving	마음이 넓은	38	proud	거만한	57	witty	재치 있는

개방형 (공개적 영역)	자기주장형 (맹목의 영역)
신중형 (숨겨진 영역)	고립형 (미지의 영역)

4. 자아강화 사회정서교육 프로그램의 실제: 자아존중감

1) 자아존중감

모듈	영역	회기	활동명	활동 내용
2	자아존중감	1	나의 자아존중감은?	• 나의 자아존중감 점검해 보기 • 자아존중감 향상을 위한 나만의 전략 세우기
		2	나의 장점 찾기	• 내가 생각하는 나의 장점 • 친구가 찾아 주는 나의 장점
		3	나의 '성공 경험' 이야기	• 내 인생의 중요한 기억들 • 인생그래프로 알아보는 나의 성공 이야기
		4	나의 대표적 '성격 강점'	• 성격 강점이란 • 나의 대표 강점을 찾아보자
		5	나의 사과나무 키우기	• 나의 사과나무 그리기 • 나의 사과나무에 물 주고 돌보기
		6	자성예언	• 자성예언과 피그말리온 효과 • 나는 이런 사람이 되련다

자아존중감은 자신에 대한 주관적 평가로 스스로를 가치 있고 중요한 사람으로 생각하는 것을 의미한다. 자아존중(self-respect), 자기만족(self-satisfaction), 자신감(self-confidence), 자기평가(self-evaluation), 자기가치(self-worth)와 유사한 개념으로 사용된다. 자신의 특성이나 속성을 평가하여 형성되는 자신에 대한 가치감이며 자아개념에 대한 스스로의 감정적 평가로 개인의 정신 건강에 중요한 역할을 한다. 학생이 자신을 긍정적으로 바라보고 소중히 느낀다는 것은 높은 성취 수준과 환경의 요구에 적응할 수 있는 능력의 밑거름이 된다. 자아존중감을 증진시키는 것이 자아를 성장시키는 것이며, 자아존중감은 학생의 성숙과 행복감으로 이어진다. 긍정적인 자기 평가를 바탕으로 한 자아존중감을 높이는 것은 청소년기인 학생에게 중요한 발달과업이다.

청소년들은 타인의 평가에 민감하기 때문에 자신의 수행을 타인이 어떻게 평가하고 반응하는지에 따라 자신의 행동을 평가하는 경향이 있다. 자아존중감은 자신이 중요하게 여겨진다는 느낌을 주는 타인과의 상호 작용으로부터 싹트고, 작은 성취나 칭찬, 성공을 기반으로 발달한다. 자아존중감 발달에 영향을 미치는 요인은 다양하지만 부모와의 관계, 또래와의 사회적 비교, 부모와 교사의 지지, 자율성과 책임감이 북돋워지는 훈육 등이 있다. 또래와의 학업과 성취 경쟁 속에서 성장하는 청소년들은 자신을 타인과 자연스럽게 비교하게 되면서 자아존중감 형성에 영향을 받게 된다.

자아존중감이 높은 학생은 매사에 적극적이고 분명한 목적의식을 지니고 있어 성취 가능성이 높다. 대체로 합리적인 의사결정을 하고, 행동에 자신감이 있으며, 진취적이고, 활력이 있으며, 대인관계가 원만하다. 호기심, 책임감, 진실추구, 개방성, 체계성이 있고 분석력을 바탕으로 비판적으로 사고한다.

청소년기 자아존중감은 자신의 욕구나 성취를 조절하여 현실적으로 이루는 데 밑거름이 된다. 자아존중감은 고정되어 있지 않고 변화 가능하기 때문에 교육과 훈련을 통해서 충분히 향상시킬 수 있다. 자아존중감이 높은 학생은 자신을 신뢰하기 때문에 자신에게 높은 가치를 부여하게 되고 자신의 재능과 잠재력을 창의적으로 찾아서 실현하는 데 있어서 보다 적극적이다.

보충 TIP

자아존중감이 높은 학생 vs 자아존중감이 낮은 학생

- 자신을 있는 그대로 수용함 vs 자신을 과소평가하거나 과대평가함
- 자신의 존재 가치를 긍정적으로 느낌 vs 자신을 비난하거나 가치 없다고 느낌
- 타인의 인정과 평가에 열려 있지만 스스로에 대해 합리적이고 긍정적으로 평가함 vs 타인의 인정과 평가에 지나치게 의존함
- 목적의식을 가지고 적극적으로 도전함 vs 실패를 두려워하며 도전을 회피함
- 호기심과 자신감을 가지고 자기조절력이 있음 vs 쉽게 좌절하거나 감정 기복이 심함
- 타인과 구별되는 자신의 개성을 존중함 vs 타인과 비교하며 자신을 깎아내림
- 활력 있고 원만한 대인관계 경향 vs 대인관계에 소극적이고 위축된 경향

2) 자아존중감 강화 프로그램의 실제

(1) 나의 자아존중감은?

주제	나의 자아존중감은?
목표	• 자아존중감의 개념을 학습하고 객관적인 척도를 활용하여 자신의 자아존중감을 점검한다. • '나의 자아존중감은 어떠한가'에 대한 이해를 바탕으로 자신의 자아존중감을 향상시키는 방법과 전략을 탐색한다.
준비물	필기도구, 활동자료, 교육자료
활동 내용	• 나의 자아존중감 점검해 보기 1. 교육자료를 활용하여 자아존중감(self-esteem)의 개념을 학습하고, 나의 자아존중감에 대하여 생각해 본다. 2. Rosenberg의 자아존중감 척도, 활동자료를 활용하여 자신의 자아존중감을 객관적으로 알아본다. 3. 자신의 자아존중감 점수를 계산하여 자아존중감 수준을 살펴본다. 특히 높거나 낮은 문항을 중심으로 '나의 자아존중감은 어떠한가'를 적어 보고, 모둠원과 나누고 피드백한다. • 자아존중감 향상을 위한 나만의 전략 세우기 1. '나의 자아존중감은 어떠한가'의 내용을 바탕으로 자아존중감 향상을 위한 자신에게 맞는 전략을 세워 본다. 2. 모둠원과 함께 자신의 자아존중감 향상 전략을 나누고 서로 피드백한다.
참고사항	• Rosenberg의 자아존중감 척도를 활용할 때, 역채점 문항을 확인하여 계산하도록 지도한다. • 자아존중감이 높은 사람의 특징을 알고, 자아존중감을 높이기 위해 노력할 점에 대해 이해하고 노력하도록 지도한다.

교육자료 **자아존중감의 개념**

자아존중감이란 무엇인가

- 자아존중감(self-esteem)은 자신을 가치 있고 존중할 만한 존재로 여기는 것이며, 자부심(pride), 자긍심(self-respect, 자기존중)의 용어로 표현되기도 한다. 자아존중감은 우리를 당당하고 건강하게도 만들지만 자아존중감이 낮아지면 일상생활과 심리적 어려움을 경험할 수 있다.
- 심리학자인 Bandura는 인간에게 필수적이며 강력한 욕구이기 때문에 자아존중감이 부족하면 우리의 심리적 성장에 장애를 받는다고 하였다. Maslow는 적응력의 한 요인으로서 자아존중감의 필요성을 강조하였다. 모든 인간은 자아존중감 욕구가 있는데, 충족시킨 사람은 자신감이 있고 자신을 가치 있고 유용한 사람이라고 생각하는 반면, 이 욕구를 충족시키지 못한 사람은 열등감을 가지고 자신을 보잘것없는 사람이라고 생각한다.
- 긍정적인 자아존중감은 실패하거나 갈등 상황에서도 '나는 소중하고 가치 있는 존재'라는 것이 마음속에 있기 때문에 배움과 성장의 기회로 나아가게 한다. 예를 들면, 영수는 친구들과 어울리고 싶지 않아도 친구들의 눈치를 보며 억지로 함께하곤 하였다. 하지만 점점 친구들이 싫어지는 마음이 들어서 힘들었다. 영수는 고민을 하다가 "오늘은 집에 가서 하고 싶은 게 있어."라고 솔직하게 말하였다. 친구들도 영수의 솔직한 마음을 이해하고 존중해 주었다. 영수는 자신의 감정을 존중하고 솔직하게 말하는 것이 관계를 더 좋게 만든다는 것을 알게 되었다. 실패와 갈등 상황에서 자아존중감이 높은 학생은 다음과 같은 마음이 일어난다.

"내가 부족한 부분이 있었지만, 보완하면 더 좋은 기회가 생길 거야."
"이번 경험으로 나는 배웠어. 이 배움이 나를 더 성장하게 만들 거야."
"나는 내가 좋아하는 일을 할 때 가장 나답고 행복해."
"남들의 의견도 감사하지만 내 선택을 존중할 거야."
"나는 나 자체로 충분히 가치 있고 매력적인 사람이야."
"남들과 다른 나의 개성이 있어. 남들과 비교하지 않고 나 자신을 사랑할 거야."

- 자아존중감은 고정되어 있지 않고 변화 가능하기 때문에 '배우고 노력하면 충분히 향상시킬 수 있다.'라는 것을 항상 기억해야 한다. 긍정적인 자아존중감의 출발점은 완벽한 사람이 되는 것이 아니라 자신의 가치를 인정하고 스스로를 존중하는 태도이다. 올바른 태도와 함께 자아존중감을 향상시키는 작은 변화부터 실천해 보아야 한다.

활동자료 Rosenberg의 자아존중감 척도

❍ 다음은 자신에 대한 문항입니다. 해당하는 곳에 ○ 표시해 주세요.

번호	문항	전혀 그렇지 않다.	그렇지 않다.	그렇다.	매우 그렇다.
1	나는 내가 다른 사람들처럼 가치 있는 사람이라고 생각한다.	1	2	3	4
2	나는 긍정적 자질(좋은 성품)을 가졌다고 생각한다.	1	2	3	4
3	전체적으로 나는 실패자라는 느낌이 든다.	1	2	3	4
4	나는 대부분의 다른 사람들과 같이 일을 잘할 수 있다.	1	2	3	4
5	나는 자랑할 것이 별로 없다.	1	2	3	4
6	나는 내 자신에 대하여 긍정적인 태도를 가지고 있다.	1	2	3	4
7	나는 내 자신에 대하여 대체로 만족한다.	1	2	3	4
8	나는 내 자신을 좀 더 존경할 수 있으면 좋겠다.	1	2	3	5
9	나는 가끔 내 자신이 쓸모없는 사람이라는 느낌이 든다.	1	2	3	4
10	나는 때때로 내가 좋지 않은 사람이라고 생각한다.	1	2	3	4

* Rogenberg(1965)가 개발한 자아존중감 검사도구이며, 긍정적 자아존중감 5문항과 부정적 자아존중감 5문항의 총 10문항으로 구성되었다. 3, 5, 8, 9, 10번 문항은 1점→4점, 2점→3점, 3점→2점, 4점→1점으로 역채점한다.

* 자아존중감 점수는 10~40점 범위이며, 20점 이하는 낮은 수준, 20~30점이 보통 수준, 30점 이상은 높은 수준으로 해석할 수 있다.

❍ 나의 자아존중감은 어떠한가
(자신의 자아존중감 전체 수준과 점수가 높거나 낮은 문항을 중심으로 생각해 본다.)

❍ 자아존중감 향상을 위한 '나만의 전략 세우기'

1.

2.

3.

(2) 나의 장점 찾기

주제	나의 장점 찾기
목표	• 자신이 생각하는 나의 장점을 탐색함으로써 자신의 가치를 인식하고 긍정적인 자기인식이 강화된다. • 친구가 나의 장점을 찾아 주는 활동을 통하여 긍정적인 자아상이 강화되고 자아존중감이 향상된다.
준비물	필기도구, 활동자료, A4 용지
활동 내용	**• 내가 생각하는 나의 장점** 1. '나의 장점 찾기' 활동자료를 활용하여 내가 생각하는 나의 장점 5가지를 적는다. 2. 자신의 장점을 바탕으로 '나의 별칭'을 정한다. 3. 자신의 장점과 별칭을 모둠원에게 소개하고 이야기를 나눈다. **• 친구가 찾아 주는 나의 장점** 1. A4 용지에 양손을 대고 오른손과 왼손 모양을 앞뒷면에 각각 그린다. 2. 각 손가락에 ①~⑩번의 번호를 적고 A4 용지를 모둠의 시계 방향으로 돌린다. 3. 모둠원의 A4 용지마다 손가락 2~3개를 선택한 후, 장점 2~3가지를 적어 준다. 4. 자신의 A4 용지를 돌려받으면, 두 명씩 짝이 되어 짝에게 장점을 서로 읽어 준다. '○○야! 너의 장점은 ~야.' 5. 친구가 읽어 주는 장점을 듣고 짝끼리 소감을 나누고 이야기한다. 6. 모둠원이 적어 준 장점들 중 '가장 마음에 드는 장점 2~3가지와 그 이유'를 손가락을 그린 A4 용지 아래에 적는다. 7. '가장 마음에 드는 장점 2~3가지와 그 이유'를 모둠원과 나누며 피드백을 한다.
참고사항	• 모둠원의 장점을 많이 적어 주는 게 좋고, 2~3가지는 기본적으로 적고 더 많이 적어도 좋다고 지도한다. • 친구의 장점은 단어보다 문장으로 적도록 유도한다. • 친구의 장점을 생각 없고 성의 없이 적지 않고 진지하게 적도록 지도한다.

나의 장점 찾기

이름 ______________________

❍ 내가 생각하는 나의 장점을 다섯 가지 적어 보세요.

- 나의 성격적 좋은 점
- 능력이나 재주가 있다고 생각하는 것
- 부모나 형제, 선생님, 친한 친구로부터 칭찬이나 인정을 받았던 것
- 신체, 외모에 대한 장점

①

②

③

④

⑤

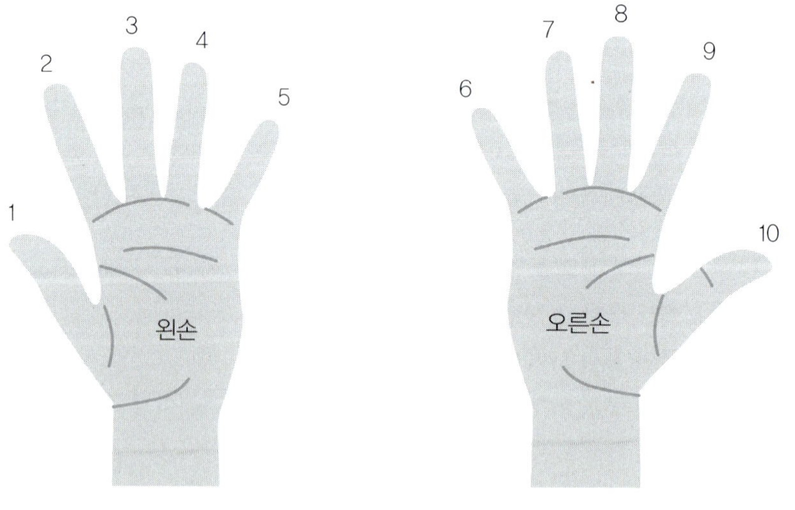

(3) 나의 '성공 경험' 이야기

주제	나의 '성공 경험' 이야기
목표	• 살아오면서 기억에 남는 일들을 떠올리면서 자신의 소중한 경험들을 인식한다. • 인생그래프 그리기를 통해 나의 성공 경험을 탐색하고 자신의 성장을 인식함으로써 자아존중감이 향상된다.
준비물	필기도구, 활동자료, A4 용지, 자(선을 정리할 때 유용함)
활동 내용	• **내 인생의 중요한 기억들** 1. 자신이 살아오면서 경험하였던 일 중 기억에 남는 일을 떠올려 본다. 잔잔한 음악을 틀어 주고 1~2분 동안 생각할 시간을 준다. 2. 두 명씩 짝을 지어서 떠올린 경험을 자유롭게 이야기 나눈다. • **인생그래프로 알아보는 나의 성공 이야기** 1. 활동자료 '인생그래프 그리기'에 소개된 인생그래프를 그리는 방법으로 A4 용지에 자신의 긍정적 경험과 부정적 경험들에 대한 인생그래프를 그린다. 2. 긍정적 경험과 부정적 경험들에 말풍선을 만들어 경험에 대한 자신의 생각을 적는다. 3. 활동자료의 나의 '성공 경험' 이야기를 작성한다. 4. 자신의 인생그래프와 성공 경험 이야기를 모둠원에게 소개하며 피드백을 나눈다. 5. 자신과 친구들의 성공 경험을 탐색하고 이야기 나눈 것에 대한 소감을 나눈다.
참고사항	• 인생그래프를 그리면서 자신의 긍정적·부정적 경험에 대해 떠올리고, 그중 성공하였을 때 느꼈던 감정을 생각하면서 긍정적 자아상을 형성하도록 한다. • 인생그래프의 나이는 상황에 따라 조정해서 사용한다. • 성공 경험의 범위(학업, 진로, 취미 등)를 제시해 줄 수도 있고, 성공 경험을 바탕으로 다른 도전과제에 대해 생각해 보도록 지도할 수 있다.

활동자료 인생그래프 그리기와 나의 '성공 경험' 이야기

인생그래프 그리기

1. 축 설정하기

- 가로축: 태어난 해부터 현재까지 또는 현재 나이보다 열 살 많게 그린다.
- 세로축: 감정의 높낮이 또는 삶의 만족도를 표시할 +10~-10의 범위로 그린다.
- 기준선을 0으로 두고, 위는 긍정적인 시기(행복, 성취감 등), 아래는 힘든 시기(슬픔, 실패 등)를 의미한다.

2. 인생의 주요 사건들

- 자신이 기억하는 중요한 순간을 연도나 나이에 따라 그래프에 해당하는 곳에 점을 찍고 내용을 적는다(예: 초등학교 입학, 가족과의 여행, 실패 등).
- 모든 점들을 시간 순서에 따라 선으로 연결한다.

3. 가장 좋았던 사건과 힘들었던 사건

- 가장 좋았던 대표적 사건에 대하여 말풍선(메모)을 만들어 적어 보고, 가장 힘들었던 대표적 사건을 어떻게 이겨 냈는지 말풍선을 만들어 적는다.

4. 꾸미기

- 색깔을 입히거나 그림, 메모 등을 추가하면 더 생동감 있게 만들 수 있다(예: 긍정적 사건은 파란색, 부정적 사건은 빨간색).

5. 인생그래프 해석하기

- 그래프를 보며 어떤 시기에 자신이 성장하였고, 어떤 시기가 전환점이었는지 돌아볼 수 있다.
- 인생에서 감사한 순간, 배운 점, 앞으로의 방향 등을 생각해 볼 수 있다.

나의 '성공 경험' 이야기

순서	성공 경험	나의 기분	성공 경험으로 알 수 있는 나의 노력과 잠재력
1			
2			
3			

(4) 나의 대표적 '성격 강점'

주제	나의 대표적 '성격 강점'
목표	• 성격 강점에 대한 개념과 덕목을 이해함으로써 자기의 긍정적 성격 특성에 대하여 인식한다. • 자신의 대표적 성격 강점을 인식함으로써 자기 수용이 증진되고 자아존중감이 향상된다.
준비물	필기도구, 활동자료, 교육자료
활동 내용	• 성격 강점이란 1. '성격 강점이란' 교육자료를 활용하여 성격 강점의 개념을 학습하고, 나의 성격 강점에 대하여 생각해 본다. 2. 24가지 성격 강점 덕목 리스트에서 자신에게 해당하는 모든 강점에 ○ 표시한다. 3. 한 명씩 돌아가며 2~3개의 성격 강점 덕목을 모둠원에게 퀴즈를 내어 맞히도록 한다. 4. 성격 강점 퀴즈를 가장 많이 맞힌 모둠원을 함께 축하해 준다. • 나의 대표 강점을 찾아보자 1. 활동자료 '나의 대표 강점을 찾아보자'를 작성하며 자신의 대표 강점 5개를 적고, 대표 강점과 관련된 나의 생각, 행동, 감정, 경험을 알아본다. 2. 모둠원과 함께 나누고 서로 피드백한다.
참고사항	• 자신의 성격 강점을 찾기 어렵다고 하면 자신이 많이 사용하거나 자신과 비슷하다고 느껴지는 덕목에 ○ 표시한다. • 대표 강점을 찾고 소감을 나누는 활동을 할 때 모둠원이 긍정적으로 경청하도록 지도한다. • 성격 강점 퀴즈에서 가장 많이 맞힌 모둠원에게 작은 보상(선물)을 주어도 좋다.

교육자료 성격 강점이란

성격 강점은 자신의 성격 안에 존재하는 긍정적 성격 특성으로, 자신답게 살아가도록 하는 힘이 된다. 자신의 사고, 감정, 행동을 통해 일관되게 표현되며, 우리의 성장과 타인과의 긍정적 관계 형성에 기여한다.

❍ 성격 강점과 특성

번호	성격 강점	성격 강점을 지닌 사람의 특성
1	창의성	독창적이고 참신한 것을 잘 생각하고 만들어 낸다.
2	호기심	새로운 시도에 적극적이며 주변의 다양한 현상에 흥미를 느끼고 탐색하고자 한다.
3	개방성	어떤 주제나 현상을 다양한 측면에서 냉철하게 생각하고 객관적으로 검토한다.
4	학구열	새로운 지식이나 기술을 배우려는 동기와 학구적인 태도가 강하다.
5	지혜	문제를 전체적 관점에서 파악하고 최선의 해결책을 찾아 현명한 조언을 해 준다.
6	사랑	친밀한 관계를 소중히 여기고 지속적으로 유지하면서 깊이 있는 애정을 주고받는다.
7	친절성	주변 사람들에게 자주 도움을 베풀고 친절하게 대한다.
8	사회지능	타인의 동기와 감정을 예민하게 잘 포착하여 상황에 적절하게 행동한다.
9	용감성	위험, 도전, 난관에 위축되지 않고 자신의 신념에 따라 용기 있게 행동한다.
10	끈기	한번 하기로 마음먹은 것은 성실하게 끝까지 해낸다.
11	진실성	자신을 거짓 없이 솔직하게 드러내고 자신의 감정과 행동에 책임을 진다.
12	활력	어떤 일이든 활기차고 열정적으로 추진한다.
13	용서	잘못을 행한 사람을 용서하고 다시 기회를 주며 앙심을 품지 않는 관대한 태도를 보인다.
14	겸손	자신의 성취에 대해 과장된 허세를 부리지 않고 타인의 주목을 구하지 않는다.
15	신중성	조심스럽게 행동함으로써 불필요한 위험이나 후회할 일을 초래하지 않는다.
16	자기조절	다양한 충동, 감정, 행동 등을 적절하게 조절하고 통제한다.
17	시민정신	조직 내에서 자신에게 주어진 임무와 역할을 인식하고 책임감 있게 행동한다.
18	공정성	편향된 개인적 감정의 개입 없이 모든 사람을 동등하게 대하고 공평한 기회를 부여한다.
19	리더십	집단 활동을 조직하고 효과적으로 지휘하며 관리한다.
20	심미안	일상에서 아름다움과 탁월함을 잘 알아차리고 그러한 것들로부터 즐거움을 느낀다.
21	감사	자신의 삶에 대해서 긍정적인 면을 잘 알아차리고 그에 대한 축복감을 잘 표현한다.
22	낙관성	미래를 긍정적으로 바라보고 최선을 예상하며 성취를 위해 노력한다.
23	유머	웃고 장난치는 것을 좋아하며 타인에게 재미와 웃음을 선사한다.
24	영성	인생의 궁극적인 의미와 목적을 추구하며 일관된 신념을 가지고 살아간다.

활동자료 나의 대표 강점을 찾아보자

누구에게나 성격 강점은 있다. 다른 사람과 비교하지 않고 나의 성격 강점을 알고 활용하려는 노력이 중요하다. 다양한 성격 강점 중 자신이 많이 가지고 있고, 자주 사용하는 강점을 '대표 강점'이라고 한다.

❍ 우리는 각자 자신만의 대표 강점을 지니고 있습니다. 24개의 성격 강점 중 자신의 대표 강점 5개를 찾아보세요.

순서	나의 대표 강점	나의 생각, 행동, 감정 대표 강점과 관련된 경험
1		
2		
3		
4		
5		

(5) 나의 사과나무 키우기

주제	나의 사과나무 키우기
목표	• 나에게 도움을 주었던 고마운 사람에 대한 경험을 통해 자신을 돌아보며 긍정적인 자기인식을 한다. • 자신을 한 그루 사과나무에 비유하여 자신에 대한 다양한 측면을 표현하고 강점과 약점을 수용한다.
준비물	필기도구, 활동자료, A4 용지 또는 8절지, 색연필, 크레파스, 사인펜, 포스트잇 등
활동 내용	• 나의 사과나무 그리기 1. A4 용지 또는 8절지에 사과가 달려 있는 '나의 사과나무'를 그리고 색칠한다. 2. '나의 사과나무' 활동자료를 참고하여, 자신이 그린 사과나무에 말풍선을 만들거나 포스트잇을 붙여서 질문에 대한 답을 적어 넣는다. 3. '나의 사과나무'의 별칭을 짓고, 모둠원에게 자신의 사과나무와 말풍선 내용을 소개하고 피드백을 나눈다. • 나의 사과나무에 물 주고 돌보기 1. '앞으로 나의 성장 다짐' 활동자료를 작성해 본다. 2. '나의 사과나무(별칭)' 그림에 물 주고 돌보는 내용을 자유롭게 그려 넣는다. 3. 모둠원과 나의 사과나무와 앞으로 나의 성장 다짐을 소개하고 나눈다.
참고사항	• A4 용지 또는 8절지에 사과나무를 자유롭게 그리거나 사과나무 틀을 주고 활동할 수 있다. 활동시간이나 상황에 따라 '나의 사과나무' 활동자료에 응답을 적거나 포스트잇을 붙이며 활동할 수 있다. • 자유롭고 편안하게 그림을 그리도록 조용한 음악을 틀어 준다. • 사과나무를 그린 종이 옆에 질문에 대한 응답을 적어도 되고, 다양한 포스트잇을 활용하여 표현하는 것도 좋다. 종이는 가능한 한 8절지를 활용한다. • 상황에 따라 햇살(희망), 비(지지), 돌(장애물), 바람(사회적 영향) 등을 배경에 표현하도록 안내해도 좋다.

활동자료 나의 사과나무

나의 잎사귀-감정과 생각

Q1. 나를 생각할 때 느껴지는 좋은 감정(느낌)

Q2. 최근에 기분이 좋았던 일은 무엇인가요? 그때 어떤 감정이 들었나요?

Q3. 내가 나에게 해 주고 싶은 칭찬 한 마디는?

나의 열매(내가 해냈던 일)

Q1. 내가 뿌듯하였던 순간은 언제였나요? 그때의 기분은 어땠나요?

Q2. 도전하였지만 실패하였던 경험이 있다면, 그것에서 배운 점은?

Q3. 지금까지 내가 이룬 가장 큰 성취는 무엇이라고 생각하나요?

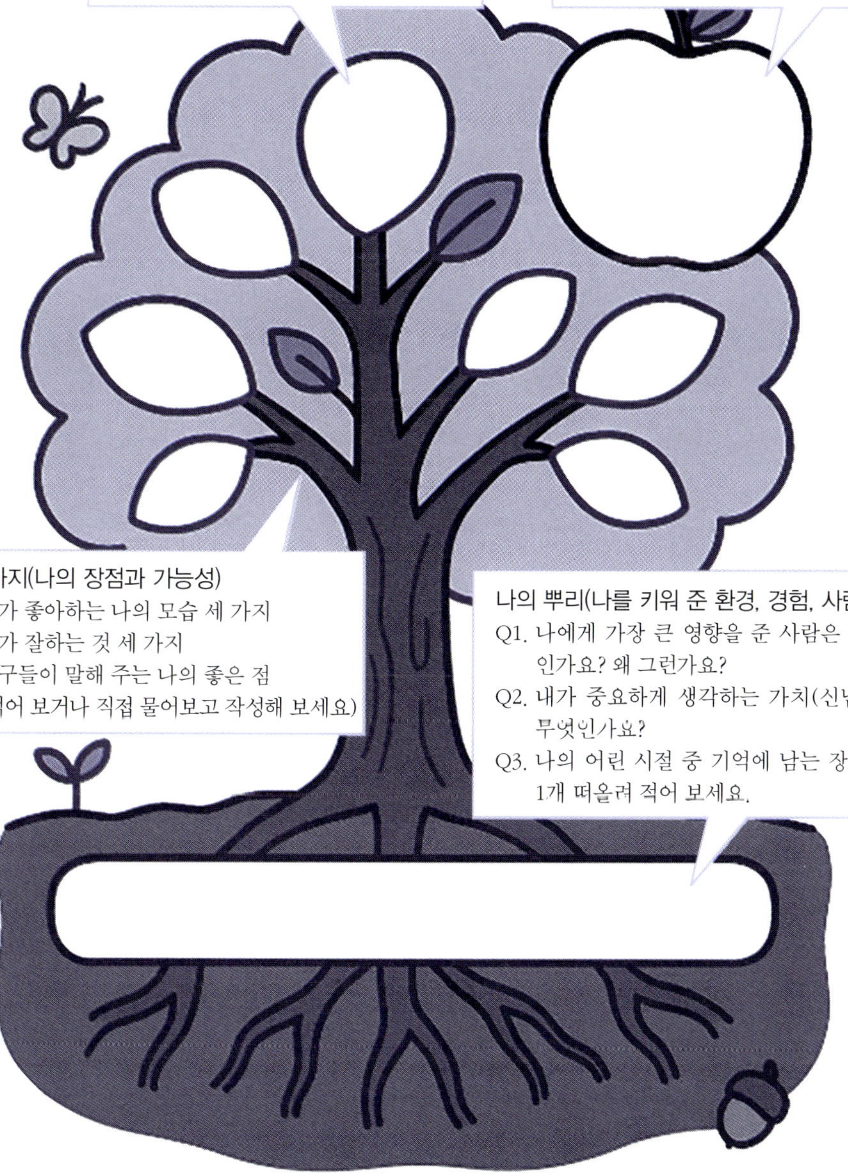

나의 가지(나의 장점과 가능성)

Q1. 내가 좋아하는 나의 모습 세 가지

Q2. 내가 잘하는 것 세 가지

Q3. 친구들이 말해 주는 나의 좋은 점
(적어 보거나 직접 물어보고 작성해 보세요)

나의 뿌리(나를 키워 준 환경, 경험, 사람들)

Q1. 나에게 가장 큰 영향을 준 사람은 누구인가요? 왜 그런가요?

Q2. 내가 중요하게 생각하는 가치(신념)는 무엇인가요?

Q3. 나의 어린 시절 중 기억에 남는 장면을 1개 떠올려 적어 보세요.

활동자료 나의 사과나무에 물 주고 돌보기

앞으로 나의 성장 다짐

❍ 내가 앞으로 키우고 싶은 나의 모습은?

❍ 나의 꿈 또는 목표는 무엇인가요? 꿈과 목표를 이루기 위해 나는…….

❍ '미래의 나(미래의 사과나무)'에게 보내는 응원 한마디!

(6) 자성예언

주제

자성예언

목표

- 자성예언과 피그말리온 효과를 자신의 경험과 연결하여 탐색함으로써 자기이해를 확장한다.
- 자신이 되고 싶은 자신의 모습을 생각하고 표현해 봄으로써 긍정적 자기인식과 자아존중감이 향상된다.

준비물

필기도구, 활동자료, 교육자료, A4 색지, 크레파스, 오일파스텔

활동 내용

- **자성예언과 피그말리온 효과**

1. 교육자료를 활용하여 자성예언과 피그말리온 효과에 대해 학습하고, '내가 믿는 것이 나를 이끈다. 좋은 것을 믿자.'라는 메시지에 대해 생각해 본다.
2. 자성예언과 피그말리온 효과와 관련하여 내가 경험하였거나 알고 있는 사례, 피그말리온 효과가 우리에게 주는 시사점, 자성예언이 어떤 영향을 미치는지 생각해 보고 이야기를 나눈다.

- **나는 이런 사람이 되련다**

1. 활동자료 '나는 이런 사람이 되련다'를 활용하여, 자신의 자성예언, 선택한 이유, 나에게 필요한 노력과 구체적인 실천 계획을 적어 본다.
2. 자신의 자성예언을 A4 색지에 팝아트 스타일 글씨체로 적어 본다.
3. 모둠원에게 '나는 이런 사람이 되련다'와 팝아트 작품을 소개하며 이야기를 나누고 피드백한다.

참고사항

- 활동자료 '나는 이런 사람이 되련다'에 제시된 자성예언 중 자신이 생각하는 것이 목록에 없으면 자유롭게 적도록 지도한다.
- 팝아트 스타일 글씨 쓰기 활동에 필요한 색지, 크레파스나 오일파스텔은 색깔이 화려하고 다양하게 준비한다. 색지가 없으면 A4 용지를 활용한다.
- 자성예언의 내용을 바탕으로 마음속으로 각오를 다지도록 지도한다. 하루에 한 번 자성예언을 기억하고 실천하도록 지도하는 것도 고려할 수 있다.
- 자성예언에 대한 자신의 노력과 구체적인 실천 계획을 일상생활 속에서 노력하고 실천할 수 있도록 지도한다.

교육자료 자성예언과 피그말리온 효과

내가 믿는 것이 나를 이끈다. 그렇다면, 좋은 것을 믿자

❍ 자성예언, '믿음이 현실이 되는 심리적 힘'

자성예언(self-fulfilling prophecy)이란 어떤 결과가 일어날 것이라고 믿고 그 믿음에 따라 행동함으로써 그 결과가 현실로 나타나는 심리적 현상을 말한다. '내가 어떤 일이 일어날 거라고 믿으면, 실제로 그 일이 일어나도록 행동하게 된다.' 즉, 어떤 기대나 믿음이 현실에 영향을 미쳐, 그 믿음이 실제로 실현되는 현상이다. '나도 공부를 잘할 수 있다.'라는 믿음을 갖고 열심히 노력하면 자기도 모르는 사이에 성적이 좋아진다. 피그말리온 효과는 외부(타인)의 기대가 현실이 되는 것이지만 자성예언은 자신의 기대가 현실이 된다. 여기서 중요한 점은 자신의 노력과 실천이 있어야 한다는 것이다.

❍ 부정적 자성예언은 어떻게 작동할까요?

내가 어떤 믿음을 가짐(예: "나는 발표를 잘 못해."). → 그 믿음에 따라 행동함(발표 전에 긴장하고 준비도 덜 하게 됨). → 예상한 결과가 발생함(실제로 발표에서 실수하거나 위축됨). → 처음의 믿음이 강화됨("역시 난 발표를 못해……."). → 다시 반복됨.

긍정적 자성예언 예시

- 나는 점점 더 성장하고 있어.
- 실수해도 괜찮아. 다음에 더 잘할 수 있어.
- 내가 노력하면 할수록 가능성은 커져.

- 피그말리온 효과(pygmalion effect)는 어떤 사람이 다른 사람에게 긍정적인 기대를 하면, 그 사람은 기대에 맞게 스스로를 발전시키려는 방향으로 변화한다는 것이다. '다른 사람이 나에게 기대하는 만큼, 나는 그렇게 행동하게 된다.' 즉, 긍정적인 기대를 받으면 더 좋은 성과를 내게 된다.
- '피그말리온'은 그리스 신화에 등장하는 키프로스의 조각가였다. 이 조각가는 상아로 여인의 상을 조각하다가 자기가 조각한 여인상과 사랑에 빠졌다. 그는 '갈라테아'라는 이름까지 지어 주면서 조각상을 사랑하게 되었고, 신에게 조각상을 사람으로 만들어 달라고 기도하였다. 아름다움의 여신 아프로디테는 그의 기도에 감동하여 조각상에 생명을 불어넣어 주었고, 피그말리온은 갈라테아와 결혼하여 자식까지 낳았다. 이 신화는 자기실현적 예언의 한 사례로 인용되면서 피그말리온 효과의 유래가 되었다.
- 친구들에게 '넌 할 수 있어.' '너에겐 좋은 점이 많아.' '곧 성장할 거야.'라는 메시지를 전달하는 좋은 친구가 되어 보자.

활동자료 자성예언

나는 이런 사람이 되련다

이름 ____________________

❍ 나는 이런 사람이 되고 싶습니다. 내가 나에게 어떤 믿음을 가질지 나의 자성예언을 적어 보세요. 자신이 생각하는 것이 목록에 없으면 자유롭게 적어 보세요.

1. 원대한 꿈을 가진 사람
2. 솔직한 사람
3. 능력이 있고 쓸모가 있는 사람
4. 쾌활하고 명랑한 사람
5. 깨끗하고 단정한 사람
6. 자신이 믿는 바를 믿고 나아가는 용기를 가진 사람
7. 남의 잘못을 용서할 수 있는 사람
8. 남을 도와주려는 사람
9. 정직하고 성실한 사람
10. 상상력이 풍부하고 창의력이 뛰어난 사람
11. 자주적인 사람
12. 지혜로운 사람
13. 검소한 생활을 하는 사람
14. 사랑받는 사람
15. 겸손한 사람, 예의 바른 사람
16. 정의를 지키는 사람
17. 책임감이 강한 사람
18. 자신을 다스릴 수 있는 사람
19. 열정적인 사람
20. 부지런한 사람

자성예언	선택한 이유	나에게 필요한 노력과 구체적인 실천 계획

제 11 장

자아강화 사회정서교육 프로그램: 자아정체감과 자아탄력성

1. 자아강화 사회정서교육 프로그램의 실제: 자아정체감

1) 자아정체감

모듈	영역	회기	활동명	활동 내용
3	자아정체감	1	나다운 나	• 내가 좋아하는 것과 내가 싫어하는 것 • 나의 관심사 지도 그리기
		2	나의 가족 이야기	• 가족관계 맵 그리기 • 가족에게 쓰는 나의 편지
		3	나의 미래 인터뷰	• 나의 미래 인디뷰 • 기사에 보도된 내가 되기 위한 미래 설계
		4	나의 가치관과 버킷리스트	• 가치관이란 무엇인가 • 나의 우선순위 가치관과 버킷리스트

자아정체감(identity)은 '나는 누구인가?'에 대한 명확한 인식과 이해이다. 자신이 어떤 사람인지, 무엇을 중요하게 여기는지, 어떤 가치를 가지고 살아가는지를 아는 것이다. 한 개인의 특성과 성격, 사회적 관계, 역할, 소속된 사회 집단 등을 통해 그 사람이 누구인지를 말해 주는 개념이다(Oyserman et al., 2012). 자신이 과거에 누구였는지, 현재는 누구인지, 미래에는 누구이고 싶은지를 설명하는 것으로, 시간의 흐름에 따라 사회 속에서 다양한 모습으로 존재하는 모

든 '나'를 통합하는 개념이다. 사전적 의미로 볼 때 자아정체감은 자기 **자신의 독특성**에 대해 안정된 느낌을 갖는 것이다. 행동이나 사고, 느낌의 변화에도 불구하고 내가 누구인지를 일관되게 인식하는 것이다.

자아정체감 형성은 청소년 시기에 가장 **중요한 발달과업**이지만 평생 동안 일어나는 역동적인 과정이다. 청소년은 이차성징과 함께 신체적 변화를 급격하게 경험하고, 신체발달은 자아정체감 형성과 관계가 있다. 자신의 신체 변화에 대해 만족하면 **긍정적인 신체상**(body image)을 형성하고 긍정적 자아정체감의 바탕이 된다. 자신의 신체 변화가 불만족스러우면 낮은 자존감, 불안, 사회적 위축으로 이어질 수 있다. 긍정적인 신체상을 형성하기 위한 방법은 ① 자신의 신체를 있는 그대로 받아들이고 긍정적으로 해석하는 태도, ② 규칙적인 운동과 건강한 식습관 등 건강한 생활 습관 갖기, ③ 가족, 친구, 상담 전문가 등과 대화하며 자신의 신체이미지에 대한 부정적인 감정을 조절하는 사회적 지지 활용, ④ 외모뿐만 아니라 내면의 가치와 능력을 인정하는 태도를 지니며 자기 자신을 있는 그대로 존중하기 등이다.

청소년의 잘 조직된 자아개념과 분화된 자아존중감은 자아정체감 형성을 위한 인지적 · 정서적 기반이 된다. Piaget의 인지발달이론은 청소년의 자아정체감 형성에 있어서 인지적 발달의 영향을 잘 설명해 준다. 일반적으로 11세 이후에 형식적 조작기로 접어드는데 이 시기는 추상적 · 논리적 사고와 자기반성 능력이 발달한다. 타인의 관점을 보다 이해하고 문제해결 능력이 향상되어 자신과 타인, 세상을 바라보는 관점이 넓고 깊어진다. 청소년은 인지적 발달로 인해 자신의 가치관, 목표, 미래에 대해 깊이 고민하고, 인지발달이 미성숙하면 자아정체감 형성 과정에서 혼란을 겪을 가능성이 커진다.

보충 TIP

청소년기 자아정체감 발달과 수준

- Erikson은 자아정체감이 평생 동안 발달한다고 하였으며, 연령에 따라 자아정체감 발달단계를 8단계로 나누었다. 청소년은 자아정체감 대 역할 혼미(identity versus role confusion) 단계로 자신이 누구인지, 앞으로 어떻게 살고 싶은지 고민하면서 정체감을 형성해 간다. 이 시기 동안 청소년은 다양한 사회적 역할에 대한 경험을 통해 자신의 성향을 탐색한다.

연령	적응 대 부적응 방식	덕목
0~1세	신뢰감 대 불신감	희망
2~3세	자율성 대 수치심	의지
4~6세	주도성 대 죄책감	목적
7~11세(아동기)	근면성 대 열등감	유능성
12~19세(청소년기)	자아정체감 대 역할 혼미	성실성
20~40세(성인초기)	친밀감 대 고립감	사랑
41~65세(중년기)	생산성 대 침체감	배려
65세 이상(노년기)	자아통합 대 절망감	지혜

- Marcia는 청소년의 정체감 수준을 정체감 위기를 겪었는지와 정체감 획득을 위해 관여하였는지에 따라 네 수준으로 분류하였다. 위기(crisis)는 직업 선택이나 이념과 같이 개인적 정체감을 확립하기 위해 고뇌하고 끊임없이 질문하고 탐색하는 활동이며, 관여(commitment)는 자신이 하고자 하는 것에 대한 노력이다.

	위기(탐색) 없음	위기(탐색) 있음
관여(노력) 없음	정체감 혼미	정체감 유예
관여(노력) 있음	정체감 유실	정체감 성취

정체감 성취는 정체성에 대해 적극적으로 탐색하고 가치를 찾기 위해 전념하고 참여하여 자신의 정체감에 어느 정도 확신을 가지고 있는 상태이다. 정체감 유예는 자신의 정체성에 대해 적극적으로 탐색하고 고민하지만 아직 정체성을 확립하지 못한 상태이다. 정체감 유실은 정체성에 대해 적극적으로 탐색하지 않고 타인의 선택에 의존하는 상태이다. 정체감 혼미는 가치를 찾거나 정체성을 탐색하지 않고, 사회적 상황이나 자신에 대해 무관심하고 방향을 정하지 못한 상태이다. 정체감 성취와 유예는 발달적으로 건강하고 자연스러운 상황이지만 유실과 혼미의 경우에는 심리적·정서적 어려움을 겪을 수 있다.

가족과 학교, 지역사회는 청소년의 자아정체감 발달에 영향을 미친다. 가족이 보다 넓은 세계로 확신을 가지고 나아갈 수 있는 '안전기지'가 될 때 청소년의 자아정체감은 더욱 발달한다. 부모와 안정적인 애착관계를 맺고 가족 내에서 자신의 목소리를 자유롭게 내는 학생이 자신의 가치와 목표를 향해 매진하고 정체감을 성취하는 데 유리하다. 부모와 과도하게 밀착되어 자신을 탐색할 기회가 적은 학생은 부모와 건강하게 분리되어 자아정체감을 탐색하고 발달시킬 기회를 갖기 어렵다. 부모의 적절한 지원과 부모-학생 간의 따듯하고 개방적인 의사소통이 중요하다. 학생은 학교와 지역사회에서 다양한 또래와 관계를 맺고 상호 작용을 하면서 다양한 가치관과 역할을 접하게 된다. 친한 친구는 학생에게 정서적 지지를 하고 자아정체감 발달의 측면에서 역할 모델이 된다.

요즘 학생들은 Z세대로 불린다. Z세대는 일반적으로 1990년대 중반부터 2010년대 중반에 태어난 디지털 원주민(digital native)으로 정보기술(IT) 붐과 함께 유년 시절부터 디지털 환경에 노출되어 성장하였다. 디지털 환경을 통한 사회 참여에 매우 능숙하며 자신의 정체감을 그 속에서 자유롭게 탐색한다. 인터넷 환경은 익명성이 보장되기 때문에 현실의 자기 모습을 감추고 다양한 연령층과 교류하고 지리적으로 멀리 떨어진 외국에 있는 타인과 상호 작용을 하며 정체성을 탐색한다. 이전 세대보다 훨씬 자유로운 사고방식을 가지고 있으며, 태어날 때부터 현실과 인터넷 세계를 넘나들며 정체성을 탐색함으로써 정체성이 다소 복잡할 수 있다.

- 신기술에 민감하며 이를 자신의 소비생활에 적극 활용하는 세대
- 개인적이고 독립적이며 경제적 가치를 우선시하는 세대
- 순간 집중력이 그 어느 세대보다 뛰어난 세대
- 빠른 시간 내에 많은 정보를 소화하는 인지적 역량을 요구하는 문제에 능한 세대
- 인종, 성별, 종교, 사회, 경제적 지위와 민족성에 대해 가장 편견이 없는 세대

2) 자아정체감 강화 프로그램의 실제

(1) 나다운 나

주제	나다운 나
목표	• 내가 좋아하는 것과 싫어하는 것을 탐색함으로써 자신에 대한 명확한 이해를 바탕으로 일관된 자아정체감을 형성한다. • 자신의 관심사를 지도로 형상화함으로써 자신의 흥미와 가치에 기반해 미래에 대한 목표와 방향성을 설정한다.
준비물	필기도구, 활동자료, A4 용지 또는 8절지, 색연필, 크레파스 등
활동 내용	• **내가 좋아하는 것과 내가 싫어하는 것** 1. 활동자료를 활용하여 '내가 좋아하는 것과 내가 싫어하는 것'을 작성한다. 2. 두 명씩 짝을 이뤄서 내가 좋아하는 것과 내가 싫어하는 것에 대하여 이유와 함께 소개한다. 3. 짝과 함께 서로 공통점과 차이점을 찾아보고 이야기를 나눈다. • **나의 관심사 지도 그리기** 1. A4 용지 또는 8절지에 커다란 원을 그리고, 원 안을 여러 개의 영역(또는 섬)으로 나눈다. 2. 관심사마다 '나라' 또는 '섬'을 만든다고 생각하며 각 구역에 내가 좋아하고 관심 있는 것들을 적는다(예: 게임, 음악, 유튜브, 운동, 애니메이션, 환경, 뷰티, 패션, 동물, 책, 사람 등). 3. 각 섬에 색을 칠하거나, 그림 또는 아이콘을 그리고 꾸민다. 4. 섬의 중심에는 나의 이름 또는 별칭을 적거나 자기를 상징하는 그림을 그려 넣는다. 5. 지도의 이름도 정하고, 자신의 나라 또는 섬을 어떻게 통치하고 가꾸어 나갈지 모둠원에게 소개하며 피드백을 나눈다.
참고사항	• 각 활동은 시간과 상황에 따라 두 명씩 짝을 이루어 진행하거나 모둠으로 진행한다. • 종이는 가능한 한 큰 것으로 준비하고 색깔이 있는 종이를 사용하는 것도 좋다.

내가 좋아하는 것과 내가 싫어하는 것

○ 내가 좋아하는 것

내가 좋아하는 색:

내가 좋아하는 음식:

내가 좋아하는 소리/냄새:

내가 좋아하는 장소:

내가 좋아하는 활동:

내가 좋아하는 말:

내가 좋아하는 사람의 성격:

내가 좋아하는 감정:

요즘 내가 좋아하는 것들:

○ 내가 싫어하는 것

내가 싫어하는 색:

내가 싫어하는 음식:

내가 싫어하는 소리/냄새:

내가 싫어하는 장소:

내가 싫어하는 활동:

내가 싫어하는 말:

내가 싫어하는 사람의 성격:

내가 싫어하는 감정:

요즘 내가 불편하였던 순간:

(2) 나의 가족 이야기

주제	나의 가족 이야기
목표	• 가족관계를 바탕으로 자기이해 및 수용의 시간을 가지며 자아정체감을 성찰한다. • 가족에 대한 감정을 안전하게 표현하고, 가족관계를 새로운 시각에서 바라보며 성찰을 통해 자아정체감을 강화한다.
준비물	필기도구, 활동자료, A4 용지, 색연필, 크레파스, (감정) 스티커, 편지지 등
활동 내용	**• 가족관계 맵 그리기** 1. '나의 가족 이야기' 활동자료를 참고하여 가족관계를 그려 보면서 나 자신을 들여다보는 시간을 가진다. 2. 자신에게 가족은 어떤 의미인지, 어떤 감정이 떠오르는지 자유롭게 연상해 보도록 한다. 이때 자유로운 연상을 돕기 위해 조용한 음악을 틀어 주어도 좋다. 3. 활동자료에 안내된 대로 A4 용지에 자신을 둘러싼 가족과의 관계를 그림으로 표현한다. 4. '나의 가족을 한마디로 말한다면'을 가족관계 맵의 아래에 적고, 모둠원에게 소개하고 이야기를 나눈다. **• 가족에게 쓰는 나의 편지** 1. 가족과 관련된 기억에 남는 경험을 떠올려 보고 가족을 생각해 본다. 2. '가족에게 쓰는 나의 편지' 활동자료를 참고하여 편지지나 A4 용지에 가족 모두에게 또는 가족 중 한 사람에게 편지를 쓴다. 전하고 싶은 자신의 진심이나 고마운 마음 등을 표현한다. 3. '지금 느끼는 감정 → 함께하였던 기억 → 하고 싶은 말(앞으로 나는)'을 중심으로 편지를 쓴다. 4. 자신이 쓴 편지를 모둠원에게 읽어 주며 소감을 나눈다. 이때 내가 읽고 싶은 내용이나 표현하고 싶은 내용만 나누어도 된다.
참고사항	• 자신의 가족관계를 그리면서 가족과 관련된 경험을 떠올리고 가족의 의미에 대해 생각할 수 있도록 한다. 가족관계는 자유롭게 그릴 수 있도록 지도한다. • 가능한 한 편지지를 사용하고, A4 용지를 사용하면 그림이나 스티커로 꾸며도 좋다. • 시간이 남으면 '편지를 읽고 나니 어떤 감정이 들었는지' 모둠원과 함께 나눈다. • 가족과 관련된 심리적으로 어려운 경험이 있는 학생은 추후 상담을 실시하고, 필요한 경우 Wee클래스로 연계한다. • 편지를 전달하고 싶으면 용기를 내어 가족에게 전달하도록 격려한다.

활동자료 나의 가족 이야기

나의 가족 이야기

❍ 가족관계 맵 그리는 방법

1. A4 용지에 자신을 둘러싼 가족과의 관계를 그린다. 가족 구성원(함께 살든 아니든)을 모두 원으로 표현하고, 자신은 가운데에 그린다.
2. 가족 간의 관계를 선으로 연결하며 관계의 특징을 표현한다. 각 가족원 옆에 지금 느끼는 감정을 스티커(또는 이모지)로 표시하여도 좋다.
   - 실선(—): 안정적인 관계
   - 점선(…): 거리감 있는 관계
   - 굵은 선(━): 매우 가까운 관계
   - 지그재그 선(ʌʌʌʌ): 갈등이 많은 관계 등
3. '나의 가족을 한마디로 말한다면'을 가족 관계 맵의 아래에 적어 본다.

❍ 가족에게 쓰는 나의 편지

1. 가족과 관련된 기억에 남는 경험을 떠올려 보고 가족을 생각해 본다.
2. 가족 모두에게 또는 가족 중 한 사람에게 편지를 쓴다. 전하고 싶은 자신의 진심이나 고마운 마음 등을 표현한다.
3. '지금 느끼는 감정 → 함께하였던 기억 → 하고 싶은 말(앞으로 나는……)'을 중심으로 편지를 쓰는 것도 좋다. 하지만 내 마음을 잘 전할 수 있게 자유롭게 적어도 된다.

To. ○○에게(께)

요즘 나는 ________________.

○○와의 관계 속에서 나는 ________________.

그때 말하지 못하였지만, 사실은 ________________.

앞으로 나는 ________________.

From. 나(이름) 드림

❍ 가족과 나에 대하여 새롭게 느낀 점을 적어 보세요.

(3) 나의 미래 인터뷰

주제	나의 미래 인터뷰
목표	• 나의 미래 인터뷰를 통해 꿈, 소망, 가치, 자아에 대한 긍정적인 이미지를 형성하고, 긍정적 미래에 대한 동기와 자아정체감을 형성한다. • 미래의 나를 상상하고 구체적인 삶의 모습을 설계함으로써 자아정체감과 삶의 방향성에 대하여 성찰한다.
준비물	필기도구, 활동자료, 색연필, 크레파스, A4 용지 등
활동 내용	**• 나의 미래 인터뷰** 1. 교사가 "여러분은 10년 후 꿈꾸던 삶을 살고 있는 멋진 어른입니다. 10년 뒤, 나는 어떤 모습일까요(직업, 삶의 방식, 감정, 외모 등)?"라고 질문한다. 2. 활동자료 '미래 인터뷰 질문지'에 두 명이 짝을 이루어 번갈아 질문하고 답하는 형식으로 진행한다. 인터뷰어 역할을 맡은 학생은 인터뷰 내용을 잘 적는다. 3. 자신의 미래 인터뷰 내용을 짝과 나누고 이야기한다. **• 기사에 보도된 내가 되기 위한 미래 설계** 1. 나의 미래 인터뷰 내용을 바탕으로 나의 미래를 상상하며 언론에 나온 기사를 활동자료 '나의 인터뷰 기사 작성하기'를 참고하여 작성한다. 2. 활동자료 '나의 소망(비전)을 이루기 위한 미래 설계'를 작성한다. 3. 기사 내용과 미래 설계를 바탕으로 모둠원과 이야기 나누며 피드백한다.
참고사항	• 자신의 소망을 생각하면서 미래에 대한 계획을 세워 보고, 노력할 점을 생각할 수 있도록 지도한다. • 자신의 소망을 이루기 위해 노력할 점을 생활 속에서 꾸준히 실천할 수 있도록 지도하고 격려한다. • 활동자료 대신 A4 용지를 활용하거나 사진 그리기(미래의 내 모습)나 인용 문장(미래의 내가 한 말)을 언론 기사에 넣어도 좋다.

활동자료 나의 미래 인터뷰

미래 인터뷰 질문지

❍ 상황 설정: 10년 후, 나는 인터뷰를 받고 있다.

"지금은 20△△년입니다. 당신은 꿈꾸던 삶을 살고 있는 10년 후의 '미래의 나'입니다. 인터뷰어가 당신에게 질문합니다. 직접 답해 보세요!"

❍ 기본 정보

- 이름:
- 나이:
- 사는 곳:
- 직업/하는 일:

❍ 인터뷰 질문

1. 자기소개 부탁드립니다.
- 미래의 나는 어떤 사람인가요?

2. 지금 어떤 일을 하고 계신가요?
- 직업, 역할, 하고 있는 일에 대해 말해 주세요.

3. 지금의 삶에서 가장 자랑스러운 것은 무엇인가요?

4. 지금의 삶을 이루기 위해 어떤 노력을 하였나요?
- 과거의 나는 어떤 행동을 하였나요?

5. 10년 전의 나에게 조언을 해 준다면?
- 격려하거나 조언하고 싶은 말이 있다면?

6. 현재 삶에서 가장 감사하게 느끼는 것은 무엇인가요?

7. 앞으로 이루고 싶은 또 다른 목표나 계획이 있나요?

8. 지금의 나를 한 단어로 표현한다면?

9. 나는 어떤 사람으로 기억되고 싶은가요?

10. 마지막으로, '진짜(과거의 나) 나'에게 한마디 해 주세요.

활동자료 기사에 보도된 내가 되기 위한 미래 계획

나의 인터뷰 기사 작성하기

- 기사 제목 정하기: 독자의 시선을 끌 수 있도록 생생하게 작성한다.
  예: "환경운동가 ○○○, 지구를 지키는 1인 기업 CEO가 되기까지"
- 리드문 쓰기(1~2문장)
  예: 평범하였던 중학생 ○○○는 10년 뒤, 수많은 멸종 동물의 지킴이가 되었다.
- 첫 문단 쓰기: 핵심을 요약하고 흥미롭게 시작한다.
- 인터뷰 내용 본문 정리: 인터뷰 내용을 정리하여 적는다.
- 마무리: 감동 또는 여운 있는 문장으로 마무리한다.
  예: 자신을 믿는 용기로 꿈을 이룬 ○○○. 과거의 자신에게 따뜻한 위로를 전하며 그(그녀)의 앞으로의 10년도 기대한다.

나의 소망(비전)을 이루기 위한 미래 설계

나의 소망(비전)	목표와 노력할 점(구체적으로 적어 주세요.)

(4) 나의 가치관과 버킷리스트

주제	나의 가치관과 버킷리스트
목표	• 가치관의 개념과 가치관 정립의 중요성을 학습하고, 삶의 중요한 내용들과 연결하여 생각함으로써 자아정체감을 향상한다. • 나의 우선순위 가치관과 버킷리스트 작성을 통하여 자신의 자아정체감을 긍정적으로 탐색하고 형성한다.
준비물	필기도구, 활동자료, 교육자료
활동 내용	• 가치관이란 무엇인가 1. '가치관이란 무엇인가' 교육자료를 활용하여 가치관의 개념과 가치관 정립의 중요성을 학습한다. 2. 자신은 어떤 가치관을 가지고 진로 선택, 인간관계, 의사결정을 하고 있는지 생각해 보고 모둠원과 이야기를 나눈다. • 나의 우선순위 가치관과 버킷리스트 1. '나의 우선순위 가치관' 활동자료에 있는 가치관 목록 중 자신이 중요하게 생각하는 가치관에 모두 ○ 표시한다. 2. 자신이 표시한 가치관들 중 중요하다고 생각하는 것부터 우선순위를 5개 선택한 후, 가치관과 선택한 이유를 '나의 우선순위 가치관' 활동자료에 적는다. 3. '나의 가치관과 버킷리스트' 활동자료를 작성한다. 4. 자신의 버킷리스트를 모둠원과 나누고, 다른 사람의 버킷리스트와 비교해 보며 이야기하고 피드백한다.
참고사항	• 가치관 목록표에 없는 가치는 자유롭게 추가하도록 지도한다. • 우선순위 가치관과 버킷리스트는 상황에 따라 개수를 조정하여 진행해도 되며, 학생이 일상생활에서 실천할 수 있도록 지도한다.

교육자료 가치관의 개념

가치관이란 무엇인가

가치관이란 '내가 중요하다고 생각하는 삶의 기준'이다. 가치관은 개인마다 다르며 누구나 자신만의 가치관을 지니고 있다. '나는 어떤 것을 중요하게 생각하며 살고 싶은가?'라는 마음의 나침반이며, '나는 어떤 사람으로 살고 싶은가'를 알려 주는 인생의 방향표라고 할 수 있다. 자신이 실제로 어떻게 행동할 건지를 결정하는 마음의 판단이나 믿음이다. 진로, 인간관계, 생활 방식에 영향을 미치기 때문에 삶의 기준이 된다.

가치관에 따른 나의 행동 예시

- 나는 '정직'을 중요하게 생각해요. → 거짓말을 하지 않고 솔직하게 말하려고 노력하죠.
- 나는 '도전'을 중요하게 생각해요. → 새로운 일을 시도하고 실패를 두려워하지 않아요.
- 나는 '안정'을 중요하게 생각해요. → 계획적이고 위험한 선택은 피하려 해요.

❍ 우리에게 가치관 정립이 왜 중요할까?

- 나의 선택과 행동을 결정하는 기준이 된다.
- 내가 진로 선택이나 인간관계를 맺고 의사결정을 할 때, 나의 가치와 맞는 방향을 설정할 수 있다.
- '내가 진짜 원하는 삶'을 이해할 수 있고, 어떤 삶을 살고 싶은지 알 수 있다.
- 나의 자아존중감과 자아정체감이 더 단단해진다.

가치관은 성장 과정에서 자신을 둘러싼 환경인 부모나 형제, 친구, 교사 등 중요한 타인들과의 관계 경험을 통해 형성된다. 나이를 먹거나 경험이 쌓이면 가치관도 달라질 수도 있지만 비교적 일생 동안 유지되면서 우리의 일상 행동에 많은 영향을 준다. 긍정적인 가치관은 사람의 행동을 동기화하고 방향감을 가지게 하며, 타인에게 친근한 사람이 되도록 할 뿐만 아니라, 새로운 활동과 도전을 시도할 수 있도록 자신감을 준다.

청소년은 자아정체감을 확립하는 시기이며, 가치관 확립은 청소년의 성장에 매우 중요하다. 자신이 누구인지, 자신이 어떤 사람이 될 것이라고 지각하는지, 어떤 사람이 되기를 원하는지를 알고 자아가 통합되기 시작함을 발견할 때 청소년은 갈등 없이 자신을 받아들일 수 있게 된다. 자신의 가치관을 바탕으로 자아정체감을 정립하는 것은 흔들리지 않는 마음과 자신감을 가지고 삶을 살아가면서 진로를 개척하는 밑거름이 된다.

활동자료 나의 우선순위 가치관

가치관 목록표

번호	가치	의미	번호	가치	의미
1	가족	가족과의 관계를 소중히 여김	21	유머	즐겁고 웃음이 있는 삶
2	우정	친구와의 신뢰, 함께함	22	용기	두려움을 극복하고 나아감
3	사랑	사랑을 주고받는 관계 중시	23	인내	쉽게 포기하지 않는 태도
4	정직	거짓 없이 솔직하게 행동함	24	성실	꾸준하고 정직하게 행동함
5	책임감	맡은 일에 책임을 다함	25	명확한 목표	뚜렷한 목표 설정과 추진
6	도전	새로운 일에 용기 있게 도전함	26	경쟁	이기고 싶은 의욕, 도전정신
7	창의성	새롭고 독특한 생각과 표현	27	영향력	다른 사람에게 긍정적인 영향 주기
8	자유	구속받지 않고 내 방식대로 살기	28	건강	몸과 마음이 튼튼한 삶
9	성공	목표를 이루고 성취를 느끼는 것	29	관계	사람들과 잘 지내고 연결되는 삶
10	명예	다른 사람들에게 존경받는 삶	30	리더십	사람들을 이끌 수 있는 힘
11	봉사	다른 사람을 돕는 삶	31	예술성	감성과 표현이 중요한 삶
12	공정	정의롭고 차별 없는 태도	32	집중력	한 가지 일에 몰입하고 지속함
13	안정	변하지 않고 편안한 삶 추구	33	감정 조절	감정을 잘 다스리고 표현함
14	모험	신나는 경험과 탐험을 좋아함	34	자기이해	나 자신을 잘 알고 존중함
15	배움	배우고 성장하는 과정 중시	35	인정	타인에게 인정받고 싶은 욕구
16	자기표현	내 생각과 감정을 솔직히 표현	36	행복	삶에 대한 만족과 기쁨 추구
17	경제적 풍요	돈이나 자산이 충분한 삶	37	신뢰	믿음을 주고받는 관계 지향
18	자율성	스스로 결정하고 행동하기	38	변화	새로움을 추구하고 정체를 거부함
19	자연	자연과 함께하는 삶	39	시간	시간을 소중히 여기고 잘 관리함
20	평화	갈등 없는 조화로운 관계	40	다양성	서로 다른 것을 존중하고 받아들임

❍ 나의 우선순위 가치관 정하기

순위	가치	선택 이유
1		
2		
3		
4		
5		

활동자료 버킷리스트 작성하기

나의 가치관과 버킷리스트

순서	가치	버킷리스트/ 언제쯤?	이유 또는 의미
1			
2			
3			
4			
5			

2. 자아강화 사회정서교육 프로그램의 실제: 자아탄력성

1) 자아탄력성

모듈	영역	회기	활동명	활동 내용
4	자아탄력성	1	나의 낙관성 기르기	• 낙관성이란 무엇인가 • 나를 긍정적으로 소개합니다
		2	노력하는 나를 격려해요	• 힘들었던 나를 격려해요 • 나의 대인관계 스타일 점검하기
		3	화남에 대처하는 합리적인 '나'	• 분노에 대처하는 나의 자세 • 합리적으로 대처하는 내 모습 갖기
		4	문제해결 마인드맵	• 선택의 순간, 나의 선택은 • 문제해결 마인드맵 그리기
		5	나의 미래를 위해 '할 수 있다'	• 자기효능감이란 • 밝은 미래를 위해 배우고 노력하는 '나'

자아탄력성(resilience)은 삶의 어려움을 이겨 내고 건강한 심리적 상태를 유지하도록 한다. 어려운 환경이나 고난 속에서 회복할 수 있는 능력, 즉 스트레스나 급격한 환경적 변화 속에서도 평정심을 가지고 자신의 정서와 행동을 조절하여 건강하게 적응하는 심리적 능력이다. 탄력성은 스프링이 외부의 힘을 받아 변형된 후 다시 원래의 상태로 돌아가는 것처럼 다시 돌아가는 능력, 복원력, 회복력을 말한다. 자아탄력성은 고난과 힘듦 속에서 우리의 마음이 스프링처럼 제자리를 찾아가는 복원력이다. 자아탄력성이 높은 학생은 어려운 환경적 역경이나 스트레스 상황에서 비교적 잘 적응하고, 자신의 감정을 조절하여 원만한 대인관계를 유지하며, 융통성 있게 환경에 대처한다. 학교생활에 잘 적응하며, 학교 내 활동 참여, 규칙준수, 학습태도도 긍정적이어서 좋은 학업성취도를 보인다. 학생의 자아탄력성 강화는 현재에 직면하고 있는 문제 상황과 미래에 겪을 수 있는 어려움을 긍정적으로 극복할 수 있는 힘을 기르는 것이다. 현대 사회는 예측하기 어렵고 변화가 급격하므로 어떠한 환경에서도 잘 대처하고 스트레스 상황에서도 심리적으로 회복하는 자아탄력성의 중요성이 강조되고 있다.

자아탄력성은 ① 스트레스, 불안, 우울 등 심리적 문제를 예방하여 정신 건강을 유지하고, ② '나는 할 수 있다.' '나는 어려움을 극복할 수 있다.'라는 신념이 마음속에 자리 잡아 자기효

능감이 증가하며, ③ 갈등 상황에서도 원만한 관계를 유지할 수 있어 대인관계를 향상시키고, ④ 유연한 사고를 가지고 다양한 문제 상황에서 해결책을 찾을 수 있는 문제해결 능력이 향상되는 등 학생에게 중요한 내적 자원이 된다.

자아탄력성은 다양한 구성 요소가 있으며 이 프로그램에서는 자아탄력성의 구성 요소를 중심으로 활동이 제시되어 있다. 최근에는 **낙관성**의 중요성이 강조되고 있다.

2) 자아탄력성 강화 프로그램의 실제

(1) 나의 낙관성 기르기

주제	나의 낙관성 기르기
목표	• 낙관성의 개념과 낙관적인 사람의 특성을 이해함으로써 자신의 낙관성 향상에 대하여 인식한다. • 자신과 타인의 단점을 있는 그대로 인식하고 긍정적인 시각으로 재해석함으로써 자기수용과 긍정적인 자기표현을 향상한다.
준비물	필기도구, 교육자료, A4 용지, 색연필, 크레파스 등
활동 내용	• 낙관성이란 무엇인가 1. '낙관성'이라는 단어를 생각하면 떠오르는 이미지, 말, 행동을 떠올려 보고 모둠원과 이야기를 나눈다. 2. '낙관성이란' 교육자료를 활용하여 낙관성의 개념을 학습하고, 자신의 낙관성에 대해 두 명씩 짝을 이루어 이야기 나눈다. • 나를 긍정적으로 소개합니다 1. 내가 생각하는 나의 단점과 실수하였던 일을 떠올려 본다. 2. A4 용지의 가운데 부분에 ☆모양을 크게 그린 후, 뾰족한 면에 ①~⑤까지 번호를 붙인다. 3. 별의 ①~⑤번에 자신의 단점을 1가지씩 적고 꾸민다. 4. 모둠의 시계방향으로 각자의 종이를 돌리고, 모둠원은 종이를 받으면 2개 이상을 선택하여 단점을 장점으로 바꾼다. 5. 단점을 장점으로 바꾼 내용을 바탕으로 모둠원에게 나를 긍정적으로 소개한다. 6. 각자 단점을 장점으로 바꾼 것 중 가장 마음에 드는 것(단점→장점)을 선택하고, 이유를 모둠원에게 소개하며 이야기 나눈다.
참고사항	• 낙관성이 높은 사람이 되기 위해 일상생활 속에서 자기에게 하는 자기말이 중요함을 지도한다. 실패와 스트레스 상황에서 낙관적인 태도와 말을 하는 습관화를 강조하여 지도한다. • '매일 아침 한 가지 긍정적 자기말 떠올리기' 등 긍정적 생각과 낙관성을 습관화하는 방법의 예를 탐색하여 구체적으로 지도한다.

교육자료 낙관성의 개념

낙관성이란

낙관성(Optimism)은 미래에 대해 긍정적인 기대를 가지고 어려운 상황에서도 희망을 잃지 않는 마음가짐과 태도이다. 낙관적인 사람은 어려운 상황에서도 희망을 잃지 않고 해결책을 찾으려 하며 실패를 배움과 성장의 기회로 받아들인다. 낙관성은 심리적 · 신체적 건강뿐만 아니라 대인관계, 학업 등 다양한 영역에 긍정적인 영향을 미친다. 낙관성은 타고난 기질적 측면도 있지만 연습으로 길러지는 습관이다. 낙관적인 태도는 자존감을 높이고, 스트레스 관리에 도움이 된다.

❍ 낙관적인 사람의 특징

- 실패를 일시적인 것으로 생각하고, 문제를 해결할 방법을 찾으려고 한다.
- 자신에 대해 긍정적으로 생각한다. 예를 들면, 시험성적이 생각보다 나쁠 때, '나는 원래 못해.'보다 '이번엔 준비가 부족했나 봐. 다음엔 더 잘하자!'라고 생각한다.
- 스트레스를 덜 받는다. 예를 들면, 친구가 내 메시지에 답을 안 할 경우, '나를 싫어하나 봐.'보다 '바쁠 수도 있지!'라고 생각한다.
- 우유가 반쯤 담긴 컵을 바라보면서 비관주의자는 '우유가 반밖에 남아 있지 않다.'라고 생각하며 조바심을 내는 반면, 낙관주의자는 '우유가 아직도 반이나 남아 있다.'라고 생각하며 흡족함을 느낀다.

	낙관성이 높은 경우	낙관성이 낮은 경우
실패에 대한 반응	• 어려운 경험 속에서 배울 수 있다고 생각한다. "나는 이 경험 속에서 배울 수 있어."	• 자신은 항상 실패한다는 패배의식을 가진다. "나는 항상 실패하는구나……."
문제해결 방식	• 유연한 사고를 바탕으로 적극적으로 해결하려고 한다. "어떻게 하면 해결할 수 있을까? 나는 무엇을 해야 하지?"	• 상황을 회피하거나 쉽게 포기한다. "생각하기도 싫고…… 어차피 해도 안될 텐데 뭐……."
스트레스 대처	• 자신의 감정을 조절하고 긍정적으로 생각한다. "내가 화를 내고 지쳐 있는 건 내게 도움이 되지 않아."	• 부정적인 생각과 감정에서 헤어나기 힘들다. "너무 힘들다. 나만 우울하고 힘든 거 같아."
미래에 대한 기대	• 앞으로 더 좋아질 거라고 기대하고 노력한다. "나는 앞으로는 더 나아질 거야."	• 자신이 아무리 해도 안 될 거라고 낙담한다. "지금까지 내가 해서 된 게 없잖아. 앞으로도 별로 기대할 게 없는 거 같아."

(2) 노력하는 나를 격려해요

주제	노력하는 나를 격려해요
목표	• 대인관계 경험에 대한 자신의 감정, 생각, 욕구를 표현하고, 대인관계 어려움에 대하여 지지와 격려의 메시지를 받음으로써 자신감을 향상한다. • 자신의 대인관계 스타일을 점검하고 칭찬과 노력할 점을 생각해 봄으로써 대인관계에서 적절한 대처 능력을 향상한다.
준비물	필기도구, 활동자료, 교육자료
활동 내용	• 힘들었던 나를 격려해요 1. '힘들었던 나를 격려해요' 활동자료의 대인관계에서 좋았거나 의미 있었던 경험과 힘들었던 경험에 대하여 적고, 자신의 경험을 소개한다. 2. 활동자료를 시계방향으로 돌리고, 모둠원의 힘들었거나 상처를 받았던 경험에 대해 돌아가면서 격려와 칭찬, 도움이 되는 메시지를 적어 준다. 3. 자신이 이야기하고 싶은 내용 중심으로 소감과 느낀 점을 나눈다. • 나의 대인관계 스타일 점검하기 1. 교육자료를 활용하여 '우리가 알아야 할 대인관계에서 중요한 점'을 배운다. 2. '나의 대인관계 스타일 점검하기' 활동자료를 활용하여 자신의 대인관계 스타일, 나를 칭찬하기, 앞으로 노력할 점에 대하여 생각해 본다. 3. 모둠원과 소감을 나누고 피드백을 한다.
참고사항	• 친구의 이야기를 경청하고, 어려움을 극복한 친구를 칭찬해 주며, 친구의 입장에서 생각하고 공감하도록 지도한다. • 너무 비밀스러운 일을 이야기하거나 모둠원 내에 자신을 힘들게 한 상대가 있을 경우를 고려하여, 도입단계에 대인관계에서 어려웠던 경험을 친구들과 이야기하는 활동을 할 거라는 것을 미리 안내할 필요도 있다. • 대인관계의 중요성을 알고 건전하고 서로 도움이 되는 사람과 관계를 맺을 수 있도록 지도한다.

교육자료 **청소년의 대인관계**

우리가 알아야 할 대인관계에서 중요한 점

청소년의 대인관계 경험은 대부분 가족과 학교에서 이루어진다. 부모, 형제와의 관계 속에서 사랑과 안정감을 느끼고, 학교의 울타리 안에서 또래 친구들과 소통하고 상호 작용을 하면서 사회적인 기술을 배운다. 또래와 어울리면서 우정을 배우고, 어떤 현상이나 행동을 하는 데 필요한 지식을 얻고 경험하며, 서로에게 피드백과 지지를 하면서 의지한다. 청소년에게 좋은 친구 관계는 매우 중요하다.

❍ 우리가 알아야 할 대인관계에서 중요한 점

1. 서로 다름을 인정하기
   - 모든 사람이 나와 같을 수 없다. 친구가 나와 다른 생각이나 행동을 해도 '틀린 게 아니라 다를 뿐'이라는 태도가 필요하다.
2. 솔직하지만 배려 있게 말하기
   - 내가 하고 싶은 말을 참기만 하면 오히려 사이가 멀어질 수 있다. '나는 ~해서 속상했어.'와 같은 방식으로 솔직하고 부드럽게 표현해 보자.
3. 잘 듣는 것도 관계의 기술: 경청하기
   - 말을 잘하는 것도 중요하지만 잘 들어 주는 친구가 더 좋다. '고개 끄덕이기' '눈 맞추기' '말 끝까지 듣기'를 연습해 보자.
4. 감정을 조절하는 힘 기르기
   - 나도 모르게 순간적으로 욱해서 말하면 후회할 수 있다. 감정이 올라올 땐 '10초 숨 고르기' '자리 잠깐 피하기'도 좋은 방법이다.
5. 소문, 뒷담화는 신뢰를 깨뜨린다는 걸 기억하기
   - 대인관계에서 한번 잃은 신뢰는 다시 얻기 어렵다. 누군가를 험담하는 순간, 내 이미지도 함께 깎이는 걸 기억하자.
6. 친구를 억지로 바꾸려 하지 않기
   - 친구를 내 기준에 맞추려고 하면 자주 싸우게 된다. 친구를 바꾸려고 하기보단 서로의 장단점을 인정하고 맞추어 가는 게 중요하다.
7. 좋은 친구와 만나려면 나부터 먼저 좋은 사람 되기
   - 친절하고, 약속 잘 지키며, 자신의 말에 책임을 지는 모습이 신뢰를 준다. 내가 바라는 친구의 모습을 내가 먼저 실천해 보는 것이 좋은 대인관계의 시작이다.

활동자료 나를 격려하기

힘들었던 나를 격려해요

❍ 나의 대인관계에서 좋았거나 의미 있었던 경험을 적어 보세요.

❍ 대인관계에서 어려웠던 경험을 떠올려 보세요. 그때는 어떤 마음이 들었는지, 어려움을 어떻게 극복하였는지 적어 보세요.

❍ 친구의 어려웠던 경험에 대하여 격려와 칭찬, 도움이 되는 말을 적어 보세요.

활동자료 **나의 대인관계 스타일**

나의 대인관계 스타일 점검하기

❍ 교육을 통해 배운 우리가 대인관계에서 알아야 할 점에서 '내가 잘하고 있다고 생각되는 점'을 순위에 따라 모두 적고, 이를 바탕으로 나의 대인관계 스타일의 특징을 쓰세요.
(순위 예: 2-4-3-5-6-1-7)

- 내가 대인관계에서 잘하고 있다고 생각되는 점의 순위:
- 나의 대인관계 스타일의 특징:

❍ 나는 앞으로 이렇게 할 거야!

순위	기억 나는 일	나를 칭찬하기/ 더 나은 내가 되기 위한 노력

(3) 화남에 대처하는 합리적인 '나'

주제	화남에 대처하는 합리적인 '나'
목표	• 자신의 부정적 감정을 정확히 인식하여 적절하게 조절하고 표현할 수 있는 능력을 향상한다. • 자신의 감정을 건강하게 조절하고 표현함으로써 스트레스와 부정적인 감정에 효과적으로 대처하는 역량을 강화한다.
준비물	필기도구, 활동자료, 교육자료, 크레파스, 색연필, 포스트잇 등
활동 내용	• 분노에 대처하는 나의 자세 1. '분노란 무엇인가' '합리적으로 화내기' 교육자료를 활용하여 분노의 개념과 대처(조절하기), 합리적으로 화내는 방법을 배운다. 2. 모둠원과 배운 내용 중에서 가장 마음에 와닿고 기억나는 것에 대해 나누고 피드백을 한다. • 합리적으로 대처하는 내 모습 갖기 1. 최근에 내가 화나거나 힘들었던 상황을 떠올려 보고, '스트레스 신호를 찾아서 합리적으로 대처하기' 활동자료를 작성해 본다. 2. 화가 난 나의 모습과 화를 조절하고, 합리적으로 화를 내는 나의 모습을 비교하며 모둠원과 이야기 나누며 피드백한다.
참고사항	• 자신의 감정을 자연스럽게 표현할 수 있도록 하고, 부정적인 행동이나 비속어, 욕설로 표현하지 않도록 지도한다. • 최근에 내가 화나거나 힘들었던 상황이 없거나 떠오르지 않는다면, 내가 가장 화났거나 힘들었던 상황을 표현하도록 지도한다. • '스트레스 신호를 찾아서 합리적으로 대처하기' 활동을 할 때, 말풍선 속의 1번과 2번 내용을 1장의 활동자료에 표현할 수도 있고, 2장의 활동자료에 각각 표현할 수도 있다. • '스트레스 신호를 찾아서 합리적으로 대처하기'를 작성할 때, 집중할 수 있도록 잔잔한 음악을 틀어 줄 수 있다. 나누는 것은 모둠이나 2명씩 짝을 지어서 활동할 수 있다.

교육자료 **분노에 대한 이해**

분노란 무엇인가

분노는 우리가 느끼는 아주 자연스러운 감정이다. 자신이 중요하게 생각하는 가치나 기대가 침해되었을 때, 몸과 마음에서 자연스럽게 일어나는 강한 감정 반응이다. 나의 몸과 마음이 보내는 "이건 싫어!"라는 신호일 수 있다. 나를 지키기 위해 나타나는 강하고 뜨거운 감정이다.

분노는 공격성이나 폭력과 같은 행동을 의미하는 게 아니다(분노는 감정, 폭력은 행동!). 분노 자체는 좋거나 나쁜 것이 아니고, 어떻게 표현하고 조절하느냐가 중요하다. 분노는 잘 다루면 나를 보호하는 힘이 되고, 잘못 다루면 관계를 망치는 무기가 된다.

❍ 분노는 왜 생기는가?

- 분노는 다양한 상황에서 생길 수 있지만, 다음과 같은 경우에 분노를 느낄 수 있다.
- 부당함을 느낄 때(예: 억울하게 혼났을 때)
- 기대가 깨졌을 때(예: 약속을 어겼을 때)
- 자존심이 상하였을 때(예: 친구한테 무시당하였을 때)
- 위험을 느낄 때(예: 공격을 받았을 때)
- 좌절하였을 때(예: 하고 싶은 것을 못 하고 막혔을 때)

❍ 분노의 오해와 진실

오해	진실
• 분노는 나쁜 감정이다.	• 아니다! 분노는 자연스럽고 건강한 감정이다.
• 화를 내면 무조건 안 된다.	• 아니다! 어떻게 표현하느냐가 더 중요하다.
• 화를 참는 게 좋은 거다.	• 무조건 참으면 나중에 더 크게 폭발할 수 있다.
• 화가 나면 무조건 소리 지르거나 싸워야 한다.	• 아니다! 화를 느껴도 조용히 표현하거나 조절할 수 있다.

❍ 분노를 조절하는 좋은 방법

- 심호흡하기: 깊게 숨을 들이마시고 천천히 내쉬기를 나섯 번 한다. '숨 쉴 때마다 화가 조금씩 빠져나간다.'라고 상상한다.
- 타임아웃(잠깐 멈추기): "나 잠깐 쉬고 올게."라고 말한다. 10분만 따로 있어도 감정이 많이 가라앉는다.
- 감정에 이름 붙이기: 속으로 "나 지금 화났다." "짜증 난다."라고 감정을 정확히 말로 표현한다. 감정을 말로 표현하면 내가 조절하고 통제하기 쉬워진다.
- 긍정적 자기대화 하기: 화날 때 부정적인 생각이 들지만, "괜찮아, 조금만 참자." "나는 내 감정을 조절할 수 있어."라고 말하며 스스로를 다독인다.
- 생각 바꾸기: 상황을 긍정적으로 보는 연습을 한다. 예를 들면, "왜 나만 이런 일을 당하지?" 대신 "이 일은 실수일 수도 있어."라고 생각을 바꿔 본다.
- 신체 활동하기: 운동, 스트레칭, 산책하기 등 몸을 움직이면 스트레스가 풀리고 분노 에너지도 빠져나간다. 빠르게 걷기나 줄넘기를 5분만 해도 효과가 있다.

교육자료 합리적으로 화내기

합리적으로 화내기

'합리적으로 화내기'는 정말 중요하다. 화는 무조건 참는 것도, 무조건 터뜨리는 것도 아니고 건강하고 똑똑하게 표현하는 것이 좋다.

❍ 합리적으로 화내기란?

- 화를 부정하거나 억누르지 않고, 상대방을 존중하면서 내 감정을 정확하고 솔직하게 표현하는 것이다. 화를 제대로 표현하면, 나도 편하고 상대도 상처받지 않는다.

❍ 합리적으로 화내는 방법(4단계)

1. 화가 난 감정을 인정하기

- 내 감정을 부정하지 말고 있는 그대로 받아들인다. "나 지금 진짜 화났어."

2. 화가 난 이유를 정확하게 찾기

- 막연하게 "짜증 나."가 아니라, 구체적으로 무엇 때문에 화가 났는지 생각한다. "나는 친구가 내 말을 무시해서 화가 났어."

3. 나-전달법으로 표현하기

- "너 때문에!"라고 비난하지 않고, "나는 ~해서 속상했어." 방식으로 말한다.
  예를 들면, "네가 내 얘기를 듣지 않았을 때, 나는 무시당하는 느낌이 들어서 화가 났어."

4. 목표를 생각하고 행동하기

- 감정 풀기가 목표인지, 문제해결이 목표인지 생각한다. 소리 지르거나 흥분되어 과한 행동을 하기보다 대화를 통해 상대와 이해하거나 해결하는 것을 목표로 한다.

꼭 기억할 것!

하지 말 것	해야 할 것
소리 지르기, 욕하기	조용하고 단호하게 말하기
상대방 비난하기 ("너는 항상~")	내 감정 중심으로 말하기 ("나는 ~ 느꼈어.")
무시하거나 참기	감정을 인정하고 표현하기
예: "너 왜 그렇게 이기적이야!"	예: "네가 내 부탁을 무시했을 때, 나는 속상하고 화가 났어."

활동자료 합리적으로 대처하는 내 모습 갖기

스트레스 신호를 찾아서 합리적으로 대처하기

최근에 화나거나 힘들었던 상황을 떠올려 보세요. 먼저, 화가 날 때, 내 몸 어디에 느낌이 오는지, 감정이 느껴지는 부위를 자유롭게 색칠하고 1번 말풍선에 대해 글로 적거나 그림으로 표현해 보세요. 학습자료를 통해 학습한 내용을 바탕으로 2번 말풍선에 대해 글로 적거나 그림으로 표현해 보세요. 포스트잇을 붙여서 표현할 수도 있어요.

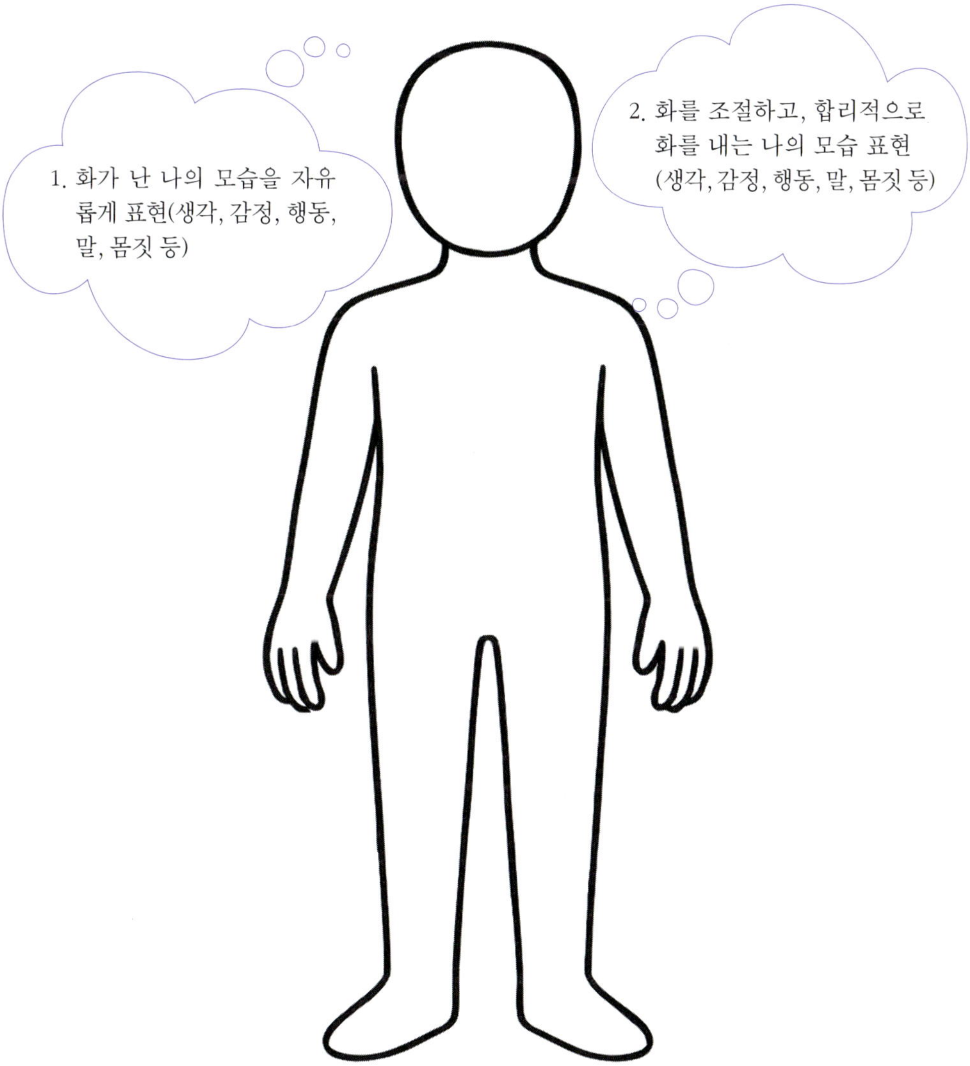

(4) 문제해결 마인드맵

주제	문제해결 마인드맵
목표	• 선택의 순간에 문제를 인식하고 다양한 시각에서 문제를 분석하여 창의적이고 효과적인 해결책을 도출하는 능력을 향상한다. • 문제의 정의와 핵심을 파악하고, 여러 대안 중에서 최선의 해결책을 선택하고 실행하는 능력을 배양한다.
준비물	필기도구, 활동자료, A4 용지
활동 내용	• **선택의 순간, 나의 선택은** 1. '생존자 게임' 또는 '생존 가방'(둘 중 한 개 상황을 선택) 활동자료를 이해하고 작성한다. 2. 두 명씩 짝을 이루거나 모둠을 구성하여 나누며 피드백한다. 생존자나 물건을 선택할 때 중요하게 고려하였던 점, 선택과 책임의 관계, 책임 있는 선택을 하기 위해서 어떻게 해야 하는지를 중심으로 이야기 나눈다. • **문제해결 마인드맵 만들기** 1. '문제해결 마인드맵 만들기' 활동자료를 이해한 후, 마인드맵 만들기 단계의 내용을 단계별로 적는다. 2. A4 용지의 중앙에 원을 그리고 해결하고 싶은 문제를 원 안에 적은 후, 가지들을 뻗어 생각을 확장하면서 문제해결 마인드맵을 그린다. 3. 두 명씩 짝이나 모둠을 구성하여 자신의 문제와 문제해결 마인드맵을 소개하고 피드백을 나눈다.
참고사항	• 선택의 중요성을 알고 신중히 고민하여 올바른 선택을 하도록 노력해야 함을 강조한다. • 시간이나 상황에 따라 마인드맵 단계만 작성하거나 마인드맵을 그리는 활동까지 진행한다. • 시간과 상황에 따라 두 명씩 짝을 이루거나 모둠을 구성하여 활동한다. 모둠의 구성원 수는 융통성 있게 구성한다. • '생존 가방' 활동자료로 활동을 할 때, 시간과 상황이 되면 생존 가방 포스터를 만드는 것도 좋다.

활동자료 생존자 게임

생존자 게임

구명보트에는 누가 타야 할까?

넓은 바다를 항해하던 여객선이 화재로 인해 가라앉고 있다. 탑승자의 대부분이 사망하고 생존자는 열 명밖에 남지 않았다. 그런데 하나밖에 없는 구명보트에는 세 명이 탈 수가 있다. 이때 어떤 사람들이 구명보트에 타야 할까?

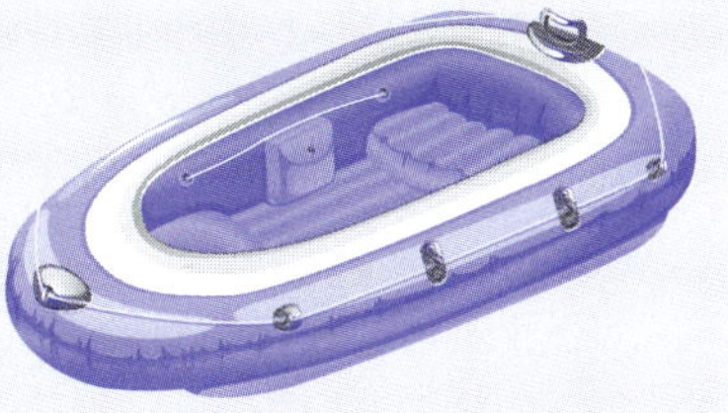

생존자

- 회계직 회사원
- 임신 6개월 된 회계직 회사원 부인
- 의과대 대학생
- 저명한 역사학자
- 성직자
- 탈옥한 여죄수
- 올림픽 금메달리스트
- 유명한 여가수
- 권총을 가진 군인
- 여대생

❍ 생존자 중에서 구명보트에 타야 할 세 명을 정하고, 그 이유를 적어 보세요.

1.

2.

3.

생존 가방

생존을 위한 선택의 순간 예시

호주의 많은 학생은 산불이나 홍수와 같이 일상생활을 위협하는 자연재해로부터 대피하였던 경험이 있다. 이를 바탕으로 사람들이 어떻게 집을 떠나 피난처를 찾아야 하는지 토론한다(예: 가족 및 친구와 함께 지낸다, 구호 센터로 이동한다 등). 토론을 할 때, 대피 상황에서 생존 가방(survival pack)에 무엇을 넣을지, 생존 가방은 힘든 시간을 이겨 내는 데 감정적으로 도움을 줄 수 있을지 물어본다. 토론을 마치며 집을 떠나 대피를 하여 힘든 상황을 이겨 내기 위해 자신에게 필요한 물품을 그림으로 그린 후, 생존 가방 포스터를 만들고 설명한다.

❍ 여러분이 갑작스러운 지진이나 화재 등 재해를 만났을 때 생존 가방에 무엇을 넣을지 세 가지를 선택하고, 이유를 적어 보세요.

1.

2.

3.

문제해결 마인드맵 만들기

오늘의 문제

- 해결하고 싶은 문제에 대해 해결 방법을 생각하고 실천해 보세요(예: 친구와 갈등 발생).

마인드맵 만들기

- 다음의 마인드맵 만들기 단계의 내용을 적어 본다.
- A4 용지의 중앙에 원을 그리고 해결하고 싶은 문제를 원 안에 적은 후, 가지들을 뻗어 생각을 확장한다.

1. 문제 인식
- 문제를 한 문장으로 정리하기:
- 이 문제로 인해 어떤 감정이 드는가? (예: 화남, 속상함, 불안함 등):

2. 문제 분석
- 이 문제의 원인은 무엇일까? (생각나는 대로 적어 보자.)

→

- 문제를 작게 나누어 보자(예: 대화 부족, 오해 발생 등).

→

3. 해결책 도출
- 가능한 해결 방법을 최대한 많이 적어 보자.

→

→

→

- 이 중 가장 현실적이고 좋은 방법은?

→

4. 실행 계획
- 선택한 해결책을 언제, 어떻게 실천할까?

→

5. 실행 후 점검: 실행해 본 경험이 있으면 적고, 경험이 없을 경우에는 내가 실행한다면 어떨지를 적는다.
- 실행해 본 결과는 어땠나요?

→

- 다음에 비슷한 문제가 생기면 어떻게 할까요?

→

(5) 나의 미래를 위해 '할 수 있다'

주제 나의 미래를 위해 '할 수 있다'

목표

- 자기효능감의 개념과 증진 방법을 학습함으로써 성장을 위한 자기효능감에 대하여 탐색한다.
- 롤 모델의 경험과 이야기를 통해 자신의 동기와 가능성을 탐색하고, 더 큰 목표를 향해 나아갈 수 있는 자신감을 향상한다.

준비물 필기도구, 활동자료, 교육자료

활동 내용

- **자기효능감이란**
  1. '자기효능감이란' 교육자료를 활용하여 자기효능감의 개념과 증진 방법을 학습한다.
  2. 모둠원과 자신의 자기효능감 상태와 어떻게 키울지에 대하여 이야기 나누며 피드백한다.

- **밝은 미래를 위해 배우고 노력하는 '나'**
  1. 자신이 본받고 싶은 롤 모델에 대하여 '내 인생의 롤 모델 탐구' 활동자료를 사전에 조사하여 참여한다.
  2. 롤 모델에 대해 사전에 탐구한 내용을 바탕으로 '롤 모델의 성공스토리에서 배우기' 활동자료를 작성하고 두 명씩 짝이나 모둠을 이루어 나누고 피드백한다.
  3. 활동자료 '밝은 나의 미래를 향해 출발'을 작성하며 미래를 조망하고 자신이 노력해야 할 점을 생각해 본다.
  4. 자신의 꿈과 비전을 이루기 위한 미래 조망과 노력을 두 명씩 짝이나 모둠을 이루어 나누고 피드백한다.

참고사항

- (☆중요) 자신이 본받고 싶은 롤 모델에 대하여 '내 인생의 롤 모델 탐구' 과제를 조사하여 참여하도록 사전에 지도한다.
- 본받고 싶은 롤 모델이나 성공한 사람들의 사례를 통해 성공적인 미래에 대한 동기를 부여할 수 있도록 지도한다.
- 성공한 자신의 모습을 상상하면서 목표를 세우고, 노력해야 할 점을 구체적으로 알 수 있도록 지도한다.

교육자료 자기효능감이란?

자기효능감이란

자기효능감(self-efficacy)은 자신이 특정한 상황이나 과제를 성공적으로 수행할 수 있다는 믿음이다. '나는 ~를 할 수 있다.'라는 믿음은 내 삶의 여러 측면에서 긍정적인 변화를 끌어내는 중요한 요인이다.

자기효능감이 높은 사람은 학교생활에 잘 적응하고, 또래와의 관계도 긍정적이며, 학업성취도가 높고 자신의 능력을 충분히 발휘한다. 장래와 일 모두를 긍정적으로 생각하여 실패에 대해 불안을 느끼지 않고 적극적으로 행동하는 경향이 있다.

❍ Bandura가 제안한 자기효능감을 키우는 방법

1. 성공적인 경험: 목표 달성을 통해 자신감을 얻기
  - 가장 강력한 방법은 실제 경험을 통해 성공을 경험하는 것이다. 작은 목표를 설정하고 성공적으로 달성하는 경험을 쌓는다.

2. 대리 경험: 롤 모델을 통한 학습
  - 다른 사람들이 성공적으로 과제를 수행하는 것을 보고 배우는 방법이다. 롤 모델을 통해 자신이 할 수 있다는 믿음을 가지게 되고, 특히 가까운 사람이 성공하는 모습을 대리 경험을 할 때 효과적이다.

3. 언어적 설득: 타인의 긍정적인 피드백 받기
  - 다른 사람들의 격려와 긍정적인 피드백은 자기효능감을 키운다. 누군가가 "너는 할 수 있다."라고 믿고 격려해 주면, 도전과제를 수행할 수 있다는 자신감을 가지게 된다.

4. 정서적 관리: 감정과 신체적 반응을 조절하여 안정된 상태 유지
  - 자신의 정서적 · 신체적 상태가 자기효능감에 영향을 준다. 불안이나 스트레스가 크면 자신감을 잃고, 반대로 긍정적인 감정이나 신체적인 이완 상태는 자신감을 키운다. 심호흡, 명상, 운동 등 스트레스 관리 기술이나 이완 훈련을 통해 감정과 신체 상태를 조절하는 노력이 필요하다.

5. 심리적 준비 및 자기 대화: 긍정적인 내적 대화를 통해 자신감을 유지
  - 자기 자신에게 '나는 할 수 있다.'라는 긍정적인 내적 메시지를 주는 것이 중요하다. 반대로 부정적인 자기 대화는 자기효능감을 저하시킨다. 스스로에게 긍정적인 말을 해야 한다. 예를 들어, "나는 이 문제를 해결할 수 있어." 또는 "실패해도 다시 도전할 수 있어."와 같은 긍정적인 자기대화가 중요하다.

활동자료 내 인생의 롤 모델 탐구(사전과제)

내 인생의 롤 모델 탐구

이름 ______________________

❍ 나의 롤 모델 소개

• 내가 롤 모델로 삼고 싶은 사람은 누구인가요? 그 사람의 주요 업적은 무엇인가요?

❍ 롤 모델의 삶과 성공에 대한 이해

• 성공과 실패의 이야기: 롤 모델이 겪은 어려움과 실패

• 핵심 가치와 행동: 롤 모델이 삶에서 중요하게 생각하는 가치(예: 노력, 인내, 도덕적 책임 등)

• 어려움과 문제해결 사례: 롤 모델이 직면하였던 문제와 이를 어떻게 해결하였는지에 대한 구체적인 사례

롤 모델의 성공 스토리에서 배우기

이름 ______________________

❍ 롤 모델을 통해 배우고 싶은 점

• 롤 모델의 삶과 성공을 통해 가장 인상 깊었던 부분은 무엇인가요? 그 이유는 무엇인가요?

• 롤 모델이 겪은 어려움과 실패, 극복 과정에서 배운 점은 무엇인가요?

• 롤 모델처럼 되기 위해 내가 해야 할 일과 이를 실천하기 위한 첫 번째 단계와 노력은 무엇인가요?

❍ 지금 내가 겪고 있는 크고 작은 어려움을 떠올려 보세요. 내가 직면한 어려움이나 도전을 잘 이겨내기 위해 롤 모델의 경험을 어떻게 활용할 수 있을까요?

❍ 내가 롤 모델을 따라가며 이루고 싶은 꿈은 무엇인가요?

활동자료 밝은 나의 미래

밝은 나의 미래를 향해 출발

나의 소망 (꿈과 비전)				
년도	**나이**	**나의 모습**	**내가 하고 있는 일**	**더 노력해야 할 점**
현재 (　　　　년)				
1년 후 (　　　　년)				
3년 후 (　　　　년)				
5년 후 (　　　　년)				
10년 후 (　　　　년)				
20년 후 (　　　　년)				

제**12**장

공동체 사회정서교육 프로그램: 1학기

1. 공동체 의식의 심리학적 의미

공동체는 목표나 관심사를 함께 공유하며 상호 작용을 통해 유대감을 형성하고 유지하는 사회적 집단이다. **공동체 의식**(sense of community)은 자신이 속한 공동체 내에서 협력하고 연대하는 마음가짐을 의미하며, 단순히 같은 공간을 공유하는 것이 아니다. 구성원 간의 신뢰, 배려, 소속감, 책임감을 바탕으로 공동의 목표를 이루기 위한 정신적 유대감을 포함한다. 개인이 '공동체 의식을 가질 수 있다.'라는 것은 사회나 집단 구성원으로 적응하여 살아가도록 하고, 이를 바탕으로 심리적 안정감과 사회적 성취를 이룰 수 있도록 한다.

학생이 학교공동체 의식을 갖는다는 것은 학교 교육의 목표를 함께 공유하고 협력하는 마음가짐을 지니는 것이다. 현재의 학교생활에 잘 적응하여 학교 교육의 목표를 향해 나아감으로써 안정감과 행복감을 느끼도록 돕고, 성인이 된 이후에 건강하게 삶의 목표를 성취하는 데 중요한 마음의 자원이 된다. 건강한 마음의 자원을 지닌 사회구성원을 길러 내는 것이 학교의 중요한 역할이며 좋은 교육이다. 우리 사회가 건강하고 좋은 구성원으로 가득할 때 안정적이고 행복한 현재와 미래를 기대할 수 있다. 여기서는 학생의 공동체 의식 형성 및 역량 강화와 관련한 심리학의 기초 이론과 의미를 소개한다.

1) Adler의 개인심리학: '사회적 관심'이 행복과 성장의 핵심

개인심리학(individual psychology)의 창시자인 Adler는 개인의 삶에 있어서 열등감의 보상과 공동체 의식의 중요성을 강조하였다. 인간은 본질적으로 **사회적 존재**이며, 개인의 행복과 정신건강은 공동체 속에서 의미 있는 역할을 수행하는 것과 관련이 깊다. 인간은 사회적 맥락 속에서 자신이 선택한 목표와 가치를 추구하는 **창조적 존재**이다. 자신의 모든 경험을 개인적이고 주관적인 방식으로 해석하는 창조적인 힘을 지니고 있다. Adler가 말하는 공동체 의식은 개인이 타인과 연결되어 있고 사회의 일부로서 의미 있는 기여를 하고자 하는 감각을 의미한다. 사회적 맥락 속에서 **사회적 관심**(social interest)을 가지고 자신과 타인을 조화롭게 연결하며 의미 있는 삶을 살아갈 때 건강한 개인이 된다.

Adler는 공동체 의식과 사회적 관심이 결여되었을 때 심리적 문제를 유발할 수 있다고 하였다. 건강하고 적응적인 학생은 학교공동체에서 자신의 역할에 관심을 가지고 목표와 가치를 수행해 나가며 교사, 또래와 조화롭게 연결되어 있다. 학생 자신이 다른 사람들과 평등하고 사회적 역할을 감당할 수 있다고 느낄 때 건강하고 건설적으로 사회적 활동에 참여할 수 있다. 반면, 자신이 다른 사람보다 열등하거나 우월하다고 느끼면 공동체 의식이 저하되고 공동체보다 자기 이익을 위해서 행동하며 공동체를 파괴하려는 경향으로 인해 부적응을 초래할 수 있다. 학생의 문제 행동은 사회적 집단에 대한 소속감이 결여되어 있기 때문이므로, 처벌이나 보상보다는 협력적인 행동을 가르쳐서 가정이나 학교에서 자신이 중요한 역할을 하고 있다고 느끼게 해야 한다.

학생들의 건강한 성장은 사회적 관심의 발달을 기초로 한다. 성공적인 삶과 건강한 성격의 기준은 자신의 삶과 생활 과제 속에 사회적 관심을 포함하고 있느냐이다. 사회적 관심이라 하면 쉽게 말해 사회의 일에 관심을 가지고 연대하며 봉사하고 희생하는 것을 생각할 수 있지만, 그것은 일부이다. 사회적 관심은 타인이나 사회적 환경과 조화를 이루기 위해 타협하고 협동하려는 노력과 사회적 이익과 발전을 위해서 자신을 희생하고 기여하려는 노력이다. 특히 다른 사람을 배려하기 어려운 상황에서 협동하고 헌신하려는 의지와 행동을 통해 평가할 수 있다.

사회적 관심은 타고난 기질적인 측면이 있어서 개인차가 나타날 수 있다. 하지만 교육과 훈련을 통하여 타인을 이해하고 공감하며 협동하고 기여할 수 있는 사회적 능력을 학습시키고 발달시킬 수 있다. 학생이 사회적 관심을 기를 수 있도록 부모, 교사, 사회 환경 등이 적극적으로 도와야 하며, 학교에서 공동체 의식 형성과 역량 강화를 위한 사회정서교육을 제공하는 것이 중요하다.

첫걸음은 타인을 이해하고 공감하는 것이다. 공감은 타인의 관점에서 바라보고, 생각하며, 다른 이의 마음을 느끼는 것이다. 타인의 내면적 경험을 이해하려고 노력하면서 그 심정을 이해하는 것이다. 개인이 안정된 자기정체감을 가지고 있기 때문에 타인의 감정에 빠져들지 않으면서 타인의 감정을 자신의 것처럼 느끼는 것이다. 공동체 의식을 형성하고 역량을 강화하는 사회정서교육은 학생들의 공감하기를 돕는다. '나' '너'가 존중되지만 '우리'를 바탕으로 서로의 생각과 감정을 공유하는 역량을 강화한다. 공동체 의식이 저하된 학생은 학교와 학급에 소속감을 느끼지 못하기 때문에 자신과 공동체를 분리하게 되며 또래와 교사에게 공감하기 어렵다. 예를 들어, 교실에서 다들 즐거워할 때 홀로 즐겁지 않은 학생을 발견할 수 있다. 그런 학생은 교실을 쉽게 벗어나거나, 유대감을 느끼지 못하고 자신이 받아들여지지 않는다고 느끼기 때문에 온라인 공간에서 자신의 욕구를 충족하는 모습을 보이기도 한다. 반면, 공동체 의식을 형성한 학생은 '나는 이 공동체의 한 구성원이다.'라는 소속감을 느끼고, '나도 이 공동체를 좋은 곳으로 만들 책임이 있어.'와 같은 책임감을 느낀다. 또한 '다 같이 잘 살기 위해서는 서로 도와야 해.'와 같은 협력하고 배려하는 행동을 하며 '우리 학교, 우리 학급이 더 나아지도록 행동해야지'와 같은 공동의 목표를 의식적 · 무의식적으로 마음속에 지니고 노력하게 된다.

학교와 학급에 소속감을 갖는 것은 학생에게 자신을 성장, 발전시키려는 강한 동기를 불러일으킨다. 자신이 속한 집단인 학교에서 가치 있는 구성원이라는 것을 느낄 때 온전히 기능할 수 있다. 사회적 관심에 따라 자신의 성장과 삶의 목표를 위해 행동하려는 학생들의 능력과 의지는 달라지므로 학교에서 공동체 의식을 형성하고 역량을 강화하는 교육이 활발하게 이루어져야 하는 이유가 여기에 있다.

2) Seligman의 긍정심리학: 행복과 공동체의 관계

Seligman은 긍정심리학(positive psychology)의 창시자로, 인간의 행복과 웰빙을 연구한 심리학자이다. 기존 심리학이 주로 정신 병리와 결핍에 초점을 둔 반면, 개인의 행복, 강점, 긍정적 정서를 연구하여 사람들이 보다 나은 삶을 살 수 있도록 돕는 데 중점을 두었다. 그는 교육이 학생의 삶이 번창(flourishing)과 번영(prosperty)하는 것을 목표로 해야 한다고 하였다. 번영이 긍정심리학의 궁극적인 목표이며, 웰빙은 단순한 행복 이상이다. 번영하는 삶은 성장, 의미, 성취, 사회적 유대를 포함하는 포괄적인 개념이다. 번영하다(prosper)는 번성하고, 번창하고, 건강한 방식으로 성공하고 강하게 성장하는 맥락의 의미이다. 공동체 속에서 의미 있는 기여를 하면서 인간은 진정한 번영을 이룰 수 있다.

긍정심리학에서 공동체 의식은 개인이 사회적 집단이나 공동체와 연결되어 있다는 느낌을 의미한다. 우리에게 소속감, 유대감, 상호 지원의 경험을 제공함으로써 심리적 행복을 높이는 중요한 요소이다. 개인의 행복은 단순히 성공이나 물질적 성취에서 오는 것이 아니라, 타인과의 관계와 공동체 속에서 의미를 찾을 때 더욱 커진다. Seligman은 행복한 삶(well-being)을 구성하는 네 가지 요소를 PERMA 모델로 설명한다. 긍정적 정서(P)와 몰입(E)은 더 건강한 공동체를 형성하며, 사회적 관계(R)와 의미(M)가 높은 사회와 집단은 개인의 웰빙을 증진하고, 협력과 신뢰를 바탕으로 한 작은 성공 경험과 공유된 목표 성취(A)를 통해 공동체 의식이 강화된다.

〈표 12-1〉 긍정심리학에서 제시하는 행복한 삶(well-being)의 구성 요소

PERMA 요소	내용	공동체 의식 사회정서교육 방향
긍정적 정서 (Positive Emotion: P)	• 긍정적 정서를 경험하는 것 • 즐거움, 기쁨, 감사, 사랑 등의 긍정적인 감정을 경험하는 것 • 낙관적인 생각과 감정 훈련이 중요한 역할을 함	공동체 속에서 따뜻한 관계를 맺고 낙관적 생각과 감정 훈련
몰입 (Engagement: E)	• 몰입할 수 있는 활동을 하는 것 • 몰입(flow) 상태를 경험하며 활동에 깊이 빠져드는 것 • 자신의 강점을 활용할 때 더욱 강력하게 나타남	강점을 활용하여 공동체 활동에 몰입 경험 제공
관계 (Relationships: R)	• 좋은 인간관계를 맺는 것 • 가족, 친구, 동료와의 긍정적인 관계 형성 • 사회적 유대감이 행복과 정신 건강에 중요한 역할을 함	건강한 공동체 속에서 긍정적인 관계와 사회적 유대감 경험
의미 (Meaning: M)	• 삶에서 의미를 찾는 것 • 개인이 삶에서 의미를 찾고 더 큰 목표를 추구하는 것 • 종교, 철학, 사회적 기여 등에서 의미를 찾을 수 있음	삶의 의미와 목표를 탐색하고 의미를 찾는 활동
성취 (Accomplishment: A)	• 목표를 성취하는 것 • 목표를 설정하고 이를 달성하며 만족감을 느끼는 것 • 작은 성공 경험이 동기를 강화하고 지속적인 성장으로 이어짐	목표 설정과 성취 경험, 작은 성공 경험을 통해 동기 강화

행복한 사람은 건강한 공동체 의식을 지니고 있다. 행복한 삶은 타인과 연결되고, 공동체 속에서 의미를 찾을 때 더욱 커진다. 단순히 개인적인 성공보다 타인과 협력하고 사회적 관계를 맺는 것이 더 큰 행복을 준다. 행복한 사람은 인간관계가 풍부하고 공동체 활동에 적극적으로 참여하는 경향이 있다. 공동체 의식을 바탕으로 가족이나 친구, 학교 등에 연결되어 소속감을 느끼고 가정과 학교에서 자신의 역할에 적극적인 학생일수록 심리적으로 안정감을 느낀다. 공동체 안에서 건강하게 어우러지며 성장하는 학생은 자기효능감을 바탕으로 성취에 대한 강한 동기를 지니게 되고, 보다 나은 학업 성적과 바람직한 사회적 행동을 하게 된다. 공동체에서 경험하는 사회적 지지는 학생들의 스트레스와 불안, 우울감을 줄이는 효과가 있다. 반면, 사회적으로 단절되고 고립감을 느끼는 학생은 우울감과 스트레스 대처 능력이 부족하여 학교적응의 어려움과 심리적 부적응의 위험이 증가한다.

공동체 의식 역량 강화 교육은 학생에게 나눔, 협력과 같은 공동체 활동을 증가시키고, 공동체 안에서의 나눔과 협력은 학생 개인의 웰빙을 높인다. 학교와 학급 내에서 타인을 돕고 공동체에 기여할 때 학생의 긍정적 정서가 증가한다. 혼자일 때보다 함께 목표를 달성하는 사회정서교육학습 경험이 학생들의 삶의 의미를 깊게 만들고 학교생활에 더 만족감을 느끼게 한다. 학급에서 경쟁적인 분위기가 아닌 협력적인 분위기가 형성될 때 최적의 학습환경이 조성되고 학생들의 학습동기와 성취도가 높아진다. 학생 개개인의 강점에 초점을 맞추어 목표를 설정하고 작은 성공 경험이 쌓인다면 학급 활동에 더욱 참여적으로 행동하게 되고, 좌절이 있을 때도 회복탄력성이 높은 학생들로 거듭난다. 이런 학생들로 인해 자연스럽게 긍정적인 학교 문화와 학급 분위기가 형성되므로 공동체 의식이 학교 전체에 녹아들어 간다. 연구들(Hannah, Sweeney & Lester, 2007; La Greca & Harrison, 2005; Meiklejohn et al., 2012)에 의하면, 교사가 사회정서학습 프로그램을 가르칠 때 직업 만족도, 교사 효능감과 교사 웰빙이 높아지며, 교사의 웰빙은 교사에게 개인적·직업적 회복탄력성이 있다고 느끼게 한다. 교사가 공동체 의식 형성과 역량 강화 교육을 수행하는 것은 학생뿐만 아니라 교사의 심리적 안녕과 효능감에도 좋은 영향을 준다.

Adler와 Seligman의 핵심 개념을 연결해 보면, 인간은 사회적 존재이며 공동체와의 유대가 개인의 웰빙과 심리적 건강에 매우 중요하다.

〈표 12-2〉 Adler와 Seligman의 공동체 의식에 대한 관점

	Adler	Seligman
공동체 의식의 중요성	인간은 사회적 존재이며, 공동체 의식의 결여는 심리적 문제를 일으킨다.	행복한 삶은 좋은 인간관계와 공동체 속에서 가능하다.
개인의 성장	개인은 공동체 속에서 성장하며, 타인을 배려할 때 진정한 성장이 가능하다.	사회적 관계(R)와 의미(M)를 찾을 때 행복이 증가한다.
사회적 유대	사회적 관심을 가진 사람은 정신적으로 건강하다.	관계를 맺고, 긍정적 정서를 나눌 때 삶의 만족도가 높아진다.
개인 vs 공동체	개인은 목표지향적 존재이며, 기본적으로 공동체 의식, 즉 사회적 관심을 지닌 존재이다.	개인적 성공도 중요하지만 사회적 관계와 나눔이 개인을 더 행복하게 만든다.
웰빙과 심리적 건강	개인의 문제 행동은 사회적 집단에 대한 소속감 결여로 인해 부적절감을 느끼고 긍정적 인간관계를 맺지 못하기 때문이다.	사회적 관계가 좋은 사람이 스트레스가 적고, 더 오래 산다.

Adler의 사회적 관심과 Seligman의 번영은 모두 공동체 의식이 행복과 성장에 있어서 핵심적인 역할을 한다고 말해 준다. 공동체 의식을 형성하여 타인을 배려하고 돕는 것은 결국 나 자신을 더 행복하게 만드는 길이라는 것이 두 학자의 공통된 메시지이다.

3) Maslow의 인본주의 심리학: 공동체는 욕구충족의 장

Maslow는 인본주의 심리학(humanistic psychology)의 대표적인 학자로 인간의 동기를 단계적으로 설명하는 **욕구위계설**(needs hierarchy theory)을 제안하였다. 인간의 욕구를 **생리적, 안전, 애정(소속), 존중, 자아실현** 욕구의 5단계로 나누었다. 인간은 기본적인 욕구부터 점진적으로 더 높은 수준의 욕구를 충족하려 하며, 욕구는 하위 단계가 충족되어야 상위 단계로 이행한다. 학생은 공동체 속에서 원초적이고 기본적인 생리적 욕구와 안전 욕구충족이 이루어지도록 지원받아야 한다. 또한 인간다운 상위 욕구충족을 위하여 공동체 의식을 형성하는 것이 중요하다. 공동체 의식은 소속감과 같은 사랑(소속)의 욕구를 충족하는 데 직접적으로 도움이 되고, 공동체 의식을 형성한 학생은 자신이 속한 집단에 성공적으로 자리매김함으로써 다른 욕구들을 충족하는 데 유리한 상황과 맥락 속에 자연스럽게 놓인다.

〈표 12-3〉 Maslow의 욕구 단계와 공동체 의식의 관계

욕구 단계	설명	공동체 의식과의 관계
1단계 생리적 욕구	생존을 위한 기본적 욕구 (음식, 물, 수면 등)	공동체는 음식, 주거, 생필품 등을 지원하며 기본욕구충족을 도움
2단계 안전의 욕구	신체적 · 정신적 안전, 경제적 안정	공동체 속에서 법과 제도, 보호 시스템이 작동하며 개인이 안전을 느낄 수 있음
3단계 애정(소속)의 욕구	가족, 친구, 사회적 유대, 소속감	공동체 의식이 강할수록 소속감을 느끼고 외로움을 줄일 수 있음
4단계 존중의 욕구	자존감, 타인의 존중, 성취감	공동체 속에서 인정받고 존중받을 때 개인의 자존감이 상승
5단계 자아실현의 욕구	자신의 잠재력을 실현하는 단계	공동체 속에서 의미 있는 역할을 하며 성장할 때 자아실현이 가능

학생들은 학교에서 공동의 목표를 달성하는 경험을 하며 성장하고, 더 큰 사회공동체의 구성원으로서 살아가기 위한 준비를 한다. 학교에서 이루어지는 공동체 의식의 형성과 역량 강화 교육은 학생이 성공적인 삶과 건강한 성격을 형성하는 토대가 된다. 건강한 공동체 의식은 학생의 삶에 행복과 번영이 자연스럽게 녹아들어 웰빙으로 나아가게 한다. 또한 보다 인간다운 삶을 영위하도록 동기를 불러일으켜서 상위욕구를 충족하는 데 도움을 준다.

2. 공동체 사회정서교육은 왜 필요한가

학교 교육은 지적 · 학업적 성장과 함께 인성과 사회성 및 공동체 의식을 함양하여 학생이 종합적이고 균형 잡힌 민주시민으로 성장하는 것이 핵심방향과 가치이다. 학생들이 학교에 잘 적응하고 지식의 습득을 넘어서, 실제 삶에서 활용할 수 있는 역량을 기르는 것이 실천적 목표이다. 학교 교육의 목표를 효율적이고 효과적으로 달성하기 위해 학생들의 마음을 하나로 묶어 함께 나아가는 것이 필요하다. 이는 소속감, 유대감, 서로에 대한 신뢰, 공유된 목표와 가치, 참여 대도 등 학생들의 공동체 의식을 전제로 한다.

보충 TIP

학생들이 선택하지 않은 공동체 '학급'

학생들에게는 학급에 대한 선택권이 주어지지 않는다. 학생들이 학급으로 조직되어 교실에서 서로 친밀감을 형성하고 존중과 배려하며 협동과 협력할 것을 기대하는 것은 교사를 포함한 교육 관계자들의 바람(want)이다. 학급은 학급 구성원 간 사회적 관계로 연결되어 있으며, 교실이라는 사회적 공간에서 함께 생활하는 공동체를 의미한다(임현수, 2022). 학급은 강제집단의 한 종류로서 외부에서 권위를 행사함으로써 형성된 집단이다. 비자발성에 근거한 집단이므로 그 안에서의 친밀감 형성과 존중, 배려, 협동과 협력 행동을 독려하기 위해서는 교사를 포함한 지도자의 의도적이고 적극적인 노력과 인내를 바탕으로 한 작업이 필요하다.

교사가 공동체 의식을 형성하여 학생들의 마음을 하나로 묶는 데 성공하였다 하더라도 이를 완료의 의미로 생각해서는 안 된다. 학교와 학급에서 갈등의 발생은 필연적이며 언제든지 갈등으로 인해 공동체 의식은 저하되고 학생들이 공동체에서 이탈할 가능성이 있다. 일반적으로 학교 내 갈등이 없는 학교가 좋은 학교로 여겨지고 갈등이 발생하지 않도록 사전에 예방하고자 한다. 하지만 교사는 사람들이 모여 있는 집단은 언제나 갈등이 존재하고 갈등이 발생할 가능성을 내포하고 있다는 것을 기억하여 유연하고 수용적으로 대처해야 한다. 갈등은 학급 내 역동이며, 역설적으로 학생들이 서로의 차이를 이해하고 존중하며 갈등해결 능력을 키울 수 있는 기회이다. 학급 내 갈등이라는 어려운 상황을 교육적 성장의 기회로 만드는 자세와 역량이 교사에게 필요하다.

최근 학교 현장에서는 학급 내 갈등을 법의 테두리로만 몰고 가 학급 내 관계를 해치는 경우가 있다. 학교가 학생들의 갈등에 민감하고 예민하게 관심을 가지고 교육적 노력을 더해서 학교폭력과 같은 문제는 줄어들고 있지만, 학생들이 진정으로 화해하고 용서하는 과정을 충분히 거치며 성장하였는지에 대해서는 물음표가 생긴다. 학교와 교육의 존재 이유는 이 지점에 있다. 교사는 학교 내 갈등을 공동체 의식 형성과 공동체 역량 강화의 기회로 승화시켜야 한다. 공동체 안에서 갈등은 자연스럽게 발생할 수 있다는 것을 인정하고, 갈등 상황을 적극적으로 수용하고 활용하여 학생들이 이를 건설적으로 해결할 수 있도록 교육하고 지도하는 것이 적절한 대처이다. 학생들은 건강한 성인이 되어 사회에 나아가기 위해 준비를 하는 단계에 있다. 학교라는 안전한 환경에서 충분히 공동체 의식을 연습할 수 있는 경험을 제공해야 한다. 이는 의도적인 작업이 필요함을 의미하며 **학급단위 사회정서교육**은 적절한 경험을 제공하는 방법이다.

개별 상담이나 소그룹 집단 상담이 특정 문제를 호소하는 학생들을 대상으로 한다면, 학급 단위 사회정서교육은 학생이라면 누구나 지녀야 할 태도와 행동을 갖추도록 돕는다. 공동체 의식은 집단적 경험을 전제로 하고, 집단 속에서 더욱 잘 배울 수 있다. 공동체 역량은 집단 내 연습이 효과적이다. 학급 구성원 전체가 함께 참여하는 학급단위 사회정서교육을 통해 공동체 의식이 자연스럽게 학생의 내면에 스며들게 되고 공동체 역량이 강화된다.

여기에 소개하는 공동체 의식 강화 프로그램은 학생들이 학급에 대한 소속감과 관심을 경험하도록 구성하여 나눔과 배려 등 협력적 분위기와 태도를 형성하는 구체적 교육 방법이다. 학생의 흥미와 동기를 촉진하고 유발하는 **활동중심 학교현장 맞춤형 프로그램**이다. 학생들이 공동체에 기여하도록 유도하고 학교교육 목표 달성을 위한 행동을 자연스럽게 불러일으켜 건강한 성장과 발달의 밑거름이 되는 마음의 자원을 제공한다.

활용 TIP

공동체 의식 강화 프로그램 준비와 진행을 위한 안내 및 사전 점검

- 학기와 월별 특성에 따라 작은 실천 단위인 모듈로 구성되어 학생의 수준, 상황, 집단 특성에 따라 유연하게 활용하고, 단계적으로 체험, 성장할 수 있게 도와준다.
- 공동체 역량 강화에 초점을 맞추어 학급 구성원이 모두 함께 참여하는 활동 중심이며, 발표하고 이야기하는 것을 이 책에서는 '나눈다.'라고 표현하였다. 학교와 학급의 상황이나 시간에 따라 학급 전체 또는 모둠으로 진행해도 된다. 두 명씩 짝을 이루거나 모둠으로 활동하는 부분은 별도로 제시하였다.
- 활동자료, 참고자료가 포함되어 있다. 활동자료(활동지)는 학생들에게 나누어 주어 교육에 활용하고, 참고자료는 교사가 필요에 따라 활용한다.
- 활동 내용과 참고사항을 숙지하고, 학교 상황과 학생들의 수준을 고려하여 융통성 있게 진행한다.
- 주제, 목표, 활동 내용은 학생의 입장에서 대부분 기술되었고, 교사의 역할이 강조되는 부분이나 유의사항과 활용 TIP은 교사의 입장에서 기술되었다.

3. 공동체 사회정서교육 프로그램

1) 프로그램 구성 요소 및 목표

구성 요소	설명	목표
공동체 목표 인식	공동체에 공유된 방향성과 목표 인식	• 학교와 학급이 공유하는 목표, 가치, 비전 인식 • 공동체 목표에 따른 태도와 행동 실천
관심과 돌봄	공동체의 문제와 구성원에 대한 관심과 돌봄 태도	• 공동체 구성원에 대한 관심과 특성 이해 • 학급과 구성원의 문제에 대한 관심과 적극적 도움 행동 실천
존중과 배려	타인을 존중, 이해하며 상대방의 입장에서 생각하는 태도와 행동	• 학교생활 속 존중과 배려 실천 • 조망수용 능력 형성 • 타인의 문화적 배경과 개성 존중
성실성과 규칙 준수	책임감을 바탕으로 의무를 다하고, 공동체의 윤리, 원칙을 준수하는 태도	• 공동체 구성원으로서 역할 인식과 책임감 형성 • 학급공동체의 규칙과 규정 준수
리더십과 참여	공동체 목표 달성을 위한 참여와 구성원들의 참여를 불러일으키는 능력	• 학급 목표 달성을 위한 계획과 실행 • 구성원과 공동체 문제에 대한 적극적 참여와 참여 행동 독려
협업과 문제해결	공동체 목표 달성을 위한 협업과 공동체 문제를 함께 해결하는 능력	• 공동체 목표 달성을 위한 협동적 활동 실천 • 협력을 통한 공동 과제 수행 및 완성 • 협동을 통한 공동체 문제해결
공감적 이해와 표현	공동체 구성원의 의견을 경청하고 생각과 감정을 알아주는 능력	• 적극적 경청 태도 형성 • 공감적 · 수용적 태도 형성

2) 프로그램 구성 내용

구성 요소	① 공동체 목표 인식 ② 관심과 돌봄 ③ 존중과 배려 ④ 성실성과 규칙 준수 ⑤ 리더십과 참여 ⑥ 협업과 문제해결 ⑦ 공감적 이해와 표현

월	구성 요소	모듈	활동명	활동 소개
3	①②	1	너의 이름은? 나의 이름은!	학급 구성원의 이름과 특성을 불러 주고 기억하기
	①④⑤⑥	2	우리가 원하는 리더는……	학급공동체가 원하는 리더의 자질 공유하기
4	①④⑤⑥	3	우리의 약속	협동화를 통해 학급의 가치와 비전 공유하기
	②③	4	우리 반에 이런 친구는 누구니?!	학급 구성원과의 상호 작용 기회 늘리기
5	②③	5	짝 인터뷰	학급 구성원에 대해 관심 갖고 탐색하기
	①②③④⑤⑥⑦	6	도움을 요청해도 괜찮아	도움을 요청하고 수용하는 학급 분위기 만들기
6	②⑦	7	기분 좋은 느낌의 우리 반 만들기	학급 구성원의 감정 경험을 나누며 공감적 분위기 만들기
	②③⑤⑥⑦	8	마음을 알아주는 친구	학급 구성원의 고민과 스트레스를 함께 나누기
7	②③④⑤⑥⑦	9	함께 성장하는 우리	학급 구성원의 노력과 성장을 격려하고 지지적 학급 문화 조성하기
	여름 방학			
8	①②④⑤⑥	10	우리 반 분위기 업!	새로운 학기를 시작하며 긍정적인 학급 분위기 만들기
9	②⑦	11	우리 반 웃음 저금통	학급 구성원들과 긍정적 경험을 나누며 관심과 유대를 경험하기
	③⑤⑥	12	말없이 마음을 모아 미션 수행!	참여와 협동을 통해 학급 구성원이 협력과 문제해결 경험 공유하기
10	③⑥	13	우리 반 소통 릴레이	학급 구성원들과 비언어적 · 언어적 소통을 경험하기
	②③⑥	14	다양성의 힘! 함께 이어 보자!	다름에 대한 관심과 다양성에 대한 공감, 존중, 배려하기
11	②③⑥	15	강점 노래자랑	학생들의 강점으로 별칭, 가사 만들기와 노래를 부르며 공감을 표현, 협업하기
	②③	16	친구야~ 너의 빛나는 점을 알려 줄게	공동체 안에서 강점을 찾아 긍정적으로 바라보는 눈 기르기
12	①②	17	우리는 연결되어 있어요	학급 구성원 간 감사, 응원의 말 하기
	②④	18	고마워, 그리고 응원해!	1년간의 학급 생활과 노력을 격려하고 응원하기

4. 공동체 의식 강화 프로그램의 실제: 1학기 전반(3~4월)

1) 3월: 학급공동체의 시작

모듈	구성 요소	활동명	활동 목표
1	공동체 목표 인식, 관심과 돌봄	너의 이름은? 나의 이름은!	학급 구성원의 이름 외우기 활동을 통해 학급 구성원에 대한 관심을 갖고 관심과 돌봄 태도를 함양한다.
2	공동체 목표 인식, 성실성과 규칙 준수, 리더십과 참여, 협업과 문제해결	우리가 원하는 리더는……	학급을 대표하는 리더의 자질을 탐색하여 학급에 필요하고 적합한 리더를 인식한다.

물리적 생존 vs 사회적 생존

-사회적 생존은 학생의 물리적 생존을 위협할 수 있다-

Bowlby는 애착이 인간의 본능적인 행동이며, 단순한 감정적인 측면을 넘어 진화적으로 생존을 위한 필수적 행동이라고 하였다. 어린 시절의 주 양육자와 애착 경험은 이후의 인간관계를 맺는 방식에 영향을 미치고, 내적 작동 모델(internal working model)을 형성하여 평생 동안 인간관계의 기본 틀이 된다. 교육현장에 '애착의 중요성'을 강조한 임상심리학자 Louis Cozolino는 소규모 집단인 교실은 수십만 년 동안 인류 진화의 배경이 된 부족과 같은 집단의 대인관계 역학으로부터 영감을 받은 것이라고 하였다. 오랜 진화 과정에서 우리의 뇌는 타인의 행동과 감정을 읽고 그에 적응하는 방식으로 진화하였다. 현대 인간의 뇌가 방대해진 이유는 사회적 관계에서 오는 정보를 처리하기 위해서이다. 어린 시절에 부정적 애착관계를 경험한 학생은 학교에서 학습문제나 적응 문제를 겪을 수 있다.

뇌는 환경 변화에 민감하며 신경망을 스스로 다시 연결하고 재조직하는 가소성(brain plasticity)이 있다. 이전에 부정적인 관계를 경험한 학생이 긍정적인 경험을 반복한다면 달라진 새로운 환경에 적응한다. 학습은 이러한 반복된 시냅스 가소성을 통해 이루어진다. 인간의 마음은 유전적으로 프로그래밍된 신경시스템의 성숙과 개인의 지속적인 경험을 통해 발달한다. 마음은 뇌의 결과물이지만 마음이 다시 뇌를 조정하는 것 또한 가소성 때문이다. 긍정적인 환경 자극이 풍부하면 뇌는 잠재 능력을 최대한으로 발휘한다. 학교가 긍정적인 애착을 경험할 수 있는 풍부한 환경이어야 한다.

청소년기는 또래 애착이 중요해지는 시기이다. 학생들은 주로 자신의 활동 공간인 교실 내에서 또래관계를 형성한다. 학급은 하나의 작은 공동체지만 학생에게 가장 중요한 공동체 사회이다. 학생들은 교실 내에서 사회적 생존을 위해 부단히 노력한다. 학생들은 다양한 어려움을 겪지만 비교적 안정된 공간에서 성장을 위한 소중한 경험으로 대부분 이겨낸다. 어떤 학생은 학교 현장에서 애착을 형성하지 못하고 정서적 빈곤을 느끼며 사회적 생존이 어려워지고 물리적 생존까지 위협을 받기도 한다. 3월은 새로운 학년이 시작되므로 학급의 규칙과 목표를 설정하는 시기이다. 교사는 교실이 학생에게 사회적 생존을 위한 연습장이 될 수 있도록 안정되고 풍부한 환경을 조성하고 학생의 마음속으로 다가가는 방법을 탐색해야 한다.

[모듈 1] 너의 이름은? 나의 이름은!

활동 소개 학급 구성원의 이름과 특성을 불러 주고 기억하기

활동 요약
- 새 학기를 맞아 나를 소개하고 새로운 학급 구성원의 이름과 특성을 기억하기 위한 활동
- 자신의 이름 앞에 수식어를 넣어 꾸민 후 릴레이로 친구들의 이름과 특성을 불러 주고 기억하는 활동

준비물 A4 용지, 컴퓨터용 사인펜, 투명 테이프 등

진행 방법
1. 학생이 모두 원으로 둘러앉은 후, 컴퓨터용 사인펜과 A4 용지를 활용하여 각자 자신의 이름과 특성을 적은 명패를 만든다. A4 용지를 세 번 접은 후, 투명 테이프로 고정하여 명패를 만든다.
   - 치킨을 좋아하는 '○○○'입니다.
2. 처음 시작할 한 명을 정한 뒤 자신이 적은 것을 읽으며 소개한다.
3. 다음 학생은 이전 학생의 소개를 먼저 말하고 릴레이로 자신을 소개한다.
   - 치킨을 좋아하는 '○○○' 옆에, 안경 쓴 '△△△'입니다.
   - 치킨을 좋아하는 '○○○' 옆에, 안경 쓴 '△△△' 옆에, 약사가 꿈인 '◇◇◇'입니다.
4. 학생은 돌아가면서 활동 소감과 1년 동안 함께 지낼 반 친구들에게 전하고 싶은 메시지를 나눈다.
   - 오늘 활동에 대한 소감과 1년 동안 함께 지낼 반 친구들에게 전하고 싶은 메시지를 각자 말해 봅시다.
5. 교사는 활동의 의미를 요약 · 정리하여 메시지로 전달한다.

교사의 요약 · 정리

"좋은 관계의 시작은 서로 관심을 가지고 친구의 이름을 불러 주는 것에서 시작됩니다. 앞으로 우리 학급은 서로 이름을 불러 주며 친구에게 관심을 가지고 존중하는 학급이 되었으면 좋겠어요."

유의사항과 활용 TIP

- 친구의 이름과 특성을 외워서 활동을 진행하거나 각자 A4 용지를 펼쳐서 보이도록 하여 진행할 수 있다. 중요한 점은 활동을 통해 친구의 이름과 특성을 기억하는 것이다.
- 자신의 특성에 대한 것은 부정적인 느낌이 아닌 긍정적인 표현으로 유도한다.
- 사전에 게임을 통해 자리 섞기를 한 후 본 활동을 진행하면, 친한 친구끼리 모여 앉아 발생하는 어수선한 분위기를 방지할 수 있다.
- 어려움을 겪을 경우, 오른쪽 친구에게 도움을 받을 수 있음을 알린다("세상은 혼자 살아가기보다 함께 살아가는 것이죠. 오른쪽에 앉은 친구가 도와주기로 해요."). 기억하지 못할 경우, 서로 도우며 친구의 이름과 특성을 기억하도록 분위기를 조성한다.

[모듈 2] 우리가 원하는 리더는……

활동 소개 학급공동체가 원하는 리더의 자질 공유하기

활동 요약

- 학생 개개인이 중요하게 생각하는 리더의 자질을 함께 묶고 분류함으로써 학급 공동체에 필요한 리더의 자질을 탐색하는 활동
- 포스트잇에 각자가 원하는 리더의 자질을 적고 비슷한 자질끼리 분류하여 모두가 원하는 리더의 자질을 공유하는 활동

준비물 포스트잇(가로세로 5cm 이상), 활동자료, 필기도구

진행 방법

1. '리더' 하면 떠오르는 인물 한 명을 생각한 후, '우리가 원하는 리더는……' 활동 자료의 가운데 원에 인물을 그리거나 상징 또는 이름을 적는다.
2. 그 인물이 지니고 있는 리더의 자질 다섯 가지와 그 자질들이 우리 반에 필요한 이유를 작성한 후, 모둠을 이루어 나눈다.
3. 포스트잇 다섯 장에 리더의 자질 다섯 가지를 각각 쓴 후 교사에게 전달한다.
4. 교사는 학생과 함께 소통하며 칠판에 비슷한 자질끼리 모아 붙이고 한눈에 파악할 수 있도록 분류하여 제시한다.
5. 학생은 최종적으로 자신이 원하는 리더의 자질 한 가지를 정하고, 돌아가면서 그 자질과 이유를 말하며 활동 소감을 나눈다.
6. 교사는 활동의 의미를 요약 · 정리하여 메시지로 전달한다.

교사의 요약 · 정리

"이번 시간을 통해 우리 학급 구성원들이 중요하게 생각하는 우리가 원하는 리더에 대해서 알 수 있었어요. 반장을 선출할 때 우리 학급만의 맞춤형 리더를 뽑는 데 오늘 확인한 내용을 참고하면 좋겠습니다."

유의사항과 활용 TIP

- 자신과 친구들이 원하는 리더의 자질을 확인한 경험과 내용을 학급 및 전교 임원을 선출할 때 적용할 수 있다는 것을 지도한다.
- 학급의 주인으로서 우리 모두 리더십을 발휘해야 하고, '리더의 자질'은 리더로 선출된 학생만이 아니라 모두가 노력하고 길러야 하는 자질이라는 것을 지도한다.

활동자료 우리가 원하는 리더는……

우리가 원하는 리더는……

- ‘리더’ 하면 떠오르는 인물 한 명을 생각한 후, 가운데 원에 그 인물을 그리거나 상징 또는 이름을 적어 보세요.
- 말풍선 안에 그 인물의 자질과 특성 다섯 가지를 적고, 그 자질들이 우리 반에 필요한 이유를 각각 써 보세요.

2) 4월: 공동체의 목표 설정하기

모듈	구성 요소	활동명	활동 목표
3	공동체 목표 인식, 성실성과 규칙 준수, 리더십과 참여, 협업과 문제해결	우리의 약속	학급의 급훈을 직접 만드는 활동을 통해 학급공동체의 가치와 비전을 공유하고 공동체 의식을 강화한다.
4	관심과 돌봄, 존중과 배려	우리 반에 이런 친구는 누구니?!	학급 구성원과의 상호 작용 기회를 늘리는 활동을 통해 관계 범위를 확장하며, 공동체 구성원들을 인식하고 친밀감을 형성한다.

학급의 목표 설정하기

-학생들이 스스로 정한 약속은 힘을 갖는다-

학교는 서로 다른 환경에서 살아온 학생들이 함께 모여 생활하는 공간이다. 4월은 학급의 가치와 비전을 공유하고 규칙을 안정화하여 학생들이 학급공동체에서 안정감을 느끼도록 돕는 게 중요하다. 각기 다른 학생들이 규율과 규칙이 없이 생활하게 된다면 어떻게 될까? 다양한 가치관과 생활 습관을 가지고 있는 학생들이 조화를 이루기 위해서는 서로를 존중하고 배려하며, 모두가 안전하고 편안하게 생활할 수 있는 효율적이고 실천적인 규율과 규칙을 마련하는 것이 필요하다. 누군가의 일방적인 강요가 아니라 학급 구성원들 **스스로가 정한 규칙**이라면 더욱 의미가 있고 '모두를 위한 규칙'이 된다. 공동체의 규칙을 합리적인 의사결정을 통해 함께 정하는 것은 학생들이 민주시민으로 성장하기 위한 민주적 의사결정 과정을 배우는 것이다. 학생들의 동의가 없는 교사와 학급 임원의 일방적인 외침은 공동체 구성원들에게 힘을 발휘하기가 어렵다.

4월은 학생들이 학급의 분위기와 서로에 대한 정보를 어느 정도 파악한 상태이다. 우리 학급에 필요한 것이 무엇인지 알고 있으며, 3월에 설정한 학급 규칙을 보다 우리 학급에 적절하게 보완하는 것이 필요할 수 있다. 새 학기가 시작된 후 설정한 학급의 규칙과 목표는 학생들이 개인적인 적응에 신경이 집중되는 시기라 형식적인 의견이 개진되어 정해졌을 가능성이 있다. 학생들 개개인이 적응한 후 우리 학급에 맞게 합리적인 의사결정 과정과 합의를 통해 학급의 규칙, 목표를 보완해야 할 수 있다. 학급의 규칙과 목표는 학생들이 선출한 학급 임원의 주도하에 정하고 교사는 조언과 정보 제공을 통해 개입을 최소화하는 것이 좋다. 저학년일수록 질문을 활용하면 학생들이 문제를 해결하는 데 도움이 된다. 다음과 같은 질문이 학생들에게 도움이 된다.

예시 질문 예시

- 3월 한 달 동안 지내면서 우리에게 불편하였던 점은 무엇이 있을까요?
- 한 달 동안 생활하며 앞으로 우리에게 필요한 것은 무엇이라고 생각하나요?
- 한 달 동안 생활하며 학급 규칙이나 목표를 우리에게 맞게 보완해야 할 것은 무엇이라고 생각하나요?
- 나로부터 시작해 볼게요. 나에게 꼭 필요한 학급 규칙 한 가지는 무엇이 있을까요?
- 이 의견도 좋고, 이것을 다른 방식으로도 할 수 있지 않을까요?

[모듈 3] 우리의 약속

활동 소개	협동화를 통해 학급의 가치와 비전 공유하기
활동 요약	• 새 학년이 시작된 지 한 달이 지난 후, 학급 구성원이 공유하는 학급 가치를 기반으로 자체적 규범을 정하는 활동 • 학급 규범을 테두리가 있는 입체 글씨로 전지에 적고, 전지를 학급 인원수만큼 나누어 각자의 개성에 따라 꾸민 후 합쳐서 협동화를 만드는 활동
준비물	두꺼운 전지, 보드마카, 가위, 종이 테이프, 색연필 및 사인펜 세트 등
진행 방법	1. 학급 반장은 학생들로부터 급훈 후보 5~10개를 받아 칠판에 적고, 제안한 학생은 그 이유를 설명한다. 2. 학생들의 투표를 통해 제안된 급훈 후보들 중 한 가지를 선정한다. 3. 급훈의 글자 수만큼 학생의 자발적 지원을 받아 한 글자씩 담당하도록 한다. 4. 교실 중앙에 놓여 있는 두꺼운 전지 위에 보드마커로 급훈을 입체 글씨로 글자를 맡은 학생이 순서대로 적는다('입체 글씨로 급훈 쓰기' 참고자료 참조). 5. 교사는 급훈이 적힌 전지를 학급 인원수에 맞게 조각내어 자른다. 6. 각자 한 개 조각을 가져가서 색연필과 사인펜 등으로 글씨와 배경을 꾸민 후, 중앙에 모여 자신이 완성한 그림을 스스로 이어 붙이고 협동화를 완성한다. 7. 학생은 돌아가면서 이번 활동에서 가장 인상 깊었던 것과 이유, 소감을 나눈다. 8. 교사는 활동의 의미를 요약 · 정리하여 메시지로 전달한다.

교사의 요약 · 정리

"선생님은 협동화가 우리 반 그 자체라고 생각합니다. 완성된 협동화가 처음에 여러 조각으로 잘린 것처럼 우리도 함께하다 보면 이렇게 생각과 마음이 갈라지고 상처가 있을 수 있어요. 하지만 우리가 잘린 조각들을 꾸미고 이어 붙이는 노력을 하여 결국 멋있는 협동화로 만들었듯이, 앞으로 우리 반에 어떤 문제가 있더라도 함께 해결해 나가는 학급이 되었으면 합니다."

유의사항과 활용 TIP

- 두꺼운 전지를 준비하고, 종이의 크기를 고려하여 연필로 먼저 글자를 적은 후 보드마커로 적는 것도 좋다.
- 완성된 협동화를 배경으로 단체 사진을 찍은 후 교실 앞의 우리 반을 소개하는 액자에 보관한다.
- 협동화는 교실의 한쪽 벽에 게시하여 급훈을 지속적으로 공유하도록 한다.

참고자료 입체 글씨로 급훈 쓰기

주먹은 링에서만 존재한다 3-1

[모듈 4] 우리 반에 이런 친구는 누구니?!

활동 소개 학급 구성원과의 상호 작용 기회 늘리기

활동 요약
- 새 학년이 시작된 후 학급 내 하위 집단이 생기고 소수의 친구들과만 소통할 수 있으므로 학급 구성원들에 대한 관심과 소통을 유도하는 활동
- 활동자료의 각 질문에 해당하는 학급 구성원을 찾아 서명을 받음으로써 학급 구성원과 접촉하고 소통하는 상호 작용 기회를 넓히는 활동

준비물 활동자료, 필기도구

진행 방법
1. 모든 학생은 '우리 반에 이런 친구는 누구니?!' 활동자료의 각 내용에 해당하는 학생을 찾아 정자체로 서명을 받는다.
2. 서명 받기를 완료한 학생은 자리에 앉고, 모두 서명을 받으면 함께 빙고 게임을 한다.
3. 교사는 학생들의 이름을 무작위로 부르고, 학생들은 호명되는 이름을 체크하여 빙고를 완성한다.
4. 상황에 따라 한 줄~세 줄을 먼저 완성한 학생이 이기는 것으로 한다. 모두 함께 이긴 학생(들)에게 축하하며 박수를 쳐 준다.
5. 교사는 촉진적인 질문을 한다.
   - 활동을 통해 좋았던 점은 무엇인가요?, 친구들에 대해 새롭게 알게 된 점은 무엇인가요? 등
6. 학생은 돌아가면서 이번 활동에서 가장 인상 깊었던 것과 이유, 소감을 나눈다.
7. 교사는 활동의 의미를 요약 · 정리하여 메시지로 전달한다.

교사의 요약 · 정리

"학기가 시작된 후 한 달이 지났지만 우린 아직 서로에 대해 잘 모르는 점이 있어요. 아직 많은 대화를 나눠 보지 못한 친구들도 있죠. 이번 기회를 통해 다양한 친구들과 소통하며 우리 학급에 어떠한 친구들이 있는지, 나와 취향이 비슷하거나 다른 친구들 등 서로를 알아 가는 시간이 되었습니다." (몰랐던 친구들과 접촉하는 기회가 중요한 이유를 교사의 철학을 담아 설명하고 의미 전달하기)

유의사항과 활용 TIP

- 다양한 학생들과의 접촉을 유도하기 위해 최대한 다양한 학생들의 이름을 적어야 유리하다는 것을 지도한다.
- 소극적이어서 먼저 다가가기 어렵거나 소외된 학생도 자연스럽게 활동에 참여하도록 격려한다. 같은 사람의 서명은 두 번까지만 받을 수 있음을 사전에 공지한다.
- 활동자료의 내용은 학급의 특성과 교사가 목표하는 것에 따라 수정하여 사용할 수 있다.

우리 반에 이런 친구는 누구니?!

꿈이 있는 친구	민트 초코를 좋아하는 친구	형제자매가 있는 친구	겨울보다 여름이 좋은 친구	안경 쓴 친구
○○○과 점프하기	Wee클래스가 어디 있는지 아는 친구	○○○과 악수하기	웃음이 많은 친구	○○○과 하트 주고받기
누가 봐도 성격이 차분한 친구	마라탕을 좋아하는 친구	비행기를 타 본 친구	혈액형이 O형인 친구	짬뽕보다 짜장이 좋은 친구
여행 가고 싶은 친구(장소 말하기)	휘파람을 불 수 있는 친구	○○○과 허그하기	생일이 3월, 혹은 4월 혹은 5월인 친구	제주도를 가 본 친구
수박을 좋아하는 친구	떡볶이를 좋아하는 친구	자기 매력을 말할 수 있는 친구	바다를 가 본 친구	반려동물을 키우는 친구

5. 공동체 의식 강화 프로그램의 실제: 1학기 후반(5~7월)

1) 5월: 서로 돕는 공동체

모듈	구성 요소	활동명	활동 목표
5	관심과 돌봄, 존중과 배려	짝 인터뷰	학급 구성원에 대해 탐색하고 이해하는 활동을 통해 공동체와 공동체 구성원에 대해 관심과 존중하는 태도를 형성한다.
6	공동체 목표 인식, 관심과 돌봄, 존중과 배려, 성실성과 규칙 준수, 리더십과 참여, 협업과 문제해결, 공감적 이해와 표현	도움을 요청해도 괜찮아	학급 구성원들에게 도움을 요청하고 도움을 주는 활동을 통해 서로에 대한 믿음과 신뢰감을 형성하고, 방관적 태도의 예방과 돌봄 행동을 강화한다.

교사의 '사회적 관심'과 '행동 모델링'

-학생들은 교사의 말과 행동을 관찰하고 모방한다-

5월은 학교와 학급의 분위기가 활기차게 무르익고 학생의 내면적 · 육체적 에너지가 상승한다. 학생들은 하위 집단을 이루고 갈등이 일어나기 쉬우므로 성장의 분위기를 조성하는 것이 필요하다. 학생이 세상과 대인관계에 대하여 알아야 할 것은 다양하다. 삶의 과정에서 만나고 싶은 사람만 만날 수 있는 것이 아니라, 만나고 싶지 않은 사람과도 어울려 함께해야 하는 경우가 있다는 것과 지혜롭게 관계를 하는 방법도 배워야 한다. 학교와 학급은 학생이 사회의 구성원으로서 올바르게 성장하기 위한 연습 공간이다. 학생이 일부 특정 친구와만 어울리기보다 친하지 않은 학급 구성원들과도 소통하고 교류하면서 인성과 사회성이 함양된다. 학생들이 학급 내 또래들과 폭넓은 대인관계를 경험하는 것은 교사의 바람이지만 학생들은 교사가 의도하고 원하는 대로 행동하지 않는다.

학급 내에는 다양한 학생들이 존재한다. 특히 특수아나 소외된 학생들은 교실 내에서 혼자 있는 것처럼 보일 때가 많다. 이럴 때 교사는 어떻게 행동하는가? 교사의 학급 문제와 학생들에 대한 '사회적 관심'은 학생들에게 전염되듯이 이어진다. Adler의 '사회적 관심'은 타인을 이해하고 공감하며, 협력을 통해 공동체 속에서 조화롭게 살아가려는 태도를 의미한다. 교사는 학생들을 보상과 처벌로 지도하기보다 협력적인 행동을 보여 주고 유도함으로써 학급에서 학생 개개인이 중요한 역할을 하고 있다고 느끼도록 민주적인 학급 문화를 조성하는 것이 좋다.

Bandura는 **사회학습이론**을 통해 사람들이 사회적 상황에서 타인의 행동을 관찰하고 모방하며 새로운 행동을 학습한다고 하였다. 교사나 또래가 학급 공동체 안에서 소외되는 학생들이 존재하지 않도록 관심을 갖고 돌보는 행동은 학생들에게 자동적으로 모델링되고 대리학습과 관찰학습을 통해 태도와 행동의 지침이 된다. **사회적 학습**(social learning)은 크게 세 가지 유형으로 나누어지고 서로 밀접하게 관련이 있다. 첫째, 교사나 또래의 친사회적 행동을 그대로 따라 하는 모방학습(modeling learning)은 학생이 인지적으로 생각하지 않아도 자동적으로 흉내 내는 것이다. 교사는 생활 속에서 자동적으로 학생들에게 모델링될 수 있는 모범적 행동을 자연스럽게 수행하여야 한다. 둘째, 대리학습(vicarious learning)은 다른 사람의 협력적이고 책임감 있는 행동이 긍정적인 결과를 가져온다는 것을 관찰한 학생이 자신의 행동도 긍정적인 결과가 있을 거라고 예상하며 배우고 행동하게 된다. 학생의 친사회적인 행동은 긍정적 결과를 경험하게 된다는 본보기와 학급 분위기 조성이 필요하다. 셋째, 관찰학습(observational learning)은 학생이 사회적 상황에서 다른 사람의 친사회적 행동을 관찰해 두었다가 특정한 상황에서 유사한 행동을 하는 것이다. 관찰학습은 자동적으로 타인의 행동을 생각 없이 그대로 모방하기보다 사고 과정이 필요하며, 다음의 네 가지 인지적 과정으로 이루어진다.

보충 TIP

Bandura의 사회학습이론에 의한 사회적 관심 행동의 관찰학습 과정

단계	설명	교사의 태도와 행동
1. 주의 과정 (attention)	관찰대상인 교사나 또래의 행동에 주의를 기울이는 과정	모범적 태도와 행동을 지속적으로 보여 학생들의 주의 집중을 유도함
2. 파지(저장) 과정 (retention)	교사나 또래의 행동을 유심히 관찰하여 그 관찰내용을 기억하는 과정	학생이 쉽게 이해하고 기억할 수 있도록 생활 속에서 반복적으로 시범을 보이고 설명함
3. 동기화 과정 (motivation)	특정한 상황에서 행동하기로 결정하는 과정	학생들이 친사회적 행동을 연습할 수 있도록 동기화하는 기회를 제공함
4. (운동)재생 과정 (reproduction)	관찰하고 기억한 행동을 실제 동작으로 수행하는 과정	교사의 긍정적 피드백과 강화를 통해 학생이 행동을 지속하도록 유도함

[모듈 5] 짝 인터뷰

활동 소개 학급 구성원에 대해 관심 갖고 탐색하기

활동 요약

- 두 명씩 짝을 이루어 학급 구성원의 말을 경청하고 보다 깊이 이해함으로써 친밀감을 경험하는 활동
- 짝 인터뷰를 서로 주고받고 인터뷰 내용을 친구들에게 소개함으로써 타인에 대한 이해와 존중, 친밀감을 형성하는 활동

준비물 활동자료, 필기도구

진행 방법

1. 두 명씩 짝을 이루어 '짝 인터뷰' 활동자료에 적힌 질문을 짝에게 하고 응답한 내용을 적는다. 한 질문을 서로 번갈아서 묻고 응답을 적는다.
2. 모두 인터뷰를 마치면 동그랗게 둘러앉거나 모둠을 이루어 자신이 인터뷰한 짝에 대하여 소개한다.
3. 학생은 돌아가면서 이번 활동에서 가장 인상 깊었던 것과 이유, 소감을 나눈다.
4. 교사는 활동의 의미를 요약 · 정리하여 메시지로 전달한다.

교사의 요약 · 정리

"여러분, 이번 활동을 통해 친구들의 생각과 감정을 포함하여 더 깊이 이해할 수 있게 되었어요. 관심은 작고 가까운 것에서부터 시작되어요. 친구가 무엇을 좋아하고 싫어하는지 알게 되면, 좋아하는 행동은 더 해 주고 싫어하는 행동은 하지 않도록 노력해요. 우리의 관계는 더욱 깊어질 수 있을 거예요."

유의사항과 활용 TIP

- 학생 인원수가 홀수일 때 한 조는 세 명이 짝을 이루거나 교사가 활동에 참여한다.
- 친하지 않은 친구와도 소통하는 경험을 갖기 위해 자리 섞기를 한 후 진행한다.
- 끝나는 시간을 일정하게 맞추기 위해 한 질문을 서로 번갈아 하여 응답을 적도록 한다(한 사람의 인터뷰가 모두 끝난 후 번갈아 인터뷰를 하면 시간이 오래 걸리는 경향이 있다).
- 진행 상황에 따라 전체 학생이 함께 또는 모둠을 이루어 짝 인터뷰 내용을 소개한다.
- 인터뷰 내용은 학급의 특성과 교사가 목표하는 것에 따라 수정하여 사용할 수 있다. '내가 짝에게 하고 싶은 질문'은 자유 질문이라는 것을 안내한다.

활동자료 **짝 인터뷰**

짝 인터뷰

1. 이름은?

2. 관심사는?

3. 꿈은 무엇인가요?

4. 좋아하는 음식은?

5. 가장 큰 장점은?

6. 공부를 하는 이유는?

7. 행복할 때는?

8. 가장 소중한 보물은?

9. 내가 짝에게 하고 싶은 질문

[모듈 6] 도움을 요청해도 괜찮아

활동 소개 도움을 요청하고 수용하는 학급 분위기 만들기

활동 요약
- 도움을 요청하고 수용받으며 감사를 표현함으로써 협력에 대한 가치를 공유하는 활동
- 도움 요청 놀이와 자신의 고민에 대해 함께 나눔으로써 도움을 주고받는 학급 분위기를 조성하는 활동

준비물 음악, 메모지, 펜, 메모지를 담을 바구니 등

진행 방법
1. 학생들이 서로 마주 볼 수 있도록 원으로 둘러앉고, 학생들 사이에 빈 의자 하나를 놓는다.
2. 빈 의자의 양쪽 옆에 있는 학생 2명이 일어나서 맞은편에 있는 학생 1명을 도와주러 가서 데려온다. 3번 정도 연습으로 반복하여 방법을 숙지한다. 친구를 도와주러 가는 학생들은 "괜찮아?"라고 질문하고 도움받은 학생은 "고마워."라고 표현한다.
3. 음악에 맞추어 게임처럼 반복하고 음악이 멈춘 순간에 빈자리의 양옆 학생들이 오늘의 활동 도우미가 된다.
4. 학생들은 메모지에 고민이나 도움을 받고 싶은 것을 적고 메모지를 3번 접는다.
   - 지금 내가 가지고 있는 고민이나 도움을 받고 싶은 것 하나를 떠올리고, 메모지에 한 문장으로 써 보세요.
5. 활동 도우미들이 메모들을 받아 바구니에 담고 잘 섞은 후, 학생들은 메모 1개를 각자 선택한다.
6. 학생들은 돌아가며 자신이 선택한 메모의 내용에 대해 공감과 위로, 지지의 말과 함께 "내가 너와 함께 ~을 도와주고 싶어."라고 말하고, 모든 학생이 "고마워."라고 말한다.
7. 학생은 돌아가면서 이번 활동에서 가장 인상 깊었던 것과 이유, 소감을 나눈다.
8. 교사는 활동의 의미를 요약 · 정리하여 메시지로 전달한다.

교사의 요약 · 정리

"앞으로 우리 반 친구들은 말과 행동으로 도움을 실천하는 학생이 되었으면 좋겠어요. 우리는 누구나 힘든 상황이 생길 수 있고, 서로가 서로를 도울 때 믿음과 신뢰가 쌓일 수 있어요. 우리 반은 나에게 힘든 상황이 생겼을 때 도움을 편안하게 요청할 수 있고 함께한다는 믿음을 가질 수 있도록 서로가 돌봄 행동을 실천하였으면 좋겠어요."

유의사항과 활용 TIP

- 음악은 피아노, 첼로, 플루트, 하프, 기타 등으로 연주한 것으로 긴장을 완화하고 심리적 불편을 유발하지 않는 부드럽고 편안한 것이 좋다.
- 메모에 적는 도움을 받고 싶은 내용은 친구들이 도와줄 수 있는 부담되지 않는 것을 적도록 유도하며, 선택한 메모에 대해 도움 행동을 하는 것이 좋지만 하지 않는다고 비난하지 않도록 지도한다.
- 학생에게 부담이 되는 메모 내용에 대해서는 행동으로 도와주지는 못하지만 지지와 격려, 응원의 메시지를 교사와 학생들이 함께 전달한다.

2) 6월: 정서를 공유하는 공동체

모듈	구성 요소	활동명	활동 목표
7	관심과 돌봄, 공감적 이해와 표현	기분 좋은 느낌의 우리 반 만들기	학급 구성원들의 감정 경험을 공감하는 활동을 통해 경험과 정서를 공유하고 소속감 및 유대감을 형성한다.
8	관심과 돌봄, 존중과 배려, 리더십과 참여, 협업과 문제해결, 공감적 이해와 표현	마음을 알아주는 친구	학급 구성원의 고민과 스트레스를 함께 공감하고 위로, 조언, 정보 제공을 하는 활동을 통해 유대감과 연대감을 형성하고, 공감적 이해와 표현 능력을 향상한다.

▌마음 알아주기와 따뜻한 표현, 공감

-공감은 교실을 따뜻하게 만드는 힘이다-

6월은 학생들이 새로운 학년에 적응하고 서로에게 익숙해졌으며 그동안 서로 갈등을 겪기도 한 시기이다. 학급에 **공감적 환경과 분위기**를 조성하는 것이 필요하다. 학생들은 학교 안과 밖에서 매일 다양한 감정을 경험한다. 학교와 학급은 하나의 사회이기 때문에 친구들과 함께 생활하면서 서로의 감정적 교류가 이루어지게 된다. 공동체를 건강하게 유지하는 데는 타인의 감정을 이해하고 함께 느끼려는 공감(empathy)이 중요한 역할을 한다. 공감은 학생들 서로가 이해받고 수용된다는 느낌을 지니게 하고 다른 학생이 경험하고 있는 감정과 개인적 의미를 감지하는 것이다. 자신의 관점이 아니라 다른 사람의 관점에서 생각하고 느끼려는 노력이 중요하다.

공감은 타인의 입장과 상황을 알아차린 후, 감정을 이해하는 '**감정 읽기**'부터 시작된다. 자신이 그 사람이 된 것처럼 심정을 느끼는 것이 우선이다. 다양한 감정 어휘를 아는 것은 상대방의 감정을 정확히 읽어 내고 공감하는 데 도움이 된다. 예를 들어, 어떤 학생이 10년 동안 키우던 반려동물을 어제 잃은 후 학교에 와서 침울해하고 있다. 친구가 그 학생의 상황을 알고 "○○야, 10년 동안 정든 반려동물을 잃었다면서……. 많이 속상하겠다."라고 얘기할 수 있을 것이다. 이 말에는 공감의 두 가지 과정이 포함되어 있는데, '**감정 읽기**'와 '**공감적 표현**'이다. 감정을 읽은 후 **공감적 표현**을 하기 위해서는 먼저 상대방을 돕고 싶은 마음인 공감적 관심을 가져야 한다. 학생이 느끼는 감정은 '슬픔'이나 '속상함'으로 표현할 수도 있고 '괴로움'으로 표현할 수도 있다. 중요한 것은 상황에 맞게 상대방의 입장에서 '슬픔'이라는 감정을 이해하고 느끼며 읽어 낼 수 있는 것과 표현하는 것이다.

타인의 입장에서 '감정 읽기'가 인지적이고 감정적인 단계라면 '공감적 표현'은 상대방이 공감받았다고 느끼게 하는 사회적 기술이다. 공감적 표현은 감정 어휘의 '다양성'과 표현의 '수준 맞춤'을 고려해야 한다. 다양성은 감정의 다양함을 알고 상황에 맞추어 표현하는 것이고, 수준 맞춤은 상대방의 감정 수준에 맞는 표현의 중요성을 의미한다. 낮은 수준의 기쁨에 높은 수준의 기쁨을 표현한다면 상대방이 과함을 느낄 것이고, 높은 수준의 기쁜 사람에게 다가가 낮은 수준의 기쁨을 표현한다면 부족함을 느낄 것이다. 이와 함께 공감을 행동적으로 표현할 수도 있다. 상대방을 돕거나 위로하기 위해 구체적인 행동을 하는 것이다. 예를 들어, 어려움을 겪는 친구에게 직접적인 도움을 주거나 함께 해결책을 찾는 것이다. 때로는 속상해하고 있는 학생에게 언어적 공감이 아닌 따뜻한 차 한 잔을 손에 쥐여 주는 것이 좋은 공감과 위로가 될 수 있다.

성숙한 교사는 평소 학생들에 대한 올바른 감정 읽기와 공감적 표현을 통해 학생들에게 모델링과 관찰학습의 기회를 제공할 수 있다. 공감은 '사회적 기술'을 강조하는 것 같지만 사람을 사람답게 만드는 공감은 '**진실함**'을 전제한다. 진실성이 포함된 공감은 학급의 분위기를 따뜻하게 하고 갈등을 줄이며 학생들이 서로를 신뢰하며 소속감을 갖게 한다.

[모듈 7] 기분 좋은 느낌의 우리 반 만들기

활동 소개 학급 구성원의 감정 경험을 나누며 공감적 분위기 만들기

활동 요약
- 긍정 · 부정 감정에 대한 이해와 공감을 통하여 유대감 및 친밀감을 형성하는 활동
- 학급에서 긍정 · 부정 감정을 느끼는 상황과 그때의 학급 구성원들의 모습과 생각을 함께 살펴봄으로써 긍정적인 학급 분위기를 만드는 활동

준비물 활동자료, 크레파스, 색연필, 사인펜, 연필, 지우개, 투명 테이프 등

진행 방법
1. 두 명씩 짝을 지어 '자음 감정 단어 리스트' 활동자료의 감정 단어를 함께 작성한다.
2. 교사가 참고자료의 감정 단어 리스트를 읽어 주면, 짝과 함께 맞은 단어를 체크하고, 맞힌 조는 손을 든다. 교사는 각 단어마다 몇 명이 맞히었는지 적는다. 전체 학생이 가장 많이 맞힌 긍정 · 부정 감정 단어 각각 한 개를 선정한다.
3. 선정된 긍정 · 부정 감정을 바탕으로 '우리 반에서 긍정 감정이 들 때 나는……' '우리 반에서 부정 감정이 들 때 나는……' 활동자료를 꾸미고 작성한다.
4. 교사는 모든 학생의 활동자료를 받은 후, 칠판의 왼쪽에는 부정 감정, 오른쪽에는 긍정 감정 활동자료들을 붙인다.
5. 학생들은 모두 한 줄로 서서 작품을 감상하는 것처럼 차례대로 내용들을 함께 살펴본다.
6. 학생은 돌아가면서 이번 활동에서 가장 인상 깊었던 것과 이유, 소감을 나눈다.
7. 교사는 활동의 의미를 요약 · 정리하여 메시지로 전달한다.

교사의 요약 · 정리

"우리 반 친구들이 어떨 때 긍정 감정과 부정 감정을 느끼는지 알 수 있는 시간이었어요. 그리고 서로 공감하는 시간이었어요. 내가 느끼는 감정을 친구들도 느낀다는 것을 알 수 있었어요. 상대방의 마음을 알아주는 것에서부터 기분 좋은 우리 반을 만드는 시작이에요. 오늘 알게 된 것들을 기억하며 기분 좋은 느낌의 학급을 함께 만들어 가도록 우리 모두 노력해요."

유의사항과 활용 TIP

- 긍정 · 부정 감정을 표현하는 활동에서 크레파스, 색연필, 사인펜 등을 사용하는 것이 좋지만 연필이나 펜을 사용해도 된다. 스티커를 활용하여 활동자료를 꾸미는 것도 좋다.
- A4 용지를 활용하여 얼굴을 그리고 긍정 · 부정 감정을 느끼는 활동에 대하여 표현할 수 있다.
- 학생들이 부정 감정을 느끼는 상황에 대하여 교사가 적절한 메시지를 전달하며 지도하는 것도 좋다.

활동자료 자음 감정 단어 리스트

자음 감정 단어 리스트	감정 단어를 맞혀 보세요.
ㄱㅃㄷ	
ㅎㅂㅎㄷ	
ㅈㄱㄷ	
ㅁㅈㅅㄹㄷ	
ㅅㄹㅅㄹㄷ	
ㅅㄹㄷ	
ㄱㅅㅎㄷ	
ㄱㄱㅅㄹㄷ	
ㄱㄷㅈㅇㄷ	
ㅍㅇㅎㄷ	
ㄱㄷㄷㄷ	
ㅅㅍㄷ	
ㅇㅇㅎㄷ	
ㅈㅁㅎㄷ	
ㅈㅈㅅㄹㄷ	
ㅎㄴㄷ	
ㅉㅈㄴㄷ	
ㅂㅋㅎㄷ	
ㄷㄹㄷ	
ㄱㅍㅅㄹㄷ	
ㅂㅇㅎㄷ	
ㄱㅈㄷㄷ	
ㅎㅇㅅㄹㄷ	
ㅅㅈㄴㄷ	
ㄱㄹㄷ	
ㅇㄱㄷ	
ㅈㅅㅅㄹㄷ	
ㅎㅎㅎㄷ	
ㅅㅊㅅㄹㄷ	
ㅊㅍㅎㄷ	
ㄷㅎㅅㄹㄷ	
ㅁㅅㅇㄷ	
ㅈㅌㄴㄷ	
ㅇㄹㄷ	
ㅅㅇㄱㄷㄷ	

활동자료 감정 단어 리스트

ㄱㅃㄷ	기쁘다
ㅎㅂㅎㄷ	행복하다
ㅈㄱㄷ	즐겁다
ㅁㅈㅅㄹㄷ	만족스럽다
ㅅㄹㅅㄹㄷ	사랑스럽다
ㅅㄹㄷ	설렌다, 서럽다
ㄱㅅㅎㄷ	감사하다
ㄱㄱㅅㄹㄷ	감격스럽다
ㄱㄷㅈㅇㄷ	감동적이다
ㅍㅇㅎㄷ	평온하다
ㄱㄷㄷㄷ	기대된다
ㅅㅍㄷ	슬프다
ㅇㅇㅎㄷ	우울하다, 억울하다
ㅈㅁㅎㄷ	절망하다
ㅈㅈㅅㄹㄷ	좌절스럽다
ㅎㄴㄷ	화난다
ㅉㅈㄴㄷ	짜증 난다
ㅂㅋㅎㄷ	불쾌하다
ㄷㄹㄷ	두렵다
ㄱㅍㅅㄹㄷ	공포스럽다
ㅂㅇㅎㄷ	불안하다
ㄱㅈㄷㄷ	걱정된다, 긴장된다
ㅎㅇㅅㄹㄷ	혐오스럽다
ㅅㅈㄴㄷ	싫증 난다
ㄱㄹㄷ	그립다, 괴롭다
ㅇㄱㄷ	역겹다
ㅈㅅㅅㄹㄷ	죄송스럽다
ㅎㅎㅎㄷ	후회한다
ㅅㅊㅅㄹㄷ	수치스럽다
ㅊㅍㅎㄷ	창피하다
ㄷㅎㅅㄹㄷ	당황스럽다
ㅁㅅㅇㄷ	망설이다
ㅈㅌㄴㄷ	질투 난다
ㅇㄹㄷ	외롭다
ㅅㅇㄱㄷㄷ	소외감 든다

활동자료 우리 반에서 긍정 감정이 들 때 나는……

❍ 우리 반에서 생활하면서 긍정 감정이 들 때 나의 얼굴을 그리고 생각을 써 보세요.

긍정 감정: (   )

• 상황:

• 나의 생각:

활동자료 우리 반에서 부정 감정이 들 때 나는……

❍ 우리 반에서 생활하면서 부정 감정이 들 때 나의 얼굴을 그리고 생각을 써 보세요.

부정 감정: (   )

• 상황:

• 나의 생각:

[모듈 8] 마음을 알아주는 친구

활동 소개	학급 구성원의 고민과 스트레스를 함께 나누기
활동 요약	• 학급 구성원들이 자신의 고민과 스트레스를 함께 공감하고 위로와 조언, 정보 제공을 하는 활동 • 자신의 고민과 스트레스에 대한 만화 그림을 짝과 함께 그린 후, 학급 구성원들과 해결 방법을 생각해 봄으로써 유대감과 연대감을 경험하는 활동
준비물	A4 용지 또는 8절지(6~8개의 칸으로 나눔), 펜, 풀, 색연필, 사인펜, 스테이플러 등
진행 방법	1. 6~8개의 칸을 나눈 A4 용지 또는 8절지에 자신의 고민이나 스트레스에 대한 만화 그림을 네 칸씩 그린다. 2. 교사는 만화의 결말이 부정적으로 끝나서는 안 된다는 규칙을 안내한다. 3. 두 명씩 짝을 지어 나머지 2~4개 칸에 해결 방법을 중심으로 만화 그림을 서로 바꾸어 완성한다. 4. 만화가 완성되면 자신의 만화를 짝으로부터 돌려받아 표지를 만들고 제목을 정한다. 지은이, 출판사명, 책의 가격까지 적게 한다. 5. 4~5명씩 모둠을 형성하여 짝과 함께 만화를 소개하고, 모둠원들이 돌아가며 고민과 스트레스에 대한 공감과 조언을 나누고 해결 방법을 생각하고 이야기해 본다. 6. 학생은 돌아가면서 이번 활동에서 가장 인상 깊었던 것과 이유, 소감을 나눈다. 7. 교사는 활동의 의미를 요약 · 정리하여 메시지로 전달한다.

교사의 요약 · 정리

"친구가 고민이 있을 때 내 입장에서는 '이것이 왜 고민이지?'라고 공감이 안 될 때가 있을 수 있어요. 왜냐하면 우리는 서로 경험과 취향이 다르고 성격도 다르기 때문이에요. 제일 중요한 건 친구의 마음을 존중하고 있는 그대로 수용해 주는 거예요. 고민이 있는 친구의 마음을 읽어 주고 알아주는 것만으로도 그 친구는 위로가 될 수 있어요. 상대방의 입장에서 그 마음을 알아주는 우리 반 친구들이 되었으면 좋겠어요."

유의사항과 활용 TIP

- 상황에 따라 칸의 개수를 조정하고, 지나치게 장난스럽거나 공격적으로 그리지 않도록 적절하게 지도한다.
- 모둠원들이 함께 고민과 스트레스에 대해 이야기할 때 마음을 읽어 주고 알아주기, 위로하기, 조언과 정보 제공을 할 수 있다고 지도한다.

3) 7월: 서로를 격려하는 공동체

모듈	구성 요소	활동명	활동 목표
9	관심과 돌봄, 존중과 배려, 성실성과 규칙 준수, 리더십과 참여, 협업과 문제해결, 공감적 이해와 표현	함께 성장하는 우리	학급 구성원들이 한 학기 동안의 노력과 성장을 서로 알아주고 격려하는 활동을 통해 사회적 지지를 경험함으로써 성장을 위한 도전과 의지를 형성한다.

학생들을 성장시키는 격려의 힘

-격려는 학생을 노력하게 한다-

7월은 1학기를 마무리하며 학급 구성원들이 그동안 자신과 공동체의 성장을 위해 노력해 온 것을 격려하고, 방학계획을 세우며 의미 있게 보내도록 서로 격려하고 지지하는 분위기 조성이 필요하다. 교사는 학생들에게 흔히 "대단하다 정말~." "잘했어!" "넌 참 훌륭하다." 등 칭찬을 통해 학생을 인정하고 북돋우고자 한다. 학교에서 학생들의 학습 태도와 긍정적인 행동을 강화하기 위해 칭찬은 자주 사용된다. 하지만 칭찬은 학생을 외적 동기에 의존하게 만들고 비교와 경쟁을 부추기는 등 항상 좋은 결과만을 가져오는 것은 아니다.

보충 TIP

칭찬과 격려의 차이

구분	칭찬	격려
기준	결과 중심	과정 중심
초점	성공, 성취, 타인의 평가	노력, 성장, 개인의 가치
조건	잘해야 받음	노력과 잠재력을 인정
영향	외적 동기 유발(타인의 인정 필요)	내적 동기 유발(스스로 성장 가능)
예시	"시험에서 1등 했네! 넌 참 똑똑하다." "너희 팀이 1등 했어~ 최고야!"	"시험을 위해 꾸준히 노력하는 게 참 멋지다." "너희 팀이 서로 협력하는 모습이 보기 좋다!"

Adler는 **격려**가 학생의 내적 동기를 높이고, 실패를 두려워하지 않고 용기를 가지도록 돕는다고 하였다. 격려는 칭찬과 차이가 있다. 칭찬은 잘한 일이나 우수한 결과에 초점을 맞춘 조건적인 행동이다. 격려는 결과보다 노력과 향상에 초점을 맞추고 약점과 실수를 지적하기보다 강점과 잠재 능력을 중요하게 여긴다. 격려는 타인의 평가에서 벗어나 스스로 노력하고 성장하는 힘을 길러 준다. 칭찬을 많이 받은 학생은 '항상 잘해야 한다.'라는 부담감을 갖고 실패를 두려워할 수 있으나, 격려를 받은 학생은 스스로 동기를 부여하고 자기 주도적으로 성장하는 태도를 갖게 된다. 칭찬을 받기 위해서는 다른 사람보다 더 우수해야 한다는 생각이 들게 되며, 자신의 성취를 기뻐하기보다 타인과 비교하며 경쟁심과 불안을 일으킬 수 있다. 인간은 존재 자체만으로 충분한 가치를 지니고 있다. 교사가 학생을 격려할 때는 학생이 자신의 강점을 발휘하거나 향상시킬 수 있는 행동에 초점을 맞추어야 한다. 격려는 내적인 동기에 초점을 맞추기 때문에 학생이 자기통제력을 발달시키는 데 도움이 된다.

교사와 학생이 교실에서 격려를 실천하는 방법은 다음과 같다. 첫째, 과정에 초점을 맞추는 것이다. 학생들이 결과보다는 노력과 성장을 중요하게 여기도록 돕는다. 둘째, 비교하지 않는다. 비교 대신 학생 개인의 강점과 노력, 잠재력을 강조하는 격려를 한다. 셋째, 실패해도 괜찮다는 메시지를 전달해야 한다. 학생들이 실패를 두려워하지 않고 계속 도전할 수 있도록 격려한다.

[모듈 9] 함께 성장하는 우리

활동 소개 학급 구성원의 노력과 성장을 격려하고 지지적 학급 문화 조성하기

활동 요약
- 학급 구성원들이 한 학기 동안의 노력과 성장을 공유하고 지지 및 격려하는 활동
- 칭찬릴레이와 성장을 위한 계획을 공유함으로써 함께 성장하고 지지하는 경험을 하는 활동

준비물 모형 마이크, 포스트잇, 펜 등

진행 방법
1. 학생들은 원으로 둘러앉고 교사는 원의 가운데에 선다.
2. 교사와 학생이 모두 팔을 위로 들어 올려 가위바위보를 하고 교사를 이긴 학생들이 이긴 것으로 한다.
3. 마지막에 이긴 학생부터 모형 마이크를 들고 칭찬과 격려 릴레이를 한다. 학생은 자신의 오른쪽에 앉은 친구와 한 학기 동안 같은 반에서 생활하며 있었던 일을 구체적으로 칭찬하고 격려한다. 릴레이는 모형 마이크를 전달하며 시계 방향으로 진행한다.
4. 한 명씩 칭찬과 격려를 하면 나머지 학생들은 "수고했어."라며 박수를 쳐 준다.
5. 학생들은 포스트잇에 각자 방학 동안에 '노력하고 성공하고 싶은 것'을 적는다.
6. 교사는 칠판에 하트 모양(♡)을 크게 그리고, 학생들은 하트 모양 안에 자신의 포스트잇을 붙인다.
7. 학생은 돌아가면서 자신이 적은 '노력하고 성공하고 싶은 것'을 포함하여 이번 시간의 소감을 나눈다.
8. 교사는 활동의 의미를 요약 · 정리하여 메시지로 전달한다.

교사의 요약 · 정리

"이번 시간에는 우리 반 친구들이 한 학기 동안 함께 지내면서 알게 된 친구의 칭찬과 격려할 점을 나누었어요. 친구들뿐만이 아니라 자기 스스로를 돌아볼 수 있었지요. 때론 우리의 노력들이 성공할 때도 있고 종종 기대와 달리 실패할 때도 있어요. 우리 모두의 행복과 성공을 위해서 함께 서로를 격려하고 응원하는 친구들이 되기를 바라요."

유의사항과 활용 TIP

- 가위바위보를 하여 학생이 2~3명으로 좁혀지면 학생들끼리 가위바위보를 하여 한 명을 선정해도 된다.
- 모형 마이크가 없으면 공이나 인형 등을 전달하며 칭찬과 격려 릴레이를 진행할 수 있다.
- 학생이 노력하였던 일을 중심으로 칭찬과 격려하도록 지도하고, '노력하고 성공하고 싶은 것'의 예시를 교사가 안내해 주어도 좋다.
- 칭찬과 격려는 구체적으로 하면 좋다고 지도하지만, 학생이 어려워하면 장점을 말하거나 위로와 응원의 말을 전달해도 좋다고 안내한다.
- 이 활동을 학기 중에 실시하려고 할 때는 학급과 구성원의 상황에 따라 적용한다.

제13장

공동체 사회정서교육 프로그램: 2학기

1. 공동체 의식 강화 프로그램의 실제: 2학기 전반(8~10월)

1) 8월: 서로를 치유하는 공동체

모듈	구성 요소	활동명	활동 목표
10	공동체 목표 인식, 관심과 돌봄, 성실성과 규칙 준수, 리더십과 참여, 협업과 문제해결	우리 반 분위기 업!	새 학기를 맞이하여 학급 분위기를 보다 긍정적으로 만들기 위해 학급의 비전을 공유하고 이를 통해 공동체의 중요한 가치, 행동, 실천 방법에 대해 인식한다.

학생들에게 학급 응집력은 어떻게 치유적으로 작용하는가

8월 후반은 여름 방학이 끝나고 새로운 2학기가 시작된다. 방학 동안 학생은 재충전도 하였지만 학교와 새로운 학기에 다시 적응해야 하는 과제가 있다. 방학 동안 쉼과 휴식을 하고 부족한 학업과 자기 성장을 위해 힘쓴 학생은 2학기를 준비하였지만 그렇지 못한 학생도 있다. 학급공동체가 학생의 새로운 적응과 성장을 위해 치유적으로 작용하기 위해서는 학급의 응집력을 높이기 위한 교사의 작업과 노력이 필요하다. 응집력이 형성된 학급에서 학생들은 우리의식을 형성하여 소속감과 안정감을 느낀다.

Rogers는 개인은 안전하고 수용적인 환경에서 자신을 탐색하고 성장할 수 있다고 하였다. 학생들에게 학교와 학급은 하루 대부분의 시간을 보내는 중요한 환경으로 안전하고 수용적인 환경을 조성하는 것이 중요하다.

보충 TIP

안전하고 수용적인 학급의 특징과 교사·학생의 노력

- 교과교육과 생활지도의 주체인 교사의 심리정서적 건강 지키기
- 실수나 잘못된 답을 말해도 조롱 · 비난하지 않는 분위기 형성하기
- 친구들끼리 서로 배려하는 언어를 사용하도록 지도하기
- 학급의 문제 상황에 교사가 관심 · 해결 의지를 가지고 적극적 개입하기
- 소극적인 학생도 학급 활동에서 참여할 기회를 가질 수 있도록 배려하기
- 학급 구성원들이 함께 목표를 설정하고 성취하는 프로젝트 진행하기

학급 응집력이 높으면 학생들이 공동체의 일원으로 받아들여지고 있다는 느낌을 지닐 수 있다. Adler는 소속감이 사회적 존재로서 인간에게 중요한 심리적 요소이며 심리적 웰빙을 증가시킨다고 하였다. 학급 응집력이 높아지면 고립된 학생들이 줄어들게 되고 학생들의 관계가 강화되며 소속감을 바탕으로 학급 내에서 자신의 역할과 가치를 깨달을 수 있다.

학급의 응집력은 시간이 지남에 따른 영향이 있지만 시간이 지난다고 해서 자연스럽게 형성되는 것은 아니다. 교사의 적극적인 개입이 필요하며 의도적인 작업을 통해 형성될 수 있다. 응집력이 높은 학급에서 중요한 점은 학생들이 학급에서 자신이 의미 있는 존재라고 느끼게 하는 것이다. 교사는 학급과 학생들을 관리하는 '관리자'뿐만 아니라 학급의 분위기를 조성하는 '촉진자'의 역할을 수행해야 한다. 새로운 학기를 맞아 학급 응집력을 형성하기 위하여 팀워크 활동을 통하여 '함께'라는 느낌을 주고 밝고 긍정적인 학급 분위기를 조성하는 활동이 좋다.

[모듈 10] 우리 반 분위기 업!

활동 소개	새로운 학기를 시작하며 긍정적인 학급 분위기 만들기
활동 요약	• 여름 방학이 끝나고 새 학기를 맞아 학급 분위기를 보다 긍정적으로 만드는 방법을 함께 생각하고 공유하는 활동 • 학생들이 생각하는 기분 좋은 반을 만들기 위해 중요한 가치, 행동과 실천 방법을 함께 모아서 학급이 나아가야 할 방향을 설정하는 활동
준비물	활동자료, 펜, 전지 4장, 종이 테이프, 마커펜, 색연필, 사인펜 등
진행 방법	1. 학생은 '우리 반 분위기 업!' 활동자료를 작성한다. 2. 활동자료를 참고하여 교사가 6가지 영역을 차례로 말하고, 학생들은 여섯 가지 영역 중 활동자료 1번에 답한 영역에 손을 든다. 3. 교사가 활동자료의 단어를 차례로 읽으면, 학생들은 활동자료 2번에 답한 단어에 손을 든다. 4. 학생들은 동그란 원으로 둘러앉고, 교사는 원 가운데 큰 전지 4장을 네모로 이어 붙인다. 5. 교사는 전지 중앙에 작은 원을 그리고 '우리 반 분위기 업!'이라고 적은 후, 중앙의 원과 연결하여 6개의 원을 마인드맵처럼 그리고 영역들을 각각 적는다. 6. 학생 3~4명씩 한 조가 되어 차례대로 활동자료 2~4번에 해당하는 내용을 전지에 각자 그리거나 적어서 꾸미고, 교사는 활동이 끝난 후에 꾸며진 내용을 요약하여 말해 준다. 7. 학생은 돌아가면서 기분 좋은 우리 반을 만들기 위한 자신의 다짐과 소감을 나눈다. 8. 교사는 활동의 의미를 요약 · 정리하여 메시지로 전달한다.

교사의 요약 · 정리

"여름 방학이 끝나고 새로운 학기가 시작되었어요. 이번 시간에는 지난 학기를 돌아보고 기분 좋은 우리 반을 만들기 위해 함께 노력해야 할 점을 생각해 보았어요. 우리들은 ○학년 ○반에 속한 공동체 구성원이라는 것을 잊지 말고 지난 학기처럼 서로 관심을 가지고 도움 주며 배려하는 학급을 만들어 가도록 해요."

유의사항과 활용 TIP

- 전지 4장을 이어 붙인 종이의 중앙에 마인드맵처럼 작은 원을 그리고 6개의 원을 그려 잇는다.
- 전지에 꾸며진 내용을 교사가 요약할 때, 학생들이 중요하게 생각하는 영역과 단어 및 행동과 실천 방법을 아울러서 학생들의 눈높이에 맞게 전달하고 지도한다.

활동자료 우리 반 분위기 업!

우리 반 분위기 업!

❍ 기분 좋은 반을 만드는 단어를 골라 보세요. (6개 체크)

영역	단어	영역	단어	영역	단어
감정 표현	□ 웃음 □ 기쁨 □ 따뜻함 □ 편안함 □ 즐거움 □ 안정감 □ 여유	배려와 존중	□ 배려 □ 존중 □ 친절 □ 예의 □ 공감 □ 이해 □ 관용 □ 인정	소통과 표현	□ 경청 □ 인사 □ 응원 □ 칭찬 □ 격려 □ 진심 □ 표현
영역	**단어**	**영역**	**단어**	**영역**	**단어**
관계와 협동	□ 협력 □ 함께 □ 팀워크 □ 우정 □ 신뢰 □ 소속감 □ 연결	자기태도	□ 용기 □ 책임 □ 성실 □ 집중 □ 노력 □ 인내 □ 진정성	공동체 분위기	□ 따뜻한 말 □ 안전한 공간 □ 밝은 표정 □ 조용한 분위기 □ 서로 돕기 □ 혼자 두지 않기

1. '기분 좋은 반'이 되는 데 가장 중요한 영역은?

2. 내가 가장 중요하게 생각하는 단어는?

3. 내가 고른 단어와 어울리는 행동 한 가지는?

4. 이 단어를 우리 반에서 실천하는 방법

2) 9월: 적극적으로 참여하는 공동체

모듈	구성 요소	활동명	활동 목표
11	관심과 돌봄, 공감적 이해와 표현	우리 반 웃음 저금통	학급 구성원들의 기분 좋았던 경험을 나누는 활동을 통해 연대와 유대감을 강화한다.
12	존중과 배려, 리더십과 참여, 협업과 문제해결	말없이 마음을 모아 미션 수행!	주어진 미션을 협동하여 해결하는 활동을 통해 협동심을 기르고 소통 의지와 참여 태도를 형성한다.

공동체에서 참여와 협동이 학생들에게 주는 심리적 가치

9월은 1학기와 방학을 지나면서 학생들이 서로 많이 익숙해지고 성숙해졌으므로 공동체 의식 향상을 위해 보다 도전적인 과제와 활동을 준비할 필요가 있다. 학생들의 **참여**와 **협동**은 단순한 학급 활동의 일부가 아니라, 사회성, 책임감, 자기효능감 등 중요한 발달을 반영하는 심리적 지표이다. 모든 학생이 학급의 일에 자발적으로 참여하고 협력하는 모습은 바람직한 장면이지만, 현실에서는 종종 일부 학생들이 회의적이거나 소극적인 태도를 보이기도 한다. 예를 들어, 어떤 학생은 이렇게 생각할 수 있다.

"내가 혼자 공부하면 더 좋은 성적을 받을 수 있는데, 굳이 팀 활동을 해야 할까?"

이러한 태도는 개인의 효율을 추구하는 자연스러운 판단일 수 있으며, 이때 교사는 이를 부정적으로 보지 않고 학생의 입장을 이해하는 태도를 갖는 것이 중요하다. 교사는 자신의 교육 철학과 심리학적 통찰을 바탕으로, 공동체 안에서의 참여와 협동이 학생 개인에게 주는 심리적·사회적 이점을 설득력 있게 전달해야 한다.

자기효능감은 '자신이 어떤 행동을 성공적으로 수행할 수 있다는 신념'이다. 자기효능감은 단순히 학업 수행에만 국한되지 않으며, 타인과의 상호 작용, 집단 내 역할 수행, 자신의 기여가 공동체에 영향을 미친다는 경험 속에서 더욱 강화된다. 학생이 모둠 활동에서 역할을 맡고 자신의 의견이 반영되며 다른 친구와 협력하여 결과를 만들어 내는 경험은 '**나는 공동체에 의미 있는 존재**'라는 감각을 불러일으킨다. 이러한 감각은 학생이 개인적 어려움이나 갈등 상황에 직면하였을 때, 보다 적극적이고 긍정적으로 대처할 수 있는 힘으로 작용한다.

협동과 참여는 '사회적 학습(social learning)'의 장이 된다. 공동체 내에서 다양한 의견을 듣고 조율하며, 자신의 입장을 조심스럽게 표현하거나 때로는 양보하는 경험은 정서 조절 능력, 공감 능력, 의사소통 능력을 길러 준다. Vygotsky는 학습이란 단지 개인의 내면에서 이루어지는 것이 아니라, 사회적 상호 작용을 통해 더 높은 수준으로 이행된다고 강조하였다. 참여와 협동은 사회적 상호 작용의 가장 실질적인 장면이며, 그 안에서 학생은 학문적 지식뿐만 아니라 자신과 타인을 이해하고 존중하는 태도를 함께 배워 간다.

공동체에서의 참여와 협동은 단순히 과제를 완수하거나 성과를 내기 위한 전략이 아니다. 학생이 성장 과정에서 반드시 경험해야 할 심리적 · 사회적 자산이다. 학생은 자신이 혼자가 아니라는 것을 확인하고, 관계 속에서 존재의 의미를 경험하며, 사회적 존재로서의 자아 개념을 형성해 간다. 결과적으로 학생의 학습동기, 심리적 안정감, 그리고 삶의 주체성에 긍정적인 영향을 미친다.

[모듈 11] 우리 반 웃음 저금통

활동 소개	학급 구성원들과 긍정적 경험을 나누며 관심과 유대를 경험하기
활동 요약	• 학급 구성원들이 기분 좋았던 경험들을 자신의 일처럼 함께 공유하고 즐거워함으로써 연대와 유대를 강화하는 활동 • 학생이 각자의 기분 좋았던 일(순간)로 웃음 저금통을 채우고 함께 개봉하여 나누는 활동
준비물	플라스틱 또는 종이 저금통, 메모지, 펜, 가위 등
진행 방법	1. 교사는 학생들에게 웃음 저금통을 소개하며 "우리 반의 기분 좋았던 순간들을 모아 보는 웃음 저금통 활동을 해 볼 거예요!"라고 한다. 2. 학생은 최근에 웃었던 일, 친구가 하였던 웃긴 말과 행동, 나만 알고 있는 유쾌한 에피소드, 선생님 또는 친구에게 감사하거나 따뜻하였던 순간 등을 정하여 메모지에 쓰고 세 번 접어서 저금통에 넣는다. 3. 학생들은 원을 그리며 둘러앉고, 교사가 '저금통 개봉 시간'을 선언하고 가위로 저금통을 개봉하면 학생들은 무작위로 메모지를 하나씩 가지고 간다. 4. 학생은 자신이 선택한 종이에 적힌 이야기를 '내가~'라는 주어를 사용하여 마치 자신의 일이나 자신의 이야기처럼 소개한다. 학생이 소개하면 나머지 학생은 박수를 쳐 준다. 5. 학생은 돌아가며 가장 웃음을 준 이야기와 이유, 소감을 나눈다. 6. 교사는 활동의 의미를 요약 · 정리하여 메시지로 전달한다.

교사의 요약 · 정리

"여러분, 심리적으로 건강한 사람은 타인과 주변에 관심을 가지고 공감하는 '사회적 관심'을 보이는 사람이에요. 우리는 혼자 살 수 없고 학급으로 이렇게 뭉쳐 있듯이 함께 살아가는 세상이에요. 사회적 관심은 세상, 사람들과 소통이 가능하게 해요. 학급 구성원들의 경험에 관심을 갖고 소통하는 친구들이 되기를 바라요."

유의사항과 활용 TIP

- 학생이 기분 좋았던 순간은 타인을 놀리거나 비방하는 등 적절하지 않은 상황을 적지 않도록 지도한다.
- 학생이 기분 좋았던 순간에 대해 하나의 주제 또는 다양한 주제를 정해도 된다.
- 학생이 선택한 쪽지를 마치 자신의 이야기처럼 재미있게 얘기하는 분위기를 조성한다.

[모듈 12] 말없이 마음을 모아 미션 수행!

활동 소개

참여와 협동을 통해 학급 구성원의 협력과 문제해결 경험 공유하기

활동 요약

- 학급 구성원이 공동의 미션을 수행하는 과정에서 협력과 문제해결을 함께 경험하는 활동
- 말없이 학급 구성원과 컵 탑 쌓기와 팀 조형 만들기를 함께 함으로써 유대감과 신뢰를 바탕으로 공동의 목표를 달성하는 활동

준비물

무지 종이컵(학급 인원수만큼), 사인펜, 색연필, 필기도구 등

진행 방법

1. 학생은 종이컵에 자신의 얼굴을 그리고 이름을 적고, 교사는 침묵의 팀빌딩 규칙을 안내한다.

   "지금부터 여러분은 말하지 않고 서로 협력해서 미션을 수행할 거예요. 말은 금지! 눈빛, 손짓, 표정으로만 소통해 보세요. 꼭 기억해야 할 규칙은 1) 말 안 하기, 2) 손가락 사용이나 글씨 쓰기도 안 됨, 3) 오직 몸짓과 표정만 할 수 있어요."
2. **컵 탑 쌓기:** 학생들은 2개 팀으로 나뉘어 종이컵 탑을 더 높게 빨리 쌓은 팀이 이긴다. 3번 연속으로 진행한 후, 진 팀은 이긴 팀을 향하여 몸으로 다양한 하트 모양을 5가지 표현한다.
3. **팀 조형 만들기:** 학생들은 새로운 2개 팀으로 나뉘어 3분 동안 종이컵으로 '협동하는 우리 팀의 모습'을 주제로 조형을 만든다. 교사는 시작과 끝을 알린다.
4. 학생들은 돌아가며 어려웠던 점, 가장 잘 통하였던 순간, 우리 팀의 비언어 리더 등을 중심으로 소감을 나눈다.
5. 교사는 활동의 의미를 요약 · 정리하여 메시지로 전달한다.

교사의 요약 · 정리

"오늘은 말을 하지 않고 침묵을 유지하며 팀빌딩 활동을 함께 해 보았어요. 우리의 의사소통은 몸짓과 표정과 같은 비언어적인 부분이 많아요. 침묵도 의사 표현일 때가 있어요. 여러분은 생활할 때 보다 긍정적인 몸짓과 표정을 짓기를 바라며, 친구들의 비언어적 표현도 잘 이해하기를 바라요."

유의사항과 활용 TIP

- 컵 탑 쌓기, 팀 조형 만들기 시간은 상황에 따라 적절하게 조정한다.
- 몸으로 표현하는 다양한 하트 모양은 학생 개인, 짝이나 팀을 이루어 또는 팀원 모두가 표현할 수 있다.
- 시간과 상황이 된다면 말을 하지 못할 때의 마음과 하고 싶었던 말 등을 함께 나눈다. 또한 가장 인상 깊었던 것과 이유도 나누어 본다.

3) 10월: 다름과 다양성의 수용, 성장으로 이끄는 공동체

모듈	구성 요소	활동명	활동 목표
13	존중과 배려, 협업과 문제해결	우리 반 소통 릴레이	학급 구성원의 설명을 듣고 글자와 그림을 완성해 가는 과정을 통해 조망수용 능력의 향상과 존중, 배려의 태도를 함양하고 의사소통 역량을 강화한다.
14	관심과 돌봄, 존중과 배려, 협업과 문제해결	다양성의 힘! 함께 이어 보자!	서로의 차이점과 다양성을 탐색하고 이를 공동체의 강점으로 인식하는 활동을 통해 다름에 대한 존중과 수용 태도를 함양한다.

학생들은 서로에게 배움과 다름에 대한 수용, 성장의 기회를 제공하는 존재이다

10월은 학생들이 서로에 대한 이해와 공동체 경험을 바탕으로 공동체에서 말로 표현하지 않고 겉으로 보이지 않는 부분까지 이해하여 세상을 보는 시각과 조망을 넓히는 시기로 활용할 수 있다. 학교는 다양한 배경의 개인들이 모여 있는 공동체이다. 다양한 배경과 능력을 갖고 있는 친구들과 함께 생활하면서 자연스럽게 서로가 다름을 이해하고 존중하는 태도를 기를 수 있다.

예를 들어, 학급에 장애 학생이 있을 때 학생들이 공동체 안에서 사회성을 함양하는 데 서로에게 성장과 배움의 기회를 제공할 수 있다. 장애를 겪는 학생의 어려움을 보며 공감하는 방법을 배우고, 도움이 필요한 상황에서 어떻게 행동하고 배려할 수 있는지 고민해 볼 수 있는 경험을 하게 된다. 상대방의 입장에서 생각해 보는 연습을 하면 자연스럽게 타인의 감정을 이해하고 수용하는 태도가 길러진다. 이러한 태도는 가정 및 학교, 친구들과의 관계에서 갈등을 예방하고 관계에서의 신뢰를 쌓는 데 핵심적인 역할을 한다. 장애 학생의 입장에서는 자신이 사회에서 수용됨을 경험하고 학급과 외부세계에 대한 긍정적인 인식을 형성할 수 있다.

보충 TIP

사회정서학습 측면에서 특수학생과 일반학생의 공존

특수학생과 일반학생이 공존한다는 것은 단순한 포함(inclusion)을 넘어 서로의 차이를 인정하고 함께 성장하는 것이 핵심이다. 일반학생과 특수학생이 교실에서 함께 건강하게 생활하는 데 대한 교사의 적절한 지도가 이루어진다면 학급구성원은 심리적 안전감을 느끼고 공동체 의식이 강화될 것이다. 특수학생은 소속감과 자기효능감이 향상되고 사회적 기술을 학습하여 발달시킬 기회를 얻는다. 일반학생은 공감 능력과 다양성 수용력이 향상되고 리더십을 경험하게 된다. 예를 들면, 일반학생은 특수학생이 특이한 행동을 할 때, "왜 저래?" 보다 "저 친구는 이러한 어려움이 있었지."라고 수용하며 다름과 다양성을 자연스럽게 이해하게 된다.

상대방의 입장에서 생각하는 능력은 공감으로 끝나는 것이 아니라 실제 행동으로 연결되었을 때 더욱 의미가 있다. 상대방의 입장에서 이해하고 공감하는 능력은 경험과 학습을 통해 발달한다. 교사는 특수학생과 일반학생이 공존하며 서로 성장할 수 있도록 그들의 공존을 사회정서 학습을 촉진하는 기회로 이끌어야 한다.

[모듈 13] 우리 반 소통 릴레이

활동 소개 학급 구성원들과 비언어적 · 언어적 소통을 경험하기

활동 요약

- 학급 구성원들과 말과 몸짓을 사용하는 비언어적 · 언어적 소통을 하며 공감적 이해와 자기표현, 의사소통 역량을 강화하는 활동
- 말을 하지 않거나 말을 하는 상황에서 글씨와 그림을 전달하는 경험을 통하여 경청과 공감, 자기표현의 중요성을 인식하는 활동

준비물 다양한 글씨(5자)와 그림들, A4 용지, 펜 등

진행 방법

1. 교사는 사전에 다양한 그림들과 5자 글씨들(예: 착하게 살자)을 준비하고, 학생은 4~5명씩 모둠을 이룬다. 교사는 활동의 규칙을 안내한다.

   각 모둠은 한 줄로 등을 보이고 앉으세요. 지금부터 여러분은 말하지 않고 서로 협력해서 미션을 수행할 거예요. 말은 금지! 눈빛, 손짓, 표정으로만 소통해 보세요.

2. **침묵 속 글씨 전달하기:** 모둠원들은 등을 보고 앉아서 눈을 감고, 각 모둠의 마지막에 앉은 학생만 교사가 보여 주는 글씨를 본다. 말을 하지 않고 앞에 앉은 학생의 등에 글씨를 써서 전달하고 마지막 학생이 A4 용지에 글자를 쓴다. 글자를 맞힌 모둠에 박수를 쳐 준다.
3. **침묵 속 그림 전달하기:** 마지막에 앉은 학생만 교사가 보여 준 그림을 보고 한 명씩 앞에 앉은 학생의 등을 두드리면 앞의 학생이 돌아본다. 그림을 눈짓, 손짓, 표정으로 설명하여 앞의 학생에게 차례로 전달하고, 마지막으로 전달받은 학생은 A4 용지에 그림을 그린다. 원본 그림과 모둠들이 그린 그림을 비교해 본다. 가장 유사한 모둠에 박수를 쳐 준다.
4. **말로 그림 전달하기:** 마지막에 앉은 학생만 교사가 보여 준 그림을 보고 한 명씩 앞에 앉은 학생의 등을 두드리면 앞의 학생이 돌아본다. 그림을 말로 설명하여 앞의 학생에게 차례로 전달하고, 마지막으로 전달받은 학생은 A4 용지에 그림을 그린다. 원본 그림과 모둠들이 그린 그림을 비교해 본다. 가장 유사한 모둠에 박수를 쳐 준다.
5. 학생들은 돌아가며 말을 사용할 때와 하지 않을 때의 소통의 차이점을 중심으로 소감을 나눈다.
6. 교사는 활동의 의미를 요약 · 정리하여 메시지로 전달한다.

교사의 요약 · 정리

"여러분, 오늘은 몸짓과 손짓 등 말을 하지 않고 소통도 해 보고 말을 하면서 소통도 해 보았어요. 다른 사람들과 소통을 할 때는 둘 다 중요해요. 친구들에게 내가 전달하고 싶은 메시지에 적합한 말과 몸짓을 정확하게 하는 것이 필요해요. 또한 다른 친구들의 몸짓과 말을 잘 이해하는 것도 중요하겠죠. 소통이 잘 되고 서로 잘 이해하는 우리 학급이 되기를 바라요."

유의사항과 활용 TIP

- 글씨와 그림은 출력하거나 컴퓨터 화면을 활용하고, 등에 글씨를 쓰는 활동은 동성끼리 한다.
- 말을 하지 않을 때의 그림은 동물 등 특징이 뚜렷한 것을 사용하고, 말을 할 때의 그림은 학급 활동이나 교육적인 내용을 사용하는 것이 좋다.

[모듈 14] 다양성의 힘! 함께 이어 보자!

활동 소개

다름에 대한 관심과 다양성에 대한 공감, 존중, 배려하기

활동 요약

- 공동체에서 서로의 차이를 존중하고 다양성을 공동체의 강점으로 인식함으로써 다양한 생각과 관점을 함께 모아 문제를 해결하는 활동
- 나와 친구의 다른 점을 살펴보고 우리 반의 다양성 지도를 함께 만들어 봄으로써 다름을 수용하고 다양성을 경험하는 활동

준비물

활동자료, 펜, 포스트잇

진행 방법

1. 학생은 '나와 친구의 같은 점, 다른 점을 이어 보자' 활동자료를 작성한다.
2. 학생들은 10분 동안 다른 학생들에게 다가가 1~10번까지 자신과 같은 경우에 서명을 받는다. 자신과 같은 경우에는 "우리 같네!", 같지 않은 경우에는 "우리는 다르네!"를 말하며 활동한다.
3. 교사와 학생들이 의논하여 칠판에 '우리 반의 다양성 지도'를 만든다. 활동자료 1번부터 10번 중 3~4가지 질문을 선정한 후, 학생은 자신의 답을 포스트잇에 각각 적고, 교사는 칠판에 주제와 영역을 구분하여 그린다.
4. 학생은 자신의 포스트잇 3~4장을 칠판의 각 질문영역에 붙이고, 교사는 각 질문마다 비슷한 응답끼리 영역을 구분하여 붙이도록 지도한다.
5. 학생들은 칠판에 만들어진 지도를 한 줄로 서서 함께 살펴본다.
6. 학생들은 친구들과 비교하면서 느낀 점, 우리 반에는 어떤 점에서 다양함이 있는지, 서로 다른 점이 있으면 어떤 점이 좋은지를 중심으로 이야기하고, 소감을 나눈다.
7. 교사는 활동의 의미를 요약 · 정리하여 메시지로 전달한다.

교사의 요약 · 정리

"오늘 우리는 서로의 다른 점을 찾아보고, 그 다름이 우리 반 안에서 어떤 힘이 될 수 있는지 생각해 보았어요. 모두가 똑같다면 세상은 재미없고, 배울 것도 없을 거예요. 다양한 우리가 함께할 때 더 창의적이고 따뜻한 공동체를 만들 수 있어요. 누군가와 다르다고 해서 멀어지는 것이 아니라, 앞으로도 우리 반이 서로의 다름을 인정하고 존중하는 교실이 되면 좋겠어요. 선생님이 말하면 함께 외쳐 보세요." "다름은 틀림이 아니에요!" "우리는 다르기에 더 멋진 하나가 될 수 있어요!" "다양성은 우리 반의 힘이에요!"

유의사항과 활용 TIP

- 우리 반의 다양성 지도를 만들기 위해 활동자료 1번부터 10번 중 3~4가지 질문을 선정할 때 교사와 학생이 함께 의논하여 선정하는 것이 좋다.
- 다름을 이상하거나 불편하게 받아들이지 않도록 긍정적인 피드백을 강조하고, 참여가 적은 친구에게는 편안한 분위기를 조성하여 격려한다.
- 시간과 상황이 된다면 활동 중 인상 깊었던 것과 이유를 나누는 활동을 하는 것이 좋다.
- 시간과 상황에 따라 서명을 받는 시간을 조절하거나 몇 명을 만나서 서명을 받는 것으로 해도 된다.

나와 친구의 같은 점, 다른 점을 이어 보자

이름 ____________________

1. 나는 형제가 있다/없다 □ 있다 □ 없다

2. 내가 좋아하는 색은?

3. 내가 좋아하는 음식은?

4. 내가 좋아하는 과목은?

5. 나는 아침형이다/저녁형이다 □ 아침형 □ 저녁형

6. 나는 조용한 편이다/활발한 편이다 □ 조용함 □ 활발함

7. 나의 취미는?

8. 나만의 특별한 재능은?

9. 가장 좋아하는 계절은?

10. 내가 가장 존경하는 인물은?

2. 공동체 의식 강화 프로그램의 실제: 2학기 후반(11~12월)

1) 11월: 서로의 강점을 알아주는 공동체

모듈	구성 요소	활동명	활동 목표
15	관심과 돌봄, 존중과 배려, 협업과 문제해결	강점 노래자랑	학급 구성원의 강점을 활용하여 별칭 만들기와 노래 가사 만들기 활동을 통해 자신에 대한 긍정적 정체성을 형성하고 서로에 대한 긍정적 인식과 유대감을 강화한다.
16	관심과 돌봄, 존중과 배려	친구야~ 너의 빛나는 점을 알려 줄게	학급 구성원들의 강점을 탐색하고 공유하는 활동을 통해 구성원들을 긍정적으로 바라보는 시각과 소속감, 유대감을 형성한다.

학생의 '내 안의 긍정'을 이끌어 내는 심리학적 접근

11월은 학기 말이 가까워지면서 학생들의 정서적 · 학업적 긴장감이 높아지는 시기이다. 학업적으로 한 학년의 마무리 단계에 접어들고, 특히 2학기 후반은 또래 관계의 변화가 자주 발생하여 친구 관계에서 소외감이나 집단화 문제가 표면화될 수 있고 학생들이 정서적으로 예민해지고 불안정해질 수 있다. 학생들은 또래와의 관계 속에서 자신의 정체성과 가치에 대해 끊임없이 질문하고 확인받고 싶어 한다. 특히 중학교 시기는 자아 개념이 빠르게 변화하는 시기로, 자신이 어떤 사람인지, 어떤 점에서 괜찮은 사람인지를 인식하는 경험이 중요하다. 학급에서 학생들이 자신의 **강점을 스스로 찾고**, 친구들이 **서로의 강점을 인정해** 주는 활동은 학생의 긍정적인 자기인식과 타인과의 관계 형성에 유익한 경험이 된다.

Skinner는 인간의 행동이 환경의 자극에 의해 조작적으로 학습된다고 보았다. 즉, 행동은 그 결과에 따라 강화되거나 사라진다. 칭찬, 관심, 웃음과 같은 긍정적인 반응은 보상의 역할을 하고, 무시나 비난, 관심의 철회는 처벌의 기능을 한다. 이러한 보상과 처벌은 학생의 특정한 행동을 강화하거나 약화시킨다. 강점 찾기 활동에서 학생이 자신의 긍정적인 특성을 표현하였을 때, 교사나 친구로부터 즉각적인 칭찬과 긍정적 반응을 받는다면, 학생은 그러한 표현을 학습하게 된다. 마찬가지로 친구의 강점을 발견하고 인정하는 행동도 또래의 웃음, 고마움, 지지와 같은 사회적 보상을 통해 자연스럽게 강화된다. 이러한 과정을 통해 학급에서는 긍정적인 상호 작용과 자기 표현, 협력적 분위기가 형성된다.

Ellis는 인간의 정서와 행동이 사건 그 자체가 아니라 그 사건에 대한 개인의 신념에 의해 결정된다고 본다. 어떤 학생들은 자신에 대해 '나는 별로 잘하는 게 없어.' '나는 친구들에게 주목받지 못해.' 등의 비합리적 신념을 가지고 있으며, 이는 자신감을 떨어뜨리고 위축된 행동이나 반항적 태도로 이어질 수 있다. 그러나 자신의 강점을 인식하고 친구들로부터 긍정적인 피드백을 받을 때, 학생은 '내 안에도 괜찮은 점이 있구나.' '친구들이 나를 좋게 봐 주는구나.'라는 새로운 해석을 하게 된다. 이는 학생의 내면에 자리한 비합리적 신념에 도전하게 하고, 보다 합리적이고 긍정적인 신념을 형성하도록 돕는다. 결과적으로 학생은 자기 자신을 더 건강하게 바라보게 되며, 정서적으로 안정된 상태에서 다른 사람과의 관계도 긍정적으로 맺을 수 있게 된다.

이처럼, **강점을 중심**으로 한 활동은 학생의 긍정적 행동을 강화하고 자기개념을 건강하게 변화시키는 데 효과적인 접근이다. 교사는 이러한 활동을 통해 학생들이 '내 안의 긍정'을 경험하고, 친구들과의 관계 속에서 '서로의 장점'을 인정하며 성장해 갈 수 있도록 지도한다.

[모듈 15] 강점 노래자랑

활동 소개	학생들의 강점으로 별칭, 가사 만들기와 노래를 부르며 공감을 표현, 협업하기
활동 요약	• 학급 구성원의 강점을 탐색하고 함께 노래를 부르는 경험을 통하여 서로에 대한 공감과 협동을 강화하는 활동 • 학생들의 강점으로 노래가사를 만들어 모둠에서 함께 부르거나 다른 모둠의 노래를 들으면서 다름을 공감하고 협업을 통해 문제를 해결하는 활동
준비물	활동자료, 펜, 음악, MR, 악보 등
진행 방법	1. 학생은 '강점 리스트' 활동자료를 각자 작성한 후, 두 명씩 짝을 이뤄서 '강점과 별칭 짓기' 활동자료를 의논하여 작성한다. 2. 학생은 네 개의 모둠을 구성하여 모둠명을 정하고, 교사는 '사랑으로' '붉은 노을' 등 교과서에 실린 학생들이 좋아할 만한 노래를 들려준다. 3. 교사는 학생들에게 악보를 나누어 주고, 각 모둠은 모둠원의 강점과 별칭으로 가사를 만든다. '강점 리스트' '강점과 별칭 짓기' 활동 결과를 중심으로 가사를 만든다. 4. 모둠별로 노래가 만들어지면, 각 모둠은 순서를 정하여 노래를 부른다. 5. 학생들은 인상 깊었던 것과 이유를 말하고 소감을 나눈다. 6. 교사는 활동의 의미를 요약·정리하여 메시지로 전달한다.

교사의 요약·정리

"오늘 친구들의 강점을 활용하여 강점 노래 부르기를 했어요. 우리는 누구나 부족한 점도 있고 강점도 있어요. 자신과 친구를 어떤 시각으로 바라보냐에 따라서 자신과 친구에 대한 감정이 달라질 수 있어요. 부정적인 것에 집중하면 부정적 정서가 올라오고, 긍정적인 것에 집중하면 긍정적 정서가 올라와요. 자신과 친구들의 강점을 먼저 주목하면 보다 건강한 공동체를 만들 수 있어요."

유의사항과 활용 TIP

- 부정 단어를 활용하거나 기존에 불리던 별칭을 활용하여 별칭을 짓지 않도록 지도한다.
- 교과서에 실려서 모든 학생이 익숙하거나 학생들이 좋아하고 교육적인 의미가 있는 노래를 선정하는 것이 좋다. 음악, MR, 악보는 음악교사의 협조를 얻는 것을 고려해 본다.

활동자료 강점 리스트

이름 ______________________

❍ 다음 강점 분류표를 보고, 나에게 잘 어울리는 강점에 ✓ 표시해 보세요.

성격/태도 영역

☐ 책임감 – 맡은 일이나 역할을 끝까지 해낸다.

☐ 정직함 – 솔직하고 바르게 행동한다.

☐ 끈기 – 쉽게 포기하지 않고 노력한다.

☐ 배려심 – 다른 사람을 잘 이해하고 도와준다.

☐ 침착함 – 급하거나 힘든 상황에도 차분하다.

대인관계 영역

☐ 공감 – 친구의 감정을 잘 느끼고 이해한다.

☐ 소통 능력 – 내 생각을 잘 말하고, 남의 말도 잘 듣는다.

☐ 협동심 – 함께하는 활동에서 조화를 잘 이룬다.

☐ 리더십 – 친구들을 이끌거나 조율하는 걸 잘한다.

☐ 유머 감각 – 친구들을 웃게 하고 분위기를 좋게 한다.

학습/자기관리 영역

☐ 집중력 – 해야 할 일에 몰입한다.

☐ 계획성 – 할 일을 미리 계획하고 실천한다.

☐ 창의성 – 독특하고 새로운 생각을 잘한다.

☐ 자기 표현력 – 말, 글, 그림 등으로 생각을 잘 표현한다.

☐ 성실성 – 꾸준하고 부지런하게 행동한다.

취미/재능 영역

☐ 예술 감각 – 그림, 음악 등 예술 활동에 감각이 있다.

☐ 운동 능력 – 운동이나 신체 활동을 잘한다.

☐ 기술력 – 만들기, 조립 등을 잘한다.

☐ 글쓰기 능력 – 글로 생각을 잘 표현한다.

☐ 문제해결력 – 문제 상황에서 해결 방법을 잘 찾는다.

❍ 나의 강점이 리스트에 없다면, 스스로 한 가지를 만들어 보세요.

활동자료 강점과 별칭 짓기

❍ 다음은 강점과 별칭 예시입니다. 참고하여 나와 짝의 강점, 별칭을 정해 보세요.

강점	별칭 예시
인내심이 있다.	기다림의 달인
배려심이 많다.	우리 반 배려왕
유머러스하다.	웃음 공장장
잘 돕는다.	해결사 K (K는 성을 따라서)
공감을 잘한다.	감정 번역기
그림을 잘 그린다.	우리 반 피카소
차분하다.	고요한 바다
눈치가 있다.	눈치 100단
끈기가 있다.	끝까지 간다
소통을 잘한다.	소통 마스터
집중력이 좋다.	레이저
창의성이 있다.	생각 마술사
성실하다.	노력 장인
말재주가 있다.	이야기꾼

• 나의 강점:

• 나의 별칭:

[모듈 16] 친구야~ 너의 빛나는 점을 알려 줄게

활동 소개	공동체 안에서 강점을 찾아 긍정적으로 바라보는 눈 기르기
활동 요약	• 따뜻한 언어로 서로에게 강점 피드백을 전하고 공동체 안에서 소속감과 유대감을 느끼는 활동 • 학급 구성원 모두에게 구체적인 강점과 칭찬을 전하고 함께 강점나무를 만들며 구성원 간의 긍정적 인식과 공동체 유대감을 증진하는 활동
준비물	포스트잇, 펜, 8절지, 전지, 마커 등
진행 방법	1. 학생은 포스트잇에 학급의 모든 학생에 대해 그 학생과 있었던 일(행동, 추억)을 바탕으로 강점과 칭찬의 메시지를 적는다. 2. 학생은 자신이 적은 포스트잇을 해당 학생에게 전해 주고, 각 학생은 8절지에 큰 나무를 그린다. 각 학생은 모든 학생들에게서 받은 포스트잇을 비슷한 것끼리 분류하여 나무에 붙이고 짝을 짓거나 모둠을 나누어 이야기 나눈다. 3. 교사는 전지에 큰 나무를 그리고, 학생들은 친구들에게 받은 강점 메시지들을 모두 나뭇잎처럼 나무에 붙인다. 4. 학생들은 돌아가며 가장 자신의 마음에 들었던 강점(또는 칭찬)과 이유, 대표 강점을 중심으로 자신이 받은 강점과 칭찬을 소개하고, 자신이 생각하는 강점나무의 이름을 짓고 소감을 나눈다. 5. 교사는 학생들이 지은 강점나무의 이름들과 활동의 의미를 요약 · 정리하여 메시지로 전달한다.

교사의 요약 · 정리

"친구가 써 준 강점 메시지를 읽어 보면서 어떤 기분이 들었나요? 평소에 몰랐던 나의 좋은 점을 친구가 알아봐 줬다는 건 정말 특별한 일이에요. 강점은 혼자 있을 땐 잘 보이지 않을 수도 있지만 오늘처럼 서로가 서로를 바라봐 줄 때, 우리 안의 빛이 더 잘 보여요. 우리가 함께 있을 때 더 빛나는 이유예요. 앞으로도 친구가 잘한 일이 있다면, 멋진 점이 보이면 아끼지 말고 표현해 주세요. 칭찬은 그 사람을 더 좋은 방향으로 자라게 만드는 '마법 같은 말'이니까요."

유의사항과 활용 TIP

- 학생들이 '추상적 칭찬(착해요, 귀여워요)'에서 벗어나 구체적인 일(행동)에 기반하여 강점과 칭찬의 메시지를 적도록 유도한다. 따듯한 언어로 강점과 칭찬을 전해야 한다는 것을 강조한다.
- 상황과 시간에 따라 학생들의 포스트잇을 비슷한 점끼리 분류하여 나뭇잎을 붙일 수 있다.
- 필요하다면 '강점은 우리가 잘하는 것, 그리고 자주 사용하는 좋은 점(성격)' 등 학생의 눈높이에 따라 개념을 설명한다.
- "친구의 어떤 점이 멋져 보였나요?" 등 촉진적 질문을 활용하고, 멋진 점 등 학생들에게 필요한 다른 표현을 사용하여 활동할 수 있다.

2) 12월: 서로 감사하는 공동체

모듈	구성 요소	활동명	활동 목표
17	공동체 목표 인식, 관심과 돌봄	우리는 연결되어 있어요	학급 구성원과 학년 동안의 감사, 응원의 말을 나눔으로써 개인과 공동체의 목표를 함께 이루었음과 연대감을 인식한다.
18	관심과 돌봄, 성실성과 규칙 준수	고마워, 그리고 응원해!	서로를 격려하고 앞으로의 성장을 응원하는 활동을 통해 연대감과 성취감을 느끼고, 성장과 도전에 대한 태도와 행동을 강화한다.

감사함을 표현하는 것은 학생을 건강하게 한다

'감사'를 표현하는 것은 상대방을 위한 표현이지만 심리학적으로 자신을 건강하게 하는 일이다. 감사는 긍정 정서를 촉진하는 강력한 요소로서 도파민(dopamine)과 세로토닌(serotonin)과 같은 호르몬 증가로 이어져 우울감과 불안감을 감소하는 효과가 있다. 인지 행동 상담이론에서는 감정은 사고방식에서 비롯되며, 부정적(비합리적) 사고를 긍정적(합리적)으로 바꾸는 것이 심리적 안정을 위한 핵심이다. 감사를 표현하는 것은 자연스럽게 부정적인 부분보다 긍정적인 측면을 더 인식하는 사고방식을 형성하는 데 도움이 된다. 상담 과정에서 감사 표현을 활용할 경우 우울증 치료에 효과적이라는 연구 결과(Seligman et al., 2005)와도 연결된다.

자기존중감이 높은 사람일수록 심리적으로 건강하고 대인관계가 원만하다는 점은 다양한 연구에서 확인된 바가 있다. Rosenberg는 자기존중감이론을 통해 자신을 긍정적으로 바라보는 태도가 자존감 향상의 중요한 요소라고 하였다. 감사 표현은 자신과 타인의 가치를 인식하는 과정에서 자기존중감을 높이는 역할을 한다. "나는 좋은 사람들과 좋은 경험을 할 자격이 있다."라는 인식은 자기 개념을 긍정적으로 형성하며, 결과적으로 더 건강한 심리 상태를 유지하도록 한다.

감사 표현은 사회적 관계 속에서 더 친절한 행동을 유도하는 중요한 동기 부여 요소이다. 행동주의 심리학자 Skinner는 긍정적 강화 개념을 통해 감사가 상대방의 긍정적 행동을 촉진하는 역할을 한다고 하였다. 감사를 받은 사람들은 더 높은 동기와 친사회적 행동을 보이며, 협력하려는 의지가 증가하는 경향을 보인다. 따라서 교사가 학급에서 학생들이 서로 긍정적으로 소통하며 감사 표현을 적극적으로 하도록 돕는 것이 필요하다.

[모듈 17] 우리는 연결되어 있어요

활동 소개 학급 구성원 간 감사, 응원의 말 하기

활동 요약
- 나와 타인이 감정적으로 연결된 존재임을 인식하고, 공동체 소속감과 신뢰감을 형성하여 공감과 협력을 경험하는 활동
- 친구에게 감사 편지를 쓰고 편지의 내용과 함께 털실 뭉치를 주고받음으로써 우리가 공동체 속에서 연결되어 있음을 체험하는 활동

준비물 빨간색 털실 뭉치, 활동자료, 펜 등

진행 방법
1. '친구에게 보내는 감사의 편지' 활동자료의 'To:'에 자신의 이름을 쓰고 절반을 접는다.
2. 교사는 모든 학생의 활동자료를 받아 다시 무작위로 학생들에게 나누어 준다.
3. 활동자료에 이름이 적힌 친구와 1년 동안 있었던 일들을 생각해 보고 감사하는 마음과 응원, 칭찬, 하고 싶은 말 등을 담아 편지를 쓴다.
4. 학생들은 원을 그리며 둘러앉은 후, 교사는 학생들에게 1년 동안의 감사와 칭찬의 메시지를 말하고, 학생 한 명에게 "나는 ○○(학생 이름)와 연결되어 있어요."라고 말하며 털실 뭉치를 던진다.
5. 털실 뭉치를 받은 학생은 자신이 편지를 쓴 학생을 바라보며 편지 내용을 소개하고, "나는 ○○(편지 속 학생)와 연결되어 있어요."라고 말하며 털실 뭉치를 던진다. 모든 학생이 감사의 편지를 소개할 때까지 릴레이를 한다.
6. 감사 편지 소개가 모두 끝나면 교사가 털실 뭉치를 학생 수만큼 자르고, 학생은 잘린 털실을 한 개씩 받아 편지를 말고 리본 매듭을 지어 편지의 주인공에게 전달한다.
7. 학생은 돌아가며 소감을 나누고, 편지를 들고 함께 기념사진을 찍는다.
8. 교사는 활동의 의미를 요약·정리하여 메시지로 전달한다.

교사의 요약·정리

"오늘 우리가 마음으로 연결되어 있다는 것을 확인했어요. 우리는 이미 다양한 방식으로 이어져 있었고, 지금도 연결되어 있어요. 친구의 말 한마디, 표정, 배려, 웃음 하나하나가 우리 사이를 더 따뜻하게 만든다는 걸 꼭 기억해 주세요. 우리가 연결되어 있다는 느낌은 교실 안에서만 필요한 게 아니에요. 집이나 다른 곳에서도 '우리는 연결될 수 있어.'라는 마음으로 생활해 보세요. 그 마음이 여러분을 더 넓고 깊게 자라나게 도와줄 거예요."

유의사항과 활용 TIP

- 활동자료 대신 엽서를 활용할 수 있고, '친구에게 보내는 감사의 편지'에 학생 자신의 이름이 나오면 다른 학생의 활동자료와 바꾸도록 한다.
- 상황과 시간에 따라 감사 편지를 읽거나 중요한 메시지를 전하는 방식으로 활동하고, "우리는 연결되어 있어요."라고 끝맺음을 하며 털실 뭉치 던지기를 할 수도 있다.
- 우리의 몸이 핏줄로 연결되어 제 기능을 하듯이 '공동체도 연결되어 있을 때 제 기능을 한다.'라는 것을 상징적으로 빨간 털실 뭉치를 활용하여 활동하였음을 소개한다. 학급에 필요한 요소와 의미를 상징하는 털실의 색깔을 활용할 수 있다. 털실이 아닌 인형이나 공 등을 활용할 수 있다.

활동자료 친구에게 보내는 감사의 편지

To: ______________________ From: ______________________

[모듈 18] 고마워, 그리고 응원해!

활동 소개	1년간의 학급 생활과 노력을 격려하고 응원하기
활동 요약	• 1년 동안 함께 지낸 친구들을 서로 격려하고 앞으로의 성장을 응원하는 활동 • 학생들이 친구의 상장을 만들고 자신도 상장을 수여받으면서 공동체를 위해 노력한 우리를 격려하고 응원하는 체험을 하는 활동
준비물	학급 구성원들 이름이 적힌 쪽지, 활동자료, 상장 용지, A4 용지, 네임펜, 필기도구 등
진행 방법	1. 교사는 학생들의 이름이 적힌 쪽지와 '위 학생은~' 활동자료, A4 용지 한 장을 학생들에게 무작위로 나누어 준다. 2. 학생은 쪽지에 이름이 적힌 친구에게 수여하는 상장 만들기를 활동자료와 A4 용지와 활동자료에 연습한다. 3. 상장에는 상장명, 받는 사람 이름, 내용, 수여 날짜(프로그램 진행 당일), 수여하는 사람(자신의 이름)을 적는다. 상장의 이름과 내용은 친구와 1년 동안 학급에서 생활하면서 행동, 성격, 태도 측면에서 가장 좋았던 점을 생각해 보고 그에 적합하게 작성해 보세요. 그동안 잘했고 노력했던 점을 격려하고 앞으로 보다 발전하고 응원하는 내용으로 작성해 보세요. 4. 학생은 연습한 종이를 교사에게 검토받은 후, 상장 용지와 네임펜을 이용하여 상장을 만든다. 5. 학생들이 원으로 둘러앉은 후, 상장을 작성한 학생이 대상 학생에게 상장 수여식을 진행한다. 두 사람은 원 가운데 서고 상장을 수여하는 학생이 내용을 읽고 악수를 하면 모든 학생이 박수를 친다. 6. 학생들은 1년 동안의 자신의 성장을 이야기하고 활동에 대한 소감을 나눈다. 7. 교사는 활동의 의미를 요약, 정리하여 메시지로 전달한다.

교사의 요약 · 정리

(학생들과 함께한 1년을 돌아봤을 때 좋았던 점, 아쉬웠던 점에 대해서 이야기를 나눈다.) "오늘은 1년을 돌아보며 친구들의 노력과 행동들을 생각해 보고 격려하는 시간을 가졌어요. 우리 모두는 좋은 점을 가지고 있고 상장을 받으며 그동안의 노력과 좋은 행동들을 친구들로부터 인정받는 시간이었어요. 앞으로도 나와 함께 공동체를 이뤄 나가는 친구들이 자신을 성장시키고 우리를 성장시키는 친구들이 될 수 있도록 격려하고 응원해 주세요."

유의사항과 활용 TIP

- 쪽지에 자신의 이름이 있는 경우 다른 친구와 교환하도록 한다.
- 상장 수여식 때 교사가 작은 선물을 준비하여 같이 수여할 수 있고, 잔잔한 음악으로 분위기를 밝고 편안하게 할 수 있다.

활동자료 위 학생은……

○○○○○상

이름: 친구 이름

위 학생은

0000.00.00

본인 이름

참고 문헌

국립국어연구원(2004). 현대 국어 사용 빈도 조사. 국립국어연구원.

권석만(2003년). 현대 이상심리학. 학지사.

권석만(2022). 성격심리. 학지사.

권재은(2021). 의사소통 능력함양을 위한 도덕교육 방안 연구-조해리 창(Johari Window)과 사티어 모델(Satir Model)을 중심으로. 초등도덕교, 74, 59-80.

민병배, 오현숙, 이주영(2007). 기질 및 성격 검사 매뉴얼. ㈜마음사랑.

박인조, 민경환(2005). 한국어 감정단어의 목록 작성과 차원 탐색. 한국심리학회지: 사회 및 성격, 19(1), 109-129.

브레인 미디어(2014). 청소년기의 뇌는 리모델링 중. https://www.brainmedia.co.kr/

송은영(2018). 인상이 바뀌면 인생이 바뀐다. 집사재.

송인섭(2000). 자아개념 위계구조의 재조명, 교육심리연구 14(4), 73-104.

어린이 조선일보(2024). 반항, 방황, 욱하는 태도, 공격성… 인성문제 아닌 전전두엽·편도체 불균형 때문이래요. https://www.chosun.com/kid/

이동귀(2016). 너 이런 심리법칙 알아?: 서울대 심리학과 이동귀 교수의 생활 속 심리학 특강. 예담.

이찬승(2023). 학습과학 새 연재(13) : 교실수업의 위기 극복, 학습을 담당하는 뇌의 핵심 3기관에 달렸다!. https://21erick.org/column/10309/

임현수(2022). 학급응집력 척도 개발 및 타당화. 경희대학교. 박사학위논문.

장석주(2015). 대추 한 알. 이야기꽃.

Goodwin B., et al. (2020). *Learning that sticks: A brain-based model for K-12 instructional design and delivery* (p.21). ASCD.

Buss, A. H., & Plomin, R. (1984). *Temperament: Early developing personality traits*. Hillsdale, NJ: Erlbaum.

Cloninger, C. R. (1987). A systematic method for clinical description and classification of personality variants: A proposal. *Archives of general Psychiatry, 44*(6), 573-588. https://doi.org/10.1001/archpsyc.1987.01800180093014

Collaborative for Academic, Social, and Emotional Learning. (2024). The CASEL guide to schoolwide SEL essentials. Retrieved from https://schoolguide.casel.org/

Cozolino, L. (2017). **애착 교실: 관계 중심 학급 경영의 첫걸음** (*Attachment-based teaching: Creating a tribal classroom*). (서영조 역). 김영사. (원저는 2013년에 출판).

Forsyth, D. R. (2019). **집단역학** (*Group dynamics*). (남기덕, 노혜경, 안미영, 이종택, 이진환 & 최훈석 공역). 센게이지러닝코리아. (원저는 2018년에 출판).

Hannah, S., Sweeney, P., & Lester, P. (2007). Toward a courageous mindset: The subjective act and experience of courage. *Journal of Positive Psychology, 2*, 129-135.

La Greca, A. M., & Harrison, H. M. (2005). Adolescent peer relations, friendships, and romantic relationships: Do they predict social anxiety and depression?. *Journal of clinical child and adolescent psychology, 34*(1), 49-61.

Lowes, R. (2020). Knowing You: Personal Tutoring, learning analytics and the johari window. *Frontiers in education, 1*, 5.

Meiklejohn, J., Phillips, C., Freedman, M. L., Griffin, M. L., Biegel, G., Roach, A., … & Saltzman, A. (2012). Integrating mindfulness training into K-12 education: Fostering the resilience of teachers and students. *Mindfulness, 3*, 291-307.

Oyserman, D., Elomore, K., & Smith, G. (2012). Chapter 4. self, selfconcept, and identity. In *Handbook of self and identity* (2nd ed.). New York: Guidford Press.

Peterson, C., & Seligman, M. E. P. (2004). *Character strengths and virtues: A handbook and classification*. New York, NY: Oxford University Press.

Rosenberg, M. (1965). *Society and the adolescent self-image*. Princeton University Press.

Schlüter, C., Fraenz, C., Pinnow, M., Friedrich, P., Güntürkün, O., Genç, E. (2018). The Structural and Functional Signature of Action Control. *Psychological Science, 29*(10), 1620-1621. doi: https://10.1177/0956797618779380. Epub 2018 Aug 17. PMID: 30118388.

Schwartz, B., & Sharpe, K. E. (2006). Practical wisdom: Aristotle meets positive psychology. *Journal of Happiness Studies, 7*(3), 377-395.

Seligman, M. E. P. (2002). *Authentic happiness: Using the new positive psychology to realize your potential for lasting fulfillment*. New York, NY: Free Press.

Seligman, M. E. P., Steen, T. A., Park, N., & Peterson, C. (2005). Positive psychology progress: Empirical validation of interventions. *American psychologist, 60*(5), 410-421.

Thomas, A., Chess, S., & Birch, H. G. (1970). The origin of personality. *Scientific American, 223*(2), 102 - 109.

Tyng et al., (2017). The influences of emotion on learning and memory. *Frontiers in psychology, 8*, 1454. https://www.frontiersin.org/articles/10.3389/fpsyg.2017.01454/full

Vartanian, L. R., & Powlishta, K. Y. K. (1996). Demand characteristics and self-report measures of imaginary audience sensitivity: Implications for interpreting age differences in adolescent egocentrism. *Journal of Genetic psychology, 162*(2), 187 - 200. https://doi.org/10.1080/00221320109597960

찾아보기

인명

내용

ㄴ

ㅊ

저자 소개

류진아(Ryu Jin-A)

숙명여자대학교 대학원 아동심리전공 박사
한국상담심리학회 상담심리사 1급
한국상담학회 전문상담사 1급
청소년상담사 1급
한국미술심리치료연구학회 미술심리상담교육전문가
한국청소년상담복지개발원 상담조교수
현 국립한국교통대학교 교육대학원 상담심리전공 교수
한국상담심리학회 충청분회 회장

〈주요 저 · 역서〉
학교미술치료: 이론과 실제(학지사, 2024)
애착문제 해결을 위한 창의적 예술치료와 놀이치료(공역, 학지사, 2019)
아동상담: 이론과 기법(공저, 양서원, 2011)
놀이치료: 기법과 실제(공저, 창지사, 2010)
인성함양(공저, 동신대학교출판부, 2009)
집단발달놀이치료: 이론과 실제(공저, 학지사, 2005) 등

유화영(You Wha-Yeong)

대구대학교 대학원 상담학과 박사
전문상담교사 1급
임상심리사 2급
현 국립한국교통대학교 교육대학원 상담심리전공 겸임교수
세종고등학교 전문상담교사

임현수(Yim Hyun-Soo)

경희대학교 대학원 상담심리전공 박사
전문상담교사 및 청소년지도사 2급
학생상담현장(교육청 · 단위학교 · 청소년상담복지센터 · 준법지원센터 등) 심리교육 및 집단상담 강사
현 국립한국교통대학교 교육대학원 강사
경희대학교 교육대학원 및 경영대학원 강사

김진섭(Kim Jin-Sup)

국립강릉원주대학교 대학원 국방정책학전공 석사
육군 지휘참모대학 정규과정 졸업
국방부, 인사기획관실 HRD 기능인적자원양성관
육군본부, 인사사령부 인사운영처 장교인사보직장교
현 구미대학교 특수건설기계공학부 초빙교수
국방전투태권도연구소(국방부허가 제122호) 이사

〈주요 저서〉
고등학교 '군(軍) 리더십' 교과서(공저, 지엔피에듀, 2020)
육군 '초급장교 자기관리 길라잡이'(국군인쇄창, 2011) 등 군 관련 저서 11권 집필

진명숙(Jin Myeong-Suk)

국립한국교통대학교 교육대학원 상담심리전공 석사
전문상담교사 1급
현 Wee센터 전문상담교사

원종숙(Won Jong-Suk)

국립한국교통대학교 교육대학원 상담심리전공 석사
한국상담심리학회 상담심리사 2급
청소년상담사 및 임상심리사 2급
문화예술교육사 2급
현 ㈜메이크잇해픈 대표

학생 상담과 사회정서교육의 실제

–학교현장 맞춤형 지침서–

Student Counseling and Social Emotional Education

2025년 9월 15일 1판 1쇄 인쇄
2025년 9월 25일 1판 1쇄 발행

지은이 • 류진아 · 유화영 · 임현수 · 김진섭 · 진명숙 · 원종숙
펴낸이 • 김진환
펴낸곳 • (주) 학지사

04031 서울특별시 마포구 양화로 15길 20 마인드월드빌딩
대표전화 • 02)330-5114 팩스 • 02)324-2345
등록번호 • 제313-2006-000265호

홈페이지 • http://www.hakjisa.co.kr
인스타그램 • https://www.instagram.com/hakjisabook

ISBN 978-89-997-3526-4 93180

정가 22,000원

저자와의 협약으로 인지는 생략합니다.
파본은 구입처에서 교환해 드립니다.